W. von Sherff

Kriegslehren in kriegsgeschichtlichen Beispielen der Neuzeit

Fünftes Heft.: Der Feldzug von Sedan

W. von Sherff

Kriegslehren in kriegsgeschichtlichen Beispielen der Neuzeit
Fünftes Heft.: Der Feldzug von Sedan

ISBN/EAN: 9783743605688

Hergestellt in Europa, USA, Kanada, Australien, Japan

Cover: Foto ©Suzi / pixelio.de

Weitere Bücher finden Sie auf **www.hansebooks.com**

Kriegslehren

in

kriegsgeschichtlichen Beispielen der Neuzeit.

Von

W. v. Scherff,
General der Infanterie z. D.

Fünftes Heft.
Der Feldzug von Sedan.
Darstellung und Betrachtungen.

Mit einer Uebersichtskarte und drei Skizzen in Steindruck.

Berlin 1897.
Ernst Siegfried Mittler und Sohn
Königliche Hofbuchhandlung
Kochstraße 68—71.

Inhaltsverzeichniß.

I. Abschnitt.

Bis zum 25. August.

---

1. Der strategische Neuaufmarsch der beiderseitigen Armeen nach den Schlachten von Metz.

A. Geschichtliches.

Die deutsche Dritte Armee, unter Oberbefehl des Kronprinzen von Preußen, hatte nach der siegreichen, improvisirten Schlacht von Wörth am 6. August 1870 die Fühlung mit dem Feinde verloren. (GstW. I. 296.)

Zwar war am 7. August die 4. Kavallerie-Division (Prinz Albrecht Vater), verstärkt durch die bayerische Kürassier-Brigade (30 Schwadronen, 18 Geschütze), dem westlich zurückgewichenen Feinde bis Steinburg (an der Bahn Straßburg—Paris) gefolgt, dann aber vor anscheinend von Zabern wieder vorgedrungener feindlicher Infanterie bis Buxweiler zurückgegangen.

Die Hauptmasse der Armee hatte dagegen während des 7. „nach den Anstrengungen der vorangegangenen Tage", auf dem Schlachtfelde selbst biwakirt bezw. noch östlich des Gebirges kantonirt, und nur die 2. bayerische Division Oberbronn, die badische Division Hagenau besetzt.

(GstW. I. 381.) „Die anfänglichen Meldungen der Kavallerie und der thatsächlich festgestellte Abzug der französischen Brigade Abbatucci auf Bitsch ließen vermuthen, daß der Marschall Mac Mahon diese Richtung genommen habe, um sich der Kaiserlichen Haupt-Armee anzuschließen.

Unter solchen Voraussetzungen wurden die Anordnungen für die weiteren Vorbewegungen getroffen — — — und in Anbetracht der Verhältnisse beschlossen, derartig gegen die Saar vorzugehen, daß sämmtliche Marschkolonnen ungefähr gleichzeitig am 12. August die Linie Saarunion—Sarrebourg zu erreichen hätten."

v. Scherff, Kriegslehren. V. Sedan.   1

Am 8. August überschritt demgemäß die Armee in breiter Front den Kamm der Vogesen, „wobei (GstW. I. 386) im Allgemeinen die beiden bayerischen Korps den rechten, die beiden preußischen Korps (V. und XI.) den linken Flügel bildeten. Die württembergische Division befand sich in der Mitte und bildete, so lange es die Marsch=richtung gestattete, die Avantgarde des V. Korps.

Hinter dem linken Flügel blieb die 4. Kavallerie=Division einstweilen noch bei Buxweiler und Steinburg stehen, um erst nach der Infanterie des XI. Korps das Gebirge zu durchziehen.

Auf dem äußersten rechten Flügel schloß sich die 12. Infanterie= Division als selbständige Marschkolonne der Vorbewegung an. Von Stürzelbronn verrückend, sollte sie auch nach der Seite der Zweiten Armee hin Beistand leisten, falls etwa deren IV. Korps bei Rohrbach in ein Gefecht verwickelt würde; anderenfalls aber hinter dem II. bayerischen Korps auf Saarunion folgen. — — — — — —

Hinter der so vorrückenden Armee sammelten sich allmählich bei Sulz und Hagenau die 11. Infanterie=Division und die übrigen Theile des VI. Armeekorps, sowie auch die 2. Kavallerie=Division. Der Eisenbahntransport dieser Heertheile wurde durch die entgegen= kommenden Züge von Verwundeten und Gefangenen aufgehalten und dauerte noch bis zum 11. August.

Die badische Division erreichte am 8. August Brumath und nahm dort vorläufig eine beobachtende Stellung gegen Straßburg". (Sie schied fortan aus dem Verbande der Dritten Armee aus.)

Auf die ersten irrthümlichen Meldungen über die Rückzugsrichtung des Marschalls Mac Mahon hatte die Zweite Armee den Befehl aus dem großen Hauptquartier erhalten, sich dem Marschall mit ihrem linken Flügel über Rohrbach vorzulegen, und da infolgedessen das IV. Armeekorps bereits am 8. August die Straße Rohrbach—Lorentzen besetzt hatte, so sah sich die Dritte Armee am 10. August genöthigt, ihre seither nordwestlich gerichteten Spitzen nunmehr wieder gegen Südwesten umzubiegen und ihre Kolonnen nach dem linken Flügel zusammenzuschieben.

Bis zum 12. August abends erreichte demgemäß die Armee in nur zwei Meilen breiter Front mit vier Korps die Saar=Linie von Feneſtrange (II. bayerisches), über Bettborn (I. bayerisches), Altroff (V.) bis Sarrebourg (XI. Korps).

Die 12. Division, über Rohrbach—Lorentzen marschirend, bildete bei Saarunion den äußersten rechten Flügel, indeß die württembergische Division bei Rauwiller sich hinter der Mitte befand.

Die aus anfänglicher Zurückhaltung wieder vorgeholte 4. Kavallerie-Division hatte an diesem Tage schon einen weiten Vorsprung vor der Armee gewonnen und mit einer detachirten Schwadron bereits Lunéville besetzt.

Durch ein in der Nacht zum 13. eingehendes Schreiben des großen Hauptquartiers wurde der Kronprinz-Oberbefehlshaber dahin verständigt, daß, während die Erste Armee dem auf die Mosel zurück-weichenden französischen Hauptheere bis zur Nied folgen und die Zweite Armee (wieder rechts einschwenkend) sich mit dem linken Flügel über Château Salins mit jener wieder auf gleiche Höhe setzen werde: „die Dritte Armee ihren Vormarsch gegen die Linie Nancy—Lunéville fortzusetzen habe".

Sich allmählich gegen Süden wieder zu breiterer Front ausdehnend, hatte demgemäß die Dritte Armee in den Tagen des 15. und 16. August die Gegend der Meurthe und mit ihren Spitzen die obere Mosel erreicht, während gleichzeitig die Erste und Zweite Armee in die ent-scheidenden Kämpfe vor Metz eingetreten waren.

Da die vorausgehende Kavallerie nirgends auf größere feindliche Abtheilungen gestoßen war, so „fehlte es im Kronprinzlichen Haupt-quartier zu Lunéville zur Zeit noch immer an bestimmten Nachrichten, namentlich über den Verbleib des französischen 5. Korps. Es lag bezüglich desselben nur die begründete Vermuthung vor, daß es in süd-licher Richtung ausgewichen sei. Die eingegangenen Meldungen und Nachrichten ließen andererseits mit Bestimmtheit erkennen, daß eine an-sehnliche Truppenmacht des Gegners sich bei Châlons versammele. Im Rückzuge dorthin glaubte man auch diejenigen feindlichen Heeres-massen, welche vor der Ersten und Zweiten Armee über die Mosel zurückgegangen sein sollten".

(GStW. I. 940.) „Da unter diesen Umständen die Dritte Armee bei Fortsetzung ihres Vormarsches nach einigen Tagen wieder mit dem Feinde in ernstere Berührung treten konnte, so erschien es rathsam, das Gelände vor der Front und besonders auch in der linken Flanke beim weiteren Vorgehen zeitig und sorgfältig aufzuklären.

Auch die Festung Toul, deren Besitz als Eisenbahnsperrpunkt bei weiterem Vormarsch in das Innere des feindlichen Landes für die Ver-bindungen von besonderem Werthe sein mußte, war zu berücksichtigen.

1*

In Erwägung all dieser Verhältnisse hatte der Kronprinz beschlossen, mit dem II. bayerischen, dem V. Armeekorps nebst der württembergischen Division (als Avantgarde) und dem XI. Armeekorps in drei Hauptkolonnen gegen die Marne-Strecke St. Dizier—Joinville vorzurücken. Es sollten ferner die 4. Kavallerie-Division zur Aufklärung der Front um ein bis zwei Tagemärsche vorausgehen, die 2. Kavallerie-Division die linke Flanke der Armee sichern, das I. bayerische und VI. Armeekorps in zweiter Linie folgen.

Auf diese Weise und da die Frontausdehnung der Armee während des Vormarsches nur drei Meilen betrug, glaubte das Oberkommando im Falle eines Zusammentreffens mit dem Feinde immer in der Lage zu sein, die eigenen Streitkräfte rechtzeitig auf dem entscheidenden Punkte zu vereinigen."

Die weiteren Anordnungen für den Vormarsch wurden dementsprechend vorläufig dahin getroffen, daß (GStW. I. Anhang 30) laut:

Marschtableau

erreichen sollten:

	Am 17. August	Am 18. August	Am 19. August	Am 20. August
Das II. bayerische Korps	Ruhe um Nancy	vor Toul	Lay St. Remy	Menil la Horgne
Das V. Korps, nebst württembergischer Division	Maizières	Blénob lès Toul	Vaucouleurs	Trevéray
Das XI. Korps . . .	Vezelise	Colombey	Pagny la blanche Côte und Sauvigny	Gondrecourt
Das I. bayerische Korps	St. Nicolas	Maizières	Blénob lès Toul	Void
Das VI. Korps . . .	Lunéville	Bayon	Vezelise	Pagny la blanche Côte
Die 2. Kavallerie-Division	Gerbéviller	Gripport	Vaudremont	Graux a Maas
Das Hauptquartier . .	Nancy	Gondreville	Etreval	Vaucouleurs

Das II. bayerische Korps hatte beim Weitermarsch die Festung Toul (mit der 7. Infanterie-Brigade, dem 2. Chevaulegers-Regiment und zwei Batterien) einzuschließen.

Die 4. Kavallerie-Division war bereits am 17. August bis Baucouleurs gelangt und hatte sich mit ihren Avantgarden im Gelände zwischen der Maas und dem Ornain ausgebreitet. (GstW. I. 941.) „Eine halbe Schwadron 2. Leib-Husaren trat über Commercy in Verbindung mit der von Seiten der Zweiten Armee nach St. Mihiel vorgeschobenen Garde-Ulanen-Brigade und fing in erstgenanntem Orte eine französische Post auf, deren Briefe mancherlei Aufschlüsse über die Lage des Gegners ergaben. Aus denselben ging unter Anderem hervor, daß die Kavallerie-Division des 6. französischen Korps sich im Lager von Châlons befand, daß an den Befestigungen von Paris mit Anstrengung gearbeitet wurde, daß alle jungen Leute von 25 bis 35 Jahren zu den Waffen gerufen waren und daß ein 12. und 13. Korps unter den Generalen Trochu und Vinoy gebildet werde. Auch über den Rückzug des 1. und 5. französischen Korps gingen neue Nachrichten ein.“

Am 20. August erhielt das Oberkommando der Dritten Armee in Baucouleurs den am 19. August erlassenen Befehl des großen Hauptquartiers von „Rezonville 11 Uhr vormittags“ (s. 4. Heft Kriegslehren I. 1. A), in welchem die Neugliederung des deutschen Heeres verfügt und ein gemeinschaftlicher Vormarsch der Dritten und der „Maas-Armee“ auf Paris angeordnet war.

(GstW. I. 946.) „Da Erstere so lange in ihrer augenblicklichen Aufstellung verbleiben sollte, bis die aus der Gegend von Metz kommenden Heerestheile ungefähr in gleiche Höhe mit ihr gelangt sein würden, so erhielten nur die beiden Kavallerie-Divisionen den Befehl, auch in den nächstfolgenden Tagen durch weit vorgeschobene Patrouillen das Gelände vor der Front und in der linken Flanke der Armee aufzuklären und dabei so viel als möglich die Fühlung mit dem Feinde wieder aufzunehmen.“

Die Dritte Armee verblieb somit am 21. und 22. August auf den am 20. erreichten Punkten (s. oben). Die in diesen Tagen eingehenden Meldungen ließen keinen Zweifel, daß auch das französische 5. Korps das Lager von Châlons gewonnen habe.

Die Hauptmasse der am 6. August bei Wörth geschlagenen französischen Armee des Marschalls Mac Mahon — bestehend aus dem 1. Korps nebst der Reserve-Kavallerie-Division Bonnemains, der Division Conseil Dumesnil des 7. und einer Brigade (Abbatucci) der Division Guyot de Lespart des 5. Korps — hatte, vom Feinde nicht verfolgt, im Laufe des 7. August die Gegend von Zabern erreicht, „wo sich von allen Seiten her noch zahlreiche Versprengte sammelten".

Nur die Brigade Abbatucci letztgenannter Division hatte sich am Abend nach der Schlacht auf Bitsch gewendet und dadurch beim Oberkommando der Dritten deutschen Armee jene irrige Auffassung von dem beabsichtigten Anschlusse des Marschalls Mac Mahon an die Kaiserliche Armee in Lothringen erzeugt, welche die Verfolgung anfänglich in eine falsche Richtung gelenkt hatte.

Der während des 6. August mit den beiden anderen Divisionen seines (5.) Korps bei Bitsch, in der üblen Lage, nach links hin den General Frossard bei Spicheren, nach rechts hin den Marschall Mac Mahon bei Wörth unterstützen zu sollen, unschlüssig stehen gebliebene General de Failly war auf die Nachricht der beiderseitig von ihm eingetretenen Niederlagen hin, noch in der Nacht auf Lützelstein abmarschirt und hatte am Abend des 8. August bei Saarburg seine Vereinigung mit dem Marschall Mac Mahon vollzogen.

Von den diesem Oberführer durch den ersten strategischen Aufmarsch der französischen Heere unterstellt gewesenen Kräften fehlten somit zur Zeit nur noch die am 6. August zur Deckung des südlichen Elsaß bei Mülhausen (nebst einer Kavallerie-Brigade und der Reserveartillerie) eingetroffene Division Liébert und die annoch in Lyon zurückbefindliche Division Dumont (mit der anderen Kavallerie-Brigade) des 7. Korps.

Auf die Nachricht von der Niederlage von Wörth und das irrige Gerücht von einem feindlichen Rhein-Uebergange bei Markolsheim und Hüningen hin, war die Division Liébert am 7. August früh von Mülhausen wieder aufgebrochen und hatte in einem durch keinen Feind bedrohten, trotzdem aber fluchtartig überstürzten Rückzuge am Abend des 8. August ihre Biwaks um Belfort wieder bezogen.

(GstW. I. 384.) „Die Division verblieb dort länger als eine Woche und beschäftigte sich mit Verstärkungsarbeiten an der Festung, deren eigentliche Besatzung damals nur aus 500 in der Formation begriffenen Mobilgarden bestand.

Nach Eintreffen der Division Dumont aus Lyon zählte das 7. Korps bei Belfort am 12. August etwa 20 000 Mann und 90 Geschütze. Aber auch jetzt ging man weder gegen den Feind vor, der bereits vor Straßburg erschienen war, noch versuchte man den Anschluß an das 1. und 5. Korps zu gewinnen.

Diese beiden Korps hatten am 9. August ihren Rückzug aus der Gegend von Sarrebourg in drei Kolonnen über Rechicourt und Blamont auf Lunéville und über Cirey auf Baccarat fortgesetzt.

Obwohl das 5. Korps seit dem 5. August dem Marschall Mac Mahon unterstellt worden war, hatte dasselbe doch schon seit dem 7. wieder unmittelbar aus dem Kaiserlichen Hauptquartier Weisungen erhalten, welche ihm, in mehrfach sich widersprechender Weise, selbständige Bewegungen vorschrieben. So ging in Rechicourt ein Befehl des Kaisers ein, welcher das Korps nach Nancy rief. Ein am 10. abends nachfolgendes Schreiben des Marschalls Leboeuf erläuterte diesen Befehl dahin, daß, wenn nöthig, auch die fast entgegensetzte Richtung, etwa auf Langres, freigestellt wurde.

Aus der thatsächlichen Lage geht hervor, daß ein Abmarsch über Nancy damals noch ungehindert vor sich gehen konnte; auch die Eisenbahn war noch frei. Aber ein Gerücht hatte die Preußen bereits bei Pont à Mousson erscheinen lassen und der Zustand der französischen Truppen schien es nicht zu gestatten, sie schon jetzt wieder mit dem Gegner in Berührung zu bringen. General de Failly wählte wohl deshalb die Richtung auf Langres. In Charmes angekommen, erhielt er aber den bestimmten Befehl, auf Toul zu marschiren, um von dort aus nach Metz oder nach Châlons herangezogen zu werden.

Als er sich infolgedessen am 12. August auf Toul in Marsch gesetzt hatte, ging ihm am Nachmittage ein Telegramm des Marschalls Leboeuf zu, in welchem ihm dieser vorschrieb: »er habe auf dem ihm geeignet erscheinenden Wege die Richtung auf Paris einzuschlagen; der Befehl zum Marsch auf Toul sei durch den Kaiser wieder aufgehoben«.

General Failly bog nun sogleich links ab und ging über Mirecourt und Lamarche nach Chaumont, wo er am 16. eintraf. Am 17. erhielt er daselbst die Weisung, daß er dem Marschall Mac Mahon wieder unterstellt sei und daß dieser nach dem Lager von Châlons abrücken werde.

Dieser Marschall selbst war inzwischen auf seinem Rückzuge gleichfalls nach Süden ausgebogen, um die geschützter liegende Eisenbahn im oberen Marne=Thal zu gewinnen. Die Brücken hinter sich zerstörend, überschritten seine Heerestheile am 11. August die Mosel bei Bayon; am 12. erreichten sie den Madon=Fluß bei Haroué, am 14. die Maas in der Gegend von Neufchâteau und oberhalb; am 15. hielten sie Ruhetag.

Am 16. August begann bei Manois (Station der Bahn Neuf=château—Chaumont) der Eisenbahntransport des 1. Korps, welcher in den folgenden Tagen von den Stationen der oberen Marne=Bahn aus fortgesetzt wurde. Die gesammte Kavallerie und ein Theil der Artillerie blieben im Fußmarsch. Bis zum 19. abends war das Korps vollständig im Lager von Châlons versammelt.

Das 5. Korps, zum größeren Theil auf den Fußmarsch angewiesen, erreichte das Lager am 20. und 21. Die Reserveartillerie desselben wurde auf der Eisenbahn über Bar sur Aube nach Paris und von dort nach Reims weiter befördert.

Diesen Weg schlug auch das 7. Korps ein. Am 16. August brachte nämlich ein Telegramm aus Paris diesem Korps den Befehl zum Abzuge nach Châlons. Auf 52 Eisenbahnzügen wurden die beiden Divisionen in den Tagen vom 17. bis 22. August über Vesoul, Langres, Chaumont, Troyes und Paris nach Reims befördert.

Bei Châlons hatte inzwischen General Trochu das 12. Korps gesammelt, dessen Kommando demnächst der General Lebrun erhielt. Zusammengesetzt war das Korps aus einigen Marine= und Marsch=Regimentern, aus einzelnen Theilen des 6. Korps, welche dem Eisen=bahntransport desselben nach der Mosel nicht mehr hatten angeschlossen werden können, und aus den von Toulouse herangezogenen Linien=Regimentern.

Marschall Mac Mahon erhielt den Oberbefehl über diese bei Châlons sich sammelnden vier Armeekorps (1., 5., 7., 12.), zu welchen außer der Kavallerie=Division Bonnemains noch die (aus den mit dem Kaiser von Metz angekommenen 1. und 3. und dem aus Algier herangezogenen 4. Regiment Chasseurs d'Afrique und zwei Linien=Regimentern gebildete) Kavallerie=Division Margueritte hin=zutrat."

Die so neugebildete „Armee von Châlons" zählte (GstW. I., Anl. 32) Ende August im:

	Batl.	Schwadr.	Geschütze	Mitraill.	Inf.-Div.	Kav.-Div.
1. Korps (Ducrot) .	56	24	96	24	(4	1)
5. " (Failly) .	32	16	72	18	(3	1)
7. " (Douay) .	38	12	72	18	(3	1)
12. " (Lebrun) .	40	24	150	18	(3	1)
an Kav.-Reserven .	—	36	12	6	(—	2)
Summa	166	112	402	84		

Ihre Stärke berechnet sich (Kriegsgeschichtliche Einzelschrift Nr. 12) in diesen Tagen auf rund etwa 125 000 bis 150 000 Mann, welche man durch Nachschub und die Heranziehung des 13. Korps (Vinoy) auf 200 000 Mann und mehr erhöhen zu können hoffte. —

In der Luftlinie auf rund 100 km Entfernung standen am 22. August abends die zum Vormarsch gegen Paris bestimmten deutschen Kräfte der so versammelten französischen Armee auf einer mehr als 75 km langen, gegen Westen gerichteten Front gegenüber.

Den rechten Flügel dieser Linie, östlich der Maas, nahmen die aus der Gegend von Metz kommenden Korps der „Maas-Armee": das XII. bei Jeandelize, das Gardekorps bei Woël ein, die ihnen zugetheilten vier Kavallerie-Divisionen (Garde-, 5., 6. und sächsische) dicht vor der Front.

In der Mitte befand sich das IV. Armeekorps, auf beiden Maas-Ufern, bei Commercy, mit den weiter nach Westen vorgeschobenen Theilen der Garde-Kavallerie (s. Kriegslehren, Heft 3).

Der linke Flügel der Gesammtarmee an der oberen Maas bestand aus dem I. bayerischen Korps (in Void) und dem VI. Korps (in Pagny la blanche Côte), nebst der 2. Kavallerie-Division (bei Martigny les Gerbonvaux), während die Hauptkräfte der Dritten Armee (II. bayerisches Korps: Menil la Horgne, Avantgarde Ligny en Barrois; V. Korps: Treveray, Avantgarde Hévilliers; württembergische Division: Houdelaincourt; XI. Korps: Gondrecourt, Avantgarde Mandres) eine vorgeschobene Staffel am Ornain bildeten.

Weit über dieselbe hinaus klärte die 4. Kavallerie-Division (Stainville) mit ihren Vortruppen bis zur Linie Bar le Duc a. Ornain —St. Dizier a. Marne auf.

Die Stärke dieser deutschen Kräfte betrug (Kriegsgeschichtliche Einzelschrift Nr. 12):

A. Bei der Dritten Armee:

	Bat.	Schwadr.	Batt.	oder	Gewehre	Säbel	Gesch.
im V. Korps	25	8	14	=	16 250	1040	84
= VI. = ...	25	8	14	=	22 500	1080	84
= XI. = ...	25	8	14	=	18 625	1040	83
= I. bayer. Korps . .	25	20	16	=	19 250	2100	96
= II. = = . .	21	19	15	=	15 120	2090	90
in der württembergischen							
Feld-Division .	14¾	10	9	=	12 240	1350	54
= = 2. Kavallerie-Div.	—	24	2	=	—	3240	12
= = 4. = =	—	24	2	=	—	3000	12
Summa	135¾	121	86	oder	104 165	14940	515

B. Bei der Maas-Armee:

	Bat.	Schwadr.	Batt.	oder	Gewehre	Säbel	Gesch.
im Gardekorps	29	32	15	=	18 705	4000	90
= IV. Korps	25	8	14	=	21 875	1080	84
= XII. = ...	29	24	16	=	23 200	3120	96
in der 5 Kavallerie-Div.	—	35	2	=	—	3500	12
= = 6. = =	—	16	1	=	—	1850	6
Summa	83	115	48	oder	63 780	13550	288

Gesammtstärke A. und B.: 218¾ Batl., 236 Schwadr., 134 Batt. mit rund: 168 000 Mann Infanterie, 28 500 Mann Kavallerie und 803 Geschützen.

B. Betrachtungen.

I. In den einführenden Abschnitten zur Geschichte des deutsch=französischen Krieges 1870/71 vom großen Generalstabe, sagt General v. Moltke (GstW. I. 72):

„Bei dem ersten Aufmarsche einer Armee kommen die viel=seitigsten politischen und geographischen Erwägungen neben den militärischen in Betracht. Fehler in der ursprünglichen Ver=sammlung der Heere sind im ganzen Verlaufe der Feld=züge kaum wieder gut zu machen. Alle diese Anordnungen aber lassen sich lange vorher erwägen und — die Kriegsbereitschaft der Truppen, die Organisation des Transportwesens voraus=gesetzt — müssen sie zu dem beabsichtigten Resultate führen.

Anders verhält es sich bei den weiteren Aufgaben der Strategie, der kriegerischen Verwendung der bereitgestellten Mittel, also bei den Operationen.

Hier begegnet unserem Willen sehr bald der unabhängige Wille des Gegners. Dieser kann zwar beschränkt werden, wenn man rechtzeitig zur Initiative fertig und entschlossen ist, aber man vermag ihn nicht anders zu brechen, als durch das Gefecht.

Die materiellen und moralischen Folgen jedes größeren Gefechts sind nun so weitgreifender Art, daß durch dieselben meist eine völlig veränderte Situation und mit ihr eine neue Basis für neue Maßnahmen geschaffen ist."

Wir wissen aus der Fortsetzung dieser Darlegungen im Generalstabswerke und den geistreichen Kommentaren Verdy's dazu in seinem II. Theil der „Studien über den Krieg": wie im konkreten Falle des ersten deutschen „Aufmarsches" im Sommer 1870,

zunächst die politischen Erwägungen — nämlich der Möglichkeit eines Krieges nach mehreren Fronten — maßgebend gewesen sind für die Berechnung der gegen Frankreich überhaupt verfügbar zu machenden Gesammtstreitkräfte, und

wie aus dieser Kraftberechnung der grundsätzliche operative Entschluß zur „Initiative", d. h. zur strategischen Offensive, entsprungen war;

wie fernerhin die geographischen Verhältnisse — einerseits in Gestalt der die eigenen und feindlichen Bewegungslinien durchschneidenden größeren Geländehindernisse (Fluß- und Berglinien), andererseits in Gestalt des nach dem Kriegstheater führenden und dasselbe überspannenden Wege- (besonders Eisenbahn-)Netzes — von bestimmtem Einflusse auf die räumliche und zeitliche Versammlung dieser verfügbaren Kräfte sich erwiesen haben, und

wie endlich die militärischen Rücksichten, die Gliederung der Gesammtkräfte unter dem Gesichtspunkte bedingt haben: für das „entscheidende Gefecht" die höchstmögliche numerische Ziffer zur Verfügung zu stellen und Abzweigungen nur insoweit eintreten zu lassen, als dies durch „eine für das Ganze bedrohliche Anwesenheit des Feindes an anderer Stelle" (vergl. Verdy, Studien über den Krieg. II. Operationspläne S. 101) „unabweisbar" geworden war.

Da nach den Moltke'schen Aussprüchen „jedes größere Gefecht" bezw. jede Schlacht eine „neue Basis für neue Maßnahmen" erzeugt, die „Schlacht" sich aber als das Ergebniß der vorangegangenen „Operationen" darstellt, als deren unerläßlicher Ausgangspunkt die zweckentsprechende („fehlerfreie!") Versammlung der Armee bezw. ihr „strategischer Aufmarsch" erklärt worden ist, so kann man sagen, daß mit jeder entscheidenden Schlacht zeitlich ein bestimmter „Feldzug" abschließt, bezw. ein neuer „Kriegsabschnitt" beginnt.

Da jeder Sieg „in der Schlacht" nur durch „die Räumung eines gewissen Ortes in die thatsächliche Erscheinung tritt, an welchem der Gegner sich behaupten wollte" (s. Kriegslehren 1. Heft. Schlußbetrachtungen), so entspricht aber auch immer dem durch die Schlacht erzeugten „zeitlichen" ein räumlicher Abschnitt des Krieges, welcher den Sieger zum „Herrn" (Eroberer) über ein größeres oder kleineres — meist durch geographische Abschnitte begrenztes — Landgebiet macht.

Man kann deshalb praktisch unter „einem Feldzug" füglich auch „den Gewinn oder die Behauptung eines solchen geographisch begrenzten Raumes" verstehen, über dessen Besitz die „Schlacht entschieden" hat, und offenbar spricht oben der General v. Moltke in diesem Sinne von einer Reihe von „Feldzügen" als lokalen Etappen in dem Verlaufe des „einen Krieges".

So entscheiden z. B. die mit den Schlachten von Spicheren und Wörth abschließenden (kurzen) „Operationen" vom „ersten strategischen Aufmarsche der Ersten und Zweiten bezw. Dritten Armee" bis zum „ersten größeren Zusammenstoße mit dem Feinde" über den Besitz der Länder „zwischen Rhein und Saar bezw. Rhein und Vogesen".

Die „Schlachten um Metz" beschließen den „Feldzug von der Saar zur Mosel" mit dem Gewinn nicht nur dieses Landstriches, sondern angesichts des Ausfalles dieser „taktischen Entscheidung" machen sie die Deutschen zugleich zu Herren des Abschnittes „von der Mosel zur Maas".

Der „Feldzug von Sedan" führt den Sieger von der Maas zur Seine, wie der „erste Loire-Feldzug des Generals v. d. Tann" von der Seine zur Loire, um durch die „taktische Entscheidung von Coulmiers" diesen Besitz wieder in Frage zu stellen, und dergleichen mehr.

Für jeden einzelnen „Feldzug" kehren unzweifelhaft die Ueberlegungen wieder, die (nach Moltke) schon für den Beginn des ersten maßgebend sein sollen, und selbst die „politischen" Einflüsse fallen (wie wir sehen werden) dabei nicht ganz aus der Rechnung aus.

Ausgangspunkt bleibt dabei immer der Aufmarsch, End=
punkt die Schlacht; dazwischen aber liegen die Operationen, welche
in dem Hauptbestreben: die Schlacht unter möglichst günstigen
Bedingungen zu schlagen, der Geschicklichkeit der beiderseitigen
Feldherren in der „spontanen Benutzung der wechselnden Umstände"
(s. Moltke, Strategie. Kriegsgeschichtliche Einzelschrift Nr. 13) eine
Arena freier Entschlüsse eröffnen, in welcher ihr geistiger Ring=
kampf (s. Clausewitz) sich abzuspielen hat.

Bis zum Augenblick der Schlacht kann dabei im Grunde jeder
„Operation" durch eine „Gegenoperation" zu rechter Zeit und in
zweckentsprechender Richtung entgegengetreten (eine durch die andere
paralysirt) werden, und diese Möglichkeit wird nur durch die zweck=
mäßigere Ausgestaltung des „Aufmarsches zum neuen Feldzug" einiger=
maßen eingeschränkt erscheinen. Da in dieser Richtung naturgemäß der
Sieger im vorangegangenen Feldzuge immer mehr oder weniger im
Vorsprung vor dem Besiegten sein wird, so leuchtet auch unter diesem
Gesichtspunkt die Wichtigkeit eines „ersten Erfolges" in die Augen.
Ebenso sicher ergiebt sich aber aus diesen Verhältnissen auch die Hin=
fälligkeit einer (strategischen) Theorie, welche von „guten und schlechten",
geschweige von „allein zweckentsprechenden Operationen" („auf der
inneren bezw. äußeren Linie", im „getrennt Marschiren und vereinigt
[umfassend] Schlagen" und dergleichen mehr) redet.

Jeder „operative" Vortheil kann aber endlich auch wieder durch
den „taktischen" Ausfall der Schlacht („Aktion") ausgeglichen
werden, und wieder folgert sich daraus die Irrthümlichkeit einer Auf=
fassung, welche in dem „Feldherrn" nur den „Strategen" und nicht
gleichzeitig auch den „Taktiker" suchen zu dürfen glaubt!

Wir werden später das Wechselspiel der „operativen Thätigkeit"
der beiderseitigen Feldherren gegeneinander im „Feldzug von Sedan"
näher zu verfolgen haben, zunächst gilt es hier, nur die Gesichtspunkte
zu prüfen, unter welchen sich der beiderseitige „Neu=Aufmarsch zu
diesem Feldzuge" — so, wie geschehen — gestaltet hat.

II. Das Generalstabswerk hebt die „Fehler" hervor, deren sich die
französische oberste Heeresleitung bereits im ersten Aufmarsche ihrer
verfügbaren Streitkräfte, und zwar sowohl in Bezug auf das thatsäch=
liche „Kraft=Aufgebot", wie in Bezug auf die getroffenen „Orts=
und Zeitbestimmungen für die Versammlung des Heeres" schuldig
gemacht hatte.

Die Erfahrung hat bestätigt, daß es den Franzosen denn auch „im ganzen Verlaufe der Feldzüge" trotz mancher günstigen Gelegenheiten dazu nicht gelungen ist, diese Fehler „wieder gut zu machen".

Der Marschall Mac Mahon, als Befehlshaber eines „abgezweigten Bruchtheiles" der verfügbaren französischen Gesammtstreitkräfte, hatte es dann aber seinerseits selbst wieder nicht verstanden, die von Oben begangenen Mißgriffe auch nur innerhalb seines eigenen Befehlsbereichs durch zweckentsprechende „Operationen" bis zu einem gewissen Grade unschädlich zu machen, den Grundfehler der „Kraftzersplitterung" vielmehr durch seine ersten Anordnungen nur noch gesteigert.

So hatte sich denn der „erste größere Zusammenstoß mit dem Feinde" für seine Armee zu einer vollen Katastrophe gestaltet, welche ihn unter den ungünstigsten Vorbedingungen alsbald vor die Aufgabe stellte: „für neue Maßnahmen eine neue Basis", d. h. für „einen zweiten Feldzug einen anderen Aufmarsch", zu suchen.

Es kann keinem Zweifel unterliegen, daß er dieser Aufgabe am zweckmäßigsten durch den (von seinem Gegner auch erwarteten s. A.) Versuch eines „Anschlusses an die Kaiserliche Armee in Lothringen" gerecht geworden sein würde, zumal er ja damit gleichzeitig den Hauptfehler der obersten Heeresleitung in der „ersten Kraftvertheilung" am wirksamsten verbessert hätte.

Wie die Dinge sich, dank der mangelhaften Ausnutzung des errungenen Sieges seitens seines Gegners, thatsächlich gestaltet hatten, wissen wir, daß die Durchführung dieses Gedankens vielleicht schon von Saarburg, jedenfalls von Lunéville aus, auf keine unüberwindlichen Hindernisse gestoßen sein würde. Freilich wäre es aber auch in erster Linie jetzt Sache der „obersten Heeresleitung" gewesen, den geschlagenen „abgezweigten" Heertheil in diesem Sinne mit den nöthigen Anweisungen zu versehen.

Wenn der Marschall Mac Mahon trotzdem auf diesen — in seiner Lage eigentlich natürlichsten — Entschluß verzichten zu müssen geglaubt hat, so spricht das am deutlichsten für die „tiefgreifende, moralische und materielle Wirkung" seiner Niederlage bei Wörth, welche ihm offenbar die Nothwendigkeit nahe gelegt hat, einem „erneuten Zusammenstoße mit dem Feinde" für längere Zeit und deshalb unter Preisgabe eines größeren Raumes aus dem Wege zu gehen.

Aber auch bei der französischen obersten Heeresleitung machen sich die „moralischen Folgen" des deutschen Sieges von Wörth in ihren widerspruchsvollen und unklaren Anordnungen für die Heertheile Mac Mahons bemerkbar, während gleichzeitig die „materielle" Wirkung der Schlacht bei ihr bereits in den ersten Tagen den Entschluß reifen läßt, auch mit den eigenen „Hauptkräften" bis hinter die Mosel zurückgehen zu wollen, ein Entschluß, den die „Schlappe von Spicheren" allein kaum zu erzeugen vermocht hätte.

Man wird nicht verkennen können, daß ein solcher etwa in der Zeit zwischen dem 8. bis 10. August gefaßter und alsbald zur Ausführung gebrachter Beschluß von oberster Stelle: die getrennten Heertheile (durch Heranziehung Mac Mahons über Lunéville—Toul), z. B. in einer Flankenstellung zwischen Mosel und Maas (Linie Metz—Verdun) zu vereinigen, der „neuen Sachlage" nicht nur am besten entsprochen haben würde, sondern „operativ" auch ohne alle Schwierigkeiten ausführbar gewesen wäre.

Die der deutschen Heeresleitung damit auferlegte Nothwendigkeit einer Rechtsschwenkung ihrer zur Zeit 12 Meilen langen Front unter gleichzeitiger Ueberschreitung der Mosel, versprach einer thätigen und aufmerksamen Gegenführung nicht nur („spontane") Gelegenheit zu partiellen Erfolgen zu bieten, sondern auch der Vertheidigung von Paris und den dort im Gange befindlichen Neuformationen zeitlich aufs Wirksamste zu Gute zu kommen.

Aeußerstenfalls, wenn man es hier noch nicht auf eine „Entscheidungsschlacht" ankommen lassen zu dürfen glaubte, konnte man dann immer noch im letzten Augenblicke durch einen (wohl vorbereiteten) Rechtsabmarsch über die untere Maas dieses Spiel zwischen Ardennen und Oise (z. B. in Linie Rethel—Vouziers) noch einmal wiederholen und sich hier dann mit den Pariser Verstärkungen „zur Schlacht vereinigen".

Im französischen Hauptquartier war man jedoch offenbar solchen operativen Aufgaben nicht gewachsen; sind ja ähnliche Gedanken dort — wie es mannigfach den Anschein hat — auch ventilirt worden, so hat es doch an der Persönlichkeit gefehlt, dieselben in zielbewußte Thaten zu übersetzen.

So blieb denn unter obwaltenden Verhältnissen der Marschall Mac Mahon sich mehr oder weniger selbst überlassen!

Von seinem Standpunkte aus betrachtet kann es jetzt aber nur als durchaus sachgemäß bezeichnet werden, wenn er den Wiederaufmarsch seiner Armee gleich auf einen solchen Abstand vom Feinde zurück

verlegte, daß er ficher fein konnte, dort alle getrennten Bruchtheile
derfelben rechtzeitig, d. h. vor einem erneuten Zufammenſtoße mit
dem Feinde, zu vereinigen.

Er deckte damit gleichzeitig unmittelbar die wichtige gerade Straße
auf Paris und fand in den Vorräthen des Lagers die nöthigen Mittel
zur Wiederherſtellung der Armee (f. 2. B.).

Mit dieſem Entſchluſſe war dann aber freilich auch thatſächlich die
Theorie von der „Schaffung zweier Widerſtandscentren“ (f. 2.
und 4. Heft Kriegslehren) in die Praxis der franzöſiſchen Kriegführung
eingeführt, von der es zweifelhaft erſcheint, ob fie erſt aus dem Mac
Mahonſchen Rückzuge auf Châlons entſprungen oder ſelbſt die Veran=
laſſung für die Wahl dieſes Rückzugspunktes geweſen iſt?

Wir werden ſpäter auf dieſen Plan zurückzukommen haben, von
dem zunächſt nur feſtſteht, daß, nachdem der Neuaufmarſch des franzöſiſchen
Geſammtheeres — gewollter oder unfreiwilliger Weiſe — bei Châlons
und Metz in ſeinem Sinn vollzogen war, die oberſte Heeres=
leitung ihn — alsbald wieder aufgegeben hat!

III. Die unbeſtimmten Nachrichten über den Verbleib des ge=
ſchlagenen Feindes, welche dem Oberkommando der Dritten deutſchen
Armee bis zum 7. Auguſt nur zugegangen waren, geſtatteten hier, für
die „neuen Maßnahmen zu einem neuen Feldzuge“ zunächſt nur mit
der Möglichkeit eines „erneuten baldigen Zuſammentreffens mit
dem Feinde“ beim Austritt aus dem Gebirge zu rechnen. Das räum=
liche Ziel des neuen Feldzuges (f. I.) konnte bementſprechend vorläufig
auch nicht weiter als bis zu dem Abſchnitte der oberen Saar geſteckt
werden, und wir haben geſehen, wie die Armee am 8. Auguſt in dieſem
Sinne in Bewegung geſetzt wurde.

Indem das große Hauptquartier durch die Anweiſung an den
linken Flügel der Zweiten Armee: „dem Marſchall Mac Mahon den
Rückzug auf die Kaiſerliche Armee möglichſt zu verlegen“, in die Durch=
führung dieſes von der Dritten Armee begonnenen „neuen Feldzuges“
eingriff, geſtaltete ſich aus dem „ſtrategiſchen Aufmarſche“ der für
dieſe Kriegshandlung jetzt verfügbar gemachten Geſammtkräfte eine
kombinirte konzentriſche Bewegung zweier getrennter Heer=
theile gegen Rohrbach, deren Vereinigung ſich gegebenenfalls erſt
auf dem neuen Schlachtfelde hätte ermöglichen laſſen.

Die Dritte Armee und der linke Flügel (speziell das IV. Korps) der Zweiten Armee „marschirten getrennt, um doch womöglich vereinigt zu schlagen!"

Der Umstand, daß der Feind sich dieser geplanten strategischen Umfassung rechtzeitig zu entziehen gewußt hat, ließ diesen operativen Ansatz nicht zu einer taktischen Entscheidung kommen, und wir sehen dann weiterhin die deutsche Gesammtarmee ihre „Operationen gegen die Mosel" nunmehr in einer zusammenhängenden Masse — in freilich 12 Meilen breiter Front — weiter fortsetzen.

Ihren taktischen Abschluß findet dann diese „Operation" (der „Feldzug von der Saar zur Mosel") in den nur durch die beiden Heerkörper des rechten Flügels und des Centrums (Erste und Zweite Armee) durchgeführten „Schlachten von Metz".

Abermals waren dadurch „neue Maßnahmen auf wesentlich veränderter Basis" nothwendig geworden, und wieder (wie bei Beginn des Krieges) gestaltet sich der dafür nothwendig erachtete „Neuaufmarsch" der deutschen Gesammtarmee zu einer Zweitheilung der verfügbaren Kräfte. Die „gegen Paris" bestimmte „Königliche Haupt-" und die „vor Metz" verbleibende „Friedrich Karlsche Nebenarmee" (s. 4. Heft Kriegslehren) haben hinfort ihre „Feldzüge" genau in derselben Weise selbständig nebeneinander durchzuführen, wie in Gemäßheit des ersten „strategischen Aufmarsches" beim Kriegsausbruch die „Königliche (Erste und Zweite") und die „Kronprinzliche (Dritte) Armee" in eigener Unabhängigkeit zu verfahren hatten.

Die oberste Heeresleitung kann persönlich nur den einen dieser „Feldzüge" unmittelbar leiten; ihre Aufgabe dem anderen gegenüber beschränkt sich darauf, durch entsprechende allgemeine Anweisungen (Direktiven) den für die Festhaltung des „einen großen (Kriegs-!) Endzieles" nothwendigen Einklang zwischen den „in sich selbständigen" Kriegshandlungen auf „getrennten Kriegsschauplätzen" nach Möglichkeit herzustellen.

. Sowohl beim Neuaufmarsch der Armee „nach Metz", wie bei ihrem ersten Aufmarsch „beim Kriegsbeginn" sind es die feindlichen Maßnahmen und damit die „militärischen" Motive, welche eine solche Zweitheilung bezw. Abzweigung eines gewissen größeren Bruchtheiles der verfügbaren Gesammtkräfte von der Hauptmacht unvermeidlich machen. Keineswegs aber läßt sich aus diesen thatsächlichen Erscheinungen die Schlußfolgerung ableiten, daß solche Trennung eine grundsäßliche Eigenart der „Moltkeschen Strategie" gewesen sei, welche die Wiedervereinigung dieser getrennten Theile immer erst „auf dem Schlachtfelde" anzustreben beabsichtigt habe!

Abgesehen davon, daß der Nachweis für solche „Absicht" sich gegenüber der Abzweigung der „Kronprinzlichen" und später der „Friedrich Karlschen Armee" von der Hauptmacht wohl ziemlich schwer erbringen lassen würde, spricht aber auch nicht einmal die Thatsache für solche Anschauung, daß allerdings der Neuaufmarsch der Dritten und Maas=Armee für den „neuen Feldzug" sich zunächst auf einer Frontbreite von 75 km vollzogen und dadurch anscheinend den Charakter einer „geplanten Trennung" dieser beiden Gruppen angenommen hatte.

Wir werden alsbald sehen, wie es die erste operative Sorge des Generals v. Moltke gewesen ist, diesem Zustande durch näheres Zusammenschieben der beiden Armeen baldmöglichst ein Ende zu machen, deren durch die örtlichen Umstände bedingte ursprüngliche weitere Trennung der deutschen obersten Heeresleitung nur so lange als „unbedenklich" erscheinen mochte, als noch ein Abstand von 100 km sie von dem Feinde trennte.

Im Gegensatze zu solch neuer Auslegung der „Moltkeschen Kriegskunst" steht für uns fest, daß nicht nur für den ersten Aufmarsch der Armee beim Kriegsbeginn, sondern auch für jeden Neuaufmarsch zu einem neuen Feldzuge die höchstmögliche Vereinigung der verfügbaren Kräfte den leitenden Grundsatz unseres großen Heerführers gebildet hat, und daß — wie auch Verdy (s. seine „Operationen") das sehr bestimmt hervorhebt — das Schlagwort vom „getrennt Marschiren, um ein vereintes Schlagen immer erst auf dem Schlachtfelde selbst anzustreben" sich unbedingt nicht auf die Moltkesche Autorität berufen kann!

Selbst der „erste strategische Aufmarsch der preußischen Armee im Jahre 1866" darf, so verführerisch es erscheint, nicht für solche Ansicht ins Feld geführt werden.

Allerdings überschritten damals die Erste, Zweite und Elb= Armee das böhmische Grenzgebirge in getrennten Kolonnen, um sich beabsichtigterweise erst „in der Gegend von Gitschin", d. h. aber doch ausdrücklich vor dem erwarteten „ersten entscheidenden Zusammen= stoß mit dem Feinde", zu vereinigen.

Man wird mit voller Bestimmtheit voraussetzen dürfen, daß wenn der Chef des preußischen Generalstabes damals mit der Möglichkeit zu

rechnen gehabt hätte, an jenem ins Auge gefaßten „Versammlungspunkte
der getrennten Kolonnen" bereits mit der vereinigten österreichischen
Haupt=Armee „zur Schlacht zusammenzutreffen", er — nicht „getrennt marschirt" wäre bezw. die „Versammlung" bereits früher angestrebt hätte!

Es würde uns zu weit führen, hier näher auf diese Verhältnisse
einzugehen, und es genügt zu sagen, daß wenn damals die geographischen
Verhältnisse dem „getrennten" Auf= und Vormarsche den Vorzug vor
dem „geschlossenen" haben einräumen lassen, der General v. Moltke
sich doch nur deshalb für das „getrennt Marschiren" entschlossen haben
dürfte, weil die ihm bekannten militärischen Verhältnisse (auf feindlicher Seite!) ihm solche Maßnahme als „gefahrlos" erscheinen
ließen.

So schlußfolgern wir aber zunächst aus den thatsächlichen Anordnungen der obersten deutschen Heeresleitung in jenen Augusttagen des
Jahres 1870: daß

1. jeder an eine taktische Entscheidung neu anknüpfende neue
Feldzug eines erneuten Aufmarsches der dafür verfügbar zu stellenden
Streitkräfte bedarf, daß aber auch

2. jeder solcher Aufmarsch sich immer nur als höchstmögliche
räumliche Zusammenfassung dieser Streitkräfte für den einen
Feldzugszweck darzustellen hat, und

3. die zu zweckentsprechender Verwendung dieser Kräfte
nothwendig werdende „Theilung", „Trennung" bezw. „Gliederung"
immer erst nach Maßgabe des thatsächlichen Zusammentreffens mit
dem Feinde erfolgen sollte.

Diesen allgemeinen Grundsätzen gegenüber kommt es nun allerdings
darauf an, sich über die natürlichen Grenzen der Möglichkeit
solchen Zusammenhaltes der Kräfte im Raum klar zu werden.

IV. Armeen von der Stärke heutiger Kriegsaufgebote können
zweifellos nicht mehr in derjenigen „Geschlossenheit" bewegt (kaum
für längere Dauer aufgestellt) werden, welche der Einsatz ihrer Voll-
kraft in eine taktische Aktion (Schlacht) auch heute noch verlangt.

Topographische Gelände= (namentlich die Straßen=) Verhältnisse und Rücksichten der Verpflegung nöthigen dazu, den
Begriff „strategischer Geschlossenheit" nach einem anderen Maßstabe
zu bemessen, als den der „taktischen Geschlossenheit".

2*

„Strategischer Aufmarsch" und „taktische Entwickelung" werden dadurch zwei räumlich verschiedene Größen, oder, mit anderen Worten, eine heutige Armee kann sich nicht mehr in kampfbereiter „Schlachtordnung" auf „weitere Strecken hin" bewegen.

Das hindert nicht, daß das absolute Ausmaß für das jeseitige (strategische oder taktische) räumliche Bedürfniß sich nach Zeit und Umständen nicht unwesentlich verändern kann.

So nehmen zweifellos 1000 Mann „im Kampfe" heutzutage einen gegen früher wesentlich vergrößerten Raum in Anspruch, und 100 000 Mann können in einem gang- und fruchtbaren Lande viel geschlossener „operiren", als in armer, wegloser Gegend.

Von einem getrennten — im Gegensatze zu einem geschlossenen — Auftreten einer bestimmten Masse kann somit in „Strategie und Taktik" immer erst die Rede sein, wenn der von ihr eingenommene Raum die „normalen, natürlichen Grenzen" überschritten hat.

„Strategisch getrennt" sind hiernach nur diejenigen Bruchtheile einer Gesammtstreitkraft, welche nicht mehr rechtzeitig, d. h. früher zu einer „taktischen Entwickelung" gebracht werden können, als wahrscheinlicherweise die Ueberwindung des zuerst in die Kampfhandlung eingetretenen Bruchtheiles Zeit kosten wird.

Wir wissen, daß das Bedürfniß, diese „Zeit" entsprechend des mit dem Anwachsen des einen Heeres sich vergrößernden operativen „Raumes" möglichst zu verlängern, schon in der Napoleonischen Periode zur Bildung „selbständiger zusammengesetzter Schlachtkörper" (gemischter Divisionen) geführt hat, deren taktische Widerstandskraft man dadurch mindestens auf die Dauer eines Tages zu steigern gehofft hat.

In diesem Sinne gilt dann aber auch heute noch der „strategische Aufmarsch" so bemessener „Schlachtkörper" als ein geschlossener, wenn nach Breite und Tiefe diese einzelnen Heertheile nicht über den Abstand eines Tagemarsches „getrennt" sind und der Feind sich nicht ohne schwere eigene Gefahr zwischen sie einschieben kann.

In unserer geschichtlichen Darstellung bezeichnet das Generalstabswerk demgemäß den Vormarsch der Dritten Armee in zwei bis drei Meilen breiter Front durchweg als einen „geschlossenen", so lange auf diesem Raume zwei bis drei Korps sich nebeneinander in „getrennten Kolonnen" bewegen!

So kann man von einem „getrennten Aufmarsche" bezw. einem sich daran anschließenden „getheilt Marschiren" erst sprechen, wo diese Grenzen wesentlich überschritten erscheinen, und hat das auch schon in der Napoleonischen Zeit gethan. Wo Heertheile von einer bestimmten Mindeststärke (Korps, Divisionen) sich nicht über einen kleinen Tagemarsch Abstand voneinander bewegen, gilt allerwege die Gesammtheit als „geschlossen", während bei abnehmender Stärke des Einzeltheiles der Zustand einer „Trennung" schon bei wesentlich kürzeren Zwischenabständen eintreten wird.

Maßgebend für den Begriff bleibt immer die Möglichkeit einer rechtzeitigen Vereinigung zu taktischer Waffenthätigkeit.

V. Nun hat der Herr Verfasser einer Besprechung der neuerdings erschienenen „Kriegführung von K. v. der Goltz" im 4. Beiheft des Militär-Wochenblattes 1896 (unter der Chiffre —g.) heraus=gefunden, daß es den grundsätzlichen Unterschied zwischen der Napoleonischen und der Moltkeschen Kriegführung („zwei große Prin=zipien!") bilden soll, daß

Napoleon „die Vereinigung aller operativ verfügbaren Streitkräfte immer noch vor dem Schlachtfelde",

Moltke „das Verharren in operativer Trennung bis in das Schlachtfeld hinein und ein taktisches Zusammen=wirken erst im Kampfe selbst"

angestrebt habe.

In diesem Sinne habe Moltke „die Operation mit getheilten Heeren in ein System gebracht", dessen Vorzüge vor dem Napoleonischen der Herr Verfasser besonders auch darin findet, daß „bei solcher Durchführung (der Operationen) sich eine eigene Schlachtdisposition im Napoleonischen Stile ganz von selbst verbiete, jedenfalls über=flüssig werde", weil „der Operationsgedanke sie unmittelbar liefere!"

Nach diesem Moltkeschen System soll dann auch (mehr oder weniger abweichend von der Clausewitzschen Deduktion des Begriffes) „das Wesen der Strategie nach gegenwärtigen Ansprüchen" in der „Theilung der Armee zum Zweck rechtzeitiger Versammlung" (!?) bestehen und in dem „volksthümlich gewordenen Satze" sich zusammen=fassen: „Getheilt marschiren, um vereint zu schlagen!"

Im weiteren Verlaufe ihrer Auseinandersetzungen hebt die beregte Abhandlung ausdrücklich hervor, daß demgemäß die Theorie „die Frei=heit der Wahl zwischen Moltkeschem und Napoleonischem Operations=

verfahren nicht zulaſſen dürfe" und „die Lehre von der Kriegs-
führung ſich werde für eine der beiden Methoden entſcheiden
müſſen", weil „ein Heer in ſeiner Operationsweiſe nicht zweien Herren
dienen", der „eine Flügel nicht à la Moltke verfahren, der andere
Napoleoniſchen Grundſätzen folgen" könne.

Daß die Entſcheidung nur zu Gunſten des „Moltkeſchen" Verfahrens ausfallen müſſe, ſcheint der Herr Verfaſſer beſonders durch
zwei Sätze erhärten zu wollen, in welchen es heißt:

1. „wenn es der Strategie gelang, die Operationen ſo zu führen,
daß getrennte Heertheile von zwei verſchiedenen Seiten,
aus der Entfernung eines kurzen Tagemarſches auf
ein Schlachtfeld gelangen, dann hat ſie das Beſte gethan und
große Erfolge müſſen ſich ergeben"; und

2. „es leuchtet ein, wie wichtig es iſt, ſo lange als möglich in
der Trennung der Marſchkolonnen zu verharren, weil
verfrühte Vereinigung die Vorwärtsbewegung verlangſamt
und die Fähigkeit zur Veränderung der Operationsrichtung
aufhebt. Eine einmal verſammelte Armee kann nur noch quer-
feldein bewegt werden. Um mit ihr zu operiren, muß man
erſt wieder zu ihrer Zerlegung ſchreiten".

Wenn wir den Herrn Verfaſſer richtig verſtanden haben, ſo will
er alſo „die Armee zerlegen", den „ſtrategiſchen Aufmarſch" bezw. die
„operativen Bewegungen trennen", um ſich für das Schlachtfeld den
Vortheil einer unmittelbar aus der ſtrategiſchen Operation ſich
ergebenden taktiſchen Umfaſſung des Gegners („von zwei verſchiedenen Seiten her") zu ſichern und ſich dadurch eine auf die
Gliederung der Armee, z. B. in einen taktiſch frontal und einen
flankirend wirkenden Bruchtheil, gerichtete beſondere Schlacht-
dispoſition erſparen!

Wenn er dann aber ſelbſt dafür doch beanſprucht, daß die „getrennten Heertheile" ſich zu dieſem Zweck „aus der Entfernung
eines kurzen Tagemarſches auf dem einen Schlachtfelde vereinigen"
ſollen, wir aber oben nachgewieſen haben, daß auf einen ſo nahen Ab-
ſtand aneinander gerückte Heertheile heutzutage nicht mehr als „ſtrategiſch
getrennt" zu betrachten ſind:

ſo will uns bedünken, daß die ganze Theorie von dem grundſätz-
lichen Unterſchiede zwiſchen Moltkeſchem und Napoleoniſchem Operationsverfahren hinfällig wird.

Auch Napoleon ist in diesem Sinn „getrennt marschirt, um vereinigt zu schlagen", und auch Moltke ist überall bestrebt gewesen, „spätestens am Tage vor der Schlacht seine getrennten Kolonnen möglichst auf einen kleinen Tagemarsch Abstand zu versammeln!"

Wenn es Moltke bei Königgrätz und Sedan gelungen ist, die Kronprinzliche Armee aus naher Entfernung auf den „taktisch entscheidenden Punkt des Schlachtfeldes heranzuführen", indeß bei Waterloo die gleiche Absicht dem Kaiser Napoleon mit dem Grouchyschen Heertheil mißlang, so verdankt Moltke seinen Erfolg dem Umstande, daß er seine „getrennten Heertheile schon vor der Schlacht genügend nahe vereinigt" hatte. Der Napoleonische Mißerfolg aber führt sich darauf zurück, daß der Kaiser „die Einschiebung feindlicher Heertheile (Blüchers) zwischen seine getrennten Kolonnen nicht rechtzeitig zu verhindern" im Stande gewesen ist.

Der räumliche Abstand zwischen der Napoleonischen Haupt- und der Grouchyschen Neben-Armee (zwei Meilen) war keineswegs so groß, daß man in demselben eine Verleugnung des „Napoleonischen Systems der Geschlossenheit" zu erblicken hätte.

Wenn aber die deutsche oberste Heeresleitung im „Feldzug von Sedan" an dem „System des Verharrens in der Trennung der Maas- und Dritten Armee bis zu ihrer Vereinigung auf dem Schlachtfelde von Châlons" festgehalten hätte, so würden die Dinge doch leicht einen anderen Verlauf haben nehmen können als jetzt!

Daß General v. Moltke in seinem „Operationsverfahren" mit einer — thatsächlich sogar noch recht unwahrscheinlichen — feindlichen Gegenwirkung gerechnet hat, welche Napoleon damals ignoriren zu können geglaubt hatte, lieferte dem deutschen Feldherrn die Frucht von Sedan in die Hand, indeß dem großen Franzosenkaiser die Katastrophe von Belle Alliance gereift ist.

Wir haben oben gesagt, daß das vom Herrn Verfasser im Militär-Wochenblatt aufgestellte soit disant „Moltkesche Operationssystem" hinfällig ist, wenn er darunter nur die durch die natürlichen Bedingungen geheischte „Theilung einer Armee" versteht; wir müssen jetzt sagen, daß sein System falsch ist, wenn es die Lehre von einer über diese Grenze hinausgehenden „Trennung" vertritt.

Die erhofften „taktischen Vorzüge" eines solchen operativen Verfahrens werden sich nur bei voller Passivität des Gegners einstellen, und das ganze „System" läuft schließlich auf das längst richtig

gewürdigte Heinrich v. Bülow'sche Spiel von „konzentrischen An=
griffen und exzentrischen Rückzügen" hinaus, von welchem schon Clause=
witz sagt, daß es in die „widersinnige Richtung von der überlegenen
Wirkung der umfassenden Form" ausmünde.

VI. Wir haben uns ausführlicher mit diesen Darlegungen be=
schäftigt, weil wir in ihnen den erneuten Beweis dafür gefunden haben,
wie leicht — mangels einer festen Theorie von der Krieg=
führung — rein äußerliche Erscheinungen — in Strategie und
Taktik — zu Trugschlüssen führen, die, wenn sie dann auch noch in
dem Gewande einer gewissen „Wissenschaftlichkeit" auftreten, den klaren
Blick und das gesunde Urtheil des Handelnden auf volle Irrwege
zu führen geeignet sind.

Erscheinen gar solche Lehren erst in ein „volksthümliches" Schlag=
wort zusammengefaßt, so vermögen sie selbst der handgreiflichsten
Erfahrung einen oft schier „unüberwindlichen" Widerstand entgegen=
zustellen.

Wir verweisen in dieser Richtung nur auf die in früheren Be=
trachtungen beleuchtete Verwirrung, welche auf taktischem Gebiete
der „volksthümliche Satz" von der heutigen „Unmöglichkeit frontaler
Angriffe" erzeugt hat, welche man deshalb durch den „Flanken=
angriff" ersetzen müsse.

Der beste Beweis für die Gefahr, welche in einer solchen
theoretischen Behandlung der „Kriegführung" liegt, kann wohl darin
gefunden werden, daß auch General v. Verdy im 1. Heft seiner
„Operationen" sich veranlaßt gesehen hat, ihr auf das Entschiedenste
entgegenzutreten.

Uns selbst aber werden die weiteren Betrachtungen über den
„Feldzug von Sedan" zu ganz anderen Ergebnissen in Betreff des
„Moltke'schen Operationsverfahrens" gelangen lassen.

2. Die beiderseitigen ersten Operationen.

A. Geschichtliches.

Der Marschall Mac Mahon hatte sich nach der Wiederherstellung
seiner Armee im Lager von Châlons vor die schwer zu vereinigende
Doppelaufgabe gestellt gesehen, einerseits Paris vor den anbringenden

Deutſchen decken, andererſeits dem noch bei Metz zurückbefindlichen
Marſchall Bazaine die Hand zu einer von oberſter Leitungsſtelle aus
ins Auge gefaßten Vereinigung bieten zu ſollen.

(GſtW. 1. 950.) „Der einfachſte und ſicherſte Weg zur Löſung
der erſtgenannten Aufgabe wäre wohl der Marſch bis in die Nähe der
Hauptſtadt geweſen, um, geſtützt auf die Befeſtigungen und reichen Hülfs=
quellen derſelben, unter möglichſt günſtigen Verhältniſſen die Schlacht
anzubieten. Selbſt im Falle einer Niederlage konnte ſich dann das
franzöſiſche Heer einer Verfolgung ſchnell entziehen, und an eine förm=
liche Einſchließung oder Abſperrung von Paris wäre angeſichts einer dort
verſammelten Streitmacht von mehr als 100 000 Mann Linientruppen
kaum zu denken geweſen.

Andererſeits machte aber ein ſolcher Rückzug die Löſung der
zweiten Aufgabe unmöglich. So lange die deutſchen Armeen ſich noch
jenſeits der Maas befanden, ſchien es daher rathſam, bei Châlons die
Entwickelung der Dinge abzuwarten und ſich für eine beſtimmte Richtung
erſt dann zu entſcheiden, wenn ein klarerer Ueberblick der Verhältniſſe
gewonnen ſein würde. Da ſich der Marſchall Mac Mahon voll=
ſtändig der Nothwendigkeit bewußt war, die unter ſeinem Befehle
ſtehende Armee dem Lande zu erhalten, ſo war er damals feſt ent=
ſchloſſen, den Marſch auf Paris anzutreten, falls die Rhein=Armee
(des Marſchalls Bazaine) auch fernerhin bei Metz verharren und ein
weiteres Vorrücken des Kronprinzen von Preußen die rechte Flanke der
Armee von Châlons und damit zugleich die Hauptſtadt bedrohen ſollte.“

Die bis zum 19. Auguſt im Lager von Châlons eingehenden,
nicht über die Schlacht von Bionville—Mars la Tour („Rezonville“
nach franzöſiſcher Benennungsweiſe) am 16. Auguſt hinausreichenden
Nachrichten über die Lage des Marſchalls Bazaine hatten die Ver=
hältniſſe nicht genügend geklärt, um dem Marſchall Mac Mahon die
Faſſung eines beſtimmten Entſchluſſes zu erleichtern.

In einem Telegramm von dieſem Tage an den Oberbefehlshaber
der Rhein=Armee bei Metz, gab der Marſchall deshalb ſeiner Auffaſſung
dahin Ausdruck:

„Wenn, wie ich glaube, Sie gezwungen ſind, ſehr bald zurück=
zugehen, ſo weiß ich bei der Entfernung, in welcher ich mich
von Ihnen befinde, nicht, wie ich Ihnen zu Hülfe eilen kann,
ohne Paris zu entblößen. Wenn Sie anders urtheilen, laſſen
Sie es mich wiſſen.“

Als er aber am 20. August mit Bestimmtheit erfuhr, daß „die deutsche Dritte Armee an den Kämpfen bei Metz ganz unbetheiligt gewesen sei, vielmehr in vollem Anmarsche auf Paris sich befinde und mit ihren Kavalleriespitzen bereits die Gegend von Vitry erreicht habe", und weitere Nachrichten vom Marschall Bazaine ausblieben, so erschien ein weiterer Aufschub nicht mehr möglich.

Die der Vertheidigung wenig günstige Ebene von Châlons ließ ein Abwarten des feindlichen Angriffs hier nicht rathsam erscheinen; andererseits ließ sich mit Bestimmtheit annehmen, daß unter obwaltenden Umständen dem Marschall Bazaine der gerade Rückzugsweg auf Châlons bereits vom Feinde verlegt sein werde und demselben nur noch die nördlichen Straßen zum Anschlusse freistehen würden.

(GstW. I. 952.) „In solcher Verlegenheit wählte der Marschall Mac Mahon einen Mittelweg, welcher ihn vorläufig der Nothwendigkeit enthob, sich nach der einen oder anderen Seite bestimmt zu entscheiden. Er beschloß, dem Vorrücken des Kronprinzen von Preußen in nordwestlicher Richtung auszuweichen und so in der Lage zu bleiben, entweder mit einem Umweg noch rechtzeitig Paris zu erreichen oder dem Marschall Bazaine entgegen zu gehen.

Demgemäß bezog die Armee am 21. August neue Stellungen in der Umgegend von Reims. Auf dem rechten Flügel stand das 7. Korps bei Sillery, neben (hinter?) diesem das 1. bei Cormontreuil, das 5. bei Ormes und Champigny und auf dem äußersten linken Flügel das 12. bei La Neuvilette. Eine bei Châlons zurückgelassene Arrieregarde sollte die dortigen Vorräthe in Sicherheit bringen oder sie beim Anmarsch der Deutschen verbrennen."

Auf die operativen Entschlüsse des Marschalls suchten zunächst politische Rücksichten ihren Einfluß geltend zu machen; am gleichen Tage mit der Armee von Châlons her, traf der Minister Rouher von Paris in Reims ein.

„Er überbrachte die bestimmte Forderung des Ministerrathes und der Kaiserin, daß die Armee dem Marschall Bazaine zu Hülfe eilen solle, obwohl man über die augenblickliche Aufstellung der Rhein-Armee in Paris ebenso wenig unterrichtet war wie in Reims.

Einem derartigen Ansinnen setzte der Marschall Mac Mahon anfangs den nachdrücklichsten Widerstand entgegen, indem er die Erklärung abgab, er werde am 23. den Marsch nach Paris antreten, falls bis dahin nicht andere Weisungen des (nominell immer noch mit dem

Oberbefehl über die französische Gesammtarmee betrauten) Marschalls Bazaine eingegangen seien.

Zur Begründung seines Entschlusses führte er an, daß nach den ihm neuerdings zugegangenen Nachrichten die Rhein=Armee von 200 000 Deutschen umgeben sei, daß der Kronprinz von Sachsen mit 80 000 Mann zwischen Metz und Verdun stehe, und daß der Kronprinz von Preußen mit 150 000 Mann die Gegend von Vitry erreicht habe. Unter solchen Umständen müßte ein Vormarsch nach Osten die Armee von Châlons einem unvermeidlichen Mißgeschick entgegenführen.

Da der Kaiser Napoleon Einwendungen gegen diese Ausführung nicht erhob, sondern dem Marschall jetzt und auch für späterhin ganz freie Hand ließ, so reiste Rouher mit jenem Bescheid nach Paris zurück, nachdem er zuvor eine Proklamation entworfen hatte, welche das französische Volk über den bevorstehenden Rückzug beruhigen sollte."

Die Befehle für die Ausführung des Mac Mahonschen Entschlusses waren in der Ausfertigung begriffen, als am Nachmittage des 22. August in Reims eine Depesche des Marschalls Bazaine vom 19. August einlief, deren Inhalt das Ergebniß der Schlacht vom 18. August dahin zusammenfaßte, daß der Marschall die Armee nach den hartnäckigen Kämpfen der letzten Tage „auf dem linken Mosel=Ufer in einer auf die Forts von St. Quentin und Plappeville gestützten Linie aufgestellt habe und zwei bis drei Tage ruhen lassen müsse"; dann aber im Wortlaut dahin fortfuhr:

„Ich rechne immer noch darauf, die Richtung nach Norden zu nehmen und mich über Montmédy auf dem Wege von St. Menehould nach Châlons durchzuschlagen, wenn derselbe nicht stark besetzt ist. In diesem Falle werde ich auf Sedan und selbst auf Mézières gehen, um Châlons zu erreichen."

Da man hiernach mit der Möglichkeit zu rechnen hatte, daß die Rhein=Armee zur Zeit sich bereits wieder unter den schwierigsten Verhältnissen im Marsch befinde, „fühlte sich der Marschall Mac Mahon bewogen, seinen bisherigen Entschluß noch im letzten Augenblick wieder fallen zu lassen, um der Rhein=Armee die Hand zu reichen".

Daß er an diesem Entschlusse festhielt, auch als er bis zur Aisne (Rethel) keinerlei weitere Nachrichten über den Verbleib der Rhein=Armee erhalten hatte, darf man wohl mit Recht auf eine erneute Depesche des Ministers Rouher aus Paris vom 22. abends zurückführen, in welcher derselbe trotz der vorangegangenen Verabredungen „die Ver=

einigung mit der Rhein-Armee als dringend erforderlich" hinstellte. (GStW. I. 955 Anm.)

Auf Grund der im deutschen großen Hauptquartier zu Pont à Mousson seit dem 19. August eingegangenen Meldungen und der daraus gewonnenen allgemeinen Anschauung über die Aufstellung des Gegners, war „am 21. August, 11 Uhr Vorm.", an die beiden Kronprinz-lichen Armeeführer der „Armeebefehl" ergangen (GStW. I. Anl. 33):

„Nachdem ein großer Theil der französischen Armee ge-schlagen und durch 7½ Armeekorps in Metz eingeschlossen ist, werden die Armee-Abtheilung des Kronprinzen von Sachsen und die Dritte Armee den Vormarsch gegen Westen in der Art fortsetzen, daß Letztere links der Ersteren im Allgemeinen um eine Etappe voraus bleibt, um den Feind, wo er Stand hält, in Front und rechter Flanke anzugreifen und nördlich von Paris abzudrängen.

Zufolge der hier eingegangenen Nachrichten sollen zunächst in Verdun feindliche Abtheilungen stehen, wahrscheinlich nur im Rückmarsch auf Châlons begriffen, dort sich aber Theile der Korps Mac Mahon und Failly, sowie Neuformationen und einzelne Regimenter aus Paris und dem Westen und Süden Frankreichs versammeln.

Gegen diesen Punkt werden zum 26. August die Armee-Abtheilung des Kronprinzen von Sachsen und die Dritte Armee auf der Linie St. Menehould — Vitry le Français sich konzentriren.

Die Erstere bricht am 23. d. M. auf und dirigirt sich auf die Linie St. Menehould — Doncourt — Givry en Argonne, woselbst die Avantgarden am 26. eintreffen müssen. Verdun ist durch Handstreich zu nehmen oder unter Beobachtung süd-lich zu umgehen.

Die Dritte Armee bricht so auf, daß sie am 26. mit ihren Avantgarden die Linie St. Mard sur le Mont — Vitry le Français erreicht.

Das große Hauptquartier Seiner Majestät des Königs geht am 23. nach Commercy, woselbst das IV. Armee-korps ein Bataillon als Besatzung zurückzulassen hat."

gez. v. Moltke.

Beide deutsche Armeen setzten sich am 23. August in der befohlenen Richtung in Marsch.

(GstW. I. 960.) „Die Kavallerie-Divisionen der Maas-Armee erreichten die Maas: die 5. bei Neuville und Bras unterhalb Verdun, die 12. bei Dieue und die 6. bei Génicourt oberhalb der Festung. Ihre Avantgarden gingen westlich des Flusses bis Senoncourt, Souilly und Mondrecourt vor. Die Garde-Kavallerie-Division vereinigte sich westlich von St. Mihiel bei Frênes au Mont und schob Abtheilungen in die Gegend von Neuville en Verdunois und Rosnes vor. Hinter dem linken Flügel der Kavallerie traf das IV. Korps bei Vadonville, mit Avantgarden bei Triconville und La Vallée, das Gardekorps bei St. Mihiel und nördlich ein.

Das XII. Korps, welches für den folgenden Tag mit Ausführung des beabsichtigten Handstreiches gegen Verdun beauftragt war, erreichte Haudiomont und Eix. Ueber ersteren Ort hinaus wurde die Avantgarde der 24. Division bis auf eine kleine Meile südöstlich der Festung in den Wald von Fontaine vorgeschoben.

Das Oberkommando der Maas-Armee ging nach Fresnes Woëvre.

Vor der Front der Dritten Armee traf das Gros der 4. Kavallerie-Division bei St. Dizier ein. Ihre Avantgarde ging nach Perthes und breitete sich mit Seitenabtheilungen südlich bis Eclaron, nördlich bis über Sermaize aus.

Die schon früher auf Vitry vorausgesendeten zwei Schwadronen Dragoner-Regiments Nr. 5 erreichten die Gegend östlich Châlons. Sie fanden sämmtliche Dörfer vollständig frei vom Feinde, und eine im Marne-Thal vorgegangene Patrouille brachte die Meldung, daß auch die Stadt von den französischen Truppen verlassen und das Lager nach Angabe der Einwohner nur noch von Mobilgarden besetzt sei."

Da das Oberkommando der Dritten Armee auch aus dem großen Hauptquartier Nachrichten ähnlichen Inhaltes erhielt, ordnete es für den 24. August an, daß die 4. Kavallerie-Division die Marne südlich von Vitry überschreiten und auf dem linken Ufer dieses Flusses gegen Châlons, Vertus und Epernay, die württembergische Kavallerie aber in der nämlichen Richtung auf dem rechten Ufer vorgehen solle.

„Die 2. Kavallerie-Division, welche am 23. von Martigny her die Gegend südwestlich von Gondrecourt erreicht und in Cirfontaines erfahren hatte, daß bei Langres 6000 Mobilgarden nebst Artillerie im Zusammentreten begriffen seien, erhielt vom Oberkommando den Auftrag, in den nächsten Tagen über Vassy auf Arcis sur Aube vorzurücken und die Eisenbahn zwischen Troyes und Méry sur Seine zu zerstören.

Auf dem rechten Flügel der Dritten Armee rückte am 23. August das II. bayerische Korps bis in die Gegend nordwestlich von Ligny en Barrois vor, seine Ulanen-Brigade ging bis Bar le Duc und Mussey.

Die übrigen Korps der vorderen Linie erreichten den Saulx und zwar:

das V. Korps und die württembergische Division bei Stainville und Menil, das XI. Korps bei Montiers. Die Avantgarden standen gegen die Marne vorgeschoben, die des V. Korps bei Haironville und Sommelonne, die des XI. bei Fontaines.

In zweiter Linie rückten das I. bayerische Korps bis St. Aubin, das VI. Armeekorps bis Gondrecourt nach.

Das Hauptquartier des Kronprinzen von Preußen ging von Vaucouleurs nach Ligny."

24. August (Deutsche).

Im Laufe des 24. August setzten beide Armeen ihre Bewegungen westwärts fort.

Während das XII. Armeekorps von vormittags 10 Uhr an auf dem östlichen Maas-Ufer zu dem geplanten Handstreich gegen Verdun bereit stand, hatten die 5. und sächsische Kavallerie-Division die Festung auf dem linken Ufer eingeschlossen und gleichzeit Vorposten gegen Varennes und Clermont nach Westen vorgeschoben.

Da die Verhältnisse sich dem — hier nicht näher zu schildernden — Versuche eines gewaltsamen Angriffes nicht günstig erwiesen, begnügte man sich sächsischerseits mit einer leichten Einschließung des Platzes, und das XII. Korps überschritt noch in den Nachmittagsstunden mit der 23. Infanterie-Division die Maas bei Bras in Richtung auf Charny, indeß die 24. Division etwas später bei Dieue auf das linke Flußufer überging.

Die sächsische Kavallerie-Division verblieb bei Nixeville, die 5. zog sich bei Dombasle zusammen.

Weiter südlich hatte inzwischen die 6. Kavallerie-Division Foucaucourt und mit ihren Vortruppen die Ante erreicht; war die Garde-Kavallerie-Division bis in die Gegend zwischen Vaubécourt und Charmontois vorgerückt.

Das Gardekorps hatte die Aire bei Pierrefitte und Chaumont erreicht, indeß auf dem äußersten linken Flügel der Maas-Armee das IV. Korps bis Rosnes, seine Avantgarde bis Génicourt gelangt war.

Der Kronprinz von Sachsen nahm in der Nacht zum 25. sein Hauptquartier in Petit Monthairon an der Maas.

Auf dem rechten Flügel der Dritten Armee hatte das II. bayerische Korps Bar le Duc und Laimont, die bayerische UlanenBrigade (in Fühlung mit dem IV. Korps) Revigny auch Vaches erreicht.

Das V. Armeekorps und die württembergische Division waren den Saulx-Fluß abwärts, jenes nach Robert Espagne und Couvonges, diese nach Sandrupt gezogen; die württembergische Kavallerie bis Cheminon la Ville vorgeschoben.

Das XI. Armeekorps hatte Ancerville und St. Dizier, seine Avantgarde über letztgenannten Ort hinaus Hallignicourt erreicht.

In zweiter Linie war das I. bayerische Korps über Ligny bis Tronville, das VI. Korps bis Joinville gerückt; vor seiner Front die 2. Kavallerie-Division nach Vassy und Doulevent gelangt.

Während des Vormarsches war im Gebiet der Dritten Armee und namentlich im Departement der oberen Marne eine wachsende Zunahme feindseliger Gesinnung der Landbevölkerung bemerkbar geworden, welche sich stellenweise zu offenem Widerstande gesteigert hatte.

(GstW. I. 970.) „Beim Oberkommando der Dritten Armee in Ligny gingen am Vormittage des 24. August Meldungen aus dem Bereich der 4. Kavallerie-Division ein, durch welche zunächst die Räumung des Lagers von Châlons endgültig festgestellt und der Abzug des Feindes auf Reims wahrscheinlich geworden war.

Auch im Hauptquartier Seiner Majestät des Königs zu Commercy war bereits am 23. die Nachricht eingegangen, daß sich der Kaiser Napoleon mit dem größten Theil der französischen Streitkräfte bei Reims befinde. Andererseits hatte das Oberkommando der Zweiten Armee einen aufgefangenen Brief übersendet, in welchem ein höherer französischer Offizier der eingeschlossenen Rhein-Armee die zuversichtliche Hoffnung aussprach, daß ein Entsatz durch die Armee von Châlons bevorstehe.

General v. Moltke hatte beide Nachrichten dem Oberkommando der Maas-Armee mitgetheilt und hinzugefügt, daß außer der Beobachtung gegen Reims nun auch die Bahnlinie von dort über Longuyon nach)

Diedenhofen an Bedeutung gewinne, und daß es wünschenswerth sei, dieselbe an mehreren Punkten zu unterbrechen. Der Dritten Armee war gleichfalls eine weitere Aufklärung der thatsächlichen Verhältnisse durch die Kavallerie, sowie ein näheres Heranziehen des VI. Korps an den linken Flügel heran empfohlen worden.

Als demnächst am 24. das große Hauptquartier von Commercy nach Bar le Duc verlegt wurde, fand auf dem Wege dorthin beim Oberkommando der Dritten Armee in Ligny eine gemeinsame Besprechung der augenblicklichen Kriegslage statt.

Der Generalquartiermeister v. Podbielski vertrat bei dieser Gelegenheit zuerst die Ansicht, daß ein Vormarsch der Franzosen von Reims zum Entsatze des Marschalls Bazaine, ungeachtet der dagegen sprechenden militärischen Bedenken, dennoch aus politischen Gründen nicht unwahrscheinlich sei, und sich daher für den weiteren Vormarsch des deutschen Heeres eine Verschiebung desselben nach dem rechten Flügel hin empfehle.

Da indessen im Gegensatze zu dieser Annahme alle zur Zeit vorliegenden Meldungen darauf hindeuteten, daß der Gegner, sei es unmittelbar, sei es durch eine Flankenstellung etwa bei Laon, die Hauptstadt zu decken beabsichtige, so wurde es schließlich für angemessen erachtet, die Vorbewegung in der bisherigen Hauptrichtung fortzusetzen und zugleich nach Kräften zu beschleunigen. Ohnehin lag die Gegend von Reims, das nunmehrige nächste Hauptziel des Heeres, entfernter als Châlons; der Kronprinz von Preußen beschloß deshalb, bereits am folgenden Tage mit der Dritten Armee in diejenige Frontlinie einzurücken, welche sie nach der früheren Bestimmung erst am 26. erreichen sollte."

Im großen Hauptquartier Bar le Duc wurde am Abend des 24. August ein Befehl entworfen, nach welchem am 28. die Linie Suippe—Châlons—Coole erreicht und von dort aus je nach Umständen gegen Reims abgeschwenkt oder der Vormarsch nach Paris fortgesetzt werden sollte. Der Kavallerie der Maas-Armee war dabei die Aufgabe zugedacht, die rechte Flanke der vorrückenden deutschen Armee aufzuklären und hierbei die Festungen an der Ardennen-Bahn, die belgische Grenze und demnächst die Gegend von Rethel und Reims zu beobachten.

Die in der Nacht zum 25. bis abends 11 Uhr eingehenden Meldungen sollten aber diesen Befehl nicht mehr zur Ausgabe gelangen lassen.

(GſtW. I. 972.) „Infolge der am 24. nachmittags beim Ober=
kommando der Maas=Armee eingegangenen Mittheilungen aus dem
großen Hauptquartier (ſ. oben) hatte die 5. Kavallerie=Diviſion
den Auftrag erhalten, ein Regiment in nördlicher Richtung über Dun
zu entſenden, um die Eiſenbahn weſtlich von Montmédy zu zerſtören.
Das hierzu beſtimmte Huſaren=Regiment Nr. 17 legte am
25. Auguſt den weiten Weg über Dun nach Mouzay zurück und ließ
noch in der folgenden Nacht die hölzerne Eiſenbahnbrücke bei Lamouilly,
nordöſtlich von Stenay abbrennen.

Die übrigen Regimenter der Diviſion rückten in weſtlicher Richtung
nach St. Menehould, die Avantgarde bis Dommartin ſous Hans vor.

Die 12. Kavallerie=Diviſion folgte auf der nämlichen Straße
bis Clermont und patrouillirte gegen Varennes, ohne aber mit franzö=
ſiſchen Truppen zuſammenzuſtoßen.

Die 6. Kavallerie=Diviſion hatte ſich am 23. nach der oberen
Ante vorbewegt und daſelbſt in der Mittagsſtunde zum Theil ſchon
Quartiere bei Vieil Dampierre bezogen, als die Avantgarden=Schwadron
der 14. Kavallerie=Brigade weſtlich von Epenſe ein franzöſiſches
Mobilgarden=Bataillon wahrnahm, welches auf dem Marſche von Vitry
nach St. Menehould begriffen war, um demnächſt mittelſt der Eiſen=
bahn Paris zu erreichen.“

Der raſch wieder alarmirten Diviſion gelang es, das Bataillon
faſt in ſeiner vollen Stärke gefangen zu nehmen, worauf ſie um
1½ Uhr mittags wieder ihre Quartiere bezog und Vorpoſten weſtlich
bis an den Yèvre=Fuß vorſchob.

Hinter der 6. erreichte die Garde=Kavallerie=Diviſion
Le Chemin.

Das XII. Armeekorps war mit der 23. Diviſion bis Dom=
basle, mit der 24. bis Jubécourt gelangt; die vor Verdun zurück=
gelaſſene 48. Infanterie=Brigade war nach Lempire auf das linke
Maas=Ufer übergegangen, um von dort aus die Weſtſeite der Feſtung
zu beobachten.

Das Gardekorps befand ſich bei Triaucourt, das IV. Armee=
korps weiter ſüdlich bei Laheycourt mit einer Avantgarde bei Sommeille;
das Hauptquartier der Maas=Armee war nach Fleury verlegt.

(GſtW. I. 975.) „Mit dem rechten Flügel ſich immer mehr der
Maas=Armee nähernd, hatte die Dritte Armee am 25. Auguſt ihre
allmähliche Schwenkung gegen Nordweſten fortgeſetzt.“

Die 4. Kavallerie-Division war vor Vitry erschienen und hatte, nachdem am Morgen das oben erwähnte Mobilgarden-Bataillon abgezogen war, die nur noch von 300 Mobilgardisten besetzte kleine Festung rasch zur Uebergabe gebracht. Während sie auf der Straße nach Châlons bis La Chaussé und Pagny vorrückte, waren die zwei Schwadronen Dragoner Nr. 5 unter Major v. Klocke bis in die Gegend von Reims gestreift und biwakirten bei St. Léonhard auf eine halbe Meile von der Stadt.

Die württembergische Kavallerie-Brigade war bis Courtisols und St. Martin östlich Châlons, die bayerische Ulanen-Brigade bis Le Frêne am Moivre-Bache gelangt.

„Hinter diesen vorgeschobenen Kavalleriemassen hatten die drei vorderen Korps der Armee die ursprünglich erst für den folgenden Tag bestimmt gewesenen Aufstellungen bezogen: das II. bayerische Korps bei Charmont, das V. Armeekorps bei Heiltz le Maurupt und Heiltz l'Evêque; das XI. Korps bei Perthes und Faremont (zwischen St. Dizier und Vitry).

Die Avantgarden der beiden erstgenannten Korps waren nach Possesse und Doucey vorgeschoben; die des XI. Korps löste in Vitry eine dort gelassene Abtheilung der 4. Kavallerie-Division ab.

Hinter dem V. Korps war die württembergische Division bis Sermaize, das I. bayerische Korps bis Bar le Duc nachgerückt.

Auf dem äußersten linken Flügel erreichte die 2. Kavallerie-Division die Gegend von Chavanges, hinter ihr das IV. Armeekorps Vassy und mit der Avantgarde Montier en Der.

Das Oberkommando der Dritten Armee war noch in Ligny, das große Hauptquartier in Bar le Duc."

Während die Armeen noch im Vormarsch auf diese erwähnten Punkte sich befanden, hatte sich im großen Hauptquartier aber bereits in den Vormittagsstunden die Auffassung Bahn gebrochen, daß die Verhältnisse wahrscheinlich eine „spontane Aenderung in der seitherigen Operationsrichtung" nicht länger zu verschieben gestatteten!

23. August (Franzosen). (GStW. I. 964.) „Während von deutscher Seite der Vormarsch von der Maas und vom Ornain in der Richtung auf Châlons in Bewegung war, hatte sich die Armee des Marschalls Mac Mahon in Gemäßheit des am 22. abends gefaßten Entschlusses am 23. August morgens aus der Gegend von Reims nach der Suippe in Marsch gesetzt.

Vor seinem Aufbruche benachrichtigte der Marschall den Kriegs=
minister von der beabsichtigten Bewegung und telegraphirte dem Marschall
Bazaine, daß die Armee die Richtung auf Montmédy eingeschlagen
habe, in zwei Tagen an der Aisne stehen und von dort aus nach den
Umständen handeln werde, um ihm zu Hülfe zu kommen (s. darüber
Kriegslehren, 4. Heft, Schlußbetrachtungen).

Schon beim Aufbruch der Truppen am ersten Tage führten mangel=
hafte Anordnungen zu Marschkreuzungen und anderen Unregelmäßig=
keiten. Die Trains versperrten die Straßen, und erst spät abends
erreichte die Armee unter strömendem Regen die vorgeschriebenen Ziele
an der Suippe.

Das 7. Korps nahm bei Dontrien den rechten Flügel ein
und hatte seine 1. Division zur Deckung der rechten Flanke der Armee
nach Prosnes entsendet. Dem 7. zunächst stand das 1. Korps bei
Bétheniville, weiter das 5. bei Pont Faverger und das 12. bei
St. Masmes.

Die Kavallerie=Division Bonnemains, anfänglich auf dem
äußersten rechten Flügel bei Auberive, wurde noch im Laufe des Tages nach
Pont Faverger herangezogen; die Kavallerie=Division Margueritte
war zur Beobachtung der Argonnen=Pässe bis in die Gegend südlich von
Vouziers nach Monthois vorgeschoben.

Das Hauptquartier des Marschalls befand sich in Pont
Faverger.

Infolge des späten Eintreffens der Truppen mußte die Vertheilung
der Lebensmittel auf den folgenden Tag verschoben werden, und schon
am Abend des 23. ergaben sich erhebliche Uebelstände bezüglich der Ver=
pflegung für die nächsten Tage. Ungeachtet des vom Marschall in
Reims erlassenen Befehls, nach welchem die Armee Mundvorrath für
vier Tage mit sich führen sollte, meldeten nämlich die Generale Ducrot
und Lebrun, daß es bei ihren Korps bereits für den nächsten Tag
am Nöthigen fehle. Da nun das in gerader Richtung auf Montmédy
liegende Land keine ausreichenden Hülfsmittel zu gewähren schien, während
in Rethel ansehnliche Vorräthe aufgespeichert waren, so hielt es der
Marschall für geboten, den Umweg über letztgenannten Ort einzuschlagen
und sich dabei zugleich der von Reims nach Mézières führenden Eisen=
bahn zu nähern, mittelst welcher er den ferneren Nachschub für die
Armee zu sichern gedachte.

24. August
(Franzosen).

Es wurde daher für den 24. August eine Linksschwenkung in der Richtung auf Vouziers und Rethel angeordnet, infolge deren der linke Flügel der Armee — bestehend aus dem 12. und 5. Korps und der Kavallerie-Division Bonnemains — an diesem Tage erst die Gegend von Rethel erreichte, wohin auch der Marschall sein Hauptquartier verlegte.

Hier versahen sich nun die in der Nähe befindlichen Truppentheile auf mehrere Tage mit Lebensmitteln aus den dortigen Beständen.

Das 1. Korps rückte an diesem Tage bis Juniville vor, während das 7. Korps, in der Richtung auf Vouziers marschirend, die Umgebung von Contreuve belegte und mit der bei Monthois verbliebenen Kavallerie-Division Margueritte die rechte Flanke der Armee deckte."

Da die Vorräthe aus dieser Gegend zum großen Theil nach Rethel abgeführt waren und selbst die Einwohner sich schaarenweise dorthin gewendet hatten, „um den Kaiser und die Armee zu sehen", so war der rechte Flügel der Armee vielfach zu gewaltsamen Requisitionen in den verlassenen Orten genöthigt, um sich vor dem äußersten Mangel zu schützen (s. GstW. I. 966, Anm.).

25. August
(Franzosen).

Unter solchen Verhältnissen war es nur natürlich, daß die Armee auch am 25. August keine großen Fortschritte in ihrer Bewegung nach Osten machte.

„Das 5. Korps legte nur den unbedeutenden Marsch bis Amagne zurück. Die übrigen Theile des linken Flügels verblieben, ebenso wie das Hauptquartier, in Rethel, wo sie in der Ergänzung ihrer Bestände fortfuhren.

Das 1. Korps ging von Juniville nach Attigny und versah sich dort für mehrere Tage mit Mundvorrath.

Das 7. Korps endlich rückte von Contreuve nach Vouziers, die Kavallerie-Division Margueritte in nördlicher Richtung nach Le Chesne (populeux).

Letztere rekognoszirte von dort aus die nahe liegenden Gebirgspässe, während das 4. Husaren-Regiment des 7. Korps die Beobachtung der Straßenenge von Grandpré übernahm."

Hiernach stand also die Armee am Abend dieses Tages erst mit ihren Hauptkräften längs der Aisne von Vouziers bis Rethel, Front gegen Nordosten; sie war auch heute noch in voller Unkenntniß über etwaige „entgegenkommende" Bewegungen der Rhein-Armee geblieben.

Ihre weiteren Absichten aber waren zur Zeit bereits vom Feinde ziemlich richtig durchschaut und die Befehle bereits erlassen, welche ihre Durchführung unmöglich machen sollten.

B. Betrachtungen.

I. An die im Lager von Châlons „neu aufmarschirte" französische Armee trat, nach vorläufigem Abschlusse ihrer „Versammlung" und genügender „Wiederherstellung ihrer Schlagfähigkeit", die Frage nach einer zweckentsprechenden „Verwendung ihrer verfügbaren Streitkräfte" oder (nach Moltke, s. 1. B. I.) die Frage nach ihren nächsten „Opera-tionen" heran.

Da (wieder nach Moltke): „der feindliche Wille nur durch das Gefecht gebrochen werden kann", oder (nach Clausewitz: 1. Buch, 2. Kap.): „das Gefecht das einzige Mittel zur Erlangung des politischen Zweckes im Kriege ist, und darum, wo der Gegner die Waffen-entscheidung in Anspruch nimmt, dieser Rekurs niemals (— auf die Dauer! —) verweigert werden kann!", so wäre auch jetzt als letztes Endziel dieser „Operationen" von französischer Seite nur „die Besiegung des Gegners in der Schlacht" ins Auge zu fassen gewesen.

Für den Zweck des „Sieges" bedarf es aber der taktischen Ueberlegenheit über den Gegner, welche, soweit es sich dabei um physische Mittel handelt, entweder in der numerischen Ueberzahl gefunden oder in fortifikatorischen Verstärkungen gesucht werden kann.

Da die „Armee von Châlons" dem, wie man wußte, im Marne-Thal gegen Paris vordringenden Feinde gegenüber sich diese taktische Ueberlegenheit z. Z. noch nicht zutraute, so lag es für sie am nächsten, die Erfüllung jener ersteren Siegesbedingung in der Vereinigung mit der Rhein-Armee anzustreben oder der zweiten Vorbedingung des Erfolges durch den Rückzug auf die Großfestung Paris zu entsprechen.

Neben den in dieser Beziehung anzustellenden militärischen kamen dann auch noch politische und geographische Erwägungen (s. Moltke, 1. B. I.) in Betracht.

Geographisch bezw. räumlich mußte offenbar der „Rückzug auf Paris" als die am sichersten und leichtesten auszuführende Operation angesehen werden; vom politischen Standpunkte aus machten sich dagegen schwerwiegende Einflüsse für eine Operation „Bazaine entgegen" geltend.

Sache des verantwortlichen Feldherrn war es, die Vor- und Nachtheile beider Operationen gegeneinander abzuwägen und danach seinen endgültigen Entschluß zu fassen.

Wenn der Marschall Mac Mahon am 21. August, angesichts der Unsicherheit, in welcher man sich damals noch über das Schicksal der Rhein-Armee befand, zunächst nur einen „Mittelweg" eingeschlagen hat, so läßt sich nach Lage der Umstände wohl Nichts gegen seine „seitlich ausweichende" Operation auf Reims sagen.

Da die topographischen Verhältnisse bei Châlons ein „Abwarten des gegnerischen Angriffes" im Lager selbst doch verboten, so war seine rechtzeitige Räumung nur ein Akt der Vorsicht, und da die militärische Sachlage einen „offensiven Vormarsch auf der geraden Straße über St. Menehould—Verdun auf Metz" nicht mehr erlaubte, so war mit dem Ausbiegen auf Reims für die beiden zunächst hier nur allein in Betracht gezogenen möglichen „Operationen" mindestens nicht allzuviel verloren.

II. Angesichts der Bedeutung, welche in einem Kriege, durch den jede der beiden Parteien dem Gegner „ihren Willen aufzwingen will" (s. Clausewitz), die Waffenentscheidung als „einziges Mittel" besitzt, den „politischen Kriegszweck" zu erreichen: ist es gerechtfertigt, „die Aufsuchung der feindlichen Hauptstreitmacht" als das wichtigste und nächstliegende Ziel aller „operativen Thätigkeit" hinzustellen.

Clausewitz gebührt das Verdienst, diesen Grundsatz in aller Schärfe den Bestrebungen einer Lehre gegenüber wieder hergestellt zu haben, welche in „der Besitzergreifung von gewissen (sogenannten strategischen) geographischen Punkten" an sich das Geheimniß gefunden zu haben glaubte, den politischen Kriegszweck, mindestens bis zu einem gewissen Grade, auch ohne „die blutige Entladung der Krisis" erreichen zu können!

Immerhin aber bleibt die Aufsuchung der feindlichen Streitmacht doch zunächst nur für denjenigen ein berechtigtes „operatives Ziel", welcher darauf rechnen kann, bei ihrer Auffindung auch den Sieg über diesen Gegner davonzutragen, weil anderenfalls ja die „Entscheidung" sich gegen ihn wenden würde.

Solche Hoffnung hat bei der Bedeutung der Zahl im heutigen Gefecht meist nur der an sich Stärkere.

Naturgemäß hat deshalb der an sich schwächere Theil das entgegengesetzte Bestreben, sich, solange er das ist, der „Waffenentscheidung" zu entziehen und zu dem Ende der „feindlichen überlegenen Streitmacht" zunächst auszuweichen.

Wer die feindliche Streitmacht aufsucht, befindet sich in der strategischen Offensive; wer ihr auszuweichen sich genöthigt sieht, ist auf die strategische Defensive beschränkt.

Wenn die „Kriegsmittel" nur aus den lebendigen Streitkräften beständen, welche in ihrer „operativen Thätigkeit" (Bewegung!) an keine äußeren Bedingungen geknüpft wären, so ist nicht abzusehen, wie es in diesem Kreislauf von „Aufsuchen und Ausweichen", wo, solange der nöthige Raum vorhanden, keine Partei die andere zum Stehen zu bringen vermöchte, jemals zu einer „taktischen Entscheidung" kommen könnte.

Nun liegt es aber in der Natur dieser „lebendigen Streitkräfte", daß sie durch ununterbrochene Bewegung sich abnützen, d. h. an Kraft verlieren, und daß aus Gründen, denen wir später näher zu treten haben, dieser Kraftverlust sich in der strategischen Offensive rascher zu steigern pflegt, als in der strategischen Defensive.

Für den „an sich Schwächeren" erscheint damit die Möglichkeit geboten: wo der Raum zum Ausweichen nicht fehlt, mit der Zeit die Ebenbürtigkeit und selbst die Ueberlegenheit an Zahl zu gewinnen, welche dann für ihn ein weiteres „Vermeiden der Entscheidung" unnöthig machen würde.

Der Moment wäre dann für diese Partei gekommen, nunmehr ihrerseits aus der „strategischen Defensive" in die „strategische Offensive" überzugehen, und wenn der Gegner jetzt die veränderte Sachlage rechtzeitig erkennt und seinerseits „strategisch defensiv" wird, — so beginnt der Kreislauf nur in entgegengesetzter Richtung wieder von Neuem!

Wir wissen, daß der Feldzug von 1812 nahezu dieses Bild geboten hat. —

Die Thatsache, daß die lebendige Streitmacht auch durch ihre operative (und nicht nur durch ihre Waffen=) Thätigkeit an Kraft verliert, ruft die Nothwendigkeit hervor, diesen Kraftverlust fortwährend zu ergänzen.

Das kann erfahrungsmäßig nur aus rückwärtigen Kraftquellen geschehen, deren Offenhaltung somit schlechthin die Lebensbedingung für die in „Operation und Aktion" sich äußernde Lebensthätigkeit jeder „lebendigen Streitkraft" bildet.

Wo diese Quellen aus irgend welchen Gründen zu fließen aufhören, vermag die lebendige Streitkraft auf die Dauer ihre „Operations- und Schlagfähigkeit" nicht zu bewahren und der an sich „taktisch (numerisch) stärkere Theil" kann durch die Unterbindung seiner Kraftzuflüsse in eine für die Waffenentscheidung „strategisch ungünstigere Lage" gerathen.

Das gilt ganz besonders in Hinsicht auf die Ernährung, welche heutige Massenheere in ausreichendem Maße nicht mehr an Ort und Stelle finden können, und mit welcher sie somit an einen ununterbrochenen Nachschub von hinten gebunden sind.

Mag immerhin die Vorwärtsbewegung in einem gut bevölkerten, fruchtbaren und durch vorangegangene Kriegszüge (bezw. den zurückgehenden Feind!) noch nicht mitgenommenen Lande die Nothwendigkeit solcher Nachschübe etwas abmildern — ganz entbehrlich werden dieselben schon um deswillen niemals werden, weil die Bedürftigkeit moderner Armeen sich auch auf eine ganze Reihe anderer Gegenstände (Munition, Ausrüstung ꝛc.) erstreckt, die man — wenn überhaupt, so doch — nicht überall fertig antrifft und welche deshalb, um der Armee zu Gute zu kommen, an bestimmten Punkten hinter ihr angesammelt werden müssen.

Als „Quellgebiet" — wenn man so sagen will — dieses heutzutage hiernach unerläßlichen ununterbrochenen Kraftzuflusses (namentlich auch an lebendigem Ersatz!) für jede (auch stehende!) Armee kann nun naturgemäß immer nur das in ihrem Besitze befindliche Land gelten, und neben der „lebendigen Streitkraft" bildet somit solcher „Landbesitz" ein nicht minder unerläßliches „Kriegsmittel!"

Man hat deshalb nicht ungerechtfertigt solchen Landbesitz die Basis der Armee genannt und daran die Forderung geknüpft, daß es zur „Erhaltung der lebendigen Streitkraft" nothwendig sei, daß dieselbe „basirt", d. h. im ungestörten Besitze der Verbindungen mit ihren Basispunkten (Ansammlungsstellen ihres benöthigten Nachschubes) bleibe!

Im Gegensatze zu den „Operations- bezw. Bewegungslinien" (Straßen!) einer Armee bilden dann ihre unter Umständen davon ab-

weichenden „Kommunikations= oder Verbindungslinien"
(wieder Straßen!) ihre natürlichen Rückzugslinien im Falle einer
taktischen Niederlage!

Wie aber „eine Kriegführung ohne Armee", so ist hiernach „eine
Armee (auch schwimmende!) ohne (feste Land=) Basis einfach undenkbar!
höchstens eine ephemere Erscheinung.

Wenn Clausewitz, der die „Waffenentscheidung" als das einzige
Mittel zur Erreichung des politischen Kriegszweckes hingestellt hat, an
anderen Stellen (1. Buch, 2. Kapitel) „das Wehrlosmachen des
Gegners" als für diesen Zweck unerläßlich bezeichnet, so erläutert
er deshalb diesen zweiten Ausdruck auch gleichzeitig dahin, daß dazu:

„die Streitkraft des Feindes vernichtet, d. h. in einen
solchen Zustand versetzt werden müsse, daß sie den Kampf
nicht mehr fortsetzen könne"; daß aber auch

„das Land des Feindes erobert werden müsse, weil aus
demselben sich eine neue Streitkraft bilden", — d. h. doch
wohl: die alte sich immer neu ergänzen — könne!

Wir schlußfolgern aus diesen Sätzen wohl mit Recht, daß erst der
Doppelerfolg von Sieg und Eroberung einen endgültigen
Abschluß (volle Entscheidung) in die „Kriegshandlung" zu bringen
vermag; wie wir ja denn auch früher (1. B. I.) bereits gefunden haben,
daß „in einem Feldzug die Waffenentscheidung immer über den Besitz
eines gewissen Landstriches mitentscheide", und „jede Besitzergreifung
von Land nur durch einen entsprechenden Erfolg über die feindliche
lebendige Streitkraft gewährleistet werde!"

III. Selbstthätig unmittelbar wirksam können für den
Doppelzweck von „Sieg und Eroberung" immer nur die „lebendigen
Streitkräfte" werden, denn nur sie sind im Stande, die feindlichen
Streitkräfte „taktisch" zu vernichten und das feindliche Land
„strategisch" in Besitz zu nehmen (der freien Verfügung des Gegners
zu entziehen).

Mittelbar übt aber doch das Lagenverhältniß zu ihrer
Basis (zu ihren Verbindungen, zu ihrer Rückzugslinie), unter welchem
feindliche Armeen taktisch zusammentreffen, einen wesentlichen Ein=
fluß auf die „materiellen und moralischen Folgen" aus, welche (nach
Moltke) „jedes größere Gefecht" nach sich zieht.

Wo nämlich solcher Zusammenstoß in der (strategischen) Parallel-schlacht derart erfolgt, daß jede der beiden Parteien ihre Rückzugs-linie senkrecht hinter sich behält, also „basirt bleibt", hängt die Bedeutung („materielle und moralische Folge") von Sieg und Nieder-lage nur von dem Grade der vom Sieger errungenen taktischen Erfolge (in erster Linie: der Verluste) ab, deren Wirkungen der Be-siegte sich durch einen nicht gefährdeten Rückzug unter Umständen sehr rasch entziehen kann.

Schlimmer schon stehen offenbar für den Besiegten die Dinge, wenn jener Zusammenstoß in einem Lagenverhältniß erfolgt war, wo seine natürliche Rückzugslinie mehr oder weniger nur in der Ver-längerung seiner taktischen Front verläuft und der Gegner somit in solcher strategischen Schrägschlacht, durch einen gegen den bezüg-lichen Flügel gerichteten, erfolgreichen Stoß in der Lage ist, diesen Rückzug ganz oder theilweise zu verlegen.

Mit einer vollen Vernichtung aber endlich sieht sich der unter-liegende Theil da bedroht, wo in der Schlacht in strategisch ver-kehrter Front seine taktische Niederlage mit dem Verluste seiner sämmtlichen strategischen Verbindungen endigt.

Da nun in den beiden letzten Fällen meist auch der Sieger sich vorher in die Nothwendigkeit versetzt gesehen haben wird, die Sicher-heit seiner rückwärtigen Verbindungen bis zu einem gewissen Grade bloß zu stellen, um den Gegner in jenes nachtheilige Verhältniß zu seiner Basis zu versetzen, er somit im Falle einer eigenen Nieder-lage der gleichen Gefahr ausgesetzt ist wie jener, so steht fest, daß grundsätzlich:

das Wagniß der Schlacht mit dem Anwachsen ihrer mög-lichen Erfolge im Falle des Sieges und ihrer möglichen Nach-theile im Falle der Niederlage im geraden Verhältniß steht, oder mit anderen Worten, daß

wer in der Schlacht die höchsten Erfolge anstrebt, damit meist auch selbst die größten Gefahren läuft!

Es leuchtet ein, wie unter solchen Umständen das Bestreben, sich für die Schlacht nicht nur die erreichbar günstigsten taktischen Vor-bedingungen in der numerischen Ueberlegenheit, sondern auch die erreichbar günstigsten strategischen Vorbedingungen in der Ver-bindungsüberlegenheit (besser gesicherter Rückzugsbedingungen) zu schaffen, in dem Maße obenan stehen und sich steigern muß, als die modernen Heere „strategisch" (b. h. in Bezug auf die Bedeutung ihrer rückwärtigen Verbindungen) empfindlicher geworden sind als früher.

Von einer „Vernichtung" der feindlichen lebendigen Streitkraft, wie Clausewitz sie für die „Wehrlosmachung des Gegners" verlangt, kann heutzutage durch den Kampf sebst in größeren Verhältnissen kaum noch die Rede sein, wenn sich an den „Sieg" nicht auch die Besitzergreifung von den gegnerischen Verbindungen unmittelbar anzuschließen vermag!

So gewinnt die operative Aufgabe wesentlich an Bedeutung, in der Schlacht „selbst basirt zu bleiben" und dennoch „die gegnerischen Verbindungen unterbrechen" zu können.

Wo solche „Verbindungsüberlegenheit" nicht schon geographisch durch die den „Landbesitz des Gegners" umklammernde Form des „eigenen Landbesitzes" gegeben ist, läßt sich eine solche (militärisch) nur durch die operative Trennung der verfügbaren lebendigen Streitkräfte in einen „die eigenen Verbindungen deckenden" und einen (gegebenenfalls mehrere) „die gegnerischen Verbindungen (von beiden Seiten) bedrohenden" Bruchtheil schaffen.

Sie allein gestattet, die Vortheile der Parallelschlacht von eigener Seite auszunutzen und dennoch den Gegner in die Nachtheile der Schrägschlacht auch da zu versetzen, wo das „natürliche (geographische) Verhältniß der beiderseitigen Verbindungslinien" solche Möglichkeit ausschließen müßte.

Insoweit solches „Operationsverfahren" aber nicht durch eine außergewöhnliche (jeden Einzelbruchtheil mindestens der gegnerischen Gesammtmacht ebenbürtig machende) numerische Gesammtüberlegenheit unterstützt wird, ist damit immer die Gefahr verbunden, von dem zwischen den Einzeltheilen vereinigt operirenden Gegner in taktischer Vereinzelung betroffen zu werden und sich dadurch einer Reihe von Theilniederlagen auszusetzen, welche den erstrebten Enderfolg vereiteln müßten.

Die unerläßliche Vorbedingung für eine solche — nach Ansicht des Beiheftes 4 des Militär-Wochenblatts 1896 (s. 1. B. V) von Moltke „in ein System gebrachte" — „Operation in getheilten Heeren" bildet somit jedenfalls „die rechtzeitige Wiedervereinigung an entscheidender Stelle", d. h. die Möglichkeit, „die getrennten Theile wirklich auf dem einen Schlachtfelde zu gleichzeitiger Wirkung bringen zu können!"

Die mit den vergrößerten Trennungsräumen und der verlängerten Konzentrirungszeit quadratisch anwachsenden Schwierigkeiten einer solchen — bekanntlich auch früher schon geübten — „Methode" haben ihr gegenüber deshalb diejenige Operation als ein geeignetes „Gegenverfahren" empfehlen lassen, welche in dem „Zusammenhalt der Kräfte in der Mitte" das geeignete Mittel zu finden hofft, den „getrennten Gegner vereinzelt zu schlagen!"

Wieder aber doch bildet es die unerläßliche Vorbedingung für den Erfolg dieses „Operationsverfahrens", daß es wirklich gelingt, „einen vereinzelten feindlichen Heertheil früher zur taktischen Aktion zu stellen, als die anderen Heertheile des Gegners sich mit demselben vereinigen können oder er selbst sich auf dieselben zurückziehen kann".

Wo getrennte Heertheile auftreten, kann man hiernach sagen, daß jeder in dem anderen „die ergiebigste Quelle seiner Kraftergänzung", damit seinen wichtigsten Basispunkt bezw. seine natürliche Rückzugsrichtung zu suchen habe (s. oben II.), und daß sonach:

die Unterbrechung der Verbindung zwischen getrennten feindlichen Heertheilen eine mit der Unterbrechung der Verbindung eines solchen Bruchtheiles mit seiner (Land-) Basis oft gleichwerthige Bedeutung hat.

IV. Aus der Wechselwirkung zwischen „Trennung und Zusammenhalt der Streitkräfte auf eigener und feindlicher Seite"; bezüglich

zwischen der vorherrschenden „operativen Absicht die feindlichen Verbindungen zu gewinnen und die eigenen zu erhalten",

entstehen die eigenartigen Erscheinungsformen „operativer Verwendung der Streitkräfte", welche die Theorie als

Operationen auf der inneren oder auf äußeren Linien

(wesentlich in Berücksichtigung der möglichen Vereinigung der Streitkräfte zur Schlacht), oder auch als

strategischen Durchbruch und (einfache oder doppelte) strategische Umgehung

(mehr in Berücksichtigung der möglichen Unterbrechung der Verbindungen)

zu bezeichnen pflegt.

Weder das eine noch das andere dieser Verfahren erscheint aber hiernach unabhängig von der gegnerischen operativen Thätigkeit und somit weder einfach in die freie Wahl des Feldherrn gestellt, noch auch an sich dem anderen überlegen!

Die Anwendung jeder dieser verschiedenen Verfahrungsweisen ist vielmehr immer an gewisse (militärische, geographische und selbst politische s. später) Vorbedingungen geknüpft und weist gewisse Vor= und Nachtheile (für die Erringung oder für die Ausnutzung des Sieges!) auf.

Zweifellos ist es von Nutzen, diese „Wechselwirkungen" theoretisch zu erörtern, damit derjenige, welcher sich in einem gegebenen Moment in die eine oder andere Lage versetzt sieht, sich die Vor= und Nachtheile derselben klar vor Augen stellen kann; niemals aber wird man so weit gehen können, das eine oder das andere Verfahren als eine mit besseren Erfolgsaussichten, wie das andere, praktisch anzuwendende „Operationsmethode" hinstellen zu dürfen, schon weil eben theoretisch das eine Verfahren doch immer nur die Negation des Anderen bildet!

Was den Erfolg allein gewährleistet, ist in jedem „Operations=verfahren" vielmehr immer nur „die spontane Ausnutzung der Umstände", wie sie namentlich auch in der „feindlichen Gegenoperation" zu Tage tritt, und wie sie durch „rechtzeitigen Wechsel im eigenen Verfahren": die „Strategie" — wie Moltke sagt — zu einem „System der Aushülfen" macht, welches „jedem Herrn zu dienen" bereit, „in jedem Sattel gerecht" sein soll!

Freilich muß ja beim Uebergang vom Aufmarsch zur Operation mit einem System, einer Methode, einem bestimmten Operationsverfahren der Anfang gemacht werden, und erfahrungs=mäßig wird man dabei gut thun, soweit es die „Umstände" ge=statten, von dem Zusammenhalt der Kräfte („wo nicht Ab=zweigungen unerläßlich erscheinen!") im Raume auszugehen und sich gleichzeitig immer nur ein operatives Ziel zu stecken suchen. Immer aber wird man darauf gefaßt sein müssen, „Ziel und Gliederung nach Bedarf zu verändern".

Im „durch die Wechselfälle der Begebenheiten unbeirrten Fest=halten" an dem überall und immer nur einen Endziel der „Wehr=losmachung des Gegners durch Sieg und Eroberung" einerseits,

in der vollendeten Leichtigkeit, sich jedem diesem Ziele nähernden, „niemals aber weit hinaus mit Sicherheit zu bestimmenden" Wege anzupassen andererseits,

nicht aber in dem „volksthümlichen Satze" von der grundsätzlichen „Theilung der Armee zum Zwecke rechtzeitiger Versammlung"
(f. 1. B. V.),

finden wir das „Wesen" nicht nur der Moltkeschen, sondern
aller gesunden „Strategie" aller Zeiten überhaupt!

Was ist es denn anders? wenn wir in den von uns als „Einzel-
feldzüge" bezeichneten lokalen Etappen des Krieges von 1870, in der
Zeit vom ersten Aufmarsche bis zum Abschlusse von Sedan, den General
v. Moltke:

zuerst in zwei getrennten Heeresgruppen auf der inneren Linie
operiren (Spicheren und Wörth), dann

zu einer konzentrischen Operation der Dritten und Zweiten
Armee (Rohrbach) übergehen, weiterhin

die Tendenz einfacher Umfassung des Gegners durch die vereinigte eigene Armee (Metz) in Anwendung bringen sehen, um

dieses Operationsverfahren anfänglich auch gegen die Armee von
Châlons verfolgen zu wollen,

bis endlich die Umstände ihm die doppelte strategische Umfassung des Gegners (bei Sedan) erlauben.

Wie will man angesichts „der Fülle operativer Kombinationen", welche sich schon nur in diesem kurzen Zeitraume eines
Monats zusammengedrängt, den Satz vertreten, daß „die Theorie
(einer »Strategie nach gegenwärtigen Ansprüchen«) hinfort keine
Freiheit der Wahl zwischen verschiedenen Operationsverfahren (sei es auch nur dem »Moltkeschen« und dem »Napoleonischen«)
mehr zulassen dürfe!?"

Die Logik erscheint nicht ganz verständlich, welche in der „Theorie
der niederen Kampftaktik" das anathema sit! über jeden Versuch
verhängt, eine „schrankenlose Selbständigkeit der Unterführer" irgend-
wie einbämmen zu wollen, in der „Theorie der feldherrlichen
Strategie" aber nach dem „keine Ausnahme gestattenden Gesetz"
— oder soll man sagen Schema — des „getrennt Marschirens zum
Zweck des vereinigten Schlagens" ruft!

V. Als die deutschen Armeen der beiden Kronprinzen am
23. August ihren Vormarsch zur Eröffnung des „neuen Feldzuges" antraten, konnte man im deutschen großen Hauptquartier mit der feststehenden Thatsache rechnen, daß die allein noch das freie Feld haltenden

feindlichen Streitkräfte sich zur Deckung von Paris vorläufig im Lager von Châlons vereinigt hätten.

Die Maas- und Dritte Armee befanden sich damit hinter der Maas dem Feinde gegenüber in ziemlich genau derselben Lage, in welcher auch die Erste und Zweite Armee nach ihrem ersten Aufmarsche hinter der Saar sich der feindlichen Rhein-Armee und Metz gegenüber befunden hatten.

Wir wissen aus dem Generalstabswerke (I. 73.), daß damals die deutsche oberste Heeresleitung ihr „nächstes Operationsziel" darin erblickt hatte, „die Hauptmacht des Gegners aufzusuchen und, wo man sie finde, anzugreifen", und daß „als leitender Gedanke schon von den ersten Bewegungen an" das Bestreben bestanden hat, „diese feindliche Hauptmacht in nördlicher Richtung von Paris abzudrängen".

Nachdem diese Doppelabsicht der französischen „Rhein-Armee" gegenüber durch ihre Einschließung in Metz zu einem vorläufigen Abschlusse gelangt war, sah man sich jetzt der „Armee von Châlons" gegenüber wieder vor dieselbe operative Aufgabe gestellt.

Die operative Absicht, „die feindliche Hauptmacht aufzusuchen, um sie zu besiegen", schrieb der eigenen Armee die Richtung ihres Vormarsches dorthin, wo, wie man wußte, der Gegner z. Z. stand, bestimmt vor.

Die operative Absicht „die feindliche Hauptmacht gleichzeitig auch von ihrer Verbindung mit Paris abzudrängen", bedingte aber weiterhin auch: die Festhaltung des Gegners in der innehabenden Front nach Osten durch einen frontalen Angriff aus dieser Richtung her und die Umfassung seines rechten Flügels durch einen Flankenangriff von Süden her!

So wenig wie beim Vormarsch der Ersten und Zweiten Armee gegen die Rhein-Armee, hielt es trotzdem auch jetzt der General v. Moltke für ein „richtiges Operationsverfahren", die ihm zur Verfügung stehenden Streitkräfte für diesen Zweck, auf weiteren Abstand behufs Gewinnung „gerader Anmarschrichtungen zur Schlacht" zu theilen oder auch nur zu diesem Ende „so lange als möglich in der thatsächlichen Trennung zu verharren".

Wir sehen im Gegentheil sein erstes Bestreben darauf gerichtet, die durch die Umstände, unter welchen der Neuaufmarsch der zum neuen Feldzug verfügbaren Kräfte sich hatte vollziehen müssen, bedingte weitere Trennung der Maas- von der Dritten Armee so bald als möglich zu einer engeren Vereinigung (innerhalb der natürlich gebotenen Grenzen f. B. IV.) hinüberzuführen.

Am 23. August treten die Armeen ihren Marsch aus einer annoch zehn deutsche Meilen breiten Front an, welche bis zum 26. zur Linie „St. Menehould—Vitry" sich schon auf sieben Meilen und endlich zum 28. August zur mittlerweile vom Feinde geräumten Linie Suippe—Châlons—Coole auf wenig über vier Meilen verkürzen soll.

Offenbar geht der deutsche Feldherr von der Auffassung aus, daß eine zur Erreichung seiner Doppelabsicht später etwa nothwendig werdende Trennung (Theilung, Gliederung) seiner vereinigten Gesammtstreitkraft sich immer noch leichter aus anfänglichem Zusammenhalt werde ermöglichen lassen, als die rechtzeitige Vereinigung (Heranführung von zwei verschiedenen Seiten her) seiner getrennten Armeetheile auf das eine Schlachtfeld.

Mit anderen Worten aber heißt das doch nur, der General v. Moltke hält es für angezeigter, den kriegerischen Endzweck von „Sieg und Eroberung" (Abdrängung des Feindes von seinen Verbindungen) lieber durch eine „eigene Schlachtbisposition beim wirklichen Zusammentreffen mit dem Feinde" zu verfolgen, als denselben „aus dem Grundgedanken seiner Operation zur Aufsuchung des Feindes sich selbstthätig entwickeln" zu lassen!

Das einzige Zugeständniß, welches er dabei der „strategischen Tendenz der Abdrängung" bezw. der daraus sich ergebenden „Theilung der eigenen Streitkräfte" macht, besteht in der Anordnung, daß die Dritte Armee mit ihrer ersten Linie eine gegen die Maas-Armee um einen kleinen Tagemarsch vorspringende Staffel bilden soll. —

Während nun aber die beiden deutschen Armeen sich in diesem Sinne nach ihrem südlichen Flügel zusammenziehen, um gegebenenfalls erst in der Schlacht die Absicht einer Abdrängung des Feindes von Paris zur Geltung zu bringen, vollzieht sich gleichzeitig beim Gegner eine ausweichende Bewegung (Gegenoperation) nach Norden, durch welche er freiwillig die gerade Straße nach seiner Hauptstadt räumt und dem Feinde dieses von ihm „von den ersten Bewegungen an" als operatives Hauptobjekt der Eroberung ins Auge gefaßte Ziel fast widerstandslos preisgiebt.

In seiner äußeren Erscheinung erinnert der Mac Mahonsche Zug von Reims gegen die untere Maas offenbar sehr ausgesprochen an den Entschluß des ersten Napoleon, als er am 21. März 1813 sich von Arcis sur Aube auf Vitry—St. Dizier wendet, um „nach Befreiung der Besatzungen seiner lothringischen Festungen (Metz!) den Krieg den Grenzen zu nähern" und dadurch die feindliche Vorbewegung auf Paris zum Rückfluß zu bringen hofft.

Bekanntlich haben sich damals „die beiden getrennten Heertheile der Verbündeten von Schwarzenberg und Blücher" aber trotzdem im Marne-Thal (von Vitry über Châlons bis Château Thierry) vereinigt und sind — unbekümmert um den in ihrem Rücken auftretenden Kaiser — „geradenwegs auf Paris gerückt", um mit der Besitzergreifung von dieser Stadt — den Krieg zu beendigen!

Wenn jetzt der General v. Moltke, während die beiden Kronprinzlichen Armeen sich nahezu in derselben Gegend, wie damals die Verbündeten in Richtung auf Châlons zu vereinigen im Begriff waren, nicht diesem Vorbilde nachahmt, so geschieht das aber doch wahrlich nicht etwa deshalb, weil der Besitz des „Eroberungsobjektes Paris" im August 1870 für den „politischen Kriegszweck" von minderer Bedeutung gewesen wäre als im März 1813!

Auch jetzt durfte man wohl mit Bestimmtheit darauf rechnen, daß die Besetzung von Paris „den Krieg beendigen" werde.

So haben wir den Grund für das gegen damals „veränderte deutsche Operationsverfahren" unbedingt nur in dem Umstande zu suchen, daß die Gefahr des Mac Mahonschen Versuches, sich mit dem befreiten Bazaine zu vereinigen und so „den Krieg wieder den Grenzen zu nähern", im Jahre 1870 der deutschen Heeresleitung wegen der veränderten Stärkeverhältnisse, mit welchen hier die Franzosen auftraten, nicht unbedenklich größer erschienen ist als zu jener Zeit.

Schon die „Armee von Châlons" allein war jetzt im Stande, die rückwärtigen Verbindungen der im Vormarsch auf Paris befindlichen deutschen Armee in nicht zu unterschätzender Weise zu bedrohen, und eine — offenbar nicht als ausgeschlossen erachtete (!) — Vereinigung dieser Armee mit der Rhein-Armee konnte weiterhin vielleicht eine den getrennten Bruchtheilen der deutschen „Haupt-Armee" im Marne-Thal und der „Friedrich Karlschen Armee" vor Metz zeitig überlegene feindliche Masse auf der inneren Linie zwischen denselben auftreten lassen.

So hat denn die oberste deutsche Heeresleitung, nachdem sie die durch den französischen Entschluß veränderte Kriegslage einmal erkannt hatte, auch keinen Augenblick gezögert, ihren eigenen Operationen eine

„durch den Wechsel der Begebenheiten" (f. Moltke) bedingte andere Richtung zu geben und den „von Hause aus maßgebend gewesenen leitenden Grundgedanken" (der Besitzergreifung von Paris!) auf einem „nicht vorher zu bestimmen gewesenen neuen Wege" weiter verfolgt.

Daß solch „spontaner" Wechsel in der eigenen Operation überhaupt möglich wurde, verdankte — wie wir sehen werden — die deutsche Heerführung aber in erster Linie nur dem von ihr befolgten Grundsatze des Zusammenhaltes ihrer Kräfte in der seither entscheidenden Richtung, und wir werden finden, daß die einzige Schwierigkeit, welche in den nächsten Tagen zu überwinden war, gerade in dem Umstande gelegen hat, daß dieser Zusammenschluß der getrennten beiden Kronprinzlichen Armeen im gegebenen Augenblick doch noch nicht vollkommen durchgeführt war! (Siehe später: Dun und Beaumont.)

Wie wir wissen, hat die Nothwendigkeit dieses spontanen Wechsels der Operationsrichtung, weit davon entfernt, die deutsche Haupt-Armee in eine „strategisch ungünstigere Lage" zu versetzen, ihr im Gegentheil gerade „moralische und materielle Folgen der abschließenden Entscheidungsschlacht" eingetragen, welche ihr ohne die feindliche Gegenoperation vielleicht — versagt geblieben wären!

Es ist später auf diese Verhältnisse zurückzukommen, und wir verweisen deshalb hier nur kurz auf das Zugeständniß des Generalstabswerkes selbst, welches einräumt, daß auch eine unter den Mauern von Paris über die dorthin zurückgegangene französische Armee von Châlons gewonnene Schlacht, bei der Unmöglichkeit, „mit den nur verfügbaren Kräften die Festung Paris in genügendem Maße einzuschließen", doch nur einen höchst fraglichen Erfolg für das „Endziel des Krieges" abgegeben haben würde.

In der That muß es sehr dahingestellt bleiben, wie die Dinge in diesem Kriege sich weiter gestaltet haben würden, wenn die deutsche Offensive ohne die vorangegangene Entscheidung von Sedan, angesichts einer ebenbürtigen Besatzung mit Linientruppen, vor Paris ebenso zum Stehen gebracht worden wäre, wie sie vor Metz bereits stand! (f. 4. Heft. Kriegslehren. 1. B. IV. u. a. a. St.)

Die Frage führt uns hinüber zu der französischen Gegenoperation von Reims auf die Maas.

VI. Ehe die französische oberste Heeresleitung sich am 22. August abends endgültig für eine Operation „Bazaine entgegen" entschließen konnte, mußte sie sich über die Bedingungen klar sein, unter welchen allein, nach Lage der Verhältnisse, man sich von derselben einen günstigen Erfolg werde versprechen können.

Wir haben gesehen, daß der Marschall Mac Mahon an jenem Tage von der Voraussetzung ausgegangen ist, daß „200 000 Deutsche (unter dem Prinzen Friedrich Karl) die Rhein-Armee unter Marschall Bazaine (in einer noch auf 150 000 bis 180 000 Mann geschätzten Stärke) umschlossen hielten"; daß

„eine Armee von 80 000 Mann unter dem Kronprinzen von Sachsen sich auf der Straße Metz—Verdun (— St. Menehould—Châlons?) befinde", und daß

„der Kronprinz von Preußen mit 150 000 Mann über Vitry auf Paris vordringe",

und wir wissen, daß sich der französische Feldherr damit (abgesehen von übrigens nicht sehr wesentlichen Ueberschätzungen der Ziffern auf beiden Seiten) kein ganz unrichtiges Bild der Sachlage auf feindlicher Seite gemacht hatte.

Auf eine numerische Ueberlegenheit auf dem Schlacht-felde konnte hiernach die „Armee von Châlons"

aus eigener Kraft nur gegen die feindliche mittlere (kronprinz-lich sächsische) Gruppe, aber

erst nach Vereinigung mit der Rhein-Armee gegen eine der beiden feindlichen Haupt-Flügelgruppen und auch das nur unter der Bedingung rechnen, daß es gelingen werde, die andere von diesem Schlachtfelde fernzuhalten.

Die Möglichkeit, die Armee von Châlons und die Rhein-Armee unter Fernhaltung der beiden anderen feindlichen Armeen nur gegen die im Marne-Thal vordringenden deutschen Heertheile des linken Flügels allein vereinigen zu können, mußte von vornherein als aus-geschlossen betrachtet werden und somit die Fernhaltung des Kron-prinzen von Preußen von dem Schlachtfelde gegen eine dieser beiden anderen Gruppen, das erste Bestreben in der operativen Thätig-keit der Armee von Châlons bilden.

Gedachte man mit dieser Armee allein sich gegen den Kronprinzen von Sachsen zu wenden, so kam es an zweiter Stelle darauf an, auch die Armee des Prinzen Friedrich Karl an einer rechtzeitigen

Verstärkung bezw. Vereinigung mit dieser Gruppe zu hindern, da andernfalls die thatsächlich über die „Maas-Armee" vorhandene numerische Ueberlegenheit wieder in Frage gestellt werden würde.

Um aber endlich eine numerische Uebermacht der vereinigten Rhein- und Armee von Châlons gegen den Prinzen Friedrich Karl allein zu entscheidender Geltung bringen zu können, war es an dritter Stelle nothwendig, eine rechtzeitige Vereinigung des Kronprinzen von Sachsen mit jener Heergruppe (d. h. dessen Rückzug auf dieselbe!) hintanzuhalten.

Da die vereinigten beiden französischen Armeen günstigstenfalls nur etwa 300 000 Mann gegen die 280 000 Mann dieser vereinigten beiden deutschen Armeen hätten ins Gefecht führen können, so wäre ohne Aufrechterhaltung einer Trennung dieser beiden feindlichen Gruppen eine genügende Bürgschaft für den erstrebten Sieg nicht zu erwarten gewesen.

VII. Was zunächst die Möglichkeit betraf, den Kronprinzen von Preußen für eine genügend lange Zeit in seiner augenblicklichen Vereinzelung zu erhalten, so durfte man dazu mit der, in den seitherigen Operationen der Dritten Armee seit Wörth klar zu Tage getretenen „strategischen Tendenz" eines möglichst raschen Vordringens auf Paris rechnen. Es galt nur, den Feind in dieser Tendenz von eigener französischer Seite her möglichst zu bestärken, freilich gleichzeitig aber auch dafür Sorge zu tragen, daß die eigene Hauptstadt dem Feinde nicht früher in die Hände fallen könne, als es gelungen sei, durch einen entscheidenden Sieg an anderer Stelle diese Gefahr endgültig von Paris abzuwenden.

Was in ersterer Richtung hätte geschehen können, davon später!

In letzterer Beziehung durfte man mit ziemlicher Sicherheit darauf rechnen, daß, wenn es nur gelang, den Kronprinzen von Sachsen oder den Prinzen Friedrich Karl (gegebenenfalls beide zusammen oder nacheinander) zu schlagen, der Kronprinz von Preußen sich zu schleunigster Umkehr aus der Richtung auf Paris veranlaßt sehen werde.

Was dann weiterhin die andere Möglichkeit anging, den Prinzen Friedrich Karl an einer rechtzeitigen Vereinigung mit dem abgezweigten Heertheile des Kronprinzen von Sachsen (bezw. seiner ausgiebigen Verstärkung) zu verhindern, so lag diese Aufgabe zunächst ausschließlich in den Händen des Marschalls Bazaine. Immerhin durfte man denselben mit diesem Gegner nahezu noch ebenbürtig erachteten Kräften dazu füglich in der Lage glauben, wenn es nur rechtzeitig gelang, sich mit ihm über ein zweckmäßiges Zusammenwirken der beiden französischen Armeen zu verständigen.

Von entscheidendem Einflusse auf das Operationsverfahren der Armee von Châlons in den nächsten Tagen erwies sich nach Alledem also das operative Verhalten des Kronprinzen von Sachsen und namentlich die Frage, ob derselbe hinter der Maas stehen bleiben oder diesen Fluß überschreiten werde?

Im Hauptquartier zu Reims wußte man z. Z. von diesem feindlichen Heertheile nur, daß er sich „zwischen Metz und Verdun befinde".

Hatte sich der Kronprinz Albert mittlerweile westwärts in Bewegung gesetzt oder geschah das in den nächsten Tagen, so konnte man französischerseits damit rechnen, ihn entweder vereinzelt schlagen zu können oder ihn in die Operationsrichtung des Kronprinzen von Preußen einlenken und sich dadurch vom Prinzen Friedrich Karl trennen zu sehen.

War die „Maas=Armee" aber — möglicherweise im Sinne eines „rückendeckenden Beobachtungskorps der Belagerungs=Armee von Metz" — in ihrer Stellung verblieben, so war für die „Armee von Châlons", selbst wenn sie, „dem Kronprinzen von Preußen auf den nördlichen Straßen zur Maas ausweichend", diesen Fluß ungehindert erreicht hatte, die Möglichkeit ausgeschlossen, den sächsischen Kronprinzen an einem rechtzeitigen Rückzuge auf die Armee des Prinzen Friedrich Karl zu verhindern.

Andererseits wären dann aber auch diese 80 000 Mann schwerlich in der Lage gewesen, der überlegenen, zudem noch im Besitze der Maas=Festungen befindlichen französischen Armee von Châlons den Uebergang über diesen Fluß, und somit den ersten vorbereitenden Schritt für eine glückliche Vereinigung mit der Rhein=Armee, ernstlich zu verwehren.

Wie sich die Dinge dann gestaltet hätten, würde eine französische Armee von 125 000 bis 150 000 Mann, im Besitz der Maas=Linie (von Verdun bis Stenay) und eine andere französische Armee in der (mindestens vorausgesetzten) Stärke von 150 000 bis 175 000 Mann, im Besitz der Mosel=Linie (von Metz bis Thionville), durch den Abstand zweier Tagemärsche getrennt, eine zwischen ihnen vereinigte deutsche Armee in der Stärke von 280 000 Mann „von zwei verschiedenen Seiten anzugreifen" gehabt haben.

Da bei so geartetem „Zusammentreffen im Gefecht" von einer schlechthin entscheidenden numerischen Ueberlegenheit auf französischer Seite nicht die Rede gewesen wäre, so würde der Erfolg in erster Linie von der taktischen Ueberlegenheit der Führung abhängig gewesen sein, und es darf bezweifelt werden, ob die Marschälle Mac Mahon und Bazaine sich dem Prinzen Friedrich Karl gegenüber diese höhere Befähigung hätten zutrauen können und — wenn man sich rechtzeitige Rechenschaft über diesen möglichen Verlauf der Kriegshandlung gegeben hätte — würden haben zutrauen wollen!?

Nicht minder aber müssen wir es dahingestellt lassen, ob der Herr Verfasser der Abhandlung im Militär-Wochenblatts-Beiheft (s. 1. B. V.) in diesem etwaigen Ergebnisse des Mac Mahonschen Operationsverfahrens wirklich „das Beste" sehen will, was die französische „Strategie" in diesem Feldzuge zu leisten gehabt hätte!?

Unseres Erachtens hat der thatsächliche Verlauf der Dinge dem Marschall günstigere Gelegenheiten geboten, die „spontan auszunutzen" er allerdings nicht vermocht hat!

VIII. Wie wir wissen, war die „Maas-Armee" nicht stehen geblieben und hatte sich infolgedessen in den hier in Frage kommenden Tagen zwar von der „Friedrich Karlschen Armee" getrennt, mit der „Kronprinzlich preußischen Armee" aber noch nicht vereinigt.

Wenn es dem Marschall Mac Mahon nicht gelungen ist, sich diese für die Erreichung seiner Pläne so überaus vortheilhafte Sachlage rechtzeitig dienstbar zu machen, so trägt daran zweifellos die Operationsunfähigkeit seiner Armee einen größeren Schuldtheil als seine feldherrliche Minderbegabung im Vergleich zu seinen Gegnern.

In seinen oben (1. B. I.) angezogenen Aussprüchen setzt General v. Moltke „die Kriegsbereitschaft der Truppe" und „die Organisation des Transportwesens" als die unerläßliche Bedingung für einen zweckentsprechenden „Aufmarsch" voraus; beide Anforderungen gelten aber erst recht auch den „Operationen" gegenüber, und man wird sagen müssen, daß die in ihnen verkörperte „Operationsfähigkeit einer Armee" für die Durchführung strategischer Aufgaben ebenso unerläßlich ist, wie die in der Manövrir- und Evolutionsfähigkeit zum Ausdrucke kommende „Schlagfähigkeit der Truppe" maßgebend für ihre taktischen Leistungen wird.

Die in jener erstgenannten Richtung bei der Armee von Châlons schon beim Beginn ihrer Operationen zu Tage tretenden Mängel haben, wie wir gesehen, den Marschall Mac Mahon zu dem „operativen Umwege" über Rethel genöthigt und ihm dadurch einen „operativen Zeitverlust" gekostet, welcher ihn um die günstige Gelegenheit bringen sollte, mit der feindlichen Maas-Armee noch in ihrer „strategischen Vereinzelung" zusammenzutreffen.

So geschah es, daß der Marschall schon gleich in den ersten Operationstagen nicht mehr mit den ursprünglichen drei, sondern wahrscheinlich nur noch mit zwei getrennten feindlichen Heeresgruppen zu rechnen hatte und damit für ihn auch jede Möglichkeit geschwunden war, noch vor der Vereinigung mit der Rhein-Armee, vielleicht die mittelste jener drei feindlichen Massen aus eigener „numerischer Kraftüberlegenheit" schlagen zu können.

(Daß sich ihm trotzdem diese Gelegenheit doch noch geboten hat [s. später], war jedenfalls jetzt noch nicht vorauszusehen!)

Hinfort handelt es sich für das Oberkommando der Armee von Châlons nur noch um die eine Vorbedingung des Erfolges, die unter dem Könige von Preußen vereinigte „Maas- und Dritte Armee" so lange in Trennung von der „Friedrich Karlschen Armee" zu erhalten, daß es der vereinigten „Mac Mahonschen und Bazaineschen Armee" gelingen könne, die deutsche „Armee vor Metz" vereinzelt zu schlagen. —

Damit war die zu lösende erste „operative Aufgabe" für den seitens der Armee von Châlons „neu zu führenden Feldzug" gestellt, und es kam nunmehr weiter darauf an, sich auch im Einzelnen über die „zweckmäßigste Verwendung der dazu verfügbaren Kräfte" schlüssig zu werden. —

Es lag auf der Hand, daß das Endziel des geplanten Unternehmens, durch Vereinigung mit der Rhein-Armee eine Kraftanhäufung zu erzielen, welche mindestens der einen feindlichen Masse gegenüber die numerische Ueberlegenheit auf dem Schlachtfelde zu gewährleisten vermöchte, um so sicherer erreichbar erschien, je absolut stärker die „Armee von Châlons" auf jenem Schlachtfelde auftreten werde.

Man hatte den „Fehler der Krafttrennung" zu bitter gebüßt, um jetzt nicht danach streben zu sollen, die neu verfügbar gestellten Streitkräfte in ihrer Gesammtheit zur Lösung der neuen Aufgabe zu verwenden.

Gerade dadurch aber, daß man deshalb keinerlei abgezweigte
Kräfte gegen die (wie wir der Kürze halber sagen wollen) feindliche
„Marne-Armee" (vereinigte Dritte und Maas-Armee) stehen gelassen hat, ist der feindlichen Heerführung das Geheimniß des
gehegten Planes so frühzeitig verrathen worden, daß man — wie
wir sehen werden — dortseits „rechtzeitig zu einer entsprechenden Gegenoperation" übergehen konnte.

Wir lesen in Verdys „Operationen", daß es „Moltkescher
Grundsatz" gewesen sei, „die Hauptkräfte stets so weit vereinigt zu
halten, als nicht Abzweigungen an anderer Stelle dem Feinde
gegenüber dringend nothwendig gewesen seien!"

Nothwendig — mindestens gerechtfertigt — erscheinen solche
„Abzweigungen" aber offenbar zunächst überall da, wo es nur — oder
doch wahrscheinlicherweise — nur durch sie gelingen kann:

mit schwächeren eigenen Kräften überlegene feindliche Kräfte
solange an einer Stelle zu binden (an einem Punkte festzuhalten, in
einer Richtung anzuziehen und dergl.), bis die eigenen „Hauptkräfte"
an anderer Stelle einen entscheidenden Schlag haben führen können.

Wo „Abzweigungen" solchen Erfolg erreichen, wird allerwege
ihr Ausfall an „anderer Stelle" sich vollauf bezahlt machen, somit keinen
„Fehler" in der Massengliederung der Gesammtkräfte darstellen.

In diesem Sinne hätte es sich unseres Erachtens empfohlen:

statt mit der ganzen um Reims versammelten Armee gegen die
untere Maas aufzubrechen, etwa zwei Infanterie- und zwei bis drei
Kavallerie-Divisionen der feindlichen Marne-Armee gegenüberstehen
zu lassen, um im allmählichen Rückzuge gegen Westen dieser
immerhin nicht ganz bedeutungslosen Kräfte, den Gegner möglichst von
der Fährte der „Hauptkräfte" abzulenken.

Wie die Aufstellung der „Armee von Châlons" sich um Reims
thatsächlich gestaltet hatte, wären dazu vortheilhafterweise zwei Divisionen
des 1. Korps mit der Reserveartillerie und einer Brigade der
Korpskavallerie-Division (12 Schwadronen), sowie die beiden
Reservekavallerie-Divisionen (Bonnemains und Margueritte:
36 Schwadronen) unter dem einheitlichen Befehl z. B. des Generals
Ducrot zu verwenden gewesen (s. 2. A.).

Gelang es dieser „abgezweigten Armeeabtheilung", nach wieder
aufgenommener Fühlung mit der am 23. August erst bis St. Dizier
gelangten preußischen Kavallerie, den Gegner auch nur wenige Tage in

der Anschauung zu erhalten, daß sie die „Arrieregarde" bezw. die im
Marne=Thal zurückweichende „rechte Flankendeckung" der von Châlons
über Reims—Soissons auf Paris zurückgehenden „Hauptkräfte der
Mac Mahonschen Armee" bilde, so war für den Marschall der nöthige
Vorsprung nach der unteren Maas und damit ein Erfolg erreicht,
welcher durch den Ausfall von rund 20 000 Mann Infanterie und
5000 Reitern sicherlich nicht zu theuer erkauft gewesen wäre.

Auf dem geplanten Marsche über die Ardennen waren die vor=
handenen 112 Schwadronen wahrscheinlich doch nicht in entsprechender
Weise zu verwerthen, und als Ersatz für die zurückgelassenen zwei
Infanterie=Divisionen konnte bei günstigem Fortgange des Fußmarsches
schon jetzt die Nachführung des in Paris sich bildenden 13. Korps
mittelst Eisenbahn über Soissons—Laon—Hirson nach Mézières
a/Maas—Seban, gegebenenfalls Montmédy ins Auge gefaßt werden.

Während es so — in hier natürlich nicht näher zu verfolgender
Weise — der „Armeeabtheilung Ducrot" obgelegen hätte, den
Abmarsch der Mac Mahonschen Hauptarmee, dem, wie man wußte,
von Südosten (Vitry) und, wie man bald erfahren haben würde,
von Osten (Verdun) vordringenden Feinde zu verschleiern, hätte nun
allerdings diese Hauptarmee selbst ihre Zeit auch besser ausnutzen
müssen, als dies thatsächlich geschehen ist.

IX. Als der Marschall Mac Mahon am 22. August abends
sich entschloß, mit der um Reims vereinigten Armee „dem Marschall
Bazaine entgegen zu operiren", geschah das angeblich auf Grund der
Benachrichtigung, daß die Rhein=Armee ihren Abmarsch von Metz
„in den nächsten Tagen auf den nördlichen Straßen zur Maas
(auf Montmédy)" wieder aufzunehmen, der Oberbefehlshaber aber
sich nöthigenfalls „auf Seban und selbst auf Mézières zu wenden"
gedenke!

Wenngleich der Marschall Bazaine dabei seine Absicht aus=
gesprochen hatte, sich gegebenenfalls nach Ueberschreitung der Maas
„über St. Menehould auf Châlons zu bewegen, falls letztere Straße
nicht (zu) stark besetzt sei", so war der Marschall Mac Mahon zur
Zeit doch unbedingt schon in der Lage, übersehen zu können, daß diese
Bewegung aller Wahrscheinlichkeit nach für die Rhein=Armee sich
unmöglich erweisen, nachdem er selbst aber Châlons bereits geräumt
hatte, auch zwecklos sein werde!

Sollte sich die geplante „Vereinigung" beider Armeen wirklich in der Weise einer Begegnung vollziehen, zu welcher die Rhein-Armee vielleicht schon unterwegs war, so konnte dies offenbar jetzt nur noch auf der gewinkelten Straße Reims — Stenay — $\frac{Thionville}{Metz}$ geschehen, die andererseits in ihrer ersten Hälfte allein auch den für die Sicherheit des eigenen Vormarsches gegen Osten nöthigen Abstand von den feindlichen Bewegungsstraßen gegen Westen bot. (Die Straßen Reims — Stenay und Verdun — Châlons liegen rund fünf Meilen auseinander.)

Da selbstverständlich die noch aus 11 Infanterie und 3½ Kavallerie-Divisionen bestehende „Operations-Armee des Marschalls Mac Mahon" nicht auf dieser einen „Hauptoperationslinie" (Straße Reims—Stenay) vorbewegt werden konnte, oblag es nach Feststellung dieser „Hauptrichtung" dem französischen Generalstabe, eine zweckentsprechende Marschgliederung und damit gleichzeitig das innezuhaltende Marschtableau der Armee auszuarbeiten.

Die an diese Arbeit zu stellenden wichtigsten Anforderungen lassen sich in folgenden Punkten zusammenfassen:

1. die Armee ist derart zusammenzuhalten, daß ihre vier Korps (die zugetheilten zwei Infanterie und halbe Kavallerie-Division des 1. Korps als „1. Korps bis" bezeichnet) sich möglichst innerhalb eines Tagemarsches gegen Osten oder Süden zur Schlacht (sei es auch nur auf die Mitte!) vereinigen können;

2. ihre Vorbewegung zur Maas ist, soweit es ohne Ueberanstrengung der Truppe möglich, derart zu beschleunigen, daß

3. der etwa nöthig werdende Maas-Uebergang (etwa in Linie Dun — Stenay — Beaumont [Létanne] — Mouzon) von der Armee gleichzeitig ausgeführt werden kann;

4. alle geeigneten Vorkehrungen sind zu treffen, um das Geheimniß des Linksabmarsches der Armee zu bewahren und den Feind möglichst über die eingeschlagene Richtung zu täuschen.

Da mit Ausnahme des nur noch zwei Divisionen starken 1. Korps bis, die drei anderen Korps je aus drei Infanterie-Divisionen à 12 bis 13 (nicht über 800 K. zählenden) Bataillonen und 3 Batterien, einer Reserveartillerie von 6 Batterien und einer KavallerieDivision von 16 bis 24 Schwadronen bestanden (nur das 12. Korps war etwas stärker), so erschien es, zumal wenn man die Reserveartillerie und bie Kavallerie auf die Infanterie-Divisionen vertheilte, durchaus angängig, je ein Armeekorps auf eine Straße zu setzen.

Rechnete man dabei für jede kombinirte „Divisionsstaffel" (einschließlich der Trainfahrzeuge) auf eine Marschtiefe von rund 10 bis 12 km (einschließlich Abstände), so brach allerdings aus dem vereinigten Korpslager die letzte Staffel erst fünf bis sechs Stunden später auf wie die Spitze.

Die Korps selbst aber brauchten an den einzelnen Tagesetappen in sich nicht näher als auf 8 bis 10 km Abstand von Tete zu Queue aufzuschließen, um doch immer noch rechtzeitig genug auf die Spitze zur „taktischen Front" aufmarschiren oder nach der (rechten) Flanke einschwenken zu können.

Da, mindestens bis zu gelungenem Maas-Uebergange, mit der täglichen Möglichkeit eines feindlichen Angriffes von Süden her gerechnet werden mußte, so empfahl es sich fernerhin, die Tagesetappen der vier nebeneinander vorrückenden Korps derart zu bemessen, daß sie möglichst an einer von Süd nach Nord laufenden (größeren) Straße hintereinander zu liegen kämen, um so dem etwa angegriffenen Korps den Rückzug auf das nächste Nachbarkorps nach Möglichkeit zu erleichtern.

Da sich aus der innehabenden Aufstellung der vier Korps (s. 2. A.) bei solcher Absicht eine große Rechtsschwenkung der Gesammtarmee ergab, war es namentlich in den ersten Tagen unvermeidlich, den feindabgewendeten Korps größere Marschleistungen zuzumuthen, als denen des inneren Flügels; ein Uebelstand, der sich aber dadurch vielleicht auszugleichen zu lassen versprach, daß man den Ruhetag für jene Korps um 24 Stunden früher werde verlegen können.

Da es der Armee offenbar an einem besonderen (namentlich Proviant-) Kolonnen-Train fehlte, war es von Wichtigkeit, daß die Truppe sich vor dem Aufbruche mit einem mindestens vier- bis fünftägigen eisernen Bestande versah, um auch da gesichert zu sein, wo (wie bei der engen Unterkunft wahrscheinlich!) die Verpflegung durch die Wirthe versagte.

Unerläßliche Pflicht der Intendantur war es dann aber, für rechtzeitige Ansammlung reichlicher Vorräthe (gegebenenfalls aus Belgien und Luxemburg) in den nordöstlichen Grenzfestungen Sorge zu tragen. Durch die borthin mit der Eisenbahn vorauszusendenden

Generalstabsoffiziere und Beamten durfte man dann hoffen, auch recht=
zeitige und richtige Nachrichten über die Rhein=Armee zu erhalten.

Solange man sich noch in der offenen Ebene zwischen Marne und
Aisne bewegte, oblag naturgemäß die Deckung der rechten Flanke
der (dazu vortheilhafterweise aus dem 1. Korps bis zu bildenden)
südlichsten Marschkolonne, deren aufklärende Thätigkeit gegen die
Straße St. Menehould—Châlons, in Verbindung mit der aufklärenden
Kavallerie der „Armeeabtheilung Ducrot", bei entsprechender Geschicklich=
keit des Verfahrens in den ersten Tagen nicht unwesentlich zu einer
Täuschung des Feindes (z. B. durch nordwestliches Ausweichen der
Kavalleriepatrouillen auf Suippe oder dergl.) beizutragen vermocht hätte.

Mit dem Eintritt dieser Südkolonne in die Berge des Argonner
Waldes eröffnete sich dann aber für, von ihr südlich und südöstlich
(Varennes!) vorzutreibende größere und kleinere Streifparteien ein
ergiebiges Feld, um im Verein mit der (an sich schon aufsässigen)
Bevölkerung den kleinen Krieg gegen die Straße Verdun—Châlons
und die vermuthlich nördlich derselben erscheinende feindliche Kavallerie
zu führen. Selbst wenn bei solchen Unternehmungen dem Feinde da
und dort Linientruppen (Fußjäger=Bataillone) entgegentreten mußten,
so wäre es doch noch fraglich gewesen, ob der Gegner unter solchen
Verhältnissen daraus alsbald die richtigen Schlußfolgerungen auch
darüber zu ziehen vermocht hätte, was auf den seiner Einsicht entzogenen
„Nordstraßen" vor sich ging!

Das Geheimniß der Bewegung war am besten dadurch zu be=
wahren, daß nur den kommandirenden Generalen der Befehl (das
Marschtableau f. nachstehend) für den Vormarsch bis zur Maas im
Ganzen mitgetheilt wurde, die nöthigen weiteren Anordnungen von
ihnen aber nur tageweise an die Truppe auszugeben waren.

Auf das wichtige Mittel, sich zu diesem Zwecke auch der Tages=
presse zu bedienen, sei hier um deswillen aufmerksam gemacht, weil
thatsächlich der Gegner — auf dem Umwege über England — die
sichersten Nachrichten über die Bewegungen der französischen Armee
aus den Zeitungen geschöpft hat. Da es erfahrungsmäßig nur außer=
ordentlich schwer gelingt, solch unberufene Berichterstattung ganz zu
unterdrücken, ist das Mittel nicht unbenutzt zu lassen, durch Aus=
streuung irreführender Nachrichten — theils über die Bewegungen
selbst, theils über ihre Absichten — von eigener Seite her die
Thatsachen möglichst zu verschleiern und zu verwirren. Ein mit den

Preßverhältnissen, namentlich auch des Auslandes, vertrauter geistvoller Reporter im Hauptquartier kann in dieser Richtung ungewöhnliche Dienste leisten.

X. Um uns ein Bild von der im Sinne der eben erörterten Anforderungen sich abspielenden Bewegung der „Armee von Châlons" gegen die untere Maas machen zu können, geben wir im Nachfolgenden einen übersichtlichen

Entwurf des Marschtableaus

für die einzelnen Tage (s. Skizze 1).

A. 23. August.

a. Truppen- theil	b. Aufbruch aus dem Lager von	c. einzuschlagende Marschstraße	d. Tagesetappe		e. km	f. Abstand vom Nachbar- korps km
12. Korps	La Neuvi- lette, nord- westlich Reims	über Bétheny—Witry les Reims auf die große Straße nach Rethel über Isles sur Suippe und Tagnon	1. Staffel: Rethel (Nord)*) 2. besgl. (Süd) 3. Tagnon		40 38 29	12—15
5. Korps	Ormes (südwestlich Reims	durch Reims, die Römer-straße südlich an Witry les Reims vorbei, über Vaubrété a. Suippe	1. Staffel: Auffonce 2. Heutrégiville a. d. Suippe 3. besgl.		30 25 25	7
7. Korps	Sillery a. d. Vesle	Uebergang auf das Nordufer des Vesle-Flusses auf die Straße über Beine und Pont Faverger auf Vouziers	1. Staffel: Hauviné 2. Bétheniville 3. Pont Faverger**)	} a. d. Suippe	25 22 18	5

1.
Korps
bis
	Cormon-
	treuil
	a. d.
	Vesle
		längs des Südufers der Vesle über Puisieulx auf Verzenay, Vesle-Ueber-gang bei Thuisy und weiter über Prosnes	1. Staffel: St. Hilaire
			           le Petit
			2. St. Martin
			           l'Heureux
				} a. d.
				Suippe
					34
					
					32	

Rückzugsstraße auf Rethel.

*) Korps-Hauptquartier.

**) Armee-Hauptquartier.

B. 24. August.

a. Truppentheil	b. Aufbruch aus dem Lager von	c. einzuschlagende Marschstraße	d. Tagesetappe	e. km	f. Abstand vom Nachbarcorps km
12. Korps	[f. 23. August unter d]	längs des nördlichen Aisne-Ufers über Amagne, Sausseuil, Ecordal, Tourteron in Richtung auf Vendresse	1. Staffel: Chagny les Osmont (Straßenkreuz) / 2. „ La Sabotterie / 3. „ Tourteron	26 / 23 / 30	8
5. Korps		die Römerstraße auf Le Chesne le populeux weiter bis zum Aisne-Uebergang zwischen Semuy und Boncq	1. Staffel: Semuy — Boncq (Ostufer) / 2. „ desgl. (Westufer) / 3. „ St. Vaubourg	28 / 34 / 30	10
7. Korps		Straße auf Vouziers über Machault—Bourcq	1. Staffel: Vouziers (Ostufer) / 2. „ Vouziers (Westufer) / 3. „ desgl.	28 / 29 / 33	10
1. Korps bis		über Blanc Mont und Orfeuil, Liry auf Monthois—Grand Pré	1. Staffel: Brécy a. Aisne (Ostufer) / 2. „ Challerange u. Monthois	32 / 25 u. 28	

Nachzugsstraße: Monthois—Vouziers; Le Chesne—Vendresse.

C. 25. August.

a. Truppentheil	b. Aufbruch aus dem Lager von	c. einzuschlagende Marschstraße	d. Tagesetappe	e. km	f. Abstand vom Nachbarcorps km
12. Korps	[f. 24. August unter d]	über Osmont, Vendresse, Malmy, Chémery auf Mouzon	1. Staffel: Mouzon a. Maas (beide Ufer) / 2. „ Autrecourt / 3. „ Raucourt	34 / 32 / 30	8
5. Korps		über Le Chesne le populeux auf große Straße auf Beaumont—Stenay	1. Staffel: Beaumont / 2. „ Warniforêt / 3. „ La Besace (Straßenkreuz)	34 / 32 / 32	15
7. Korps		die große Straße über Buzancy, Nouart auf Stenay	1. Staffel: Nouart / 2. „ desgl. / 3. „ Buzancy	30 / 32 / 24	10
1. Korps bis		Straße über Grand Pré, Champigneulle auf Dun a. Maas	1. Staffel: Imécourt / 2. „ Grandpré a. d. Aire	18 / 15	

Nachzugsstraße: Grand Pré—Buzancy; Beaumont—Mouzon.

D. 26. August.

a. Truppentheil	b. Aufbruch aus dem Lager von	c. einzuschlagende Marschstraße	d. Tagesetappe		e. km	f. Abstand vom Nachbarkorps km
12. Korps			Ruhe			
						8
5. Korps			Ruhe			
						10
7. Korps	l. 26. August unter d.	l. 26. August unter c.	1. Staffel: } 2. , } Stenay, rechtes Maas-Ufer		16	
			3. , Laneuville, linkes Maas-Ufer		22	
						12
1. Korps bis			1. Staffel: } 2. , } Dun, rechtes Maas-Ufer		18 26	

Zusatz 1. Durch Abgabe von 12 Schwadronen der Kavallerie-Division Brahaut des 5., und von 8 Schwadronen der Kavallerie-Division Ameil und 2 reitenden Batterien der Artilleriereserve des 7. Korps wird am 26. eine kombinirte Kavallerie-Division von 20 Schwadronen, 12 Geschützen gebildet, welche bei Dun zusammentritt und noch heute auf dem rechten Maas-Ufer stromauf gehend, die Uebergänge und Schiffsgefäße 2c. zerstört und (am 27.) die Verbindung mit Verdun aufnimmt.

Zusatz 2. Alle verfügbaren Proviant-Truppenfahrzeuge des 5. und 12. Korps gehen am 26. nach Montmédy behufs Neubelabung voraus und erwarten daselbst weitere Befehle.

E. 27. August.

a. Truppen- theil	b. Aufbruch aus dem Lager von	c. einzuschlagende Marschstraße	d. Tagesetappe	e. km	f. Abstand vom Nachbar- korps km
12. Korps		von Mouzon über Inor, östlich an Stenay vorbei, Baalon, Juvigny zur Loison, auf:	gegebenenfalls Marville (Straße Stenay—Longuyon)	36 40 45	
5. Korps	f. 26. August unter d.	von Beaumont durch Stenay auf Mouzan, durch den Wald von Werve auf Jdmetz und:	gegebenenfalls Bitarville a. Loison (Straßengabel auf Damvillers)	36 40 42	6 20 v. Stenay
7. Korps					16 v. Dun
1. Korps bis			Ruhe, gegebenenfalls siehe 28.		12

Zusatz 1. Die Proviantfahrzeuge des 7. und 1. Korps bis gehen heute nach Longuyon voraus.

Wie die Dinge im deutschen Hauptquartier sich thatsächlich gestaltet haben (s. 3. A), wird man einräumen müssen, daß bei Innehaltung dieses — an eine operationsfähige Truppe keineswegs übertriebene Anforderungen stellenden — Marschtableaus, die „Armee von Châlons" füglich schon am 26. August die Maas zwischen sich und die zum Zweck ihrer Abschneidung etwa nördlich in Bewegung gesetzten Heertheile der deutschen „Marne-Armee" hätte bringen können.

Je nach Umständen konnte hiernach der Marschall Mac Mahon die Armee im Laufe des 27. August im Winkel zwischen Maas und Chiers an nothwendiger Stelle zur Schlacht vereinigen oder an diesem Tage und am 28. August den Marsch in Richtung Thionville derart fortsetzen, daß z. B. an letztgenanntem Tage zu erreichen hatten:

das 12. Korps (von Marville, südlich Longuyon vorbei, über Arrancy): Mercy le Bas an der Straße Briey—Longuyon;

das 5. Korps (von Bitarville über Mangiennes): Spincourt an der Straße Etain—Longuyon;

das 7. Korps (von Stenay über Marville): die Gegend von **Arrancy** am Schnittpunkt der Straßen von Verdun und Etain auf Longuyon;

das 1. Korps bis (von Dun über Bitarville): St. Laurent sur Ohain;

während die „kombinirte Kavallerie=Division", verstärkt noch durch die eine Reiter=Brigade des 1. Korps bis, die Maas=Linie von Verdun bis unterhalb Dun beobachtete.

Wie wir später sehen werden, hat General v. Moltke in seinen Gegenoperationen mit der Absicht gerechnet, im Laufe des 28. August bei Damvillers (nordöstlich Verdun) bezw. bei Azannes (südöstlich) und Mangiennes (östlich dieses Punktes):

drei Armeekorps der Maas=Armee, zwei bayerische und zwei Korps der Metzer Armee (s. Kriegslehren, 4. Heft) versammeln zu können.

Die auf das Ostufer der Maas zurückzuführenden fünf Armeekorps hatten aber nach diesem Entwurfe am 27. August erst bezüglich: Dun (XII.), Montfaucon (Garde), Germonville westlich Verdun (VIII.), Dombasle (II. bayerisches) und Rixéville (I. bayerisches) zu erreichen und standen somit nicht nur an sich schon von dem ins Auge gefaßten „Versammlungspunkte" weiter entfernt, als die Korps der „Armee von Châlons", sondern mußten sich auch im Laufe des 28. August mindestens theilweise ihren Uebergang über den Fluß gegen die französische Kavallerie erst erzwingen oder zu einer südlichen Umgehung von Verdun ausholen.

Von den von Metz heranbeorderten beiden Korps hatten am 27. August das II. Armeekorps erst Landres (Straße Briey—Longuyon), das III. Korps Etain erreicht und beide würden wohl angesichts des allgemeinen Vormarsches der französischen Korps gegen Südosten vorgezogen haben, sich auch ihrerseits, z. B. an der Straße von Briey oder bei Etain, zu vereinigen.

Es kann selbstverständlich hier nicht unsere Aufgabe sein, alle Möglichkeiten ins Einzelne zu verfolgen, die sich aus den beiderseits bis zum 27. August verfolgten „Operationen" der Mac Mahon'schen und der deutschen Hauptarmee für die wahrscheinlich mit dem 28. August beginnende Periode „taktischer Zusammenstöße" hätten ergeben können.

Eine einflußreichste Rolle würde dabei ja unfehlbar auch das „operative Verfahren" der sich bei Metz gegenüberstehenden feindlichen Armeen gespielt haben, und wir verweisen in dieser Beziehung nur auf die „Betrachtungen", welche wir im 4. Heft der „Kriegslehren" über die mögliche Ausnutzung eines „siegreichen Ausfalles der Rhein-Armee am 26. August gegen die Cernirungstruppen des rechten Mosel-Ufers" für den Fall angestellt haben, daß „die Armee von Châlons an diesem Tage bereits die Maas-Linie erreicht gehabt hätte".

Wir sehen auch von der — vielleicht nicht ausgeschlossenen — Möglichkeit ab, daß ein geschicktes „operatives Verhalten" der gegebenenfalls durch das 13. Korps verstärkten — „Armeeabtheilung Ducrot" (s. VIII.) die Entschlüsse der obersten deutschen Heeresleitung zur Hintanhaltung einer Vereinigung der beiden französischen Armeen „auf den Nordstraßen", sei es auch nur um 24 Stunden, hätte verzögern können.

Nur um dem Irrthume entgegenzutreten, daß „der operative Grundgedanke heutzutage schlechthin eine Schlachtdisposition zu ersetzen im Stande sei", greifen wir aus der Fülle möglicher Kombinationen einen Fall heraus, wie etwa (und vielleicht nicht ganz unwahrscheinlicherweise) aus der hier angenommenen französischen und der deutschen historischen (s. später) Sachlage am 27. August heraus, der weitere Verlauf der kriegerischen Dinge sich hätte gestalten können (s. Stizze 1).

XI. (Voraussetzung):

1. Die am 27. August im Marsch auf Damvillers (s. oben) die Maas von Westen erreichenden Spitzen der deutschen „Maas-Armee" haben auf der Flußlinie von Verdun bis Dun die Uebergänge und das Brückenmaterial des linken Ufers zerstört, das rechte von stärkerer feindlicher Kavallerie beobachtet, die Punkte von Dun und Stenay noch von französischer Infanterie und Artillerie gesperrt gefunden.

2. Trotzdem dadurch der Beginn des Brückenschlages zwischen Verdun und Dun bis zum Herankommen stärkerer Kräfte von Germonville und Montfaucon, bezw. bei Dun bis zum Abzuge des Feindes am 28. August morgens verzögert wird, erreichen an diesem Tage doch noch:

    das XII. Korps: Damvillers,
    das Garde- und IV. Korps: Azannes.

3. Die beiden bayerischen Korps sind auf die erhaltenen Nachrichten hin am 28. früh (von Rixéville und Dombasle) auf Dieue oberhalb Verdun ausgebogen und am Abend bei Abaucourt (zwischen Verdun und Etain) aufgeschlossen.

4. Das von Metz entsendete III. Korps bleibt am 28. August beobachtend bei Etain stehen, das über Landres vorgehende II. Korps hat sich vor den auf Spincourt—Mercy le Vas vordringenden französischen Massen in Richtung Briey zurückgezogen.

5. Die Armee von Châlons hat im Laufe des 28., vom Feinde nicht mehr eingeholt und nur unter leichten Zusammenstößen von Vortruppen des 5. mit dem preußischen II. Korps, das Viereck St. Laurent—Arrancy—Mercy le Vas—Spincourt erreicht; der Abstand zwischen den vier Korps beträgt je eine deutsche Meile.

Von dem der Mac Mahonschen Armee mittelst Eisenbahn nachgeführten 13. Korps ist die Division Exéa*) am 27. in Montmédy ausgeschifft und im Laufe des 28. noch dem 5. Korps über Marville bis Noers a. Chiers (südwestlich Longuyon) gefolgt. Für die zweite Staffel (Division) dieses Korps ist die Ausschiffung am 28. August nach Longuyon verlegt.

6. Inzwischen hat bereits am 26. August die Rhein-Armee in einem großen Ausfalle gegen Ste. Barbe die deutsche Cernirung auf dem rechten Mosel-Ufer gesprengt (s. unsere Betrachtungen über die „Schlacht von Noisseville“) und — unter Zurücklassung des 2. und 4. Korps in Metz und gegen die auf dem rechten Mosel-Ufer nach verschiedenen Richtungen zurückgeworfenen deutschen Heertheile — in den Tagen des 27. und 28. August mit dem Garde-, 3. und 6. Korps, sowie der Artillerie-Hauptreserve und dem Kavalleriekorps Desvaux (s. Kriegslehren, 4. Heft) die Mosel bei Thionville zurück überschritten.

---

*) Nach dem GstW. I. 1112 hat diese Division bereits in den Tagen des 25. und 26. August Reims erreicht gehabt, konnte also füglich bis zum 27. auch von Paris nach Montmédy befördert sein.

5*

7. In der Nacht vom 28. zum 29. August stehen somit:

A. Die französischen Streitkräfte*)

in zwei Gruppen vereinigt, in der Luftlinie 3½ bis 4 Meilen voneinander getrennt

a) (Bazaine) mit 60 000 Mann Infanterie (und starker Artillerie und Kavallerie) dicht westlich Thionville (Höhen von Weimeringen);

b) (Mac Mahon) mit 130 000 Mann Infanterie (s. 5.) östlich der Chain=Linie St. Laurent—Spincourt um Arrancy.

B. Die deutschen Streitkräfte*)

umgeben diese beiden feindlichen Gruppen im großen Halbkreis von sieben Meilen Bogenlänge und zwar:

a) mit 64 000 Mann Infanterie der Maas=Armee (s. 1. A.) in Linie Damvillers—Azannes;

b) mit 36 000 Mann Infanterie der beiden bayerischen Korps südwestlich ⎱ Etain;

c) mit 14 500 Mann Infanterie des III. Korps bei ⎰

d) mit 72 500 Mann Infanterie der infolge des Kampfes vom 26. August vom Prinzen Friedrich Karl, unter Aufhebung der Cernirung von Metz, zunächst um Briey versammelten drei Korps (VIII., IX., X.) und des dorthin zurückgegangenen II. Korps (s. 4.).

Außerdem stehen den in Metz bezw. auf dem rechten Mosel=Ufer zurückbefindlichen französischen Abtheilungen in der Stärke von 36 000 Mann Infanterie an deutschen Kräften die bezüglich auf Busendorf (3. Reserve=Division), auf Bolchen (1. Division), Remilly (2. Division) zurückgewichenen Truppentheile und das annoch die Cernirung im Süden aufrecht erhaltende VII. Armeekorps, in der Gesammtstärke (ohne Verlustabzüge!) von 52 000 Mann Infanterie, gegenüber.

---

*) Die Divisionen der „Armee von Châlons" (einschließlich der Divisionen des 13. Korps) sind hier rund mit 10 000 Mann Infanterie (13 Bataillone à 800) berechnet; der Stärkeberechnung der „Rhein=Armee" und der „Korps der Cernirungs= Armee" liegt die Nachweisung des Majors Kunz in „Noisseville" zu Grunde.

Die Geschützzahl stellt sich auf beiden Seiten nahezu gleich; die deutsche Kavallerie ist der französischen überlegen.

Für unsere weiteren Betrachtungen fallen dieselben zunächst aus der Rechnung aus.

8. Maßgebend für die Entschlüsse der beiden französischen Gruppen am 29. August muß unter den dargelegten Verhältnissen der (gegebenenfalls schon am 28. in Ausführung gesetzte) Entschluß des Prinzen Friedrich Karl in Betreff der „Gruppe von Briey" werden.

Wie wir aus dem 4. Heft „Kriegslehren" wissen, war es für den Fall eines gelungenen Durchbruches der Rhein-Armee auf dem rechten Mosel-Ufer die Prinzliche Absicht, sich einem „Weitermarsche des Marschalls Bazaine über Thionville" mit den Truppenkorps des linksuferigen Cernirungsringes bei Fontoy vorzulegen.

Hatte sich — was man französischerseits im Laufe des 28. ja sicher erfahren mußte — der Prinz auch unter obwaltenden Umständen gegebenenfalls schon am 27. wirklich gegen Norden in Bewegung gesetzt, so konnte er allerdings schon am 28. mit etwa 60 000 Mann Infanterie (unter Zurücklassung von 12 500 Mann als Rückendeckung gegen Metz) die zur Zeit noch nicht versammelten 60 000 Mann des Marschalls Bazaine westlich Diedenhofen angegriffen und dieselben gegebenenfalls selbst etwas zurückgedrängt haben.

Am 29. sah sich dann aber der preußische Heerführer durch mehr oder weniger überlegene Kräfte der (von Spincourt und Mercy le Bas) auf Fontoy vorgehenden „Armeegruppe des Marschalls Mac Mahon" im Rücken bedroht, ohne daß die an diesem Tage erst von 4—5 deutsche Meilen Entfernung antretenden Truppen des Kronprinzen von Sachsen (Bogen Damvillers — Etain) ihn unmittelbar hätten unterstützen können. Es ist mehr als wahrscheinlich, daß der Prinz-Oberbefehlshaber unter solchen Verhältnissen auf einen vereinzelten Vorstoß gegen den Marschall Bazaine verzichtet hätte!

9. Er konnte dann entweder am 28. bei Briey defensiv stehen bleiben, um erst am 29. gleichzeitig mit den „Gruppen von Etain bis Damvillers" zur Offensive überzugehen, oder

diesen Tag zum Linksabmarsch auf Etain (und zur Heranziehung des VII. Armeekorps auch zur Beobachtung der

Weſt- und Nordweſtſeite von Metz) benutzen, um je nachdem
am 29. einem Durchbruchsverſuche der vereinigten franzöſiſchen Armeen gegen Weſten in Linie Damvillers—Etain
defenſiv entgegenzutreten oder auch jetzt aus dem damit auf
3 Meilen Front verkürzten Aufmarſche der vereinigten
deutſchen Gruppen zum Angriff zu ſchreiten.

Blieb der Prinz Friedrich Karl am 28. Auguſt bei
Briey ſtehen, ſo konnte ſich der Marſchall Bazaine an dieſem
Tage und in der Nacht zum 29. nach Landres und Audun
le Roman an den linken Flügel des Marſchalls Mac Mahon
heranziehen und die franzöſiſche Armee in der gewinkelten
Front von St. Laurent—Spincourt hinter dem Othain und
von Spincourt—Audun le Roman — je zwei Meilen — mit
190 000 Mann Infanterie dem — aus 7 Meilen langen
Bogen anſetzenden — konzentriſchen Angriffe von im
Ganzen, einſchl. ſelbſt des VII. Korps nicht viel über 200 000
Mann deutſcher Infanterie zunächſt mit Ruhe entgegenſehen.

Marſchirte der Prinz Friedrich Karl am 28. aber auf
Etain ab, ſo konnte die franzöſiſche „Rhein-Armee" noch,
im Laufe dieſes Tages bis Briey vorrückend, die Verbindung
mit Metz wieder herſtellen, und der Marſchall Mac Mahon
in der Nacht zum und am 29. ſeinen rechten Flügel ſoweit
zurückſchwenken, daß man die Schlacht am 30. Auguſt
jedenfalls nicht mehr „mit dem Rücken gegen die nahe luxem-
burgiſche Grenze" zu ſchlagen brauchte.

10. War endlich aber, was doch keineswegs als ausgeſchloſſen
gelten darf, der deutſche linke Flügel (die Korps vom linken
Maas-Ufer her) am 28. Auguſt noch nicht in die hier angenommenen Stellungen eingerückt, oder erfolgte am 29. Auguſt
der deutſche „Anmarſch zur Schlacht aus ſieben Meilen
langem Bogen" nicht in derjenigen Genauigkeit von „Raum-
und Zeitberechnung", welche bei der geringen numeriſchen
Ueberlegenheit allein einen Erfolg ermöglicht hätte, ſo iſt klar,
daß ſich für die vereinigte franzöſiſche Armee leicht ausgiebigſte
Gelegenheit zum Uebergange in eine entſcheidende
Offenſive, ſei es gegen den Kronprinzen von Sachſen,
ſei es gegen den Prinzen Friedrich Karl, hätte finden laſſen,
die man freilich auszunutzen auch hätte verſtehen müſſen.

So vollzieht sich aber schon nach diesem einen Beispiel der „Anschluß des taktischen an das strategisch=operative Moment der Kriegshandlung", d. i. des „Gefechtes" (Aktion) an die „Bewegung" (Operation), je nach der feindlichen Gegenwirkung in „östlicher, südlicher oder westlicher Richtung" und in „offensiver oder defensiver Form".

Da aber selbstverständlich unter der Annahme einer „veränderten Gegenwirkung" dieser „Anschluß" sich auch noch unter einer ganzen Reihe anderer Möglichkeiten darzustellen vermocht hätte, so folgern wir daraus die Lehre, daß

wenngleich „Aufmarsch, Operationen und Schlacht" drei ineinandergreifende Akte eines „Feldzuges" bilden, jeder derselben doch seine eigenartigen Anforderungen an die feldherrliche Leitung stellt, und daß

die Auffassung, daß die „Schlacht" nur den „natürlichen Ausfluß des Operationsgedankens bilde" (der deshalb eine „eigene Schlacht=disposition überflüssig mache!" s. Beiheft 4 des Militär=Wochenblattes 1896) als eine höchst einseitige Theorie betrachtet werden muß!

Es soll durchaus nicht in Abrede gestellt werden, daß „wenn es der Strategie gelingt, ihre Operationen so zu führen, daß getrennte Heertheile von zwei verschiedenen Seiten her" — rechtzeitig derart — „auf ein Schlachtfeld gelangen", daß „die gerade Anmarschrichtung" des einen Theiles auf die Front, die gerade Vorbewegung des anderen Theiles auf die Flanke des den Angriff passiv erwartenden Gegners führt, die „Strategie" der „Taktik" in günstigster Weise vorgearbeitet hat.

Wir werden in der „Schlacht von Sedan" einer solch glücklichen „Vorarbeit" begegnen, gerade dort aber auch erkennen, daß ein solches „Zusammentreffen"

keineswegs als Regel für den Abschluß selbst „richtig angelegter Operationen" gelten darf, vielmehr in der Praxis meist nur als Ausnahme auftreten wird; daß ferner

in dem „grundsätzlichen Getrennt=Marschiren" keineswegs die absolute Gewähr für eine solche „selbstthätige Ausgestaltung der Schlacht" gefunden werden kann, und daß endlich

selbst durch die „operative Vereinigung getrennter Heertheile auf dem einen Schlachtfelde" eine ihr taktisches Verhalten bestimmt

vorschreibende „Schlachtanlage" keineswegs überflüssig gemacht wird!

Allerdings ergiebt sich dann aber weiter auch aus der natürlichen
Wechselwirkung, in welcher „Operation" und „Aktion" schon um
deswillen stehen, weil ohne „Operation" (Bewegung mindestens von
einer Seite!) sich ja kein „Zusammentreffen feindlicher Kräfte" ergeben
könnte, daß

der Feldherr bei der Anordnung einer bestimmten Operation
sich mindestens die Grundzüge der möglichen Folgen klar gemacht
haben muß, welche sich daraus für die diese Operation erst endgültig
„abschließende" Aktion entwickeln können.

XII. Wir haben aus unseren seitherigen Betrachtungen ersehen,
daß der Marschall Mac Mahon die „strategischen Anordnungen" für die von ihm geplante Operation „Bazaine entgegen"
nicht derart getroffen — jedenfalls nicht derart durchzuführen vermocht
— hatte, daß mindestens das „operative" Ziel der Bewegung,
nämlich die Vereinigung mit dem Marschall Bazaine, sei es auch erst
auf dem rechten Maas-Ufer, erreicht worden wäre.

Was zu diesem Zweck, unseres Erachtens, hierin hätte „anders"
gemacht werden können und müssen, haben wir in unserem „Entwurfe"
dargelegt.

Nun sind wir aber weiterhin der Meinung, daß wenn die oberste
französische Heeresleitung sich eine annähernd richtige Vorstellung von
den wahrscheinlichen „taktischen (Sieges-)Schwierigkeiten" gemacht
hätte, welche selbst die vereinigten Armeen „von Châlons und Metz"
noch zu überwinden haben würden, nachdem diese Vereinigung sich
„erst auf dem rechten Maas-Ufer" werde haben bewerkstelligen lassen
— sie möglicherweise ganz, oder doch mindestens noch rechtzeitig
auf jene „Operation" verzichtet hätte!

Freilich erscheint ja nach unserer eigenen, oben gebrachten Darlegung — nach einmal geglücktem Maas-Uebergange der Armee von
Châlons — die taktische Sachlage für die beiden französischen Armeen
auf den ersten Blick nicht geradezu schlecht.

Man wird einräumen müssen, daß angesichts der weiten Trennung,
in welcher nach Lage der Umstände am 28. abends die vereinzelten
deutschen Heergruppen (von Briey über Etain bis Damvillers) sich
der, nicht mehr zu verhindern gewesenen, Vereinigung der beiden

französischen Armeen gegenüber befunden haben, es füglich zu schweren Theilniederlagen auf deutscher Seite hätte kommen können; zumal wenn jene Heertheile im Sinne „Neu-Moltke'scher Strategie" (f. 1. B. IV) bestrebt gewesen wären, solange in ihrer Trennung zu verharren", bis sie sich „auf geraden Anmarschlinien von verschiedenen Seiten her (z. B. Dun—Consenvoye—Dieue—Etain—Briey = elf Meilen Bogenlänge) erst auf dem einen Schlachtfelde zu vereinigen gedacht hätten!

Selbst aber wenn die Deutschen in solchen von ihnen nicht vermiedenen Theilgefechten oder auch in einer größeren Schlacht sehr starke Verluste erlitten und einige mißliche Tage durchzumachen gehabt hätten, das Endergebniß wäre doch für die Franzosen glücklichstenfalls immer nur die Zurückwerfung des Gegners auf die obere und mittlere Maas gewesen, wo wenig Tage später die heraneilende Armee des Kronprinzen von Preußen die Deutschen mit 3½ Korps frischer Truppen aufgenommen hätte!

Weder die numerische Ueberlegenheit der beiden französischen Armeen über die Friedrich Karl'sche und Kronprinzlich Sächsische Armee (auch ohne Bayern), noch die strategische Lage der deutschen Heertheile (etwa ihrerseits mit dem Rücken gegen die neutralen Grenzen!) wäre in den letzten Augusttagen eine solche gewesen (oder hätte auch nur eine solche werden können!), daß die französische Heeresleitung auf eine volle Vernichtung der ihr entgegentretenden feindlichen Kräfte hätte zählen dürfen. Vermochte sie es aber nicht, einen entscheidenden Sieg über mindestens einen sehr starken Bruchtheil dieses Gegners zu erringen, weil dieser sich einem für ihn nachtheiligen „Zusammentreffen" entzog, so war nach kurzer Frist der ganze Zweck der „Vereinigung" — verfehlt!

Das Zahlenverhältniß zwischen Deutschen und Franzosen stand spätestens bis zum 1. September wieder wie Drei zu Zwei! und statt einer „Befreiung Bazaines" aus den Banden von Metz konnte leicht die Mac Mahon'sche „Operation" mit der Hineinwerfung zweier französischer Armeen auf diese Festung enden!

Das Beste, was dann für die beiden „vereinigten Marschälle" noch aus der ganzen Unternehmung hätte entspringen können, wäre dann aber doch nur noch — ein raschester Abmarsch möglichst starker Kräfte auf dem rechten Mosel-Ufer nach Süden gewesen! (f. 4. Heft und nachstehend).

So entsteht die Frage, ob man sich unter obwaltenden Umständen im französischen großen Hauptquartier zu Châlons bezw. Reims nicht auch schon am 20. und 22. August hätte sagen können und müssen, daß eine Mac Mahonsche „Operation Bazaine entgegen" die kriegerische Gesammtlage der französischen Heere nur allenfalls unter der Bedingung günstiger zu gestalten vermöge, daß sie sich hinter der Aisne (Rethel— Attigny— Vouziers) — nicht aber erst „an der Maas" — vollziehen könne!? (vergl. 1. B. II.)

Vielleicht hätte schon ein sorgfältiges Studium „mit dem Zirkel auf der Karte" allein genügt, zu solchem Endergebniß zu führen und sich zu sagen, daß eine Ausdehnung der Operation der Armee von Châlons bis zur Maas, nach Lage der jedenfalls am 22. August bekannten Daten (f. A.) leicht schon diese Armee allein; nach Ueberschreitung der Maas aber auch beide vereinigten Armeen schließlich doch nur in eine Katastrophe zu verwickeln drohe.

Betrachtungen anderer Art wären nur geeignet gewesen, solche Wahrscheinlichkeitsrechnung (betreffend den „Anschluß des taktischen an das strategische Moment des Feldzuges") noch zu bekräftigen.

Die bis jetzt auf den Schlachtfeldern gemachten Erfahrungen hatten, wenn auch vielleicht noch nicht unbedingt die taktische Ueberlegenheit des deutschen über das französische Heer, so doch sicherlich zur Genüge die Ueberlegenheit der deutschen über die eigene Führung erwiesen, um jedenfalls zu äußerster Vorsicht gegen jede Art von gewagten Unternehmungen aufzufordern.

Stellte es sich dazu noch heraus — was festzustellen Pflicht des Oberkommandos gewesen wäre! —, daß der Armee von Châlons auch die für eine solche Unternehmung doch in erster Linie nothwendige „Operationsfähigkeit" fehle, so kann man nur sagen, daß der Marschall Mac Mahon, indem er in solches Wagniß eintrat und darin — trotz besserer Einsicht — verharrte, sicherlich eine nicht minder schwere Verantwortung auf sich genommen hat, wie der Marschall Bazaine, als er am 16. und 18. August auf den Versuch eines gewaltsamen Durchbruches verzichtete! (f. Kriegslehren 2. und 3. Heft.)

Damit stehen wir aber vor der bis jetzt ganz unerörtert gelassenen Frage, ob denn in den Tagen des 20. bis 22. August der obersten französischen Heerführung kein anderer Ausweg mehr zur Verfügung gestanden hat, als die bis jetzt hier nur erörterte Wahl zwischen „Paris" und „Bazaine?"

*
 * * *

XIII. Sowohl das Generalstabswerk, wie fast alle anderen Abhandlungen über die Mac Mahonsche Kriegführung gehen von dem Standpunkte aus, daß der Marschall in jenen Augusttagen nur zwischen dem „Rückzuge auf Paris" und dem „Marsche Bazaine entgegen" zu wählen gehabt habe.

Als maßgebend für den thatsächlich gefaßten Entschluß gelten dann ebenso übereinstimmend: einmal die am Abend des 22. in Reims eingegangenen Depeschen aus Metz über die „ferneren Absichten des Marschalls Bazaine" und weiterhin die „politische Sachlage in Paris".

Bleiben wir zunächst bei den politischen Beweggründen stehen.

Es muß zugestanden werden, daß angesichts der Gährung, welche die nicht mehr abzuleugnenden, seitherigen Niederlagen der französischen Armeen in dem bereits vor dem Kriege durch antikaiserliche Strömungen unterwühlten Paris erzeugt hatten, eine Rückkehr des besiegten Kaisers in seine Hauptstadt zu den bedenklichsten Folgen für die Napoleonische Dynastie zu führen gedroht hätte.

War man nicht sicher, mit der durch das eigene erlittene Mißgeschick doch immer noch mehr oder weniger demoralisirten „Armee von Châlons" die thätlichen Ausbrüche vaterlandsverrätherischer, revolutionärer Stimmungen endgültig niederschlagen zu können, so lag allerdings die „vom Ministerrathe und der Kaiserin-Regentin" dringend empfohlene Nothwendigkeit vor, unter allen Umständen jetzt den „Rückzug auf Paris" zu vermeiden.

Wenn man, diesem Rathe folgend, nicht auf Paris zurückgehen wollte, gleichzeitig aber auch erkannt hatte, daß man unter obwaltenden militärischen Verhältnissen mit der „Armee von Châlons" allein den gegen Paris andrängenden feindlichen Kräften des Kronprinzen von Preußen noch nicht unmittelbar entgegentreten konnte, so blieb als einziger operativer Ausweg nur ein seitliches Ausweichen mit der Armee nach Norden oder Süden von der gegnerischen Haupt-Anmarschlinie im Marne-Thal übrig.

In beiden Fällen gewann man durch eine solche „Operation" eine Flankenstellung zum Gegner, deren Anziehungskraft jedenfalls zunächst für stark genug erachtet werden durfte, die drohende Gefahr vorläufig von Paris abzulenken.

„Letztes Endziel" dieser „ausweichenden Operation" mußte aber doch auch jetzt wieder die Möglichkeit eines „Sieges über den Gegner in der Schlacht" bleiben (f. 1.) und bei der Entscheidung der Frage, ob dafür die nördliche oder die südliche Richtung bessere Aussichten zu bieten verspreche, handelte es sich lediglich darum, in welcher Richtung man am sichersten die für diesen Zweck der „Armee von Châlons" z. 3. noch fehlende Kraft zu finden hoffen dürfe.

Vergegenwärtigen wir uns zunächst, was an sich in dieser Beziehung jede der beiden in Frage kommenden Richtungen zu bieten vermochte?

Nach Süden hatte man das ganze weite Frankreich hinter sich, nach Norden stieß man in wenig Tagemärschen auf die neutralen Grenzen.

In südlicher Richtung traf man fast von zwei zu zwei Marschetappen auf immer neue Abschnitte (die Aube, die Seine, die Yonne, die Loire), hinter welchen man dem Feinde neuen Widerstand zu leisten vermochte; bei Innehaltung der nördlichen Richtung konnte man zunächst nur das eine, nicht einmal bedeutendere Hinderniß der Aisne zwischen sich und den Feind bringen.

Im Süden näherte man sich den großen Centren an Armeematerial in Bourges und Lyon und blieb in ungefährdeter Verbindung mit den großen Hafenplätzen von Marseille und Bordeaux, Vortheile, gegen welche das Vorhandensein der im Norden freilich dichter gesäten kleinen Festungen mit ihren jedenfalls für die in Betracht kommenden Massen gänzlich unzureichenden Hülfsmitteln gar nicht in Vergleich zu stellen war.

Vor Allem aber bot sich dann endlich im Süden die einzige Möglichkeit, das thatsächlich bestehende Mißverhältniß der eigenen gegen die deutschen Gesammtstreitkräfte durch an die zurückgeführte Armee sich anlehnende Neuformationen mindestens einigermaßen ausgleichen zu können, eine Hoffnung, welche bei einem nördlichen Ausweichen nur insoweit — freilich dann auch in sehr viel höherem Grade — bestand, als man hier auf eine Vereinigung mit der Rhein-Armee rechnen konnte.

Lassen wir diese letztere Möglichkeit einen Augenblick, den Ereignissen vorgreifend, außer Betracht, so kann kein Zweifel sein, daß die „Kriegslage" sich für die französische „Landesvertheidigung" durch einen rechtzeitigen Abmarsch der Armee von Châlons nach Süden in jeder Hinsicht günstiger gestaltet hätte, als das durch einen Abmarsch nach Norden zu erreichen war, geschweige erreicht worden ist.

Selbst wenn die Armee erst am 23. August von Reims zu diesem Rechtsabmarsche — wieder unter Belassung der „Armeeabtheilung Ducrot" (f. VIII), jetzt als „linke Flankendeckung" mit dem Rückzuge auf Paris, im Marne-Thal — aufgebrochen wäre, so hätte sie unseres Erachtens immer noch rechtzeitig eine solche „Flankenstellung" erreichen können, deren Wahl freilich von den Nachrichten abgegangen hätte, welche man über den Vormarsch des Kronprinzen von Preußen besaß.

Glaubte man denselben wirklich am 22. August schon bis Vitry oder auch nur St. Dizier vorgedrungen, so wäre allerdings die Richtung auf die Seine-Linie Melun—Montereau, bezw. auf die Yonne-Linie Montereau a/Seine—Sens a/Yonne zu nehmen gewesen; indeß angesichts der Thatsache, daß die feindlichen Hauptkräfte an diesem Tage noch in dem Dreieck Commercy—Ligny—Gondrecourt zurückstanden, die rechtzeitige Erreichung selbst der Linie Méry a/Seine—Troyes noch möglich erschienen wäre.

Auch wenn der Kronprinz von Preußen alsbald Kenntniß von der französischen Bewegung erlangt hätte und sofort in die neue Richtung abgebogen wäre, hätten die Spitzen seiner auf 150 000 Mann berechneten Armee immer erst gleichzeitig mit den Spitzen der 125 000 Mann der Armee von Châlons vor dem äußersten Flügelpunkt der von derselben gewählten Stellung ankommen können. (Von Reims und Vitry bis Montereau 18 Meilen, von Reims und St. Dizier bis Sens a/Yonne ebensoviel, von Reims und Gondrecourt bis Troyes 15 Meilen!)

Vor Allem aber hätte bei solcher (hier nur als „möglich" betrachteten) feindlichen Gegenoperation der Kronprinz von Preußen bei seinem Angriff auf die französische Flankenstellung kaum noch auf eine ausgiebige Unterstützung durch den Kronprinzen von Sachsen rechnen können, dessen Armee jetzt als „rechte Flankendeckung der Dritten Armee" gegen Paris bezw. gegen die (inzwischen vielleicht noch durch das 13. Korps verstärkte) „Armeeabtheilung Ducrot" hätte verwendet werden müssen.

So wäre es aber schon die erste Wirkung eines Ausweichens der Mac Mahonschen Armee nach Süden gewesen, dem Gegner die sofortige Geltendmachung seiner bedeutenden numerischen Ueberlegenheit gegen einen „getrennten Bruchtheil" der französischen Streitkräfte mindestens wesentlich zu erschweren und dadurch Zeit zu gewinnen, welche man militärisch zur Verstärkung der Mac Mahonschen Armee durch

Neuformationen, politisch zu dem Versuche hätte ausnutzen können, die „Intervention des Auslandes" in Bewegung zu setzen (s. 4. Heft).

Schon nur von diesem letzteren Standpunkte aus ergiebt sich nun aber auch die Nothwendigkeit, daß der endgültige Entschluß über die ferneren Mac Mahonschen Operationen allein von französischer oberster Kriegsleitungsstelle hätte ausgehen müssen, weil allein von hier aus die nöthigen organisatorischen und diplomatischen Schritte gethan werden konnten.

Unter den vielen „Fehlern und Irrthümern", denen der Kaiser Napoleon in diesem Kriege unterlegen ist, muß deshalb vielleicht sein Entschluß, sich gerade in demjenigen Augenblick alles Einflusses auf die „Kriegsoperationen" zu begeben, wo dieselben allein vom Staatsober= haupt, als Repräsentanten der militärischen und politischen Macht Frankreichs, richtig zu beurtheilen waren, als der verhängnißvollste bezeichnet werden.

XIV. Als der Kaiser am 22. August in Reims dem Marschall Mac Mahon „für jetzt und auch für späterhin freie Hand ließ" (s. A.), unterstand dieser Heerführer doch gleichzeitig, mindestens de jure, noch dem Oberbefehl des Marschalls Bazaine und statt, wie es jetzt bringend nothwendig gewesen wäre, die oberste Kriegsleitung von einer Stelle ausgehen zu lassen, an welcher man noch Herr seiner Entschlüsse war, überließ man die letzte Entscheidung einem zur Zeit „unauffindbaren" Oberfeldherrn, von dem man selbst annahm, daß er zur Stunde „von 200 000 Deutschen eingeschlossen" sei!

Zum Unheil für die französische Armee von Châlons traf dann gerade im entscheidenden Augenblick, am 22. August nachmittags, im Hauptquartier von Reims von diesem „Oberfeldherrn" die Nachricht vom „19. August" (s. A.) ein, indeß eine zweite vom „20. August", in welcher Bazaine mittheilt, daß er den Marschall Mac Mahon be= nachrichtigen werde, wenn er einen Durchbruchsabmarsch überhaupt antreten könne, „ohne die Sicherheit der Rhein=Armee zu ge= fährden!" — niemals an ihre Adresse gelangt ist! (s. Kriegslehren, 4. Heft, Schlußbetrachtungen.)

Immerhin aber enthielt doch selbst die Depesche des Marschalls Bazaine vom 19. August keinen ausdrücklichen Befehl, ja nicht einmal eine unmittelbare Aufforderung für den Marschall Mac

Mahon, die Rhein-Armee durch eine „entgegenkommende Operation" in ihrem geplanten Durchbruchsversuche zu unterstützen.

In Metz mochte man wohl ebenso wenig wissen, wie es bei Châlons aussah, wie man in Reims auch jetzt noch schlecht genug in der Lage war, sich ein richtiges Bild von der Sachlage bei Metz zu machen.

Wenn man sich in Reims trotzdem zu solchem Wagniß entschlossen hat, so erblicken wir darin nur den Sieg einer den Schein nicht vom Wesen unterscheidenden „Laienstrategie" des Ministerraths über die sachlichen Einwände des Fachmannes, der — wie wir oben bereits angedeutet — sich allein schon aus den bekannten Daten eine genügend klare Vorstellung von der Undurchführbarkeit oder doch mindestens wahrscheinlichen Ergebnißlosigkeit eines solchen Unternehmens hätte machen können und — gemacht hatte!

Fassen wir übersichtlich zusammen, wie vom militärischen Standpunkte aus die Sachlage am 22. abends aufgefaßt werden mußte.

1. Die Bazaineʃche Depesche vom 19. bestätigte, daß die Rhein-Armee an diesem Tage noch dicht bei Metz gestanden hatte und ihren — wahrscheinlich am 18. August schon einmal gescheiterten — erneuten Abmarschversuch keinesfalls vor dem 21. oder 22. (heutigen) August wieder aufnehmen konnte.

Eine einfache Rechnung mit dem Zirkel auf der Karte mußte davon überzeugen, daß die Armee von Châlons den Marschall Bazaine in solchem Versuche erst frühestens am 26. und 27. August mittelbar (entlastend!), erst am 28. oder 29. unmittelbar (eingreifend!) werde unterstützen können. Bis dahin sah sich somit die Rhein-Armee dem ihr den Weg nach Westen versperrenden (angenommener- und thatsächlicherweise) nicht unbedeutend numerisch überlegenen Gegner gegenüber auf sich allein angewiesen und mußte die unausbleiblich mit ihrem Versuche verbundenen Kämpfe gegen die Friedrich Karlsche — und gegebenenfalls Kronprinzlich sächsische (!) — Armee aus eigener Kraft durchführen.

2. Nur wenn der Rhein-Armee solcher Versuch gelang, konnte der Marschall Mac Mahon umgekehrt frühestens vom 26. oder 27. August ab auf die Hülfe des Marschalls Bazaine für den Fall rechnen, daß er seinerseits während seiner Operation nach Osten von der Kronprinzlich preußischen

— und gegebenenfalls Kronprinzlich jächjischen (!) — Armee
in der Flanke angegriffen werden würde.

Bis dahin und möglicherweise auch bis zum 29. August
hin aber jah jich die Armee von Châlons diejen (angenommener-
und thatjächlicherweise) nicht unbedeutend überlegenen feindlichen Kräften allein gegenüber und mußte die ihr durch ein
Vorgehen des Gegners von Süden nach Norden etwa auf-
gezwungenen Kämpfe aus eigener Kraft durchführen.

3. In den nächstfolgenden fünf bis acht Tagen befand jich
somit jede der beiden französischen Armeen möglicherweise in
der Lage, ihren Marsch zur Vereinigung mit der anderen
durch mehr oder weniger schwere Gefechte gegen feindliche Uebermacht unterbrochen zu jehen, und jelbst wenn
trotz aller Hindernisse die Vereinigung beider Marjchälle gelungen war — mußte der Enderfolg noch immer mehr als
fraglich erscheinen!

4. Wie sich die Dinge nach einem Zusammenschlusse der beiden
Armeen auf dem rechten Maas-Ufer zu gestalten gedroht
hätten, haben wir oben schon erörtert.

Aber auch für den Fall, daß es dem Marschall Bazaine
geglückt wäre, dem Marschall Mac Mahon bis über die Maas
entgegen zu kommen und ihm auf dem linken Ufer — jei es um
Stenay, jei es noch weiter westlich bei Vouziers — die Hand
zu reichen, jo hätten die Dinge kaum wesentlich bejjer gelegen.

Nahm man jelbst — an sich schon ziemlich willkürlich —
an, daß es dem Marschall Bazaine gelingen könne, den linken
Flügel des Prinzen Friedrich Karl, dem Marschall Mac Mahon,
den rechten Flügel der Kronprinzen von Preußen und von
Sachjen mehr oder weniger unentdeckt zu umgehen und
dadurch vielleicht ein bis zwei Tage Vorsprung für die
eigenen Bewegungen zu gewinnen, damit durfte man doch ver-
nünftigerweise nicht rechnen, daß infolgedessen der Gegner
jofort auch auf alle jeine weiteren jeitherigen Pläne verzichten
und ohne Waffenentscheidung das bis jetzt Gewonnene
wieder aufgeben werde.

Nahm aber der Gegner jolche Entscheidung in Anspruch,
jo konnte nach Clausewitz (j. oben I.) „diejer Rekurs fran-
zöjischerseits nicht verweigert werden!"

5. Abgesehen davon, daß man ja selbst nicht „ohne Sieg", also auch nicht „ohne Kampf" auf Paris zurückgehen wollte, blieb doch auch ein „kampfloses" Ausweichen (Durchschleichen!) dorthin seitens der vereinigten beiden Armeen, etwa an der Aisne und Oise entlang, ein um so schwierigeres Unternehmen, je stärker die eigene Masse dabei war und je weiter mittlerweile die „nicht nach Norden abgebogenen" Kräfte des Kronprinzen von Preußen sich westwärts vorbewegt gehabt hätten.

Zu dieser somit „irgendwo und irgendwann" fast unvermeidlichen Entscheidungsschlacht konnte man aber französischerseits doch günstigstenfalls höchstens

150 000 Mann der Armee von Châlons und

100 000 bis 150 000 Mann der Armee von Metz,

somit im Ganzen 250 000 bis 300 000 Mann

vereinigen und mußte dieselbe mit dem Rücken gegen die Grenze schlagen.

Von deutscher Seite aber wären unter obwaltenden Umständen, nach eigener französischer Schätzung, mindestens

150 000 Mann des Kronprinzen von Preußen,

80 000 Mann des Kronprinzen von Sachsen und

120 000 bis 170 000 Mann des (200 000 Mann stark geschätzten) Prinzen Friedrich Karl,

somit im Ganzen 350 000 bis 400 000 Mann unter Aufrechterhaltung der rückwärtigen Verbindungen heranzuführen gewesen!

Alles das konnte man sich am 22. abends in Reims mit voller Klarheit und Bestimmtheit sagen und was daraus zu schlußfolgern, wäre einfach der Entschluß zum sofortigen Abmarsch der Armee nach Süden gewesen.

Hatte der Marschall Bazaine seinen erneuten Durchbruchsversuch bereits unternommen oder unternahm er ihn früher, als die Armee von Châlons mindestens die Maas erreicht haben würde — so war ihm dabei nicht zu helfen;

war das bis zum 26. August nicht geschehen, so durfte man damit rechnen, den Oberbefehlshaber der Rhein-Armee davon überhaupt bis zu günstigerer Zeit — zurückhalten, oder ihn doch — in eine andere Richtung lenken zu können;

war endlich ein (vor Eingang solchen Befehls des Kaisers Napoleon) bereits unternommener Versuch des Marschalls Bazaine gelungen, so bestand unstreitig die beste Hülfe, die man ihm in den nächsten Tagen bieten konnte, darin, die Armeen der Kronprinzen von Preußen und von Sachsen — aus der nördlichen Richtung abzulenken, um dem Marschall dadurch seinen Rückzug auf Paris (über Rethel—Soissons) vor dem nur auf eine gerade Verfolgung hinter ihm her beschränkten Prinzen Friedrich Karl — offen zu halten!

XV. Es muß dahingestellt bleiben, ob dem Marschall Bazaine, nachdem er sich einmal in Metz auf engem Raume hatte einschließen lassen (s. 4. Heft), unter solch „veränderten Umständen" ein Abmarsch auf den nördlichen Straßen (auf Paris) wirklich möglich geworden wäre oder nicht.

Wir wissen aus unseren früheren Betrachtungen über die „Cernirung von Metz", daß das Oberkommando der deutschen Einschließungs-Armee anfänglich seine ganze Aufmerksamkeit fast ausschließlich auf die Verhinderung gerade eines solchen Versuches gerichtet gehalten hatte, dessen Schwierigkeiten wir dort denn auch entsprechend gewürdigt haben.

Zunächst aber erscheint es nicht ausgeschlossen, daß nach Bekanntwerden des Abmarsches der französischer Armee von Châlons nach Süden der deutsche Prinz-Oberbefehlshaber sich vielleicht veranlaßt gesehen hätte, seine Maßnahmen jetzt wesentlich auf die Verhinderung eines Bazaineschen Durchbruches auf den Südstraßen anzulegen, und dadurch die Nordstraßen ebenso frei zu geben, wie das z. Z. bekanntlich mit jenen Südstraßen der Fall gewesen ist.

Selbst das Generalstabswerk giebt die Möglichkeit eines erfolgreichen „Durchbruches" der Rhein-Armee auf diesen letzteren Straßen zu, und wir haben im 4. Heft „Kriegslehren" die Bedingungen erörtert, unter welchen sich solcher „Durchbruch" füglich für den Marschall Bazaine auch zu einer „Wiedergewinnung seiner vollen Operationsfreiheit mindestens auf 2 bis 3 Tage" hätte gestalten können.

Ließen sich diese Bedingungen jetzt nicht auf eine ähnliche Operation nach Norden übertragen (was unseres Erachtens doch wohl angängig gewesen wäre), so wäre unter den hier vorausgesetzten „veränderten Verhältnissen" aber doch mindestens die Möglichkeit eines Anschlusses auch der nach Süden durchgebrochenen Rhein-Armee an die Armee von Châlons (sei es selbst erst hinter der Loire!) gesichert gewesen (s. Schlußbetrachtungen zum 4. Heft „Kriegslehren").

Wie dem nun aber auch sei, man wird einräumen müssen, daß der Abmarsch der Armee von Châlons nach Norden für die Befreiung des Marschalls Bazaine vollständig wirkungslos geblieben ist; daß somit

ein Abmarsch dieser Armee nach Süden in dieser Beziehung nichts geändert und nur den großen Vortheil ihrer eigenen Bewahrung vor dem Schicksal von Seban zur Folge gehabt hätte.

Wir behaupten nun aber auch weiter, daß gleichgültig, ob dem Marschall Bazaine

seine Selbstbefreiung in Richtung nach Norden oder in Richtung nach Süden gelungen wäre, oder ob

die Dinge auch nur so verlaufen wären, wie sie sich historisch bei Metz abgespielt haben:

in allen drei Fällen die französische Kriegslage durch einen südlichen Abmarsch des Marschalls Mac Mahon sich wesentlich günstiger gestaltet haben würden als jetzt!

Wenn dank eines — wir geben zu: schwierigen, aber doch jetzt vielleicht nicht mehr unmöglichen — Durchbruches der Rhein-Armee auf den Nordstraßen sich der Marschall Bazaine mit auch nur 80 000 bis 100 000 Mann der besten französischen Linientruppen in das bisher nur von dem Kronprinzen von Sachsen beobachtete (s. XIII.) Paris geworfen, und der Marschall Mac Mahon sich vor dem verfolgenden Kronprinzen von Preußen selbst bis Orléans zurückgezogen gehabt hätten, so wäre doch wahrlich solche Sachlage nicht mit den Zuständen zu vergleichen gewesen, wie sie sich später in der Wechselbeziehung der reinen Mobilgarden-Armeen von Trochu und Aurelle de Paladines dargestellt haben.

Wenn anderenfalls dank eines südlichen Durchbruches des Marschalls Bazaine die gesammte französische Linien-Armee sich hinter der Loire vereinigt hätte, indeß dem General Trochu mit den jetzt auf die beiden Korps von Vinoy und Ducrot (s. VIII.) gestützten Mobilgarden die Behauptung von Paris gegen den inzwischen von Metz nachgerückten Prinzen Friedrich Karl zugefallen gewesen wäre, so würden die von Orléans ausgehenden französischen Entsatzversuche doch unbedingt sehr viel stärkere deutsche Kräfte in Anspruch genommen haben, als das später wirklich der Fall gewesen ist und als die deutsche

6*

Heerführung unter Aufrechterhaltung der Unternehmung gegen Paris wahrscheinlich hätte verfügbar machen können.

Wenn endlich selbst nur der Marschall Bazaine den Prinzen Friedrich Karl bei Metz festgehalten hätte, so würden sicherlich die beiden Kronprinzen allein nicht in der Lage gewesen sein, die „Cernirung von Paris" und „ihre Deckung gegen die Mac Mahonsche Armee" gleichzeitig durchzuführen, und selbst

wenn infolge der ersten beiden Lösungen die Festung Metz schon sehr bald in deutsche Hände gefallen wäre, so hätten die Dinge in Paris und Orléans im September immer noch ebenso günstig oder ungünstig gestanden, wie später im November!

Ob sich bei so gearteten Umständen nicht unter den französischen Generalen auch ein Kriegsminister von der Energie des Advokaten Gambetta und der organisatorischen Geschicklichkeit des Civilingenieurs de Freycinet gefunden hätte, wird man mindestens nicht unbedingt in Abrede stellen dürfen.

Oft genug ja hat erst die Noth vermocht, „den richtigen Mann an die rechte Stelle zu bringen", und trotz alledem, was der Frieden gesündigt hatte, brauchte die französische Armee von 1870 noch nicht daran zu verzweifeln, die nöthigen Männer auch in ihren eigenen Reihen zu finden.

Fassen wir zusammen, was aus allen seitherigen Betrachtungen als Endresultat sich ergiebt, so müssen wir sagen:

Die französische oberste Kriegsleitung hat es in den entscheidenden Tagen des 19. bis 22. August nicht verstanden, die gebotenen Umstände so auszunutzen, wie das trotz aller vorangegangenen Mißerfolge doch immer noch möglich gewesen wäre.

In der Operation der Armee von Châlons von Reims aus tritt nur der eine Grundgedanke in die Erscheinung, daß es zur Erreichung des kriegerischen Endzieles der Kraftüberlegenheit bedürfe, und die höhere Führung sucht daher die ihr fehlende Kraft nur einfach da, wo sie dieselbe am raschesten und leichtesten zu finden glaubt.

Sie übersieht dabei, daß es für den gewollten Zweck auch nöthig ist, die verfügbare Kraft rechtzeitig an entscheidender Stelle einsetzen (gebrauchen) zu können!

„Entscheidend" ist aber nur diejenige Stelle, wo es gelingen kann, durch den taktischen Sieg große strategische Erfolge zu erringen oder doch — dem Gegner die Erreichung solcher Erfolge unmöglich zu machen! und

„rechtzeitig" erfolgt der Krafteinsatz nur, wenn er rascher zu solchen Erfolgen führt, als der Gegner an anderer Stelle den gleichen oder gar — noch größeren Gewinn einzuheimsen vermag!

Ein offensiver Vorstoß der Franzosen gegen die rückwärtigen Verbindungen der auf Paris vordringenden beiden deutschen Armeen (z. B. östlich oder westlich längs der Argonnen von Nord nach Süd geführt) hätte ja wohl „den entscheidenden Fleck" getroffen; solcher Vorstoß konnte aber vorauszusehenderweise weder mit „genügend über= legenen Kräften", noch möglicherweise „rechtzeitig" vor dem Falle des entblößten Paris durchgeführt werden!

Die Armee von Châlons allein war für solche Aufgabe zu schwach; hatte sie sich aber erst mit der Armee von Metz vereinigt, so war ja gleichzeitig damit auch die Armee des Prinzen Friedrich Karl frei geworden, um nun ihrerseits, z. B. durch einen Vorstoß gegen die (an sich schon durch die Nähe der Grenze gefährdeten) Verbindungen der beiden französischen Armeen, die Entscheidung zu suchen.

Einer geschickt durchgeführten Flankenbewegung der Armee von Châlons (Umgehung der beiden Kronprinzen) wäre es ja andererseits vielleicht gelungen, der Rhein=Armee „rechtzeitig" die Hand zu reichen, ehe der Feind die eine oder die andere dieser Armeen in ihrer Ver= einzelung hätte treffen und „entscheidend" schlagen können; die vereinigten französischen Armeen befanden sich dann aber voraus= sichtlich selbst in einer so mißlichen „strategischen Lage" („falschem Fleck"), daß nur ein „entscheidender" Sieg sie daraus hätte erretten können, für welchen ihnen aber jetzt die nöthige „Kraftüberlegen= heit" nicht zu Gebote stand.

So war es aber vielleicht schließlich nur die einseitige Wirkung des ohne tieferes Eingehen auf die räumlichen und zeitlichen Be= dingungen befolgten „volksthümlichen Schlagwortes" vom „Zu= sammenhalt der Kräfte in Raum und Zeit" (Clausewitz), welches die Armee von Châlons in jenes abenteuerliche — d. i. nur unter unberechenbaren Glückszufällen zum guten Ende hinauszuführende — Unternehmen verwickelt hat, in welchem sie ihren Untergang finden sollte.

Bei ruhiger Abwägung aller Verhältnisse wäre man sicherlich vor solchem „Wagniß" zurückgeschreckt und hätte sich selbst sagen können, daß man die Entscheidung solange vermeiden müsse, bis es möglich geworden sei, eine mindestens annähernde Ebenbürtigkeit der Kräfte an richtiger Stelle zur Geltung zu bringen.

Wir glauben nachgewiesen zu haben, daß solches „operative Ziel" nur auf dem Wege eines südlichen Ausweichens der Armee von Châlons zu erreichen gewesen wäre, weil nur in dieser „operativen Richtung" die Möglichkeit denkbar erschien, mit der Zeit allen Anforderungen des Erfolges gerecht werden zu können.

Der Marschall Mac Mahon hat das vielleicht gewußt, aber nicht die Macht besessen, das widerstrebende Vorurtheil zu überwinden; er war unzweifelhaft „ein tüchtiger Soldat", doch aber nicht — „der rechte Mann an rechter Stelle!"

II. Abschnitt.

Bis zum 29. August.

---

3. Die Verlegung der deutschen Operationsrichtung gegen Norden.

A. Geschichtliches.

Während die deutschen Armeen in den Tagen des 23. bis 25. August ihren Vormarsch gegen Westen fortgesetzt hatten, waren im großen Hauptquartier nach und nach immer bestimmtere Nachrichten über die im Gange befindliche excentrische Bewegung der französischen Armee eingegangen, welche man anfänglich im Lager von Châlons auf- suchen zu sollen geglaubt hatte.

Bereits die Meldungen der 4. Kavallerie-Division vom 23. August hatten den Abzug des Feindes von dort in Richtung auf Reims bestätigt (s. 2. A.).

(GstW. I. 977.) „Aus einer am 24. August aufgefangenen Pariser Zeitung entnahm man die ziemlich zuverlässige Nachricht, daß die Armee des Marschalls Mac Mahon in der Stärke von 150000 Mann bei Reims Aufstellung genommen habe; in Uebereinstimmung hiermit meldete ein auf dem Wege über London angelangtes Telegramm aus Paris vom 23. abends:

> »Mac Mahons Armee bei Reims versammelt. Kaiser Napoleon und Prinz bei Armee. Mac Mahon sucht Ver- bindung mit Bazaine zu gewinnen.«

Der Schlußsatz dieser Depesche bestätigte die auffällige und bisher wenig glaubwürdig erschienene Andeutung in dem Briefe von Metz (s. 2. A.). Immerhin blieb es aber noch unklar, auf welche Weise der Gegner die beabsichtigte Vereinigung erzielen wollte; die gerade Richtung von Reims nach Metz war den Franzosen verlegt, und ein Betreten

des Umweges längs der belgischen Grenze erschien als ein ziemlich
gewagtes Unternehmen.

Um einem solchen, wenn es dennoch stattfand, zu begegnen, mußte
man allerdings auch deutscherseits den Marsch auf Paris vorläufig
einstellen, die waldigen Argonnen auf Querwegen durchziehen und
einen Landstrich betreten, in welchem die Verpflegung der Truppen noch
in keiner Weise vorbereitet war; auch ließen sich die einmal nach Westen
in Bewegung gesetzten Nachschübe nicht ohne erhebliche Verzögerungen
in eine andere Richtung ablenken.

Diese Uebelstände, verbunden mit den sonstigen Nachtheilen, welche
das plötzliche Aufgeben eines in der Ausführung begriffenen Planes
immer im Gefolge hat, machten es rathsam, dem Vormarsche des
deutschen Heeres erst dann eine andere Richtung zu geben, wenn
zuverlässigere Nachrichten über die Bewegungen des Gegners vorliegen würden.

Es wurde deshalb im großen Hauptquartier beschlossen, sich vorerst
nur etwas mehr nordwestlich gegen Reims zu wenden und verschärften
Nachdruck auf eine Beobachtung der Verhältnisse in der rechten
Flanke zu legen.

Dieser Anschauung gemäß erging am 25. vormittags 11 Uhr
folgender Armeebefehl aus Bar le Duc:

»Alle hier eingegangenen Nachrichten stimmen darin überein,
daß der Feind Châlons geräumt hat und auf Reims abmarschirt ist.

Seine Majestät der König befehlen, daß die Armee-Abtheilung
des Kronprinzen von Sachsen und die Dritte Armee dieser
Bewegung durch Fortsetzung des Vormarsches in nordwestlicher Richtung folgen.

Erstere rückt morgen mit dem XII. Korps nach Vienne
(Avantgarde nach Autry und Servon), mit dem Gardekorps
nach St. Menehould (Avantgarde nach Vienne la Ville und
gegen Berzieux), mit dem IV. Korps nach Villers en Argonne
(Avantgarde gegen Dommartin). Die Kavallerie ist zur
Aufklärung der Front und der rechten Flanke weit vor-
zuschieben und hat insbesondere Vouziers und
Buzancy zu erreichen.

Die Dritte Armee schiebt sich morgen mit ihren Spitzen bis
in die Linie Givry en Argonne—Changy (nordöstlich Vitry) vor.

Wenn nicht ganz besondere Meldungen eingehen, wird der Armee am 27. ein Ruhetag gewährt werden. Eintretenden= falls ist derselbe zum Heranziehen der Kolonnen und zum Ordnen der Verpflegung zu benutzen, damit beim weiteren Vormarsche der öde Theil der Champagne ohne Schwierigkeiten durchschritten werden kann.

Das große Hauptquartier geht morgen nach St. Mene= hould.

gez. v. Moltke.«

Es lag also in der Absicht, am 26. August eine allgemeine, wenn auch nur geringe Rechtsschiebung bezw. =schwenkung des deutschen Heeres vorzunehmen und in den neuen Stellungen den Truppen womöglich einen Ruhetag zu gewähren. Um Marschstockungen beim rechten Flügel der Dritten Armee zu vermeiden, hatte über die Korps der Maas= Armee einzeln verfügt werden müssen. Die Kavallerie der Letzteren sollte über die Argonnen=Pässe hinaus weit nach Norden vorgreifen.

Mit gespannter Erwartung sah man im großen Hauptquartier nach Erlaß des eben angeführten Befehls dem Eingange fernerer Nach= richten entgegen. Hatte Marschall Mac Mahon den Zug nach Metz wirklich unternommen, so konnte er schon am 23. von Reims abgerückt sein und jetzt bereits die Aisne bei Vouziers erreicht haben. Setzte er von dort aus ohne Säumen seine Bewegungen fort, so war es nicht mehr möglich, ihm auf dem linken Maas=Ufer mit überlegenen Kräften entgegenzutreten. Auf dem rechten aber, in der Gegend von Dam= villers, welche vom linken Flügel der Maas=Armee nicht weiter ent= fernt lag als Vouziers, konnten nach drei nicht übermäßig starken Tagemärschen fünf deutsche Armeekorps vereinigt werden: die Maas= Armee mit ihren vier Kavallerie=Divisionen und die südlich zunächst stehenden zwei bayerischen Korps. Nöthigenfalls konnte man auch die abkömmlichen Theile der Einschließungs=Armee von Metz heranziehen.

Um für alle Fälle vorbereitet zu sein, verfaßte General v. Moltke am 25. nachmittags, einstweilen aber nur für sich, nachstehenden Entwurf zu einem theilweisen Rechtsabmarsche des deutschen Heeres nach Norden.«*)

---

*) Ueber diesen Entwurf und die vorangehenden Ueberlegungen vergl. die Betrachtungen 2. B. X. u. ff.

Nach dem Generalstabswerk: Entwurf

Korps.	26. August.			27. Augul.		28. Augul.		
	von	nach	km	nach	km	nach	km	
XII.	Dombasle statt nach Vienne	Barennes	18	Dun	24	Damvillers		abhängig von der einzuschlagenden Straße!
Garde	Triaucourt statt nach St. Menehould	Dombasle	24	Montfaucon	17	Damvillers		
IV.	Lahencourt statt nach Villers en Arg.	Fleury	22	Gegend von Verdun	22	Damvillers		
L. bayer.	Bar le Duc	Gegend um Chaumont fur Aire	22	Nixéville	24	Azannes		
II. bayer.	Charmont		30	Dombasle	26	Azannes		
III.	vor Metz	—		Etain		Damvillers		
IX.	vor Metz	—		Landres		Mangiennes		

(GftW. I. 980.) „Nach Ausführung der hier ins Auge gefaßten Bewegungen würden die Deutschen in einer Stärke von 150 000 Mann dem Vormarsche des französischen Heeres am 28. August Halt geboten haben (vergl. 2. B. XI.), sei es, daß der Gegner eine Schlacht in der Gegend von Damvillers annahm, oder daß man ihm am folgenden Tage weiterhin auf Marville und Longuyen in die Flanke gehen mußte. Sollte es aber dem an der Spitze befindlichen XII. Korps gelingen, die Franzosen schon an der Maas aufzuhalten, oder gingen diese überhaupt nur zögernd vor, so blieb es möglich, dem Feinde schon auf einem weiter westlich gelegenen Punkte entgegenzutreten. In diesem Falle konnten auch noch andere Theile der Dritten Armee zur Entscheidung herangezogen und die nur ungern in Anspruch genommene Mitwirkung der Armee von Metz entbehrt werden. —

Der oben angegebene Entwurf diente gleich darauf als Grund= lage für die nächsten Bewegungen des deutschen Heeres.

Am 25. abends gingen nämlich dem großen Hauptquartier in Bar le Duc weitere Mittheilungen zu, welche den Anmarsch französischer Truppen auf Vouziers vermuthen ließen. Einer derselben war ein französisches Zeitungsblatt beigefügt, welches in einem (einem belgischen Blatte entlehnten!) Artikel sich ungefähr dahin aussprach, daß »kein französischer General seinen Gefährten im Stiche lassen könne, ohne dem Fluche des Vaterlandes zu verfallen«.

Andere im Hauptquartier eingegangene Tagesblätter aus Paris brachten die in der Nationalversammlung gehaltenen Reden, in welchen es als eine Schmach für das französische Volk bezeichnet wurde, wenn die Rhein=Armee ohne Unterstützung bleiben sollte. Außer= dem ging noch ein Telegramm aus London ein, welches die dem Pariser Temps vom 23. entnommenen Mittheilungen enthielt, daß Mac Mahon plötzlich den Entschluß gefaßt habe, Bazaine zu Hülfe zu eilen, obgleich ein Aufgeben der Straße nach Paris die Sicherheit Frankreichs gefährde; daß die ganze Armee von Châlons bereits aus der Gegend von Reims aufgebrochen sei, die aus Montmédy ein= gegangenen Nachrichten indessen noch nichts von einer dortigen Ankunft französischer Truppen (der Rhein=Armee) erwähnten.

Wenngleich die Sachlage hierdurch noch nicht völlig geklärt und den immerhin unverbürgten Nachrichten der Presse nicht unbedingt Glauben zu schenken war, so wurde es doch in Anbetracht der eigenthümlichen Verhältnisse Frankreichs nun immer wahrscheinlicher, daß die For= derungen der Politik alle militärischen Bedenken überwogen haben konnten.

Auf die eben angegebenen Meldungen hin — — wurden noch im Laufe der Nacht alle nöthigen Einleitungen getroffen, um mit jenem Theile des Heeres schon am 26. nach Norden abrücken zu können, falls die Meldungen der gegen Vouziers und Buzancy ent= sendeten Reiterei den Anmarsch des Feindes in der Richtung auf Metz bestätigen sollten.“

Am 25. August abends 11 Uhr erging demgemäß an den Kronprinzen von Sachsen noch ein „Ergänzungsbefehl“ des Inhalts:

„Eine soeben eingegangene Nachricht stellt es als nicht unwahrscheinlich dar, daß der Marschall Mac Mahon den Entschluß gefaßt hat, den Versuch zum Entsatze der in Metz eingeschlossenen feindlichen Hauptarmee zu machen. Er würde in diesem Falle seit dem 23. im Marsche von Reims sein, seine Teten könnten dann heute Vouziers erreicht haben. In diesem Falle wird es nöthig, die Armee=Abtheilung Seiner Königlichen Hoheit des Kronprinzen von Sachsen nach dem rechten Flügel hin zu vereinigen, derart etwa, daß das XII. Korps auf Varennes rückt, während das Garde= und IV. Korps sich an die Straße Verdun—Varennes heran= ziehen.

Ebenso werden event. das I. und II. bayerische Korps dieser Bewegung folgen. Das Antreten derselben indessen ist abhängig von den Meldungen, welche Seine Königliche Hoheit der Kronprinz von Sachsen bereits haben werden, und die hier nicht abgewartet werden können.

Das Garde= und IV. Korps haben von hier Befehl erhalten, zunächst morgen (26.) früh der ihnen heute befohlenen Marsch (s. oben Befehl vom 25. 11 Uhr vorm.!) nicht anzutreten, sondern abzukochen und Befehl zum Marsche abzuwarten."

Eine Abschrift dieses Befehls wurde auch dem Oberkommando der Dritten Armee mit dem Zusatze übermittelt, daß die beiden bayerischen Korps unmittelbar die Weisungen erhalten hätten, vorläufig stehen zu bleiben und abzukochen; daß „das V., VI. und XI. Armeekorps die befohlene Konzentrationsbewegung nach vorwärts fortzusetzen" hätten und daß „es vorbehalten bleibe, sie demnächst weiter auf St. Mene= hould heranzuziehen".

26. August (Franzosen).

Die — wie wir (2. A.) gesehen haben — in den beiden ersten Tagen ihrer Bewegung aus „Verpflegsrücksichten" zu einer wider= willigen Linksschwenkung gezwungene französische Armee begann am 26. August ihre eigentlich=geplante Marschrichtung auf Montmédy durch eine Rechtsschwenkung ihrer Korps wieder herzustellen, deren Drehpunkt das bei Vouziers stehenbleibende 7. Korps zu bilden hatte.

Das (bei Attigny) links nächstgestandene 1. Korps rückte bis Semuy (kaum ³/₄ Meilen) weiter vor, indeß das (am 25. bis Amange gelangte) 5. Korps sich bei Le Chesne (⁵/₄ Meilen vorwärts des 1. Korps) an die Spitze des Vormarsches setzte.

Mit dem 12. Korps erreichte der Marschall Mac Mahon (in nicht volle 3 Meilen starkem Marsche) Tourteron.

Von Le Chesne war die Kavallerie=Divison Margueritte in östlicher Richtung bis Oches (nördlich Buzancy, südwestlich Beaumont) um 1½ Meilen weiter vorgegangen, indeß die Kavallerie-Division Bonnemains sich bei Attigny hinter das 1. Korps gesetzt hatte.

(GſtW. I. 983.) „Da sich hiernach eine Kavallerie-Division hinter der Front, die andere vor dem damals ganz ungefährdeten linken Flügel der Armee befand, so lag der gesammte Aufklärungsdienst in der den Deutschen zugekehrten rechten Flanke dem 7. Korps ob. Zu diesem Zweck hatte General Douay seine Hauptkräfte östlich von Vouziers an dem Vereinigungspunkte der Straßen von Grandpré und Buzancy aufgestellt und nach den letztgenannten beiden Orten die Brigade Vordas nebst einer Batterie der 3. Division entsendet. Von der Kavallerie des Korps (12 Schwadronen) war das 8. Lancier-Regiment auf der Westseite der Argonnen gegen Alizy und Monthois, das 4. Husaren-Regiment östlich des Gebirges auf den Straßen nach Varennes und Buzancy (ſ. 2. A.) vorgeschoben, das 4. Lancier-Regiment stand bei La Croix aux Bois (Straße nach Buzancy)."

Infolge der Mittheilungen des großen Hauptquartiers (vom 25. 11 Uhr abends) hatte der Kronprinz von Sachsen am 26. früh 5 Uhr zunächst das Vorrücken des XII. Korps (von Dombasle und Jubécourt) auf Varennes angeordnet. (Deutsche.)

Weiter nördlich sollten die sächsische Kavallerie-Division (von Clermont) und die 5. Kavallerie-Division (von St. Menehould) bezüglich auf Banthéville (südwestlich Dun) und Grandpré vorgehen, um die Gegend in der Richtung auf Dun—Buzancy—Vouziers aufzuklären.

Die 6. Kavallerie-Division (bei Vieil Dampierre) erhielt den Auftrag, rechts in Verbindung mit der 5. bleibend, von Tahure (zwischen Suippe und Monthois) aus die Gegend von Reims zu beobachten.

(GſtW. I. 984.) „In Erwägung indeſſen, daß sich die Kavallerie, bevor ihr diese neuen Weisungen zugehen konnten, bereits nach den früher vorgeschriebenen Zielpunkten (westwärts) in Bewegung gesetzt haben würde, daß also erst gegen Abend auf sichere Nachrichten von derselben zu rechnen sei, entschied sich der Kronprinz Albert schon jetzt dazu, auch die übrigen Korps der Maas-Armee nach Norden abrücken zu lassen. Da die letzteren im Wesentlichen auf dieselben Marschstraßen angewiesen waren, so wurde zur Vermeidung von Stockungen bestimmt, daß das Gardekorps (von Triaucourt), unter Zurücklassung seiner großen Trains, um 11 Uhr vormittags in zwei Kolonnen auf

Dombasle aufbrechen und um 2 Uhr nachmittags das IV. Korps (von Lahencourt) bis über Fleury folgen sollte. Die Garde-Kavallerie-Division wurde angewiesen, sich an ihr Korps heranzuziehen. Das Oberkommando der Maas-Armee ging um 8 Uhr früh (von Fleury) nach Clermont (en Argonne), um dort dem Eingange weiterer Meldungen entgegenzusehen.

Der fernere Verlauf des Tages erwies bald die Richtigkeit der Vermuthung, daß die Armee von Châlons in der Vorbewegung auf Metz begriffen sei. Bei Ausführung der erhaltenen Aufträge traf die Kavallerie auf die vorgeschobenen Truppen des französischen 7. Korps, und die seit Wörth verloren gegangene Fühlung mit dem zweiten Hauptteil der französischen Heeresmacht wurde hierdurch am 26. August auf mehreren Punkten wieder hergestellt."

Die sächsische Kavallerie war bei ihrem Rechtsabmarsch über Charpentry (nördlich Varennes) auf Banthéville mit einer Seitenpatrouille bei Fléville (halbwegs Varennes—Grandpré) auf überlegene feindliche Kavallerie gestoßen; eine erneut dorthin vorgesendete Schwadron meldete dann später, daß feindliche Kolonnen, anscheinend aller drei Waffen, von Grandpré „in nördlicher Richtung" zurückgingen. Von den nach Einrücken der Division in Banthéville nachmittags 2 Uhr entsendeten Rekognoszirungsabtheilungen wurde „Dun unbesetzt" gefunden und von Buzancy gemeldet, daß feindliche Infanterie sich von dort „westwärts auf Vouziers" gewendet habe.

Die 5. Kavallerie-Division hatte den abändernden Befehl zum Marsch auf Grandpré erst zwischen St. Menehould und Vouziers erhalten und war, da ihre Spitzen bei Grandpré Feuer bekamen, um 5 Uhr nachmittags zwischen Autry und Montcheutin, mit der Avantgarde bei Senuc am Einfluß der Aire in die Aisne, ins Biwak gegangen. Eine gegen Vouziers (in der linken Flanke) verbliebene Schwadron meldete von dort, daß „der Feind in ansehnlicher Stärke östlich dieser Stadt stehe".

Die 6. Kavallerie-Division endlich hatte von Tahure aus Offizierpatrouillen gegen Vouziers, Reims und Châlons entsendet, von denen die Erstgenannte um 5½ Uhr nachmittags von den Höhen nördlich Savigny aus einen vollen Einblick in die französischen Stellungen bei Vouziers gewonnen hatte. Sie meldete infolgedessen ausführlich, daß „die Höhen östlich Vouziers, zwischen Chestres und Falaise mit Lagern aller Waffen bedeckt seien; an der Straße nach Longwé ständen ein bis zwei Regimenter Infanterie, davor eine Batterie und ein Jäger-Bataillon; diesseits Bouziers (linkes Aisne-Ufer) eine Schwadron Lanciers; die Stadt selbst scheine von Infanterie nicht besetzt; Einwohner sagten aus, es seien etwa 140 000 Mann hier versammelt, Mac Mahon sei in Attigny, werde aber in zwei Tagen hier erwartet".

Dieser Meldung war hinzugefügt, daß die Patrouillen in Richtung auf Châlons auf keinen Feind gestoßen seien und sämmtliche französischen Truppen sich aus dieser Gegend „angeblich nach Norden gewendet haben sollten".*)

Erst später folgte dann auch die Meldung, daß „sämmtliche Dörfer diesseits Reims frei vom Feinde gefunden seien, die Stadt selbst aber von 4000 bis 5000 Mann besetzt sein solle". (Thatsächlich erste Staffel des nachrückenden 13. Korps.) —

Unter dem Schutze des so von Dun (über das diesseits nicht be-setzte Grandpré) bis in die Gegend von Suippe von der Kavallerie in nahezu 60 km weitem Bogen gespannten Schleiers hatten die Korps der Maas-Armee im Laufe des Tages ihre vorgeschriebenen Ziele erreicht.

Vom XII. Korps war die 23. Division nach Varennes, die 24. weiter nördlich bis Baulay und Apremont (Richtung auf Grandpré), eine Schwadron derselben bis Epinonville gerückt. Die aus der Gegend von Verdun (s. 2. A.) nachrückenden Truppentheile der letztgenannten Division wurden bis auf eine in Nixéville zurückbleibende Schwadron nach Montfaucon herangezogen.

Das Gardekorps erreichte nach beschwerlichen Märschen auf schlechten Wegen erst spät die Gegend von Dombasle (Jouy, Brocourt) und sicherte sich nach der Seite von Verdun durch rechts hinausgeschobene Abtheilungen. Zur Linken des Korps traf die Garde-Kavallerie-Division bei Récicourt ein.

Das IV. Korps rückte in der befohlenen Weise bis Ippécourt und Fleury nach. —

(GstW. I. 990.) „Bei der Dritten Armee hatten die Mit-theilungen aus dem großen Hauptquartier (von 11 Uhr abends) zunächst noch keine wesentliche Abänderung der Maßregeln veranlaßt, welche auf Grund des Befehls vom 25. vormittags getroffen worden waren.

Die 4. Kavallerie-Division war demzufolge nach Châlons vor-gegangen und hatte von dort aus — — — mit der württembergischen

---

*) Alle diese Meldungen gelangten erst im Laufe des 27. August an das große Hauptquartier in Clermont.

Kavallerie bei Courtisols und mit der 6. Kavallerie-Division über Suippe Verbindung genommen.

Vor dem linken Flügel der Armee war die 2. Kavallerie-Division von Chavanges nach Aulnay vorgegangen und ließ von dort aus die Seine-Eisenbahn bei Payes südöstlich von Méry zerstören.

Das V. Korps und die württembergische Division verblieben einstweilen noch in der Gegend von Heiltz le Maurupt und Sermaize, doch nahm ersteres seine 9. Division in nördlicher Richtung nach Vanault les Dames und Vanault le Châtel vor.

Das XI. Korps rückte nach Heiltz l'Evêque und mit seiner Avantgarde von Vitry nach St. Lumier und Vassuet.

Das VI. Korps zog bei Thiéblemont (zwischen St. Dizier und Vitry) seine von Toul und Pfalzburg her nachgerückten Theile wieder an sich heran und löste mit einem kleinen Detachement die Besatzung des XI. Korps in Vitry ab.

Die beiden bayerischen Korps erwarteten in Gemäßheit der in der Nacht zum 26. unmittelbar aus dem großen Hauptquartier erhaltenen Weisungen in ihren Stellungen bei Bar le Duc und Charmont weitere Befehle ab. Um indessen den bereits wahrscheinlich gewordenen Abmarsch der Dritten Armee nach Norden in angemessener Weise einzuleiten und in der linken Flanke zu decken, hatte das Oberkommando am 26. morgens dem II. bayerischen Korps befohlen, seine bei Le Fresne stehende Ulanen-Brigade nach Suippe vorzuschieben.

Zu gleichem Zweck sollte sich die 4. Kavallerie-Division von Châlons in der Richtung auf Vouziers, die 2. aber nach Châlons in Bewegung setzen. (Während die bayerischen Ulanen infolge dieser Anordnungen um Mitternacht in Suippe eintrafen, mußten wegen zu späten Eingehens der Befehle die Bewegungen der beiden preußischen Kavallerie-Divisionen bis zum anderen Morgen verschoben bleiben.)

Nach Ausführung der eben angegebenen Märsche stand die Hauptmasse der Dritten Armee am 26. nachmittags nach ihrem rechten Flügel hin eng aufgeschlossen und bereit, entweder mit dem linken Flügel auf Reims weiter vorzurücken, oder auch mit diesem der Maas-Armee nach Norden zu folgen.

Der Kronprinz von Preußen und der Chef des Stabes, Generallieutenant v. Blumenthal, welche sich am Vormittage von Ligny nach Bar le Duc begeben hatten, sprachen sich im großen Hauptquartier nunmehr entschieden für die letztere Maßregel aus, indem sie einen etwaigen Umweg und Zeitverlust beim Vormarsche auf Paris für weniger nachtheilig erachteten, als wenn zu einer Entscheidungsschlacht im Norden nicht alle verfügbaren Kräfte herangezogen würden. Seine Majestät der König stimmte dieser Ansicht vollständig bei.

Da im großen Hauptquartier zur Zeit noch keine Meldung über das bei der Maas=Armee bereits selbständig angeordnete Abrücken des IV. und Gardekorps vorlag, so wurde in der Mittagsstunde ein Befehl erlassen, nach welchem sich nunmehr diese Korps auf Fleury und Dombasle, die beiden bayerischen Korps gleichfalls noch heute in nördlicher Richtung nach Erize la petite und Triaucourt in Marsch zu setzen hatten.

Sämmtliche Truppen sollten unmittelbar nach dem Abkochen aufbrechen, Proviant auf drei Tage mitführen und alle entbehrlichen Trains vorläufig zurücklassen.

Dem Oberkommando der Dritten Armee wurde — — — überlassen, in Uebereinstimmung mit diesen Anordnungen die Märsche der übrigen Heertheile zu ordnen, und der Kronprinz von Preußen befahl infolgedessen um 4 Uhr nachmittags aus seinem neuen Hauptquartier Revigny aux Baches, daß die drei preußischen Korps am folgenden Tage bis in die Gegend zwischen St. Menehould und Vaubray (nordöstlich Vitry) vorrücken sollten. Für die Kavallerie=Divisionen blieben die bereits am Morgen erlassenen Weisungen in Kraft. —

Seine Majestät der König hatte sich am Nachmittag des 26. mit dem großen Hauptquartier nach Clermont begeben, wo sich wie bekannt, auch bereits das Oberkommando der Maas=Armee befand.

Die im Laufe des Abends dort eingehenden Meldungen der 12. und 5. (aber noch nicht 6., s. oben) Kavallerie=Divisionen klärten zwar die Verhältnisse bei Bouziers und Buzancy noch nicht vollständig auf; da indessen nunmehr die Anwesenheit feindlicher Truppen aller Waffen bei Grandpré feststand, so wurden die bisherigen Vermuthungen über einen beabsichtigten Vormarsch des Marschalls Mac Mahon auf Metz fast zur Gewißheit. Von besonderer Wichtigkeit war dabei die Thatsache, daß die Franzosen die Maas=Linie bei Dun noch nicht erreicht hatten.

Unter diesen Umständen wurde um 11 Uhr abends dem Chef des Stabes der Maas=Armee, General v. Schlotheim, für diese der

Auftrag ertheilt, am nächsten Tage (27.) den Marsch auf Damvillers fortzusetzen, die Maas=Uebergänge von Dun und Stenay in Besitz zu nehmen und mit der Kavallerie dem Feinde in die rechte Flanke zu gehen.

Die bayerischen Korps erhielten unmittelbar aus dem großen Hauptquartier den Befehl, der Maas=Armee auf Nixéville und Dombasle zu folgen.

Das Oberkommando der Dritten Armee wurde von den getroffenen Maßregeln benachrichtigt und zugleich angewiesen, mit den übrigen Korps die Bewegung auf St. Menehould fortzusetzen.

Dem Prinzen Friedrich Karl war bereits eine Abschrift der am Mittag ausgefertigten Befehle mit der Aufforderung übersendet worden, zwei Korps der Cernirungs=Armee nach der Gegend von Damvillers und Mangiennes in Marsch zu setzen, welche sie am 28. erreichen müßten. Es wurde dem Prinzen hierbei anheimgestellt, nöthigenfalls die Einschließung auf dem rechten Mosel=Ufer vorübergehend aufzuheben; ein Durchbruch der französischen Rhein=Armee nach Westen sollte aber unter allen Umständen verhindert werden.

Nachdem im Laufe des Tages die Feldtelegraphenlinie vom Hauptquartier des Prinzen bis Erize la petite betriebsfähig geworden war, wurde dieser Befehl am Abend nochmals telegraphisch wiederholt."

(GstW. I. 988.) „Auf französischer Seite hatte das Erscheinen der deutschen Kavallerie der Maas=Armee (vor Grandpré und Buzancy) eine lebhafte Bewegung hervorgerufen. Infolge der ihm zugegangenen Meldungen (über das Anrücken der 5. Kavallerie=Division gegen Senuc f. oben) nahm General Bordas seine Truppen von Grandpré in das unwegsame Bois de Bourgogne zurück und meldete dem General Douay, daß er vor überlegenen Kräften auf Buzancy abziehe, während ungefähr gleichzeitig das Auftreten einer sächsischen Schwadron bei Buzancy die dortigen Truppen zum Abmarsche auf Vouziers bewog (f. oben). Da die letztgenannte Abtheilung von einem lebhaften Gefechte berichtete, und nun auch das südlich Vouziers vorgeschobene 8. Lancier=Regiment meldete, daß sich bei Monthois eine starke »Ulanenabtheilung« zeige, so glaubte General Douay, nach dem Inhalte aller dieser Mittheilungen, eine ganze Armee im nahen Anmarsche und Grandpré bereits von ihr besetzt!

Er beschloß infolgedessen, den allem Anscheine nach bevorstehenden Angriff bei Vouziers auf dem rechten Aisne=Ufer zu erwarten, und ließ

zu diesem Zweck seine 1. und 2. Division nebst der Reserve=
Artillerie auf den Höhen zwischen Chestres und Falaise Stellung
nehmen und dieselben von den Genietruppen in aller Eile zur Ver=
theidigung einrichten.

General Dumont erhielt Befehl, mit der 2. Brigade seiner
3. Division dem General Bordas entgegenzugehen und dessen Abzug
auf Vouziers zu sichern. Trains und Munitionskolonnen des Korps
wurden nach Rethel in Bewegung gesetzt, das 8. Lancier=Regiment
auf Vouziers zurückgenommen.

General Bordas hatte inzwischen auf seinem Rückzuge die Meldung
erhalten, daß in Wirklichkeit nur deutsche Kavallerieabtheilungen Grandpré
gegenüber ständen. Er war infolgedessen umgekehrt und hatte ungehindert
wieder Besitz von der Stadt genommen. — — —

Der zur Aufnahme seiner ersten Brigade vorrückende General
Dumont hatte mittlerweile in Beaurepaire erfahren, daß Grandpré
wieder vom General Bordas besetzt sei; er befahl diesem dennoch, sich
auf ihn zurückzuziehen, und trat darauf mit der gesammelten Division
am Morgen den Rückmarsch auf Vouziers an. Dort stand der andere
Theil des 7. Korps die Nacht hindurch unter strömendem Regen in
der eingenommenen Stellung, weil die neuere Meldung des Generals
Bordas daselbst nicht eingegangen war.

In der Voraussetzung, daß Grandpré im Besitze der Deutschen
sein müsse, hatte General Douay dem Marschall Mac Mahon dies
als eine bereits feststehende Thatsache mitgetheilt und hinzugefügt, daß
er stündlich einen Angriff erwarte. Der Marschall erhielt diese
Meldung in seinem 2½ Meilen entfernten Hauptquartier Tourteron
erst zu später Stunde; er beschloß infolgedessen, mit der ganzen
Armee am 27. August auf Vouziers und Buzancy vorzu=
rücken."

Demgemäß wurde an diesem Tage früh das 1. Korps (von
Semuy s. oben) zur unmittelbaren Unterstützung des 7. auf Vouziers
und das 5. Korps (von Le Chesne) auf Buzancy in Bewegung gesetzt;
ndeß das 12. Korps (von Tourteron) über Le Chesne auf Châtillon
(in Richtung auf Buzancy) folgen sollte.

(GstW. I. 995.) „Als indessen um 8 Uhr morgens im Haupt=
quartier zu Tourteron die Meldung einlief, daß Grandpré am gestrigen
Tage nicht von den Deutschen besetzt worden sei, und der vom 7. Korps

*27. August
(Franzosen).*

7*

erwartete Angriff auf Vouziers nicht stattgefunden habe, ertheilte der Marschall Mac Mahon alsbald Gegenbefehle, durch welche die schon bis in die Nähe ihrer Marschziele gelangten Korps wieder in nord= westlicher Richtung zurückgenommen wurden.

Das 1. Korps ging infolgedessen von Vandy (nördlich Vouziers) nach Voncq (südlich Semuy), das 12. Korps von Châtillon nach Le Chesne zurück, wohin auch der Marschall sein Hauptquartier verlegte.

Das 7. Korps blieb in Erwartung weiterer Befehle (den dritten Tag!) in Vouziers, die Kavallerie=Division Bonnemains bei Attigny stehen, indeß vor dem linken Flügel der Armee die Kavallerie= Division Margueritte von Oches nach Beaumont (1¼ Meilen) vorrückte.

Das 5. Korps war mit seiner bei Buzancy eingetroffenen Spitze bereits in ein Gefecht gegen sächsische Reiterei verwickelt worden, bevor die neuen Weisungen des Marschalls dasselbe erreichten."

Zur Sicherung des für die Maas=Armee angeordneten Flanken= marsches auf Damvillers hatte nämlich der Kronprinz von Sachsen in der Nacht zum 27. August befohlen, daß an diesem Tage:

die 6. Kavallerie=Division (von Tahure) auf Vouziers, die 5. auf Grandpré und Buzancy vorgehen sollten.

Als unmittelbare Flankendeckung der Korps sollte die Garde= Kavallerie=Division auf Sommerance, die sächsische Division auf Landres und Rémonville rücken (und damit gewissermaßen eine zweite Linie für die 5. Kavallerie=Division bilden).

Hinter dem durch diese Reitermassen gebildeten Schleier fort hatte das XII. Korps bei Dun die Maas zu überschreiten und die dortige sowie die Brücke bei Stenay, Front gegen Westen, zu besetzen;

das Gardekorps sollte Montfaucon, das IV. Korps die Gegend westlich Verdun erreichen und beide noch am nämlichen Tage die zur Fortsetzung ihres Marsches (auf Damvillers) nöthigen Maas=Ueber= brückungen herstellen lassen.

In Ausführung dieser Anordnungen hatte die sächsische Kavallerie=Division am Vormittage des 27. August ihre 23. Brigade bei Landres versammelt; von der in nördlicher Richtung entsendeten 24. Brigade rekognoszirte das Ulanen=Regiment Nr. 18 gegen die Straße von Buzancy nach Stenay, während das 3. Reiter=Regi=

ment mit der reitenden Batterie bei Rémonville eingetroffen war
und eine Avantgarde gegen Buzancy vorgeschoben hatte.

Reitergefecht bei Buzancy.

Gegen 11 Uhr traf diese sächsische Avantgarde diesseits Buzancy
auf die Spitze der französischen Kavallerie-Division Brahaut des
5. Korps, zwischen welcher und der nach und nach auf dem Gefechtsfelde eintreffenden ganzen 24. Kavallerie-Brigade sich ein hin- und her-
schwankender Reiterkampf um und in dem Orte selbst entspann, aus
welchem schließlich beide Theile sich nördlich und südlich zurückzogen.

Da mittlerweile der mit seinem Korps bei Bar aufmarschirte
General de Failly die neuen Befehle seines Oberfeldherrn erhalten
hatte, gingen die Franzosen bald nach Mittag auf Châtillon und
Brieulles sur Bar zurück.

Inzwischen war schon in den frühen Morgenstunden eine bereits
am Tage vorher nach der Gegend von Beaumont entsendete Patrouille
des sächsischen 3. Reiter-Regiments auf feindliche Kavallerie gestoßen und von derselben bis südlich Buzancy zurückgeworfen worden.
Da aus der darüber erstatteten Meldung die Anwesenheit des Feindes
auf einem von Stenay, dem Marschziel des XII. Korps, nur 1½ Meilen
entfernten Punkte bestimmt hervorging, so hatte der Prinz Georg
von Sachsen zur baldigen Aufklärung jener Gegend ein Vorrücken
der ganzen 12. Kavallerie-Division auf Nouart angeordnet. Die
Division brach zu dem Ende, nach Ablösung durch die 5. Kavallerie-
Division in Buzancy, um 5 Uhr nachmittags von dort auf und erreichte
noch gegen Abend mit den Ulanen-Regimentern Nouart und Tailly,
mit den Reiter-Regimentern Barricourt und Villers devant Dun.

An Stelle der in dieser Weise nach Norden abgerückten sächsischen
Reiterei schob das Oberkommando der Maas-Armee am Nach-
mittage die Garde-Kavallerie-Division noch nach Rémonville
(Ulanen-Brigade nach Bayonville) weiter ostwärts hinaus. —

Bei der 5. Kavallerie-Division war am Morgen dieses Tages
die Nachricht von der Räumung von Grandpré eingetroffen, und die vom
General v. Rheinbaben alsbald dorthin vorgesandte 11. Kavallerie-
Brigade ließ das Ulanen-Regiment Nr. 13 den Franzosen auf
Olizy und Beaurepaire folgen. Im Walde von Longwé erhielten die
Ulanen-Patrouillen Feuer und bemerkten in der Gegend von Vouziers
noch starke feindliche Massen.

Die beiden anderen Brigaden der Division gingen über Grandpré
in nordöstlicher Richtung weiter vor; die 13. löste nachmittags in

Buzancy die sächsische Kavallerie in der Beobachtung des zurückgegangenen Korps Failly ab, die 12. bezog Quartier in Champigneulle.

Die 6. Kavallerie-Division hatte noch vor ihrem Aufbruche von Tahure durch Aussagen von Landesbewohnern den Abmarsch starker feindlicher Heertheile von Reims auf Rethel erfahren. Ihre Avantgarde (Ulanen 15) bezog Vorposten und Biwak bei Savigny und St. Morel und beobachtete von ersterem Orte aus über Sugny gegen Semide; die übrigen Theile der Division biwakirten bei Monthois. Man schätzte die bei Vouziers beobachteten feindlichen Massen auf mehr als ein Armeekorps.

(GstW. I. 999.) Hinter der Kavallerie fort „erreichte das XII. Korps Dun und Milly (rechtes Maas-Ufer) und ließ den weiter abwärts gelegenen Maas-Uebergang bei Saßey zerstoren. Die Avant-garde des Korps (48. Infanterie-Brigade, 2. Reiter-Regiment, 3. leichte Batterie) traf um 3 Uhr nachmittags bei Stenay ein, ohne auf den Gegner zu stoßen.

Obgleich die geringe Wassertiefe der Maas und die ansehnliche Ueberhöhung des linken Uferrandes einen nachhaltigen Widerstand gegen Angriffe von Westen her erschwert haben würden, ließ General v. Schulz doch die Stadt zur Vertheidigung einrichten, die Hauptbrücke verbarrikadiren, einige Nebenbrücken aber abbrennen.

Die Vortruppen der sächsischen Brigade nahmen Aufstellung am linken Ufer bei Laneuville; infolge eines Mißverständnisses unterblieb aber die angeordnete Rekognoszirung auf Beaumont (die Patrouille war auf Beaufort gegangen). Ein durch Stenay reisender Belgier sagte übrigens aus, daß er den General Margueritte mit 3000 bis 4000 Mann bei Beaumont getroffen habe und daß 80 000 bis 100 000 Mann zwischen Le Chesne und Buzancy ständen. Eine zur Zerstörung des Bahnhofes bei Chauvancy abgesendete Patrouille fand denselben von feindlicher Infanterie aus Montmédy besetzt.

Das Gardekorps gelangte nach Montfaucon; das IV. Korps nach Germonville und Fromeréville. Das Erstere ließ östlich Dannevoux, Letzteres bei Vacherauville und Charny Brücken über die Maas schlagen, so daß nun einschließlich der stehenden Brücke bei Consenvoye vier Uebergänge für die beiden Korps zur Verfügung standen.

Das Oberkommando der Maas-Armee ging nach Malancourt. —

Die bayerischen Korps verließen am Nachmittage die in der vorigen Nacht bezogenen Quartiere und erreichten abermals erst um

Mitternacht ihre neuen Bestimmungsorte Nixéville und Dombasle. Das I. Korps sicherte sich gegen Verdun, vom II. war eine Brigade nach Clermont und Gegend gegangen. (Die von Toul nachrückenden Theile der 7. Brigade rückten wieder in den Korpsverband ein.) Die bayerische Ulanen-Brigade war im Laufe des Tages von Suippe bis Somme Py vorgegangen und ihre Vorposten traten bei Semide in Verbindung mit der preußischen Kavallerie. Am Abend erhielt die Brigade den Befehl, sich an ihr Korps heranzuziehen, und marschirte infolgedessen noch in der Nacht bis Ripont und Cernay an der Straße Vouziers—St. Menehould.

Von den übrigen Theilen der Dritten Armee hatte die Avant-garde des V. Armeekorps St. Menehould besetzt, das Gros weiter südlich Daucourt und Sivry erreicht; das XI. Korps befand sich bei La Neuville und Givry, die 21. Division desselben, welche dem Chemin de la Serre gefolgt war, bei Epense und Dammartin; zwischen beiden Korps die württembergische Division bei Vieil Dampierre, ihre Kavallerie war nach Somme Tourbe und Tilloy herangezogen.

Die Hauptkräfte des VI. Korps standen in weiterem Abstande südlich des XI. bei Charmont. Die 2. Kavallerie-Division ge-langte nach Coole westlich Vitry, die 4. Kavallerie-Division nach Souain nördlich Suippe.

Das Oberkommando war in Revigny aux Vaches verblieben."

GstW. I. 1001. „Die Nachrichten, welche seit dem 26. abends im (Deutsche.) großen Hauptquartier zu Clermont eingegangen waren, verbreiteten schon ein ziemlich helles Licht über die augenblickliche Aufstellung des Gegners. Aus den Meldungen der 6. Kavallerie-Division ging hervor, daß französische Truppen von Reims nach Rethel marschirt waren und ansehnliche Massen jetzt bei Vouziers standen. Die Berichte der 12. Kavallerie-Division ließen erkennen, daß Grandpré in der vorigen Nacht vom Feinde geräumt, aber am Morgen des 27. französische Kavallerie bei Buzancy und Beaumont bemerkt worden war. Die späteren Meldungen der 5. und 6. Kavallerie-Division machten es end-lich unzweifelhaft, daß die am 26. bei Vouziers beobachteten Massen auch am 27. dort verblieben waren; in dem Gelände zwischen Vouziers und Buzancy hatte sich überall feindliche Kavallerie gezeigt. — —

Aus der Gesammtheit aller dieser Nachrichten wurde im großen Hauptquartier der Schluß gezogen, daß der Gegner seinen Vormarsch theils über Buzancy, theils über Beaumont bewerkstellige, daß dieser aber allem Anscheine nach am 27. ins Stocken gerathen und jedenfalls die Maas noch nicht vom Feinde erreicht sei.

Da man überdies die Brücken von Dun und Stenay bereits vom XII. Korps besetzt wußte, so war bei der augenblicklichen Aufstellung der übrigen Korps der Maas- und Dritten Armee nunmehr begründete Aussicht vorhanden, den Gegner noch auf dem linken Maas-Ufer mit überlegenen Kräften zu erreichen. Unter solchen Umständen konnte die Richtung auf Damvillers aufgegeben und die Unterstützung der Einschließungs-Armee von Metz entbehrt werden.

In diesem Sinne erging am 27. August um 7 Uhr abends der »Armeebefehl«, welcher für die nächsten Tage den Vormarsch in der Hauptrichtung gegen Vouziers, Buzancy und Beaumont anordnete."

Danach sollten die preußischen Korps der Dritten Armee und die württembergische Division mit ihren Spitzen:

am 28. August: die Gegend zwischen Laval und Malmy;
„ 29.   =   =   =   =   Somme Py und
                                    Séchault,

erreichen und möglichst in sich aufschließen; die 5. und 6. Kavallerie-Division wurden bis auf Weiteres an die Befehle des Kronprinzen von Preußen gewiesen.

Für die übrigen Korps wurden nachstehende Märsche vorgeschrieben:

	28. August	29. August
II. bayerisches Korps	von Dombasle über Clermont auf Vienne	Grandpré
I. bayerisches Korps	von Nixéville auf Varennes und südlich	Grandpré
Gardekorps	Banthéville	Buzancy
IV. Korps	Montfaucon	Banthéville
XII. Korps	bleibt bei Dun u. s. w.	Nouart

An das Oberkommando der Cernirungs=Armee von Metz erging die telegraphische Weisung, daß eine Absendung dortiger Streitkräfte (die übrigens bereits in Bewegung waren; s. Kriegslehren, 4. Heft) zu unterbleiben habe.

Die im ferneren Verlaufe des 27. abends in Clermont eingehenden Meldungen konnten nur die Anschauungen bestätigen, unter welchen die eben angegebenen Befehle im großen Hauptquartier erlassen worden waren.

(GstW. I. 1003.) „Der Marschall Mac Mahon hatte am (Franzosen.) 27. abends in seinem Hauptquartier Le Chesne erfahren, daß die Korps der Generale de Failly und Douay mit der Kavallerie der Dritten deutschen Armee in Berührung gekommen seien, daß der Kronprinz von Sachsen von Verdun auf Buzancy marschire, daß aber der Marschall Bazaine am 25. noch bei Metz gestanden habe.

Indem also einerseits jede Aussicht auf baldige Vereinigung mit Letzterem schwand, erkannte Marschall Mac Mahon andererseits die Gefahr, bei weiterem Vorrücken nach Osten von Theilen der Ein= schließungs=Armee von Metz in der Front angegriffen zu werden, während der Kronprinz von Preußen ihm den Rückzug nach Paris verlegte. Unter diesen Umständen beschloß der Marschall, die Armee zunächst auf Méziòres zurückzuführen.

Er gab noch am Abend die entsprechenden Befehle für den folgen= den Tag, nach welchen das 1. Korps nach Mazeray, das 12. nach Vendresse, das 5. nach Poix und das 7. nach Chagny (nördlich Le Chesne) marschiren sollten, und setzte das Kriegsministerium unter An= gabe der Beweggründe telegraphisch von seinem Vorhaben in Kenntniß."

B. Betrachtungen.

I. Der Entschluß der obersten deutschen Heeresleitung zum Verzicht auf die Vorbewegung der Maas= und Dritten Armee gegen Paris ist in den Tagen des 23. bis 26. August, wie wir gesehen haben, nur langsam aus den Ergebnissen der einlaufenden Nachrichten heraus= gereift.

Die politischen Erwägungen über die Wichtigkeit der raschen Besitzergreifung von der feindlichen Hauptstadt, mit deren Fall man „den Krieg beendigen" zu können hoffte, sind offenbar noch durch die

vom Generalstabswerke ausdrücklich hervorgehobenen militärischen
Bedenken verstärkt worden, welche einen „Wechsel der Operationslinie"
für eine große Armee immer als eine außerordentlich schwierige
Aufgabe erscheinen lassen.

Anderes kam hinzu!

Ließ man sich durch falsche Gerüchte zu einem verfrühten
Rechtsabmarsch in die waldigen Argonnen nach Norden verleiten, der
sich möglicherweise erst nach einigen Tagen als „Luftstoß" ausgewiesen
hätte, so gewann der Marschall Mac Mahon dadurch Zeit, die Vertheidigung von Paris numerisch und materiell in einer Weise zu verstärken, welche für den späteren Angriff des an sich für solche Aufgabe
schon nicht sehr starken deutschen Heeres schwer ins Gewicht fallen mußte.

Verpaßte man dagegen auch wirklich die Gelegenheit, den thatsächlich links abmarschirten Marschall noch diesseits der Maas zu
einer entscheidenden Schlacht zu stellen, so konnte das allerdings äußerstenfalls zu einer Befreiung auch des Marschalls Bazaine aus den
Banden der Friedrich Karlschen Cernirung führen: die kriegerische
Gesammtlage der französischen vereinigten Armeen blieb aber dann
immer noch, sowohl was das taktische Zahlenverhältniß, wie was das
strategische Verbindungsverhältniß in der späteren Schlacht anging,
eine im höchsten Grade gefährdete (s. 2 B. XII.).

Im Vertrauen auf die thatsächlich bestehende und bis jetzt überall
bewährte taktische Ueberlegenheit des deutschen Heeres nach Zahl,
Kampftüchtigkeit und Führerbefähigung glaubte deshalb wohl
General v. Moltke, es beruhigt selbst lieber auf eine Schlacht unter
eigenen weniger günstigen strategischen, d. h. hier (Verbindungs-)
Vorbedingungen, ankommen lassen zu dürfen (zumal ja der Gegner
sich in dieser Beziehung seinerseits jedenfalls immer in einer noch
schlimmeren Lage befinden werde), als sich einer möglichen Uebereilung in seinen Entschlüssen schuldig machen zu sollen.

War man nur sicher, die Schlacht (sei es auch erst auf dem rechten
Ufer, aber nach auch diesseitiger Vereinigung mit der Ersten und
Zweiten Armee) „taktisch" zu gewinnen, so war man auch sicher, sich
damit aus jeder „strategischen" Schwierigkeit zu befreien.

Der „entscheidende Punkt" und die „richtige Zeit" waren nicht
ausschließlich nur auf dem linken Maas-Ufer gegen Mac Mahon allein
zu suchen; sie konnten auch auf dem rechten Ufer gegen beide Marschälle
zusammen gefunden werden (s. 2 B. XV.).

So weicht denn der deutsche Feldherr, getreu seiner Auffassung, daß die „Strategie" lediglich „ein System der Aushülfen" ist, nur allmählich dem Drucke der „Begebenheiten", indem er davon aus= geht, daß

1. der fortgesetzte Vormarsch der deutschen Armeen gegen Paris sehr viel innere Wahrscheinlichkeit dafür bieten werde, die „letzten französischen Streitkräfte" zur Sicherung dieses hochwichtigen „strategischen Subjektes" auf sich anzuziehen, daß aber, wenn diese Erwartung nicht zutreffen sollte,

2. der fortgesetzte Linksabmarsch des Marschalls Mac Mahon „Bazaine entgegen" in letzter Instanz doch nur dem „leitenden Grundgedanken" der deutschen Heerführung in die Hand arbeiten könne, die „feindlichen Streitkräfte" von Paris abzudrängen!

War es schon bei einem Verharren des Gegners bei Châlons bezw. bei seiner Annahme einer Schlacht noch diesseits Paris nur auf taktischem Wege möglich, solche Abdrängung zu erzwingen, weil man den strategischen einer Trennung der eigenen Streitkräfte in einen den Feind frontal festhaltenden und einen ihn in südlichem Bogen umgehenden Theil nicht hatte beschreiten wollen (s. 2 B. V.);

so drohte jetzt ein Ausweichen des Gegners, um möglicherweise sich über Reims—Soissons hinter der Oise fort ohne Kampf nach Paris hineinzuwerfen, selbst diese „taktische Möglichkeit" zu vereiteln, und mußte deshalb ein rasches Vordringen gegen die Ostwerke dieser Großfestung um so wichtiger erscheinen lassen, je schwächer die zu ihrer Bezwingung verfügbaren deutschen Kräfte schon an und für sich waren.

So lange daher nicht die Möglichkeit bestimmte Form annahm, daß beide vereinigten Marschälle sich würden zwischen die beiden deutschen Hauptheeresgruppen des Königs und des Prinzen Friedrich Karl einschieben können, so lange durfte man in einer etwaigen Versäumniß gegen den „vorgehenden" Mac Mahon ein geringeres Uebel erblicken, als in einer Verzögerung dem „zurückgehenden" feindlichen Feldherrn gegenüber.

Unter diesem Gesichtspunkte erscheint es nur durchaus sachgemäß, wenn der General v. Moltke am 24. August noch dem vom General v. Podbielski vertretenen Gedanken einer eigenen Einschiebung zwischen die Armee von Châlons (Reims) und die untere Maas widersteht, am 26. aber in seinen Entschlüssen den jetzt geäußerten Ansichten des

Kronprinzen von Preußen und seines Stabschefs v. Blumenthal beitritt.

Selten aber wohl haben die Wirkungen „neuer Entschlüsse" im Kriege so „von der Minute" — möchte man sagen — abgehangen, in welcher sie gefaßt worden sind, wie das thatsächlich mit den vorbereitenden deutschen Anordnungen vom 25. August 11 Uhr abends und den abschließenden vom 26. August 11 Uhr abends der Fall gewesen ist.

Der Chef des Generalstabes selbst bereitet sich in diesem Bewußtsein schon am 25. mittags im Stillen darauf vor, daß der jetzt erst bestimmt gefaßte Entschluß zu einem alsbaldigen Nordabmarsch der Maas-Armee und der zwei bayerischen Korps des rechten Flügels der Dritten Armee zu spät kommen könne, um die Armee von Châlons noch auf dem linken Maas-Ufer in flagranti anzutreffen.

Er steht dabei nicht an, als am 26. diese Befürchtung durch die eingehenden Meldungen bestätigt zu werden scheint, selbst zu dem Mittel einer vollen Wieder-Zweitheilung der beiden eben erst in der Vereinigung begriffenen deutschen Armeen zu greifen und durch Befehl vom 26. abends 11 Uhr die auf fünf Korps verstärkte Maas-Armee zum Rückmarsch auf Damvillers am rechten Maas-Ufer anzuweisen, obgleich dann von einer unmittelbaren Unterstützung durch die Dritte Armee nicht mehr die Rede sein kann.

Freilich die an sich verfügbare große numerische Gesammtüberlegenheit und die bereits am 26. nachmittags erlassenen Befehle an die Cernirungs-Armee vor Metz lassen solche „strategische Trennung" zur Zeit minder gefährlich erscheinen; immerhin sind es in letzter Instanz doch nur die französischen Fehler gewesen, dank deren diese Maßregel noch zu dem gewünschten Erfolge hätte führen können, und dank deren sie vom 27. August abends ab, sogar — als überflüssig, jede Gefahr als überwunden erscheint.

Wir werden im weiteren Verlaufe dieser Betrachtungen erkennen, daß bei anders gearteten Anordnungen und besserer Ausnutzung der „sich bietenden Gelegenheiten" von feindlicher Seite am 27. und 28. August wohl die Möglichkeit nicht ausgeschlossen erachtet werden darf, daß die deutschen, erst am 26. abends getroffenen Maßnahmen leicht zu zwei aufeinander folgenden Theilgefechten gegen die Maas-Armee und die Metzer Korps hätten führen können, in denen dem

Marschall Mac Mahon mindestens die numerische Ueberlegenheit zur Seite gestanden haben würde (s. auch 2. B. XI.).

Ehe wir uns aber mit dieser Frage zu beschäftigen haben, wird es von Nutzen sein, zuerst die Gründe zu untersuchen, warum der deutschen obersten Heerführung ein näherer Einblick in die feindlichen Bewegungen doch eigentlich auffallend lange verschlossen geblieben ist.

II. Dem Oberkommando der **Maas-Armee** standen, ungerechnet die Divisionskavallerie, in vier **Kavallerie-Divisionen** (Garde= 24 Schwadronen; 5. 36 Schwadronen, 12 Geschütze; 6. 20 Schwadronen, 6 Geschütze; 12. 16 Schwadronen, 6 Geschütze) 96 Schwadronen und 24 Geschütze zur besonderen Verfügung.

Abgesehen davon, daß man beim Antritt zum Vormarsch gegen Châlons am 23. August, nach bekannter Lage der Verhältnisse auf feindlicher Seite, kaum mit der Wahrscheinlichkeit zu rechnen hatte, vor Ueberschreitung der Argonnen zu einem größeren Zusammenstoße mit dem Gegner zu kommen, stand jedenfalls fest, daß, wenn solcher Fall trotzdem eintreten sollte, das waldige Gelände ein einheitliches Auf= treten größerer geschlossener Reiterkörper in eigentlicher „Schlachten= thätigkeit" schwerlich gestatten werde.

So blieb also zunächst diese ganze Reitermasse ausschließlich für den Sicherungs= und Aufklärungsdienst verwendbar, und wir sehen sie denn auch in diesem Sinne am 23. August mit allen vier Divisionen nebeneinander die Maas in nahezu 8 Meilen breiter Front ober= und unterhalb Verdun überschreiten.

Im Laufe des 24. August verkürzt sich diese Linie aber schon (von Vaubécourt bis Dombasle) auf nur 3 Meilen, und steht auf dem rechten Flügel die sächsische Kavallerie-Division (bei Nixéville) bereits hinter der 5. (bei Dombasle) auf derselben Straße (Verdun— St. Menehould).

Am 25. August erreicht die 5. Division St. Menehould, die 6. Vieil Dampierre in nur noch 2 Meilen breiter Ausdehnung, indeß die 12. Division bei Clermont, die Garde-Division bei Le Chemin a. Aisne dahinter eine zweite Linie bilden.

Da General v. Moltke (!) selbst am 24. nachmittags wegen der über einen Abzug der Franzosen auf Reims eingelaufenen Nachrichten auf die Wichtigkeit der Ardennen-Bahn über Longuyon nach Diedenhofen ausdrücklich aufmerksam gemacht hatte, sendet die 5. Kavallerie-Division am 25. ein Hufaren-Regiment nach Mouzay (füdlich Stenay) auf das rechte Maas-Ufer zurück und dehnt die fächfifche Divifion ihre Rekognoszirungen in der rechten Flanke bis Varennes (1¾ Meilen) nördlich aus.

Vergleichen wir mit diefen Anordnungen zunächft die Verwendung der felbftändigen Kavallerie bei der Dritten Armee in diefen felben Tagen.

Hier ftanden in der 2. und 4. Kavallerie-Divifion (mit je 24 Schwadronen, 12 Gefchützen), der württembergifchen Reiter-Brigade (10 Schwadronen) und in der bayerifchen Ulanen-Brigade (12 Schwadronen, 6 Gefchütze) im Ganzen 70 Schwadronen, 30 Ge-fchütze zur Verfügung, zu denen noch — hauptfächlich aber doch nur als „Schlachtenkavallerie" — die bayerifche Küraffier-Brigade (mit 12 Schwadronen, 6 Gefchützen) hätte hinzutreten können.

Die der Armee vorausgehende 4. Kavallerie-Divifion überfpannte am 23. Auguft allein eine Frontbreite von 3 Meilen, indeß die 2. Kavallerie-Divifion als linke Flankendeckung der Armee noch füdlich verhalten war.

Am 24. verbreitert fich durch Vorziehen der feither im Infanterie-Divifionsverbande geftandenen württembergifchen Reiterei der Beob-achtungsbogen in der Front der Armee auf 4 Meilen, den die am 25. bis Arcis fur Aube füdlich ausgreifende 2. Kavallerie-Divifion um den linken Flügel der Armee herum auf 8 Meilen Breite ausdehnt.

Wie aber die Aufklärungskavallerie der Dritten Armee trotz ihrer geringeren Anzahl an Schwadronen einen weiteren Sicherungs-bogen umfpannt, fo geht fie auch andererfeits den Infanteriefpitzen der nachfolgenden Korps um ein erkleckliches Stück weiter voraus, als das Beides bei der Kavallerie der Maas-Armee der Fall ift.

Am 25. Auguft haben die gefchloffenen Abtheilungen der Kavallerie der Dritten Armee einen Vorfprung von 4 Meilen (die beiden felbftändig in der Hauptrichtung des Anmarfches vorgetriebenen Schwa-dronen 5. Dragoner unter Major v. Klocke fogar von 8 Meilen) vor der Infanterie; diejenigen der 6. und der (freilich nur eine zweite Linie bildenden) 12. Kavallerie-Divifionen der Maas-Armee aber befinden fich kaum 1½ bis 2 Meilen vor ihren bezüglichen Kolonnenteten und nur die 5. Divifion fteht (bei St. Menehould) 3½ Meilen vorwärts des XII. Korps (bei Dombasle).

Mag immerhin zugegeben werden müffen, daß die für den 24. Auguft geplante Unternehmung des XII. Korps gegen Verdun eine reiterliche Abschließung bezw. Beobachtung dieser Festung auch auf dem linken Maas-Ufer erforderte: mehr als 8 Schwadronen (mit der reitenden Batterie) der sächsischen Kavallerie-Division wurden dadurch nicht beansprucht und mehr ist auch kaum in Wirklichkeit von der 12. und 5. Kavallerie-Division zusammen für diesen Zweck verwendet worden.

Nun ist nach dem Generalstabswerke (s. 2. A.) dem Oberkommando der Maas-Armee bereits im Laufe des 23. August durch das große Hauptquartier die Nachricht vom Abzuge der französischen Armee von Châlons in Richtung auf Reims zugegangen, und wenn dabei auch noch keine Abänderung des Befehls erfolgt war, nach welchem diese Armee am 26. die Linie St. Menehould—Giory zu erreichen hatte, und es in diesem Augenblicke noch fern liegen mochte, an diese Mittheilung den Gedanken eines geplanten feindlichen Abmarsches auf Metz bezw. die untere Maas anzuknüpfen, so mußte doch die gemeldete Thatsache immerhin schon jetzt die Aufmerksamkeit auf eine genügende Beobachtung bezw. Sicherung der eigenen rechten Flanke lenken.

Der bereits vorgesehene Maas-Uebergang der 5. Kavallerie-Division bei Neuville unterhalb Verdun arbeitete dieser Aufgabe gewissermaßen von selbst in die Hand, zumal in der 6. und Garde-Kavallerie-Division zweifellos reiterliche Kräfte genug zu Gebote standen, um den in nur vier Meilen Frontbreite erfolgenden Vormarsch der Maas-Armee gegen Westen in ausreichendem Maße zu decken.

Wenn man, statt wie jetzt, auf dieser schmalen Front am 24. August die Garde-Division auf Baubécourt, die 6. Division auf Fauconcourt (1 Meile nördlich), die 5. auf Dombasle (2 Meilen nördlich) zu richten, in nur unwesentlich vergrößerter Marschetappe die Divisionsstabsquartiere des Generals Grafen v. d. Golz (von Fresnes au Mont) nach Triaucourt und des Herzogs Wilhelm von Mecklenburg (von Génicourt) nach Clermont en Argonne (kleine zwei Meilen auseinander) verlegte, so konnte für diesen Tag dem (durch eine sächsische Brigade auf 44 Schwadronen verstärkten) General v. Rheinbaben aber sehr wohl der „selbständige Auftrag" gestellt werden: „die rechte Flanke der Armee zwischen Aire und Maas, bezüglich weiterhin zwischen erstgenanntem Flußlaufe und den Straßen von Dun und Stenay auf Reims zu decken und seine Aufklärung möglichst weit nach Norden auszudehnen".

Ging im Sinne dieser Aufgabe der Führer der 5. Kavallerie-Division am 24. August z. B. mit zwei Brigaden (von Neuville a. d.

Maas) über Montfaucon, mit zwei Brigaden (davon eine sächsische) über Varennes (kleine 4 Meilen) bis in die Linie Imécourt (Straße Dun—Bouziers)—Fléville (Straße Varennes—Bouziers) und mit einer rechten Seitendeckung bis in die Gegend von Buzancy vor, so trafen aller Wahrscheinlichkeit nach seine Patrouillen schon gleich am ersten Tage nach dem Maas-Uebergange auf die Spitzen der an diesem Tage nach Bouziers gerückten Kavallerie-Division Margueritte, und es wäre damit schon ein erster, wichtiger Einblick in die feindlichen wahrscheinlichen Absichten gewonnen gewesen.

Drückte, wie dies bei doppelter Ueberlegenheit (40 gegen 20 Schwadronen) unzweifelhaft gewesen, dann am 25. August die konzentrisch gegen Bouziers vorgehende Kavallerie Rheinbaben den General Margueritte über die Aisne zurück, so wurde aber schon in den Vormittagsstunden dieses zweiten Tages der Anmarsch des 7. französischen Korps auf Bouziers und vielleicht in den Nachmittagsstunden durch die von Buzancy über Le Chesne—Semuy ausgreifende Seitendeckung (1 Regiment) das Vorgehen des französischen 1. und 5. Korps auf Attigny—Amagne entdeckt.

Wer, wie das wohl der Fall hätte sein müssen, alsbald nach dem Einrücken der Kavallerie-Divisionen am 24. in ihre Quartiere eine richtig organisirte Relaisverbindung zwischen ihnen selbst und dem Armee- sowie dem großen Hauptquartier (Bar le Duc) eingerichtet, so konnte noch vor Ablauf des 25. August abends der General v. Moltke sich eine nahezu richtige Vorstellung von den Verhältnissen auf feindlicher Seite machen.

Auch dann freilich hätte es für den Fall, daß die französischen Infanteriekorps am 26. und 27. ihren Vormarsch, unter Zurückdrängung der (mittlerweile durch die 2. sächsische Brigade auf 52 Schwadronen 18 Geschütze verstärkten) Kavallerie Rheinbaben fortsetzten, nicht mehr in der Macht der obersten deutschen Heerführung gelegen, den Gegner noch auf dem linken Maas-Ufer vor Erreichung der Uebergänge von Dun und Stenay zu überholen.

Wohl aber wäre durch die gewonnenen vierundzwanzig Stunden auf deutscher Seite die Möglichkeit gegeben gewesen, jedenfalls die Maas-Armee, unter Verstärkung durch die nächsten Flügelkorps der Dritten Armee, derart nach ihrem rechten Flügel hin in sich zu versammeln, daß derselben die Gefahr erspart blieb, welcher sie jetzt unbedingt durch die Einzelüberführung ihrer Korps in die neue Richtung — wie wir sehen werden — zeitweilig ausgesetzt gewesen ist.

III. Wie wir wissen, standen am 25. August abends die deutschen Heertheile vom rechten Flügel ab:

mit dem XII. Korps bei Dombasle, den Garden bei Triaucourt, dem IV. Korps bei Laheycourt;

mit dem II. bayerischen Korps bei Charmont—Posseffe, dem I. bayerischen bei Bar le Duc;

mit dem V. Korps in der Gegend der beiden Heiltz, der württembergischen Division bei Sermaize und dem XI. Korps bei Perthes und Jaremont noch zwischen St. Dizier und Vitry;

mit dem VI. Korps endlich bei Vaffy (Avantgarde Montier en Der) noch 2 Meilen südlich von St. Dizier.

Von der beim Vormarsch der Franzosen gegen Osten zuerst in Betracht kommenden nächsten Straße Vouziers—Buzancy—Dun befanden sich somit zur Zeit die deutschen Korps in der Luftlinie:

die der Maas-Armee noch auf 4, 6 und 8 deutsche Meilen,

die beiden bayerischen Korps auf 9 und 10 Meilen, und

die drei selbst nächsten Heertheile der Dritten Armee noch auf 10 bis 12 Meilen;

d. i., mit einziger Ausnahme des XII. Korps, also durchweg weiter von dem Uebergangspunkte Dun entfernt, als das heute bei Vouziers eingetroffene französische Spitzenkorps.

Auf der Grundlage der thatsächlich bis zum 25. abends im deutschen großen Hauptquartier nur eingegangenen Nachrichten war für diese Heertheile zum 26. August zunächst im großen Ganzen die Einstellung der Bewegung nach Westen und nur für das XII. Korps sein Vorrücken auf Varennes in nordwestlicher Richtung auf Vouziers angeordnet; erst die nachmittäglichen Meldungen haben dann Veranlassung zur Einschlagung einer ausgesprochenen Richtung gegen Nordosten gegeben, durch welche:

bei der Maas-Armee die Einschiebung der ihr zugewiesenen vier Armeekorps (G., IV., I. und II. bayer.) in den Raum zwischen Aire (XII. Korps in Varennes) und Maas angestrebt,

bei der Dritten Armee ein engeres Zusammenschieben nach dem rechten Flügel erreicht werden sollte.

Erst am Abend dieses 26. August war dann der Befehl erlassen, durch welchen die Maas-Armee (fünf Korps) auf die Maas-Uebergänge zwischen Dun und Verdun behufs Ueberschreitung des Flusses in Richtung anf Damvillers (scharf nordöstlich), die Dritte Armee (in nördlicher Richtung) auf St. Menehould in Bewegung gesetzt, und damit — die Wiedertrennung der beiden Armeen, in nur etwas veränderter Zusammensetzung, ausgesprochen wurde. —

Ganz anders aber doch hätten sicherlich die Dinge sich gestaltet, wenn dank rechtzeitiger Meldungen der Kavallerie die deutsche oberste Heeresleitung — wie wir es oben als möglich nachgewiesen — ihre entscheidenden Entschlüsse statt erst am 26., schon am 25. August abends hätte fassen können.

Vergegenwärtigen wir uns die Sachlage unter dieser Voraussetzung.

Bei einer Entfernung von Vouziers bis Dun von 5 Meilen bedurfte jedenfalls die am 25. erst mit der Spitze bis zu erstgenanntem Orte gelangte französische Süd=Kolonne bis zu letztgenanntem Punkte zweier Tagemärsche, und frühestens am Abend dieses 27. August war erst auf das Eintreffen der französischen Nord= Kolonne bei Stenay zu rechnen, deren Anmarsch auf Attigny— Amagne (7 Meilen von Stenay) heute beobachtet worden war.

Wenn, wie es jetzt im Zusammenhalt mit den anderen heute (d. i. am 25.!) im großen Hauptquartier eingelaufenen (Zeitungs= und dergl.) Nachrichten als feststehend betrachtet werden durfte, sich zur Zeit aber wirklich die ganze „Armee von Châlons" im Linksabmarsch nach der unteren Maas befand, so war die Annahme berechtigt, daß ihr Uebergang nur über die beiden Brücken von Dun und Stenay mindestens auch noch den 28. und vielleicht selbst den 29. August in Anspruch nehmen werde.

Gelang es dann, etwa den feindlichen Uferwechsel z. B. dadurch noch mehr zu verzögern, daß man die „Südkolonne" vom Uebergangs= punkte Dun mit überlegenen Kräften abdrängte und so die französischen Massen auf den einen Punkt von Stenay bezw. auf unterhalb desselben gelegene Brücken beschränkte, so konnte man schließlich trotz der weiten Entfernungen sich doch vielleicht noch der Hoffnung hingeben, beträchtliche Theile des gegnerischen Heeres auf dem linken Maas=Ufer angreifen zu können.

Machten es dann auch die Umstände nothwendig, sich bereits über= gegangenen Theilen des Feindes auf dem rechten Ufer vorzulegen, so konnte das jetzt mindestens voraussichtlich doch im unmittelbaren Anschlusse der beiden in der taktischen Aktion nur durch den Fluß selbst getrennten eigenen Heertheile aneinander geschehen.

Als „erstes Operationsobjekt" ergab sich aus diesen Ueber=
legungen die „Besitznahme von Dun" bezw. der „Angriff auf
die französische Südkolonne".

Für diesen Zweck konnte man zunächst mit dem bei Dombasle
stehenden XII. Korps rechnen, welches in einem Marsche von vier
Meilen den Ort füglich noch am 26. August zu erreichen und sich den
nicht vor dem 27. vormittags zu erwartenden Spitzen des von Vou=
ziers anrückenden Feindes mit Front nach Westen vorzulegen ver=
mochte.

Im zweitägigen Marsche von 6 und 8 Meilen konnten dann
bis zum 27. nachmittags und abends das Garde= und IV. Korps
zur Unterstützung eintreffen.

Nun lag aber zur Zeit über die numerische Stärke der als
„taktisches Operationsobjekt" ins Auge gefaßten französischen Süd=
kolonne noch keinerlei Meldung der diesseitigen Kavallerie vor (und
konnte nicht vorliegen); es war daher nicht ausgeschlossen, daß diese
heute schon mit ihrer Spitze näher als jene beiden preußischen Korps
an Dun heranstehende feindliche Truppenmacht das XII. Korps noch
vor Eintreffen der diesseitigen Verstärkungen würde mit Ueberlegen=
heit angreifen und möglicherweise auf und über die Maas
zurückwerfen können!

Zweifellos mußte es angesichts solcher Betrachtung „operativ
zweckmäßiger" erscheinen, den Angriff auf die französische Südkolonne
der Besitzergreifung von Dun vorangehen zu lassen, statt durch
eine beschleunigte Besetzung dieser Stadt durch ein vereinzeltes
Korps dasselbe der Gefahr eines überlegenen feindlichen Angriffes in
taktisch und strategisch ungünstigster Lage auszusetzen.

Zog man in diesem Sinne im Laufe des 26. August das Garde=
korps auf gleiche Höhe mit dem nur „näher an Dun herangeschobenen"
sächsischen Korps vor und ließ gleichzeitig das IV. Korps so nahe als
möglich auf diese erste Linie „aufschließen", so konnte die derart am
27. August mit versammelter Kraft von Süden gegen Dun an=
rückende Maas=Armee es nöthigenfalls selbst gegen die halbe „Armee
von Châlons" aufnehmen, falls wirklich dieselbe in zwei gleich starken
Parallelkolonnen den Uebergängen von Dun und Stenay zustrebte.

Die verfügbaren deutschen Massen gewährleisteten dann entweder
den entscheidenden Sieg, d. h. die Abdrängung des nicht überlegenen
Gegners auf Stenay, oder doch mindestens eine derartige Ver=

8*

zögerung des Weitermarsches eines gleich starken oder selbst etwas überlegenen Gegners auf Dun, daß die oberste deutsche Heeresleitung Zeit für weitere Maßnahmen gewann.

Da man aber endlich auch damit rechnen mußte, daß der Feind vor erfolgtem Angriffe durch die beiden deutschen Korps erster Linie — z. B. durch einen Gewaltmarsch am 26. — am 27. August früh schon stärkere Abtheilungen auf das rechte Maas-Ufer hätte übergehen lassen können, so empfahl es sich endlich, das (IV.) Korps zweiter Linie am 26. so zu dirigiren, daß es am 27. je nach Bedarf auf das „Gefechtsfeld bei Dun linkes Ufer herangezogen" oder über die Brücken von Consenvoye bezw. Neuville auch „auf das rechte Maas-Ufer zur Absperrung der Straßen von Dun nach Südosten übergeführt werden" könne.

Aus diesen Betrachtungen über die „zweckentsprechenden Operationen bis zu einem möglichen ersten Zusammenstoße mit dem Feinde" (siehe Moltke) ergab sich gewissermaßen von selbst das gegebenenfalls in Aussicht zu nehmende „zweite Operationsziel".

Wenn es am 27. August gelang, die französische Südkolonne an einem Uebergange bei Dun zu verhindern, so war alle Aussicht geboten, am 28. und vielleicht selbst noch am 29. die um Stenay zusammengedrängten feindlichen Massen mit einem Theil der dorthin auf dem linken Maas-Ufer vorzuführenden Kräfte zum Stehen zu bringen, mit einem anderen Theile am Austritt auf das rechte Ufer zu verhindern.

Um dann freilich — in sinngemäßer Wiederholung der zunächst ins Auge gefaßten „Operation auf Dun" — jetzt „bei Stenay" zu einer endgültigen Entscheidung gegen die auf 150 000 Mann geschätzte Gesammtarmee des Marschalls Mac Mahon zu gelangen, mußte es endlich ermöglicht werden, den (einschließlich der Bayern nur 100 000 Mann starken) Kronprinzen von Sachsen entsprechend zu verstärken.

Da das auf dem linken Maas-Ufer nur durch Korps der Dritten Armee, auf dem rechten Ufer nur durch Heertheile der Cernirungs-Armee von Metz geschehen konnte und von Vitry wie von Metz rund 12 Meilen Marsch bis auf das etwaige Gefechtsfeld von Stenay zurückzulegen waren, so entstand die Frage, ob man bis zum 29. August auf das Eingreifen solcher Unterstützungen („rechtzeitig in ausreichender Kraft") werde zählen können.

Der Entwurf eines „Marschtableaus" mußte darüber die beste Auskunft geben.

IV. Wir stellen im Nachfolgenden einen solchen

Marschentwurf

auf Grund der vorausgesetztermaßen bereits am 25. August abends erlangten Kenntniß von der Sachlage auf, und werden in demselben — zum Vergleich — die thatsächlich von den verschiedenen Heertheilen am 26. und 27. erreichten Etappen aufnehmen (s. Skizze 2).

A. Am 26. August rücken:

a. von der Armee	b. das Korps	c. von	d. statt nach	e. km	f. nach	g. km	h. Anmerkung.
Maas.	XII.	Dombasle	Barennes—Bailny	18 22	1 Div. Gercourt 1 Div. Montfaucon	18	unter Besetzung der festen Brücke von Consenvoye.
	Garde	Triau-court	Dombasle—Blercourt	22	Barennes	32	über Froibes—Clermont.
	IV.	Lahen-court	Fleury—Ippécourt	20 24	Spitze bis Dombasle	40	über Baubécourt.
Bayern	II. B.	Possesse—Charmont	Triaucourt	25 20	Triaucourt (Nord)	25 20	über Belval.
	I. B.	Bar le Duc	Erize la petite	21	Heippe	32	Straßengabelung gegen Norden und Nordosten (Dieue)
Dritten	Württ. Div.	Sermaize	statt stehen zu bleiben		Triaucourt (Süd)	25	über Lahencourt.
	V.	Rosay—Heitz le Maurupt	Vanault le Ch. und V. les Dames, Heitz Maurupt	12 8	Givry en Argonne	22	über Charmont.
	XI.	Faremont—Perthes	Heitz l'Evêque—Bassuet St. Lumier en champ	20 20	1 Div. Bussy le Repos 36 (Schnittpunkt der Straße Châlons—Possesse und des Chemin de la Serre) 1 Div. Vanault le Châtel 32		über Changy.
	VI.	Montier en Der Vassy	Thiéblemont	32	Thiéblemont	32	

B. Am 27. Auguſt rücken:

a. von der Armee	b. das Korps	c. ſtatt von	d. nach	e. km	f. von	g. nach	h. km	i. Anmerkung
Maas-	XII.		Dun und Etenay	25 36		Dun	14	eintretendenfalls zum „Gefecht bei Dun" zu vereinigen.
	Garde		Montfaucon	18 22		Andevanne	20	
	IV		Germonville	24		Banthéville oder über Conſenvoye r. U.	30	
Bayern	II. B.		Dombasle	22		Esnes	32	bereit, morgen (nach Norden oder Oſten (Reuville) abzumarſchiren.
	I. B.		Rizéville	22		Cumières a. Maas	27	
Dritten	Württ. Div.		Bieil Dampierre	24		a) Clermont b) Varennes	18 noch 15	a) Morgen-Etappe, bereit, je nachdem nach Oſten oder Weſten weiter zu gehen. b) Nach-mittags-Etappe, gegen Norden weiter.
	V.		Spiße St. Mene-hould	36		a) St. Menehould b) Bienne	16 noch 12	
	XI.		Givry-Epenſe	24		a) Balmy b) Villejurtourbe	22 noch 12	
	VI.		Charmont	28		Düry—Changy	10	zur Deckung der rückwärtigen Trains.
Cer-nirung von Meß	ein					Etain	25	bereit, ſich dem Gegner am 28. vorzulegen.
	ein					Landres	25	

(Spalte c: i. 26. Auguſt unter d. — Spalte e: i. 26. Auguſt unter f. — Spalte f bei Cernirung von Meß: vor Meß)

In Gemäßheit dieſes Entwurfes konnte am 27. Auguſt abends die in ſich auf einen Tagemarſch Tiefe verſammelte Maas-Armee (mit 5 Korps = 100 000 Mann Infanterie) um eine Tages-etappe ·nach Norden über die in ſich auf einen Tagemarſch Frontbreite aneinandergerückte Dritte Armee (2½ Korps = 60 000 Mann Infanterie) vorgeſchoben ſtehen.

Je nach den Ergebnissen des „Vormarsches auf Dun" (gegebenen=
falls selbst der Nachrichten vom 26. abends) konnte dann:

1. Die vereinigte Maas=Armee am 28. August:

entweder mit den Gesammtkräften auf dem linken Ufer,
oder nach Bedarf an beiden Ufern, gegen Stenay weiter
vorgehen,

oder gegen feindliche Ueberlegenheit bei Dun die Defensiv=
schlacht (gegebenenfalls in einer Stellung bei Montfaucon)
annehmen,

oder endlich mit allen fünf Korps (über Neuville, Consen=
voye und gegebenenfalls Dun) auf das rechte Maas=Ufer
übergehen und sich dort mit den Korps der Cernirungs=
Armee vereinigen;

2. die vereinigte Dritte Armee aber an diesem Tage

entweder (behufs Verlegung des feindlichen Rückzuges auf
Rethel — Reims) den Marsch nach Norden fortsetzen
(s. Entwurf b),

oder behufs Unterstützung der Maas=Armee nach der
Straße Clermont—Varennes rechts abmarschiren,

oder endlich der rechts abmarschirten Maas=Armee auf der
Straße nach Verdun und auf das rechte Maas=Ufer folgen.

3. Hatte die feindliche Armee von Châlons aber — was immer=
hin in Betracht zu ziehen war — am 26. und 27. ihre Vorbewegung
gegen die Maas unterbrochen oder war sie gar in westlicher Richtung
wieder zurückgegangen, so konnte am 27. oder 28 durch einfache
Wendung links um! seitens sämmtlicher Korps der beiden deutschen
Armeen, das seitherige Verhältniß zwischen Dritter und Maas=Armee
dahin wiederhergestellt werden, daß die Erstere abermals im Vor=
marsch nach Westen vor der Letzteren „um einen Tagemarsch voraus
war"!

Die deutsche „Operation", wie sie gegen die „bei Châlons" ver=
muthete französische Armee geplant war, erschien dann einfach räumlich
um ein bis zwei Tagemärsche nördlich hinauf verschoben,
zeitlich (aber auch auf feindlicher Seite!) um 24 bis 48 Stunden
verzögert, und hatte sich aus einer „Operation auf Châlons" damit
in eine „Operation auf Vouziers" oder „auf Rethel" verwandelt.

Aufgabe der am 26. August noch (auf ihrem rechten Flügel, vor der Front der Maas-Armee) durch die Garde-Kavallerie-Division zu verstärkenden „selbständigen Kavallerie Rheinbaben" (76 Schwadronen) wäre es gewesen, die französischen Bewegungen bis zum Augenblicke eines etwaigen „taktischen Zusammenstoßes" mit der Maas-Armee, unter besonderer Betonung der drei Fragen im Auge zu halten: geht die feindliche Armee vor, hat sie Halt gemacht oder geht sie (in welcher Richtung) zurück?

Der unter Befehl des Kronprinzen von Preußen tretenden 6. Kavallerie-Division oblag indessen in Verbindung mit der 4. Kavallerie-Division die Deckung der linken Flanke der vorrückenden Dritten Armee gegen Reims—Rethel, während die dem VI. Korps zu unterstellende 2. Kavallerie-Division die Sicherung der seitherigen „Verbindungslinien" der Dritten Armee gegen Châlons zu übernehmen gehabt hätte.

Nach unserer gemachten Voraussetzung über die Orientirung des großen Hauptquartiers am 25. abends hätte es nach alledem keinen Anstand gehabt, durch einen „Armeebefehl" in der Nacht vom 25. zum 26. sämmtliche deutsche Heertheile — gegebenenfalls direkt! — im Sinn des obigen „Marschentwurfes" (die 2½ Korps der Dritten Armee nur gemäß „27. August a") in Bewegung zu setzen.

Angesichts der zur Zeit aber offen zu Tage liegenden gegnerischen Absicht eines „Vormarsches gegen die untere Maas bezw. auf Metz—Diedenhofen" war man am 25. abends auch vollständig in der Lage, sich über die für die nächstfolgenden Tage unter der Annahme zu ergreifender Anordnungen klar zu werden, daß der Feind am 26. und 27. seinen Plan im Guten oder Bösen werde durchzusetzen streben.

Was für den Fall, daß es die Maas-Armee in diesen Tagen mit feindlicher Ueberlegenheit zu thun bekommen werde, anzuordnen gewesen, ist schon oben erwähnt.

Drängte ihrerseits die Maas-Armee im weiteren Fortschreiten den Feind auf Stenay zurück oder gar von diesem Uebergangspunkte ab, so ergab sich schon jetzt die nöthig werdende Ergänzung des „Marschentwurfes" für den 26. und 27. (dann einschließlich b) dahin, daß zu rücken hätten:

von der Armee	das Korps	am 28. August			am 29. August		Anmerkung
		von	nach	km	nach	km	
Cernirung von Metz	ein	Etain	Damvillers	25	gegen Baalon—Stenay	24	nach Verfügung des Kronprinzen von Sachsen.
	ein	Landres	Mangiennes	25	Rémoiville (Reserve)	20	
verstärkten Maas-	XII.	Dun	rechtes Maas-Ufer halbwegs Stenay	6	gegen Mouzay—Stenay	4	
	Garde-	Anderanne	Nouart	8	gegen Beaumont	6	
	IV.	Banthé-ville	Montigny (halbwegs Stenay, linkes Ufer)	10	gegenStenay	8	zur Verfügung des großen Hauptquartiers.
	II. B.	Esnes	Anderanne	25	gegen Beaumont—Stonne	15	
	I. B.	Cumières	Villers devant Dun	20	gegen Stenay (rechtes oder linkes Ufer als Reserve)	10	
Dritten	Württ. Div.	Varennes	Buzancy	26	a) gegen Stonne—la Besace oder b) gegen Le Chesne	15 bis 20	nach Verfügung des Kronprinzen von Preußen. a) wenn der Feind steht; b) wenn er im Zurückgehen begriffen.
	V.	Vienne	Briquenay	28		15 bis 20	
	XI.	Ville sur Tourbe	Chesne—Longwé	30		15 bis 20	

Gelang es den rund 135 000 Mann Infanterie der (einschließlich der 35 000 Mann zählenden Korps der Cernirungs-Armee) dem Kronprinzen von Sachsen zur Verfügung stehenden Kräfte, im Sinne des entwickelten Planes, die im Ganzen auf 150 000 Mann berechnete feindliche Armee über den 28. August bei Stenay festzuhalten, so konnten aus 40 km breiter Front am 29. August (von Baalon bis Bouziers) durch Einschwenken des deutschen linken Flügels gegen Stonne

—Beaumont rund 200 000 Deutſche den umfaſſenden Angriff
gegen den Marſchall Mac Mahon beginnen und denſelben gegen die
Maas bezw. die neutrale Grenze abbrängen.

Wie ſich nun aber auch im Einzelnen in den hier in Betracht ge=
zogenen Tagen die kriegeriſchen „Begebenheiten“ abgeſpielt hätten, ſo
viel ſteht feſt, daß bei einer, hier als durchführbar nachgewieſenen, um
24 Stunden früher als jetzt einlaufenden Meldung der Kavallerie
der Macs=Armee über die franzöſiſchen Bewegungen „auf den Nord=
ſtraßen“, füglich der deutſchen oberſten Heeresleitung ein Zeitverluſt
von zwei bis drei Tagen und — wie wir alsbald ſehen werden —
unter Umſtänden auch Schlimmeres hätte erſpart werden können.

V. Wie im Gegenſatze zu dieſem, auf der Vorausſetzung recht=
zeitiger Meldungen am 25. Auguſt aufgebauten „Entwürfe“, die Dinge
ſich hiſtoriſch auf der Grundlage erſt am 26. Auguſt eingelaufener
ſicherer Meldungen geſtaltet haben, wäre es — wie ſchon oben (ſ. I.)
angedeutet — für eine energiſche, zielbewußte franzöſiſche oberſte
Heerführung, unſeres Erachtens nicht unmöglich geweſen, die ihr den
Uebergang über die Maas verſperrenden deutſchen Heertheile mit Ueber=
legenheit aus dem Wege zu räumen, um dann am 29. auch die ihr
jetzt ebenſo vereinzelt entgegentretenden beiden Korps der Cernirungs=
Armee mit Uebermacht zurückwerfen zu können.

Als der Marſchall Mac Mahon am 26. Auguſt abends die
Meldung des Generals Douay über das Erſcheinen ſtarker feindlicher
Kavallerie auf der Linie Buzancy—Grandpré—Monthois und über
die daran geknüpfte Befürchtung des Führers des 7. Korps erhielt,
„alsbald von überlegenen feindlichen Kräften angegriffen zu werden“,
mußte ſich der franzöſiſche Feldherr klar werden, daß für ihn der
letzte Augenblick für einen endgültigen operativen Entſchluß ge=
kommen ſei.

Hatte ihm bisher noch bis zu einem gewiſſen Grade die Wahl
zwiſchen einer „Baſirung“ auf „Paris“ oder auf „Bazaine“ freigeſtanden,
inſofern ihm der „Rückzug“ dorthin oder die „Vereinigung“ hierhin
noch nicht unmittelbar verlegt waren, ſo hörte fortan doch dieſe
„Operationsfreiheit“ auf, und der am 27. Auguſt zu thuende Schritt
mußte die Entſcheidung in dieſer Frage bringen.

Noch ſtand heute der Rückweg auf Paris offen, noch erſchien
andererſeits die Möglichkeit nicht ausgeſchloſſen, ſich vorwärts auf Metz

durchzuschlagen; wozu man sich aber auch entschloß, Zeit war jetzt nicht mehr zu verlieren!

Und was in dieser Beziehung von den beiden bis jetzt „allein ins Auge gefaßten Operationen", das galt auch von der etwaigen dritten Möglichkeit, sich mit der Armee von Châlons auf die Nordfestungen (Lille u. f. f.) zu „basiren", um so den Feind hinter sich her zu ziehen und damit für „Paris" und vielleicht auch „Bazaine" Zeit zum Wirksamwerden (freilich noch recht dunkler) Glückszufälle (!) zu gewinnen.

Nach allem Vorangegangenen mußte es aber doch zunächst als Pflicht des französischen Feldherrn angesehen werden, so lange sich noch die Möglichkeit einer Vereinigung mit der Rhein-Armee zu bieten versprach, an dieser Operation festzuhalten.

Eine ruhige und sachgemäße Ueberlegung unter Zugrundelegung der bis jetzt bekannten Thatsachen konnte diese Frage endgültig beantworten. —

Noch am 23. August hatte man die „Armee des Kronprinzen von Preußen" im Vormarsch längs des Marne-Thals auf Paris, mit ihrer Spitze bei Vitry, die „Armee des Kronprinzen von Sachsen" noch jenseits der Maas gewußt.

Was heute in der Linie Buzancy—Grandpré vom Feinde erschienen war, konnte somit nur der (auf 80 000 Mann geschätzten) deutschen „Maas-Armee" angehören; was bis Monthois gelangt war, höchstens die Spitze der feindlichen „Dritten Armee" sein.

Gelang es nun, sich am 27. mit Ueberlegenheit gegen den feindlichen rechten Flügel bei Buzancy—Grandpré zu wenden und bei Vouziers—Longwé den (schwachen!) gegnerischen linken Flügel so lange aufzuhalten, bis man den Gegner von der geraden Straße auf Dun zurückgetrieben hatte, so war damit mindestens der freie Rückzug über die Maas bei Dun und Stenay erkämpft und mindestens ein vierundzwanzigstündiger Vorsprung „in Richtung auf Metz" gewonnen.

Von le Chesne (5. Korps) bis Buzancy, von Semuy (1. Korps) bis Boult aux Bois (zwischen Buzancy und Longwé) und von Tourteron (12. Korps) bis Châtillon (nördlich Boult) sind rund 16 bis 18 km Marsch.

Brachen die drei Korps nur mit den fechtenden Theilen am 27. bei Tagesanbruch aus ihren Lagern auf, so konnte nöthigenfalls die Armee zwischen 3 und 4 Uhr nachmittags in dem genannten

Dreieck (Boult—Bar bei Buzancy—Châtillon) auf engem Raume mit rund 100 000 Mann Infanterie (10 Divisionen) zum entscheidenden Angriff bereit stehen (s. Skizze 3. „27 V").

(Aufbruch um 3 Uhr früh; Marschdauer vier bis fünf Stunden, Kolonnentiefe der Korps 24 km = rund sieben bis acht Stunden; somit Eintreffen der Spitzen zwischen 7 bis 8 Uhr morgens, vollendeter Aufmarsch zwischen 3 und 4 Uhr nachmittags.)

Aufgabe der (von Oches s. A.) gegen die Linie Stenay—Nouart, und der (an der Infanteriekolonne vorbei von Attigny vorzuholenden) gegen die Linie Nouart—Boult aufklärenden Kavallerie-Divisionen Margueritte und Bonnemains wäre es gewesen, diesen Vormarsch entsprechend zu verschleiern.

Die Deckung der Bewegung hatte inzwischen das 7. Korps aus einer Stellung an der Straßengabelung von Longwé zu übernehmen, zu deren etwaigem Angriffe von Süden her (wie ihn der General Douay erwarten zu sollen glaubte) der Feind die unwegsamen, ausgedehnten Waldungen „de Bourgogne" zu durchschreiten, von Westen her aber die (beim Abmarsch auf Longwé zu zerstörenden) Aisne-Brücken von Vouziers und südlich erst wieder herzustellen gehabt hätte.

Begab sich der Marschall Mac Mahon noch in der Nacht oder am Frühmorgen des 27. zum 7. Korps, so konnte er von Longwé aus die vom General Douay erwartete Schlacht persönlich leiten und dieselbe gegebenenfalls durch einen umfassenden Gegenstoß gegen die feindliche rechte Flanke (mit dem vom 12. gefolgten 1. und 5. Korps, s. oben) zu einer den „strategischen Anforderungen" durchaus entsprechenden „taktischen Entscheidung" bringen.

War es dabei — immer unter Voraussetzung der Richtigkeit der Douayschen Annahmen — gelungen, sich mit Gewalt in den Besitz der Straßen von Vouziers auf Dun—Stenay zu setzen, so konnte man am 28. die Maas auf diesen Uebergängen ungehindert überschreiten und dem nur auf ein frontales Nachdrängen beschränkten Gegner an diesem Flusse voraussichtlich einen Aufenthalt bereiten, der einen genügenden Vorsprung zu gestatten versprach, die Cernirungs-Armee von Metz „im Rücken angreifen" zu können!

Was freilich dann weiter aus einer so geglückten Vereinigung mit der Rhein-Armee sich entwickelt hätte? — darüber hatte man sich ja schon in Reims keine klare Vorstellung gemacht und der gegenwärtige Augenblick war dazu jedenfalls nicht mehr geeignet!

Wir wissen aus unseren früheren Betrachtungen, daß diese „Vereinigung" doch immer nur ein todtgeborenes Kind geblieben wäre; in ganz Frankreich aber glaubte das zur Zeit — höchstens der Marschall Mac Mahon allein! —

VI. Nun hätte aber in Wirklichkeit der französische Oberfeldherr in Longwé spätestens im Laufe der Morgenstunden des 27. August mit Bestimmtheit feststellen können, daß die Auffassung des Generals Douay von der kriegerischen Sachlage — eine durchaus irrthümliche sei!

Thatsächlich hat am 27. August bereits „um 8 Uhr früh" der Marschall Mac Mahon in Tourteron (2½ Meilen rückwärts) erfahren, daß der Feind „Grandpré noch nicht besetzt und das 7. Korps noch nicht angegriffen" habe, und durch seine (noch durch die beiden Kavallerie-Divisionen des 1. und 5. Korps verstärkte) Aufklärungskavallerie (s. oben) hätte er spätestens bis 9 Uhr früh in Longwé darüber Meldung haben müssen, daß „auch Buzancy noch nicht vom Feinde erreicht" war.

Der Marschall Mac Mahon „in Tourteron" hat aus diesen Nachrichten Veranlassung genommen, seine schon bis halbwegs Dun gelangten Korps in Richtung ihrer eben verlassenen Aufstellungen zurückzunehmen! Betrachten wir, wie sich die Dinge gestaltet hätten, wenn der Marschall Mac Mahon „in Longwé" sich entschlossen hätte, mit der vereinigten Armee weiter zu marschiren!? (s. Skizze 3).

Ein „Armeebefehl vom 27. August 10 Uhr vormittags" aus Longwé konnte solche Bewegung etwa in folgender Weise regeln:
„1. General Bonnemains, verstärkt durch die Kavallerie-Division Duhesme des 1. Korps (Summa 40 Schwadronen 12 Geschütze) und
General Margueritte, verstärkt durch die Kavallerie-Division Brahaut des 5. Korps (Summa 36 Schwadronen 6 Geschütze)
bleiben im Vormarsch gegen Süden, um das Gelände zwischen Aire und Maas in Linie Grandpré—Dun aufzuklären und von der dort aufgetretenen feindlichen Kavallerie zu säubern.
Starke Rekognoszirungen gehen noch heute gegen die Linie Varennes—Montfaucon—Consenvoye vor.

2. General Ducrot bricht (nach vier= bis fünfstündiger Ruhe der Spitzen=Division bei Boult, s. oben) um 12 Uhr mittags mit dem 1. Korps (56 Bataillone, 96 Geschütze, 24 Mitrailleusen) in zwei Kolonnen wieder auf und rückt:

> mit Kolonne I über Briquenay (West)—Béffu—Champigneulles auf St. Juvin a/Aire—Sommerance (16 bis 18 km); ein rechtes Seitendetachement besetzt Grandpré, eine vorgeschobene Abtheilung Fléville zur Unterstützung der auf Varennes vorgegangenen Kavallerie;

> mit Kolonne II über Briquenay (Ost)—Verpel—Imécourt auf Landres (15 km); Verbindung mit dem 5. Korps (s. 3). *)

3. General de Failly bricht mit dem 5. Korps (32 Bataillone, 72 Geschütze, 18 Mitrailleusen) gleichfalls um 12 Uhr wieder auf und rückt über Buzancy—Rémoinville in die Linie Banthéville—Aincreville—Cléry bei Dun, in eine Stellung nördlich des Andon=Baches (18 km), welche er noch in der Nacht befestigt; Verbindung mit dem 1. Korps (s. 2.). **)

4. General Lebrun bricht um 6 Uhr abends wieder auf und rückt mit zwei Divisionen des 12. Korps (40 Bataillone, 150 Geschütze, 18 Mitrailleusen) nach Germont (Straße Longwé—Buzancy 5 km) und mit einer Division (über Anthe) nach Bar (10 km); er wählt seine Lager bei diesen Orten derart nördlich der großen Straße***) Vouziers—Buzancy—Stenay, daß dieselbe vollkommen frei bleibt (s. 5.).

Die (12.) Korpskavallerie=Division Fénélon (24 Schwadronen 6 Geschütze) beläßt nur eine Brigade (8 Schwadronen), zum Dienst beim Korps zurück und rückt alsbald mit einer Brigade nach Quatrechamps, mit der dritten nach Le Chesne, um die rechte Flanke des 7. Korps

---

*) Das 1. Korps hat mit der Spitze um 4 Uhr nachmittags, mit der Queue spätestens um 12 Uhr nachts seine Ziele erreicht und jedenfalls vor 8 Uhr abends die Straße bei Boult für den Durchmarsch des 7. Korps (s. 5.) geräumt.

**) Das 5. Korps hat von 4½ Uhr nachmittags an bis 12½ Uhr nachts diese Ziele erreicht und Bar spätestens um 8 Uhr abends für das 12. Korps geräumt (s. 4.).

***) Wegen des nächtlichen Durchmarsches des 7. Korps (s. 5.).

bei Longwé und den Abmarsch der Trains auf der Straße Semuy—Le Chesne—Beaumont nach Stenay gegen feindliche Kavallerie zu decken (s. 5. und 6.).

5. General Douay verbleibt mit dem 7. Korps (38 Bataillone, 12 Schwadronen, 72 Geschütze, 18 Mitrailleusen) bis heute Abend 7 Uhr*) in der Stellung von Longwé stehen und rückt (wenn bis dahin kein feindlicher Angriff erfolgt ist) im Nachtmarsch bis Beauclair—Nouart (30 bezw. 25 km).**)

Die (7.) Korpskavallerie-Division Ameil verbleibt in ihren innehabenden Beobachtungsstellungen und tritt nach Abmarsch des Korps unter die Befehle des Generals Fénélon (s. 4.).

6. Das Armee-Oberkommando geht heute Nachmittag nach Buzancy (Meldungen bis 5 Uhr nachmittags auf die Straße Longwé—Buzancy) und befindet sich von morgen früh 5 Uhr ab auf den Höhen bei Cléry vor Dun.

7. Die in den Lagern von Le Chesne, Semuy und Tourteron zurückgebliebenen, bezw. vom 7. Korps bereits gestern Abend nach Le Chesne vorausgesandten Trains des 5., 1. und 12. Korps haben von hier aus den direkten Befehl zum sofortigen Aufbruche über Beaumont nach Stenay erhalten, woselbst sie auf dem rechten Maas-Ufer, nördlich der Straße, nach Baalon parkiren werden.

Generalstabsoffiziere des Oberkommandos (unterstützt durch die 3. Brigade der Kavallerie-Division Fénélon, s. 4.) werden diesen Marsch leiten."   gez. Mac Mahon.

Die Ausführung dieses Befehls, welcher jedenfalls den französischen Korps keine größeren Anstrengungen zugemuthet hätte, als die deutschen Korps (Garde, IV. und die zwei bayerischen) an diesem Tage auch haben leisten müssen, würde — wie wir aus unserem historischen Theile wissen — in den Nachmittagsstunden zu einem Zusammenstoße des französischen 5. Korps mit dem von Varennes auf Dun—Stenay in Bewegung gesetzten deutschen XII. Korps geführt haben.

---

*) Vergl. Anmerkung *) und ***) S. vorher.

**) Das 7. Korps hat in diesem Nachtmarsche mit den Spitzen seine Zielpunkte um 5 bis 6 Uhr früh, mit den Queuen um 6 bis 7 Uhr früh erreicht. (10 Stunden Marsch; 1 bis 2 Stunden Aufmarsch!)

In der linken Flanke dieses Vormarsches bewegten sich nun aller-dings in der 12., 5. und Garde-Kavallerie-Division genau die gleiche Anzahl deutscher Schwadronen (76 Schwadronen, 18 Geschütze), wie nach unserem obigen Befehlsentwurfe französischerseits gegen jene Flanke im Vorgehen gewesen sein würden. Immerhin trat diese selbst im Flankenmarsch begriffene deutsche Kavallerie in dem umstrittenen Ge-lände zur Zeit nur in einer solchen Vereinzelung der Kräfte (Brigaden s. A.) auf, daß es ihr schwerlich gelungen wäre, die ihr in wesentlich geschlossener Masse entgegentretende französische Kavallerie entscheidend zurückzuwerfen und so einen genügenden Einblick in die hinter diesem Schleier sich vollziehenden Bewegungen auch der feind-lichen Infanteriekorps zu gewinnen.

Geschah das aber nicht und wurde infolgedessen das XII. Korps nicht rechtzeitig genug gewarnt, um durch ein Ausweichen in Richtung auf das erst in den Abendstunden bei Montfaucon ankommende Garde-korps sich der drohenden Gefahr zu entziehen, so konnte leicht ein (z. B. behufs Zurücktreibung der Spitzen des französischen 5. Korps) über Dun nördlich hinaus unternommener Angriff der Sachsen durch flankirendes Eingreifen von Theilen des französischen 1. Korps über Landres gegen die Straße Varennes—Dun zu einer schweren Theil-niederlage dieses vereinzelten deutschen Heertheiles führen.

Wer an das im Kriege so oft zur Geltung kommende Wort glaubt: „vom Glück, das mit dem Kühnen geht", der wird nicht leugnen können, daß solcher Ausgang des Tages der mit vereinigter Kraft ergriffenen Initiative des Marschalls Mac Mahon doch leichtlich hätte in den Schooß fallen können.

Ging aber auch der Prinz Georg von Sachsen am 27. abends rechtzeitig auf Montfaucon zurück, so hatte sich selbst ohne taktischen Erfolg die strategische Lage der französischen Armee durch den Gewinn der beiden wichtigen Maas-Uebergänge von Dun und Stenay sehr wesentlich gegen ihre Situation am Morgen dieses Tages verbessert.

Schwerlich hätte unter obwaltenden Umständen der Kronprinz von Sachsen es gewagt, am 28. August den von der obersten deutschen Heeresleitung ins Auge gefaßt gewesenen Rechtsabmarsch der Maas-Armee und der beiden bayerischen Korps auf Damvillers, angesichts eines in 18 km breiter Front zwischen Aire und Maas nach Süden vordringenden Gegners, anzutreten.

Je tiefer der Einblick gewesen wäre, welchen die deutsche Kavallerie am 27. mittags in die französischen Massenbewegungen hätte thun können, desto mehr Veranlassung hätte der Führer der Maas-Armee wohl gehabt, alle verfügbaren Kräfte im Laufe des 28. in Richtung auf die beiden nächst bedrohten Spitzenkorps (um Montfaucon) zu versammeln, sei es, um einer französischen Offensive mit Erfolg entgegentreten, sei es, um selbst am 29. zum Gegenangriff übergehen zu können.

Bekanntlich hatte am 27. abends das deutsche IV. Korps aber erst Germonville (15 km südlich Montfaucon), die beiden bayerischen Korps erst „spät in der Nacht" Dombasle (16 km) und Nixéville (20 km von Montfaucon) erreicht; indeß die Dritte Armee von Givry längs der Straße von Vitry auf St. Menehould in zwei Meilen Tiefe echelonirt, mit ihrer äußersten Spitze (des V. Korps bei St. Menehould) noch in der Luftlinie auf vier Meilen Abstand und durch die Argonnen getrennt von Montfaucon entfernt stand.

Bis zur Mittagsstunde des 28. August konnte hiernach der Kronprinz von Sachsen „um Montfaucon" nur:

1. die Maas-Armee, abzüglich der 6. Kavallerie-Division, in der Stärke von (s. 1. A):

83 Bataillonen, 99 Schwadronen, 282 Geschützen oder rund

64 000 Gewehren und 12 000 Säbeln, und allenfalls

2. die zwei bayerischen Korps, abzüglich der Ulanen-Brigade, in der Stärke von (s. 1. A.):

46 Bataillonen, 27 Schwadronen, 180 Geschützen oder rund
36 000 Gewehren und 3000 Säbeln

versammelt haben.

Gegen diese deutsche Defensivstellung aber hätte der Marschall Mac Mahon bis zur selben Zeit die Gesammtarmee von Châlons, abzüglich der Kavallerie-Division des 7. Korps und zweier Brigaden der Kavallerie-Division des 12. Korps (zur Aufklärung und Deckung westlich der Aisne, s. oben), in der Stärke von:

166 Bataillonen, 84 Schwadronen, 402 Geschützen und
84 Mitrailleusen oder rund 130 000 Gewehren und 8000 Säbeln

vorzuführen vermocht.

VII. Es muß dahin gestellt bleiben, ob dem französischen Ober-feldherrn diese, von ihm ja freilich nicht im Einzelnen zu errechnende numerische Ueberlegenheit genügend erschienen wäre, um wirklich am 28. August eine „geplante Offensive" gegen Süden zu ergreifen.

Nach seiner bisherigen Orientirung konnte aber doch eigentlich der Marschall in den ihm am 27. entgegentretenden Truppentheilen nur beträchtliche Theile der von ihm selbst auf 80 000 Mann geschätzten „Armee des Kronprinzen von Sachsen" erblicken, die man „im Vormarsch von Verdun" vermuthete, während man jedenfalls „die Hauptkräfte der Armee des Kronprinzen von Preußen" noch jenseits der Argonnen zurück erachten durfte und von der Anwesenheit der beiden bayerischen Korps hinter der Maas-Armee überhaupt nichts wußte.

Namentlich, wenn es am 27. nachmittags vielleicht gar zu einer mehr oder weniger bedeutenden Theilniederlage des isolirten XII. Korps gekommen gewesen wäre, so hätte die Fortsetzung der Angriffs-bewegung am 28. August zweifellos der französischen obersten Heeres-leitung eigentlich doch sehr nahe liegen müssen.

Die auf einem Raume von 2½ Meilen Front (St. Juvin a. Aire bis Dun a. Maas) und 1½ Meilen Tiefe (Dun—Nouart-Beauclair) „vor der Schlacht versammelte" Armee von Châlons (s. 1. B. V.) konnte dazu in wohlerwogener „besonderer Schlachtanlage", z. B. mit ver-stärktem rechten Flügel (1. und 12. Korps) den feindlichen linken umfassend, verwendet werden und traf dabei auf eine „erst in der Versammlung begriffene" feindliche Armee, deren „nur nach und nach auf dem Schlachtfelde ankommende Korps" gerade nach dem gefährdeten linken Flügel hin den weitesten Weg gehabt hätten.

Man mag von deutscher Seite — vielleicht mit Recht! — behaupten, daß auch unter solchen Verhältnissen ein entscheidender französischer Sieg als ausgeschlossen hätte betrachtet werden können; wir bestreiten hier nicht die taktische Ueberlegenheit der deutschen Armeen, namentlich auch in moralischer Hinsicht, über die französische Armee von Châlons; hier handelt es sich für uns aber doch ausschließlich nur darum, daß dann der deutsche „Erfolg" in glücklich durchgeführter Defensivschlacht — nicht die Frucht der vorangegangenen deutschen Operationen gewesen wäre!

Thatsächlich wäre auch an solchem Verlaufe der Dinge durch Eingreifen des deutschen großen Hauptquartiers im Laufe des 27. August nichts zu ändern gewesen. Die Instradirung der Korps für diesen Tag war in Gemäßheit der Sachlage am 26. abends erfolgt, die ja auch durch den von uns dem Marschall Mac Mahon vor= geschlagenen „Operationsplan" bis zum 27. mittags in keiner Weise von dem historischen Verlaufe der Begebenheiten abgewichen wäre.

Was aber am 27. August von oberster Leitungsstelle auf die mittäglichen Meldungen vom Vorgehen — statt historisch vom Zurück= gehen — der vor Buzancy erschienenen Franzosen überhaupt für den 28. allein noch hätte angeordnet werden können, nämlich die rascheste Versammlung der fünf Korps der Maas=Armee bei Montfaucon, das hat von uns angenommenerweise der Kronprinz von Sachsen schon selbständig befohlen und hätte es in Wirklichkeit wohl auch rechtzeitig gethan!

So behaupten wir denn auch nur, daß der Marschall Mac Mahon sich am (historischen) 27. und 28. August eine erste operative Gelegenheit hat entgehen lassen, deren „spontane Ausnutzung" dem „Feldzuge" vielleicht ein wesentlich verändertes Gepräge hätte auf= drücken können!

VIII. Wir brauchen hier den Gedanken einer am 28. August von den Deutschen verlorenen Schlacht bei Montfaucon nicht weiter zu verfolgen, als deren „Wirkung" eine Abdrängung des „Kronprinzen von Sachsen" gegen Südost von der, wie wir wissen, noch vier Meilen westlich stehenden Armee des „Kronprinzen von Preußen" sich dargestellt hätte.

Wir meinen, daß wenn der Marschall Mac Mahon sich dann am 29. mit seinen Hauptkräften gegen die am 28. etwa aus ihrer Staffelung an der Straße Givry—St. Menehould zum Anschluß= versuche an die Maas=Armee rechts abgebogene (ohne VI. Korps kaum 60 000 Mann Infanterie starke) Dritte Armee (V., XI. Korps und württembergische Division) gewendet hätte, er dieselbe zum raschesten Ausweichen nach Süden gezwungen haben würde. Wir lassen es dahingestellt sein, ob nach solchen Erfolgen dem Marschall nicht dennoch eine erneute „Basirung auf Paris", auch ohne „Befreiung Bazaines", von der „Volksstimme" verziehen worden wäre.

Wir geben zu, daß das Wagniß einer französischen „Offensivschlacht von Montfaucon" dem französischen Feldherrn vielleicht als ein zu großes erscheinen mochte; aber auch ohne eine solche — wohl nur im Geiste eines ersten Napoleon gelegene — Unternehmung würde

am 27. August abends die Lage der „Armee von Châlons" eine jeden=
falls wesentlich verbesserte gewesen sein.

Da zweifellos nach Lage der Verhältnisse die deutsche Ober=
führung ihre ganze Aufmerksamkeit auf die Versammlung einer
dem Feinde annähernd ebenbürtigen Kraft hätte verwenden müssen und
sicherlich verwendet hätte, so stand der französischen Heerführung mit
Bestimmtheit der Vormittag des 28. August zu freier Verfügung.

Während die Deutschen sich bei Montfaucon zur bevorstehenden
Entscheidung massirten, konnten die Franzosen — marschiren.

Hinter dem Schleier der Stellung von Cléry fort konnte das
7. Korps bei Stenay—Mouzay, das 12. Korps bei Dun die Maas
überschreiten, das 1. Korps sich vom rechten Flügel (St. Juvin—
Landres) hinter den linken Flügel (bei Aincreville) setzen, um in der
Nacht zum 29. dem 12. auf das rechte Maas=Ufer zu folgen.

War man entschlossen, am 28. August nicht offensiv weiter nach
Süden vorzugehen, so konnten diese Befehle in der Nacht (vom 27./28.)
rechtzeitig erlassen werden und die Märsche sich unter dem Schleier der
Kavallerie und des in Stellung verbleibenden 5. Korps voraus=
sichtlich ohne jeden Aufenthalt vollziehen (s. Skizze 3. Schlußstellungen).

Das von Bar über Buzancy — Villers devant Dun — auf
Brandéville (zwischen Dun und Jametz) um 6 Uhr früh in Marsch
gesetzte 12. Korps konnte mit seiner Spitze um 4 Uhr nachmittags
(32 km = 10 Stunden Marsch) sein Ziel erreicht, bis 12 Uhr nachts
dort seinen Wiederaufmarsch vollzogen und von 8 Uhr abends ab
den Uebergang bei Dun für das 1. Korps freigemacht haben.

Das im Laufe des 28. vormittags um Andevanne (hinter dem
5. Korps) konzentrirte 1. Korps konnte nach Heranziehung seiner
Kavallerie=Division um 6 Uhr nachmittags in zwei Kolonnen
über die (geräumten) Brücken von Dun und Milly devant Dun auf
Murvaux (12 km) und Milly (8 km Marsch) antreten und mit
der Spitze um 9 Uhr abends, den letzten Staffeln um 12 Uhr
nachts wieder aufmarschirt sein.

Das (wie oben geplant) in der Nacht vom 27. zum 28. von
Longwé nach Beauclair—Nouart zurückgezogene 7. Korps, um 7 Uhr
abends aufgebrochen, hatte, den 30 km langen Marsch in zehn Stunden
zurücklegend, seine Zielpunkte um 6 und 7 Uhr morgens erreicht.
Nach zehnstündiger Ruhe um 4 Uhr nachmittags den Marsch über
Stenay und Baclon auf Jametz wieder antretend, konnte das Korps

(die Spitze 24 km von Beauclair bis Jametz zurücklegend) bis 12 Uhr nachts in etwa 10 km tiefer Staffel aufgeschlossen stehen.

Am 29. August früh hätten somit auf dem rechten Maas-Ufer aus der zwei Meilen (14 km) langen Linie Milly—Murvaux—Brandéville—Jametz drei französische Korps (rund 100 000 Mann) zum konzentrischen Vormarsche gegen das kaum 1½ Meilen entfernte Damvillers antreten, oder

wenn, wie wohl zu vermuthen, der Feind (II. und III. Korps der Zweiten Armee) solchem Stoße auswich, den Marsch nach Osten fortsetzen können.

Es erreichte dann (am 29.!):

das 12. Korps (von Brandéville), über Pruvillers (nördlich Damvillers) und Mangiennes rückend, bis zum Abend Spincourt (Straße Etain—Longuyon) nach einem Marsche von 32 km;

das 1. Korps (von Murvaux), in einem Marsche von 25 km über Vitarville, St. Laurent a. Othain;

das 7. Korps (von Remoiville—Baalon) über Mariaville—Arrancy die Gegend von Mercy le Bas (Straße Briey—Longuyon: 32 km Marsch), und

die (vorausgesetztermaßen!) am 27. und 28. August bei Montmédy ausgeschifften zwei Divisionen des 13. Korps (s. 2. B. XI.), zwischen Chiers und Othain marschirend, die Gegend südlich Longuyon (Straße auf Etain: 24 km).

Mit Tagesanbruch des 29. ging das 5. Korps (unter Voraussendung seiner Kavallerie-Division längs des rechten Maas-Ufers auf Consenvoye [südlich] als Flankendeckung) über den Fluß zurück, um nach Zerstörung der Uebergänge und nach Aufbruch der zweiten Staffel des 1. Korps von Milly heute noch über Jametz bis Mariaville (25 km) zurückzugehen.

Den Abmarsch deckten hinter dem Abon-Bache die beiden Kavallerie-Divisionen Bonnemains und Margueritte, mit dem Auftrage, sich nachmittags bezw. beim Vorgehen feindlicher Kräfte auf Dun über Stenay an die Armee wieder heranzuziehen!

Die in der Nacht vom 27. zum 28. nordöstlich Stenay parkirten Trains sind seit dem 28. morgens bereits wieder auf Montmédy—Longuyon in Bewegung gesetzt.

Selbst wenn man bei der, im Laufe des 28. August vormittags, in Erwartung eines feindlichen Angriffes von Dun—St. Juvin her in der Versammlung bei Montfaucon begriffenen Maas-Armee rechtzeitig die „veränderten Entschlüsse" der französischen Heeresleitung erkannt hätte, deren Zögern man zunächst auch auf die Nothwendigkeit einer Konzentration der Kräfte zu einer auf feindlicher Seite geplanten Offensive hätte schieben müssen, so wären doch vor nachmittags dieses Tages schwerlich abändernde Anordnungen des Oberkommandos der Maas-Armee in Wirkung zu setzen gewesen.

Günstigstenfalls konnten dann am 29. morgens (kaum sehr früh) die Spitzen von drei Armeekorps auf den Brücken von Consenvoye(?) bis Neuville aufwärts über die Maas gehen, denen dann erst in der folgenden Nacht die beiden letzten Korps hätten folgen können.

In der Nacht vom 29. zum 30. August hätten dann aber die Dinge fast genau ebenso gelegen, wie wir sie in unserer Betrachtung 2. B. XI. 7. für die „Nacht vom 28. zum 29. August" angenommen haben, und wir können uns mit allem Uebrigen auf das dort schon weiterhin Gesagte beziehen.

Wir wiederholen: der Enderfolg wäre auch jetzt kaum zu Gunsten der vereinigten französischen Armeen zu wenden gewesen!

Der Marschall Mac Mahon aber hätte doch erreicht gehabt, was der „Ministerrath" von ihm gefordert hatte; Regierung und Volk von Paris trugen allein die Verantwortung, wenn aus der „Vereinigung mit Bazaine" dann doch nicht diejenigen Früchte reiften, die man sich davon in unklarer Phantasterei versprochen hatte!

4. Die Wiederaufnahme des unterbrochenen französischen Linksabmarsches.

A. Geschichtliches.

Wie oben berichtet (3. A.), hatte Marschall Mac Mahon am 27. abends angesichts der ungünstigen Verhältnisse den Plan einer Vereinigung mit dem Marschall Bazaine endgültig aufgegeben und beschlossen, die Armee nach Méziéres zurückzuführen, auch darüber an den Kriegs= minister nach Paris berichtet.

(GStW. I. 1003). „In der Nacht um 1 Uhr lief darauf folgende telegraphische Antwort des Ministers ein:

>»Wenn Sie Bazaine im Stich lassen, so bricht die Revolution in Paris aus, und Sie selbst werden von der

ganzen Macht des Feindes angegriffen werden. Nach außen hin wird sich Paris zu schützen wissen, die Befestigungen sind vollendet. Ihre schnelle Vereinigung mit Bazaine erscheint mir dringend geboten.... Hier fühlt Jedermann die Nothwendigkeit, Bazaine zu befreien, und mit äußerster Spannung folgt man Ihren Bewegungen.«

Weiterhin wurde dem Marschall noch vorgehalten, daß nicht der Kronprinz von Preußen, vielmehr ein Bruder des Königs (Prinz Albrecht Vater mit der 4. Kavallerie-Division) mit einer Kavallerie-Avantgarde bei Châlons stehe, der Kronprinz vielmehr nach Norden abgebogen sei. Der Marschall aber habe einen Vorsprung von 36 bis 48 Stunden vor ihm voraus und sich gegenüber nur einen Theil der Streitkräfte, welche Metz blockirten und, durch seinen Abmarsch von Châlons auf Reims getäuscht, sich bis zu den Argonnen ausgedehnt hätten.

Bald darauf erhielt Mac Mahon noch ein zweites Telegramm, in welchem namens des Ministerrathes die bestimmte Forderung an ihn gerichtet wurde, dem Marschall Bazaine zu Hülfe zu eilen. Es war die Mittheilung hinzugefügt, daß sich General Vinoy mit dem 13. Korps von Paris nach Reims in Bewegung setzen werde.

Schon der Inhalt der beiden ersten Depeschen hatte den französischen Feldherrn dazu bestimmt, abermals seinen Entschluß zu ändern und die Richtung auf Montmédy wieder aufzunehmen.

Neue Befehle wurden in diesem Sinne erlassen."

Vor Eingang derselben am 28. August morgens hatten die Korps bereits den Marsch nach Norden angetreten und, da jetzt die vorausgesendeten Fahrzeuge wieder herangezogen werden mußten, entstanden vielfache Stockungen und Kreuzungen, welche auf dem von strömendem Regen durchweichten Boden die Truppe aufs Aeußerste ermüdeten und die Korps nur außerordentlich langsam vorwärts kommen ließen.

Das auf Mazerny (südlich der Eisenbahn Méziôres—Rethel) dirigirte 1. Korps hatte den Gegenbefehl zeitig genug erhalten, um noch von Voncq auf Le Chesne abzubiegen, wo es (auf das 12. Korps stoßend?) stehen blieb und somit in der neuen Richtung kaum ⁵/₄ Meilen vorwärts gekommen war.

Das auf Vendresse gerichtete 12. Korps hatte, um 3 Uhr morgens von den veränderten Anordnungen in Kenntniß gesetzt, sich von Le Chesne auf Stenay gewendet und gelangte bis La Besace, von wo aus es durch seine Kavallerie — an Stelle der bei Sommauthe

28. August (Franzosen).

(zwiſchen Beaumont und Buzancy) verbliebenen Kavallerie-Diviſion Margueritte — die Beobachtung gegen Beaumont übernahm.

Das 7. Korps war im Laufe des Vormittags von Vouziers nach Quatrechamps gerückt und daſelbſt vorläufig ſtehen geblieben*), bis daß es gegen 4 Uhr nachmittags auf höheren Befehl ſich (zur Unterſtützung des 5. Korps) wieder auf Boult aux Bois in Bewegung zu ſetzen hatte.

Das nach Poix (ſüdweſtlich Mézières) beſtimmte 5. Korps end= lich hatte (anſcheinend) die abändernden Befehle ſchon zeitig erhalten und ſich bereits in früher Morgenſtunde von Brieulles und Châtillon auf Harricourt (weſtlich Buzancy) und Boult aux Bois in Marſch ge= ſetzt, um an dieſen Punkten die große Straße nach Oſten wieder zu gewinnen.

Da dem General be Failly jedoch die Anweſenheit deutſcher Truppen aller Waffen jenſeits Buzancy gemeldet wurde, ließ er ſein Korps bei Bar—Malmaiſon und Briquenay (hinter dem Mühlbach) aufmarſchiren, erhielt aber nachmittags vom Oberkommando den Befehl, gefolgt von dem ihm unterſtellten 7. Korps, noch heute „ſoweit als möglich gegen die Maas vorzugehen".

(GſtW. I. 1005.) „Angeſichts der nahe gegenüberſtehenden deutſchen Streitkräfte, welche bereits begonnen hatten, die franzöſiſchen Lager zu beunruhigen, glaubte General be Failly nur auf dem Umwege über Sommauthe nach Stenay gelangen zu können und ſetzte nach= mittags 3 Uhr ſein Korps in dieſer Richtung in Bewegung." Am Abend bezog er mit demſelben Biwaks bei Belval und Bois des Dames (1 Meile nordöſtlich Buzancy), wohin ſich die anfangs bei Bar zur Deckung des Abmarſches ſtehen gebliebene Brigade Mauſſion in der Nacht heranzog.

Das Hauptquartier des Marſchall-Oberbefehlshabers befand ſich am 28. abends in Stonne, die Kavallerie-Diviſion Bonnemains bei Les petites Armoiſes zwiſchen Le Chesne und Stonne.

(Deutſche.) In Gemäßheit des „Armeebefehls von Clermont 27. Auguſt 7 Uhr abends" (ſ. 3 A.) hatten ſich die deutſchen Heertheile am 28. früh nordwärts in Bewegung geſetzt.

---

*) Wahrſcheinlich wohl, weil es auf ſeinem Marſche nach Le Chesne—Chagny bei erſterem Orte auf das 1. Korps geſtoßen wäre!

Seitens des Kronprinzen von Sachsen war angeordnet, daß die sächsische Kavallerie-Division (von Nouart) gegen Beaumont aufklären, die Garde-Kavallerie-Division (von Rémonville) gegen Buzancy vorgehen und diesen Ort besetzen solle. Beide Divisionen hatten die Fühlung untereinander und mit dem Feinde aufzunehmen, ohne denselben jedoch zu drängen.

Die 5. und 6. Kavallerie-Division wurde, vorbehaltlich der Befehle des Kronprinzen von Preußen (f. Armeebefehl), aufgefordert auch ihrerseits, ohne zu drängen, die rechte Flanke des Feindes zu begleiten und jedenfalls die Verbindung mit der Garde-Kavallerie aufzunehmen.

Auf und über die große Straße Vouziers—Buzancy—Nouart—Stenay fort kam es infolge der beiderseitigen Anordnungen zu vielfachen Berührungen mit dem Feinde (namentlich auch bei Buzancy f. oben), deren Endergebniß zunächst auf die Feststellung eines feindlichen Nordabmarsches hinauslief und erst gegen Abend auf den wieder aufgenommenen Ostmarsch der Franzosen schließen ließ.

Da man auf der ganzen Linie von Bar über Bois des Dames bis in die Gegend von Stenay auf feindliche Infanterie gestoßen war, bezog die Garde-Kavallerie (unter dem Schutze einer vorgeschobenen Kompagnie der Garde-Füsiliere) abends ein Lager bei Bayonville, indeß die sächsische Kavallerie-Division unter Wiederräumung von Nouart auf Andevanne zurückging.

„Das XII. Korps erwartete nach den im Laufe des Tages ihm zugegangenen Meldungen bei Dun und Stenay einen Angriff auf die Maas-Linie und hatte sich an beiden Orten zu hartnäckiger Vertheidigung eingerichtet. Die widersprechenden Nachrichten über das Verhalten des Feindes hielten namentlich die 48. Brigade bei Stenay in fortdauernder Spannung, bis man dort um 8 Uhr abends erfuhr, daß die Franzosen in der Gegend von Beaumont ein Lager bezogen hätten und abkochten. Doch blieben die sächsischen Truppen auch während der Nacht für alle Fälle in Bereitschaft". (GstW. I. 1010.)

„Das Garde- und IV. Armeekorps hatten die am 27. hergestellten Maas-Brücken wieder abgebrochen, ihre Brückentrains an sich gezogen und erreichten nachmittags ihre für den 28. August vorgesehenen Marschziele (bezw. Banthéville und Montfaucon). Das Oberkommando der Maas-Armee war in Malancourt verblieben". (GstW. I. 1011.)

„Der Kronprinz von Preußen hatte für den 28. August beabsichtigt, das vorderste (V.) preußische Korps bis Montcheutin vorzuschieben, während die 4. und 2. Kavallerie-Division ihre Bewegung auf Vouziers fortsetzen sollten. Als aber der abends zuvor erlassene Befehl aus dem großen Hauptquartier eintraf, welcher für den linken Flügel der Dritten Armee nur ein Vorrücken bis zum Tourbe-Flusse anordnete, wurden die bereits eingeleiteten Märsche entsprechend verkürzt, und nur die 4. Kavallerie-Division ging bis Vouziers vor."

Am Abend des 28. August standen hiernach:

die 2. Kavallerie-Division bei Suippe in der Verlängerung der Frontlinie der Dritten Armee;

das V. Korps hatte Berzieux, mit seiner Avantgarde Cernay a. d. Dormoise erreicht;

das XI. Korps stand bei Courtemont und Laval;

die württembergische Division bei Virginy zwischen beiden Korps;

das II. bayerische Korps hatte Vienne (die Ulanen-Brigade Binarville), das I. bayerische Korps Varennes erreicht;

das VI. Korps war nach St. Menehould nachgerückt, woselbst auch das Hauptquartier der Dritten Armee sich befand.

(Gst.W. I. 1012.) „Im großen Hauptquartier zu Clermont waren am 28. früh zunächst Berichte des Oberkommandos der Maas-Armee über das Reitergefecht bei Buzancy am 27. August (f. 3. A.), sowie über die bis zum 27. mittags reichenden Wahrnehmungen der 5. und 6. Kavallerie-Division eingelaufen.

Aus denselben ging hervor, daß der Feind Grandpré geräumt hatte und anscheinend auch aus der Gegend westlich Buzancy im Abmarsche nach Norden begriffen war.

Um 2½ Uhr nachmittags (des 28.) folgte die Meldung der 6. Kavallerie-Division, nach welcher sich am Morgen (dieses Tages) der Feind auch von Vouziers in nördlicher Richtung abgezogen hatte. Eine spätere Meldung der 5. Kavallerie-Division endlich bestätigte dies und enthielt zugleich die Mittheilung, daß Vouziers von den eigenen Truppen besetzt sei.

Auf Grund dieser Nachrichten wurde um 7 Uhr abends ein Befehl für den folgenden Tag erlassen, nach welchem (am 29.):

die Maas-Armee bis Nouart—Buzancy,

der linke Flügel der Dritten Armee auf Vouziers,

die bayerischen Korps auf Champigneulle und Grandpré (zur
etwaigen Unterstützung nach beiden Seiten hin)

vorrücken sollten.

Nach Abfertigung dieses Befehls liefen aber um 9 Uhr abends die
Meldungen der Garde-Kavallerie über die neueren Wahrnehmungen bei
Buzancy (s. oben) ein.

Da das Erscheinen französischer Truppen bei Harricourt (Bar)
und das Aufschlagen ausgedehnter Lager (s. oben) an der Straße von
Vouziers nach Buzancy nun mit Bestimmtheit wieder darauf schließen
ließ, daß der Gegner nicht in nördlicher Richtung ausgewichen war,
sondern seinen Vormarsch nach der Maas fortsetzte, so wurde
im großen Hauptquartier um 11 Uhr abends nachstehender Befehl
erlassen:

»Das Erscheinen des Feindes bei Buzancy deutet auf dessen
Absicht hin, Metz zu entsetzen. Es ist anzunehmen, daß hierzu
ein bis zwei Korps die Straße über Buzancy einschlagen,
während die übrigen Theile der Armee nördlich über Beaumont marschiren.

Um den Gegner nicht zum Angriff herauszufordern, ehe
von deutscher Seite hinreichende Kräfte vereinigt sind, wird es
dem Kronprinzen von Sachsen anheimgestellt, seine
drei Korps vorerst in einer Vertheidigungsstellung,
etwa zwischen Aincreville und Landres (südlich der Straße
Grandpré—Dun) frühzeitig zu versammeln. Die Beobachtung
der Maas-Linie von Dun bis Stenay liegt auch fernerhin
der dorthin abgezweigten (48.) Brigade ob.

Die bayerischen Korps (von Vienne und Varennes durch
den Befehl von 7 Uhr abends auf Champigneulle und Grandpré dirigirt) brechen um 5 Uhr morgens auf, das I. über
Fléville nach Sommerance, wo es um 10 Uhr einzutreffen
hat, das II. über Binarville und Corny nach St. Juvin.

Das V. Korps (von Berzieux—Cernay en Dormois) marschirt über Montcheutin nach Grandpré.

Ueber die anderen Korps der Dritten Armee hat das
Oberkommando derartig zu verfügen, daß sie nöthigenfalls am
30. zur Entscheidung herangezogen werden können.

Die Fortsetzung der Offensive gegen die Straße
Vouziers — Buzancy — Stenay bleibt vorbehalten,

eine alsbaldige Besitznahme derselben durch die Maas=
Armee aber nicht ausgeschlossen, falls Letzterer nur
schwächere Kräfte des Feindes gegenüberstehen sollten.

Seine Majestät der König werden sich um 9 Uhr vor=
mittags zunächst nach Varennes begeben.«"

29. August
(Franzosen).

(GstW. I. 1019). Im französischen Hauptquartier zu Stonne
war noch am 28. abends die Nachricht eingegangen, daß Stenay von
einem sächsischen Korps in Stärke von 15 000 Mann besetzt und die
dortige Maas=Brücke abgebrochen sei.

Da nun die Armee von Châlons keinen Brückentrain mit sich
führte und es überdies bekannt wurde, daß die Spitzen des deutschen
Heeres die Straße von Vouziers nach Stenay erreicht, zum Theil so=
gar schon überschritten hatten, so nahm der Marschall Mac Mahon
unter diesen Umständen von einer Fortsetzung des Marsches in Richtung
auf Stenay Abstand. Er gedachte nurmehr, nördlich ausbiegend,
die Maas=Uebergänge bei Mouzon und Remilly zu benutzen und sich
dann über Carignan den Weg nach Metz zu öffnen.

Den in diesem Sinne erlassenen Befehlen gemäß sollten am
29. August:

Das 1. Korps bei Raucourt, das 12. Korps bei Mouzon, das
7. bei La Besace und das 5. bei Beaumont eintreffen.

Der Marschall hoffte dann, im Laufe des folgenden Tages den
Maas=Uebergang mit der ganzen Armee bewerkstelligen zu können.

Die nördlich stehenden Theile derselben führten diese für den 29.
vorgeschriebenen Märsche auch aus. Das 1. Korps erreichte nach
einigem Aufenthalt durch das auf den Straßen von Le Chesne inein=
andergefahrene Fuhrwerk am Abend die Gegend von Raucourt. Die
Division Lartigue, welche die Arrieregarde bildete und eine Zeit lang
von deutscher Kavallerie begleitet worden war, traf aber erst in der
Nacht daselbst ein. Die Kavallerie=Division Bonnemains hatte
die nämliche Richtung eingeschlagen und befand sich am Abend gleichfalls
in der Nähe von Raucourt.

Das 12. Korps ging bei Mouzon auf das rechte Maas=Ufer
über und nahm Aufstellung an den nach Stenay und Carignan
führenden Straßen. Die Kavallerie=Division Margueritte be=
nutzte eine Furt weiter abwärts bei Villers devant Mouzon, ging dann
aber noch in südöstlicher Richtung bis Vaux und Moulins vor.

Die beiden Korps des rechten (südlichen) Flügels hatten dagegen angesichts der nahe in ihrer Flanke streifenden deutschen Kavallerie die befohlenen Bewegungen nicht mehr unbelästigt ausführen können.

Das 7. Korps, welches um 10 Uhr vormittags von Boult aux Bois aufgebrochen war, erhielt während des Marsches auf La Besace die Meldung, daß die Deutschen in der Stärke von 30 000 Mann bei Belval ständen. Wiewohl es sich bald herausstellte, daß die dort bemerkten Truppen dem Faillyschen Korps angehörten, und daß nur deutsche Schwadronen und Patrouillen den Flankenmarsch des 7. Korps begleiteten und beunruhigten, so wurde derselbe infolge aller dieser Umstände und durch das Anrücken des deutschen Gardekorps auf Buzancy dennoch derartig verzögert, daß General Douay sein Ziel La Besace am 29. nicht mehr zu erreichen vermochte, sondern mit seinem Korps am Nachmittage Biwaks bei St. Pierremont und Oches bezog. —

Der Kommandirende des 5. Korps endlich hatte den Befehl zum Marsch auf Beaumont gar nicht erhalten, da der mit seiner Ueberbringung beauftragte Offizier von der preußischen Garde-Kavallerie gefangen genommen war. General de Failly hatte daher sein Korps um 10 Uhr vormittags aus der Gegend von Belval und Bois des Dames in zwei Kolonnen auf Beaufort und Beauclair in Marsch gesetzt, um, einer früheren Verabredung zufolge, auf den genannten Punkten die Weisungen des Marschalls Mac Mahon zum Angriff auf Stenay zu erwarten.

Während dieser Bewegung wurde das Korps in ein ernsteres Gefecht mit der sächsischen Avantgarde verwickelt.

Das Oberkommando der Maas-Armee hatte am 28. August (Deutsche.) abends, unter dem Eindrucke der Nachrichten, welche einen Abmarsch der Franzosen aus der Gegend von Beaumont und Buzancy in westlicher Richtung annehmen ließen, vorläufige Anordnungen zu näherer Aufklärung jener Vermuthungen getroffen.

Danach sollte die Garde-Kavallerie-Division am 28. morgens das Gelände auf Le Chesne aufklären, die 12. Kavallerie-Division ihr in dieser Richtung folgen und eine Avantgarde des Gardekorps zur Stütze der Kavallerie morgens 7 Uhr eine Aufstellung bei Rémonville nehmen.

Um Mitternacht ging in Malancourt der erste Befehl des großen Hauptquartiers (s. oben) ein (wonach die Armee nach Nouart—Buzancy vorrücken sollte); da aber gleichzeitig neuere Meldungen aus der Gegend von Nouart und Buzancy die Voraussetzung, daß der Feind nach Westen oder Norden ausweiche, widerlegt hatten, so gedachte der Kronprinz von Sachsen, nunmehr zunächst das Ergebniß der angeordneten Rekognoszirungen abzuwarten, entschloß sich dann aber doch kurz darauf, seine drei Korps auf Buzancy—Nouart in Bewegung zu setzen. Als dann am 29. früh 4 Uhr der zweite Befehl des großen Hauptquartiers (zur vorläufigen Einnahme einer Defensivstellung) einlief, erließ der Kronprinz nachfolgende Anordnungen (GstW. I. 1015):

„Das Gardekorps läßt die nach Rémonville vorgeschobene Avantgarde zur Aufnahme der gegen Bar rekognoszirenden Garde-Kavallerie stehen, das Gros des Korps bleibt bei Banthéville in Bereitschaft.

Das XII. Korps überschreitet frühzeitig bei Dun die Maas und nimmt Aufstellung zwischen Cléry le Grand und Aincreville, die 12. Kavallerie-Division klärt unter dem Schutze einer nach Villers devant Dun vorzuschiebenden Avantgarde gegen Nouart auf. Da auch die Maas zwischen Stenay und Dun nur zu beobachten ist, so kann die 48. Brigade von Stenay stromaufwärts herangezogen werden.

Das IV. Korps rückt vorläufig bis in eine Aufstellung nördlich von Nantillois.

Die kommandirenden Generale versammeln sich um 8 Uhr früh auf der Höhe südlich Aincreville.“

Aus den Mittheilungen der versammelten Kommandirenden über die Ergebnisse der morgendlichen Rekognoszirungen schlußfolgerte der Kronprinz von Sachsen dann aber doch wieder, daß eine, ja auch nicht im Widerspruche mit den letzten Anordnungen des großen Hauptquartiers stehende Vorrückung der Armee bis zur Straße Buzancy—Stenay angezeigt erscheine, und ordnete infolgedessen nunmehr an, daß

die Garde-Kavallerie-Division über Boult aux Bois und Authe gegen die Straße von Le Chesne nach Beaumont, die sächsische Kavallerie-Division über Nouart und Oches gegen diese Straße vorgehen solle;

die 1. Garde-Infanterie-Division mit Korpsartillerie sollte auf Buzancy, die 2. Garde-Infanterie-Division auf Thénorgues gehen;

vom XII. Korps hatte die Avantgarde der 12. Kavallerie-Division zu folgen, das Gros Nouart zu besetzen;

das IV. Korps endlich sollte nach Rémonville und Bayonville folgen, nach welch letzterem Orte sich dann auch das Oberkommando der Armee begab.

„Es wurde hierbei nochmals hervorgehoben, daß alle diese Bewegungen nur eine **Aufklärung** der Verhältnisse des Gegners bezweckten, während der eigentliche **Angriff** erst für den folgenden Tag in der Absicht der obersten Heeresleitung liege!"

Die beiden Garde-Infanterie-Divisionen erreichten um die Mittagsstunde unbeanstandet ihre Marschziele, die vorausgehende Kavallerie nahm den mit dem Befehl des Marschalls Mac Mahon an das 5. Korps beauftragten Generalstabsoffizier gefangen (s. oben), aus dessen Papieren man den Wortlaut der vom französischen Feldherrn für den 29. getroffenen Anordnungen entnahm.

Nachmittags zwischen 1 und 2 Uhr sah man aus den Biwaks der Garde deutlich auf die Entfernung einer halben Meile das von Boult aux Bois in nordöstlicher Richtung abmarschirte französische 7. Korps (s. oben) vorüberziehen, (dessen Verbleib bei St. Pierremont abends von der begleitenden preußischen Kavallerie gemeldet wurde).

Eingedenk der Absichten des Oberkommandos, heute noch keinen Angriff zu unternehmen, verzichtete der Prinz August von Württemberg auch mit deshalb auf jegliche Unternehmung, diesen Abmarsch zu stören, weil man seit einiger Zeit Kanonendonner aus der Gegend von Nouart hörte.

Auf eine Anfrage des kommandirenden Generals des Gardekorps an den (in der Nähe befindlichen) Kronprinzen von Sachsen erfolgte die bestimmte Antwort:

Gefecht von Nouart.

„es handele sich für heute lediglich, die Stellungen bei Bar und Buzancy zu behaupten, und die Kavallerie habe nur die Aufgabe, die Fühlung mit dem Feinde, sollte dieser abziehen, nicht zu verlieren. Auch liege es nicht in der Absicht, das Gardekorps in das Gefecht von Nouart eingreifen zu lassen, so lange letzteres nicht eine größere Ausdehnung annähme".

So wurde denn nachmittags nur die 1. Garde-Kavallerie-Brigade zur Aufnahme der Verbindung mit den Sachsen auf Nouart

entſendet, deren Vorgehen über Foſſé jedoch durch feindliche Infanterie
verhindert.

Inzwiſchen war die um 8 Uhr früh hinter der auf Nouart und
Oches vorgehenden 12. Kavallerie-Diviſion her, von Villers devant
Dun aufgebrochene ſächſiſche Avantgarde (46. Brigade, 4 Schwa-
dronen, 2 Batterien) gegen Mittag nördlich Nouart auf die ſüdliche
Kolonne des franzöſiſchen 5. Korps (Kavallerie-Diviſion Brahaut und
Infanterie-Diviſion Lespart) geſtoßen (ſ. oben).

(Woide. II. 201.) „Mit Rückſicht auf das Erſcheinen deutſcher
Truppen, die ſeinen Marſchweg durch eine nahe Flankenſtellung ſperrten,
ſtellte General de Failly den Weitermarſch auf Beauclair ein und
brachte die Diviſion Lespart mit der Front nach Süden gegen Nouart
in Stellung.

Der kommandirende General des XII. Korps, Prinz Georg von
Sachſen, ließ zur Erkundung der Stärke des Gegners ein Regiment
gegen die franzöſiſche Stellung vorgehen. Daraus entſpann ſich ein
Gefecht, während deſſen man auf ſächſiſcher Seite die Ueberzeugung
gewann, daß man es mit einer bedeutenden Truppenabtheilung zu
thun habe.

Da inzwiſchen der Prinz Georg die Nachricht erhalten, daß ſich
ſtärkere franzöſiſche Kräfte auch in ſeiner rechten Flanke bei Beauclair
zeigten, ertheilte er, theils aus dieſem Grunde, theils aber auch, weil
er eine Fortſetzung des Angriffs nach genügender Erkundung der feindlichen Stärke für nicht mehr erforderlich hielt, um 3 Uhr nachmittags
den Befehl, den Kampf einzuſtellen, obwohl um dieſe Zeit auch der Reſt
des Korps ſchon herangerückt war.“

General de Failly hatte ſeinerſeits während des Gefechts den
erneuten Befehl des Marſchalls Mac Mahon zum Abmarſch auf
Beaumont erhalten. Unter dem Schutze einer gegen Nouart ſtehen-
bleibenden Arrieregarde bog er mit ſeinem Korps gegen Norden ab und
erreichte ſein Marſchziel im Laufe der Nacht. Die um 8 Uhr abends
folgende Arrieregarde rückte, in der Dunkelheit und bei den ſchlechten
Wegen nur langſam vorwärts kommend, erſt um 4 Uhr früh (8 Stunden
auf 10 km!) beim Korps wieder ein.

Unter dem Schutze eines von Montigny über Beaufort bis in die
Gegend zwiſchen Nouart und Champy reichenden Vorpoſtenbogens
bivakirte das XII. Armeekorps in der Nacht zum 30. Auguſt mit
den drei Infanterie-Brigaden Nr. 45, 46, 47 zwiſchen Nouart und

Tailly, der Kavallerie-Division rechts rückwärts bei Les Tuileries. Die von Stenay auf Dun zurückgezogene 48. Brigade stand bei Villers devant Dun.

Gegen Abend wurde die Verbindung mit den bei Stenay verbliebenen drei Schwadronen 2. Reiter-Regiments wieder hergestellt, denen sich das seit dem 25. August die belgisch-luxemburgische Grenze beobachtende Zietensche Husaren-Regiment der Cernirungs-Armee von Metz angeschlossen hatte.

Die von Stenay gegen Westen und Norden von dieser Kavallerie vorgetriebenen Patrouillen waren am Abend bei Beaumont und Inor (Division Margueritte!) auf den Feind gestoßen.

Während die Maas-Armee in der geschilderten Weise sich im Laufe *(Deutsche.)* des 29. August in den Besitz der Straße Vouziers—Buzancy—Nouart —Stenay gesetzt, hatte die Kavallerie der Dritten Armee mit ihren Spitzen bereits bis zur Straße Le Chesne—Reims ausgegriffen, war die Infanterie dieser Armee bis auf einen halben Tagemarsch rückwärts nachgerückt.

Von den bayerischen Korps hatte das I. Sommerance, das II. nach beschwerlichem Marsche die Gegend von Cernay (linkes Aire-Ufer Fléville gegenüber), bezüglich 1½ und 2 Meilen südlich Buzancy erreicht.

Das V. Korps hatte mit seiner Avantgarde Béffu (1 Meile südwestlich Buzancy) besetzt und stand mit dem Gros bei Grandpré, wohin auch die Württembergische Division nachgerückt war.

Das XI. Korps war bis Monthois und St. Morel gelangt und ließ in seiner rechten Flanke für den Abmarsch nach Osten Brücken in der Linie Olizy—Falaise über die Aire schlagen.

Das von St. Menehould auf Varennes in Bewegung gesetzte VI. Korps endlich hatte während seines beschwerlichen Marsches über die Argonnen unmittelbar aus dem großen Hauptquartier den Befehl zum Abbiegen auf Vienne erhalten, von wo es seine Avantgarde nach Condé les Autry vorschob.

Das Oberkommando der Dritten Armee war nach Senuc verlegt.

Von den Kavallerie-Divisionen der Dritten Armee war die 4. bei Vouziers verblieben, die 2. bis Gratreuil und Gegend herangelangt; eine aus der Gegend von Reims zurückgekehrte Offizierpatrouille wollte westlich der Stadt „zahlreiche französische Streitkräfte" beobachtet haben, eine Nachricht, welche durch (übrigens sichtlich übertriebene) Aussagen von Landeseinwohnern bestätigt wurde. (Thatsächlich: Spitze des 13. Korps.)

Hinter der 4. Kavallerie=Division fort hatte sich die dem Kronprinzen von Preußen neu zugewiesene 5. Kavallerie=Division auf Attigny gegen die feindliche Rückzugslinie gewendet und die Bahn Rethel —Mézières bei Faux zerstört.

Die 6. Kavallerie=Division war von Vouziers aus nördlich und nordöstlich vorgegangen und hatte den Abmarsch der französischen Truppen von Voncq, Quatrechamps und Boult aux Bois in seinem Weitermarsche begleitet.

Das Hauptquartier Seiner Majestät war am 29. nach Grandpré verlegt worden, wo im Laufe des Tages von verschiedenen Seiten wichtige Meldungen einliefen, deren Gesammtinhalt es unzweifelhaft machte, daß sich die Armee von Châlons in nordöstlicher Richtung gegen die Maas bewege.

Da dieselbe nun augenblicklich mit ihren Hauptkräften zwischen Le Chesne und Beaumont, mit starken Arrieregarden aber noch weiter südlich zu stehen schien, so beschloß Seine Majestät der König, am folgenden Tage mit beiden deutschen Armeen gegen jene Linie vorzugehen und den Gegner anzugreifen, bevor derselbe die Maas erreichte.

Unter Mittheilung dieser Auffassungen und Absichten erging am 29. abends 11 Uhr ein Befehl an beide Oberkommandos, durch welchen für den 30. August:

(GstW. I. 1032.) „die Maas=Armee angewiesen wurde, in dem Raume östlich der großen Straße von Buzancy gegen Beaumont vorzurücken und um 10 Uhr vormittags die Linie Fossé—Beauclair zu überschreiten.

Das Gardekorps hatte bis 8 Uhr morgens jene Straße zu räumen und vorläufig in Reserve zu treten.

Die Dritte Armee sollte frühzeitig aufbrechen und bereit sein, mit zwei Korps den Angriff des Kronprinzen von Sachsen zu unterstützen. Hierzu wurde ihrem rechten Flügel die Richtung über Buzancy auf Beaumont gegeben, dem linken Flügel aber zunächst noch die auf Le Chesne vorgeschrieben."

Der Befehl schloß mit der Benachrichtigung, daß Seine Majestät sich am 30. vormittags 10 Uhr von Grandpré nach Buzancy begeben werde.

B. Betrachtungen.

I. Es wird kaum eines besonderen Hinweises darauf bedürfen, in wie feste Hand seit dem 27. August abends die „deutschen Opera= tionen" wieder genommen erscheinen, nachdem die nothgedrungenerweise mehr tastenden Tage des 26. und 27. glücklich überwunden waren, von denen wir in unserer früheren Betrachtung gesagt, daß die Kavallerie der Maas=Armee sie der deutschen Heeresleitung füglich hätte ersparen können.

Im schroffsten Gegensatze dazu steht gerade in diesen Tagen des 28. und 29. August, freilich theilweise ohne Schuld des Feld= herrn, das schwankende und widerspruchsvolle Auftreten der fran= zösischen obersten Heerführung, deren Entschlüsse von einem den Er= eignissen fern abstehenden „Oberkriegsrathe" beeinflußt werden, der doch nicht gewillt erscheint, die Verantwortung für die Durch= führung seiner „Forderungen" zu übernehmen.

Man wird nicht zweifeln dürfen, daß von den „Wortführern in Paris", im Ministerium wie in der Nationalversammlung, wohl jeder Einzelne eine eindringliche Rede über die Verderblichkeit solcher Beeinflussung des Feldherrn vom grünen Tische her hätte halten können: „nur für dies eine Mal" wäre für ihn natürlich „die Ausnahme gerechtfertigt" gewesen!

Es ist nützlich, darauf aufmerksam zu machen, daß dergleichen Er= scheinungen im „Leben der Völker" nicht nur „ganz vereinzelt" auftreten! —

Mit dem Schwanken der Entschlüsse der Führung wächst sichtlich in dem französischen Heere auch die Lockerung des an sich schon nicht sehr festen Verbandes, erlahmt in der Truppe der gute Wille und bei den (selbst höheren) Kommandeuren die freudige Pflichterfüllung.

Vom General bis zum gemeinen Soldaten tritt apathische Passivität an die Stelle der persönlichen Initiative, welche „in guten Tagen" die französische Truppe ganz ausdrücklich als ihren „natürlichen Vorzug" in Anspruch zu nehmen liebt!

Wenn wir sehen, wie im Laufe des 28. und 29. August kein französischer Korpskommandeur mehr sich um den Andern kümmert, Jeder in jeder vor seiner Front erscheinenden feindlichen Schwadron nur seine eigene Gefahr sieht, der unbekümmert um das Ganze sich zu entziehen sein einziges Streben bleibt, und dergleichen mehr, so sind

10*

das Anzeichen einer moralischen Schwäche, die sich doch nur zum Theil aus der „verfehlten Friedensschule" (vergl. Woide) erklären lassen und nur das Erstaunen darüber wachrufen, was trotzdem diese Armee noch „auf dem Schlachtfelde" geleistet hat!

So war es sicherlich nicht nur unter dem „theoretisch=strategisch= operativen", sondern erst recht unter dem „praktisch=taktisch= psychologischen" Gesichtspunkte betrachtet, der unverantwortlichste Fehler der französischen Heeresleitung, daß sie, statt den vor ihren sichtlichen Augen immer mehr an Haltbarkeit einbüßenden Faden der „Operation Bazaine entgegen" durch den „Einsatz der taktischen Aktion" in einem dem Gegner offenbar noch nicht genehmen Zeit= punkte abzureißen, immer wieder nur den Versuch gemacht hat, ihn noch neue 24 Stunden fortzuspinnen!

Wie bekanntlich allein die Taktik der „Waffenentscheidung" in letzter Instanz auch den bestkombinirten strategischen Entwurf nur zum geplanten Endziel hinauszuführen vermag, so umgekehrt ist es nicht selten dem „Appell an die Gewalt der Waffen" gegeben ge= wesen, aus anscheinend verzweifelter strategischer Lage zu be= freien.

Wo dergleichen aber geschehen, da war es auch immer nur die taktische Offensive, niemals die „aus der strategischen Defensive sich selbstthätig entwickelnde taktische Defensive", welche dergleichen ermöglicht, dafür aber auch ihre „eigene Schlachtdisposition" ver= langt hat!

Die „strategische Kombination" steht zunächst immer unter dem Einflusse des richtig rechnenden Verstandes und selbst, wo sie in Bewunderung erweckender Kühnheit auftritt, würde die Vernach= lässigung der „feststehenden Faktoren von Raum und Zeit" sie nur zum — Abenteuer machen und hat es immer wieder gethan.

Die „taktische Aktion" aber folgt in erster Linie erfahrungsmäßig den „unberechenbaren Faktoren" des Gemüthes („Muthes" in seinen verschiedenen Erscheinungsformen) und nur wo sie in blindem Eifer von den auch für sie geltenden Naturgesetzen von Zeit und Raum im Kampfe — bewußter= oder unbewußterweise — sich lossagt, wird sie zum reinen — Glücksspiel, das dann dem Ver= lierenden auch nicht den „verdienten Spott" zu ersparen pflegt.

Wo die Dinge im ruhigen Geleise einer beiderseits methodischen Kriegführung verlaufen, entwickelt sich — auch bei Feldherren ersten

Ranges! — die „Aktion" meist auf logischem (barum aber noch keineswegs „selbstthätigem"!) Wege aus der „Operation", und die Ueber= legenheit im geistigen Ringkampfe der beiderseitigen Feldherren macht sich infolgedessen meist auf dem „strategischen" Felde früher als auf dem „taktischen" geltend! Die „Schlacht" ist dann oft schon (strategisch) verloren, noch ehe sie (taktisch) begonnen hat!

Die Folgerichtigkeit solcher „Züge" hat — gerade mit Vorliebe den Operationen großer Feldherren gegenüber — in ihrem „berechneten Verlaufe" bekanntlich bei Laien schon oft die Vorstellung vom „Kriege als einem Schachspiel" erzeugt, in welchem der Feldherr seinen Gegner mit mathematischer Sicherheit in die von ihm gewollte „Partie" zu zwingen habe, um endlich das Spiel zu gewinnen.

Dem gegenüber aber schreitet der „wirkliche Krieg" statt in gesetz= mäßigen Schritten leicht auch in ungebundenen Sprüngen vorwärts, die dann vom gegnerischen Feldherrn und seiner „Strategie" nicht sowohl das „Festhalten an einer bestimmten (unfehlbaren) Methode (s. Militär=Wochenblatt 1896, Beiheft 4, und 1. B. V.), als vielmehr die Fähigkeit der „spontanen Anpassung an die wechselnden Be= gebenheiten" (s. Kriegsgeschichtliche Einzelschriften Nr. 13) heischen.

Je mehr selbstverständlich der an sich — sei es persönlich, sei es „den Umständen nach" — zur Zeit strategisch überlegene Feldherr wünschen wird, seine „Operationen" räumlich und zeitlich erst dann zu entscheidendem Abschlusse hinauszuführen, wenn er „die Schlacht unter für ihn günstigsten taktischen oder strategischen Bedingungen schlagen" kann;

desto mehr liegt es offenbar im Interesse des strategisch ungün= stiger gestellten Heeres, die ruhige Entwickelung der Dinge in diesem Sinne nicht abzuwarten, und zu dem Ende dem feindlicherseits geplanten Anschlusse der „Aktion an die Operation" überall da womöglich räumlich und zeitlich zuvorzukommen, wo von der „fort= gesetzten eigenen Operation" keine Besserung der Lage zu erwarten ist!

Es ist das dann von dieser schwächeren Seite „der Rekurs an die Waffenentscheidung", der nach Clausewitz nicht (mindestens nicht immer leicht!) „vom Gegner verweigert werden kann", und der dem feindlichen Feldherrn um so ungelegener kommen wird, je tiefer er sich in die (behauptetermaßen) „heutzutage allein noch anwendbare strategische Methode des Getrenntmarschirens zum Zweck des ver=

einigten Schlagens" eingelassen hatte, statt in der „Strategie" nur das (allein Moltkesche) „System der Aushülfen" zu sehen.

Um aber auch unsererseits solches „Operationsverfahren" in ein volksthümliches Schlagwort zusammenzufassen, möchten wir sagen, äußerstenfalls immer noch „lieber ein Ende mit Schrecken, als Schrecken ohne Ende", wie sie den unglücklichen Korps der „Armee von Châlons" auf der Halbinsel von Iges vorbehalten waren.

II. Wir haben schon in unserer früheren Betrachtung (3. B. VI. und VII.) hervorgehoben, daß der Marschall Mac Mahon sich am 27. bezw. 28. August die günstige Gelegenheit habe entgehen lassen, in einem für ihn durchaus vortheilhaften, für den Gegner aber höchst ungünstigen Augenblicke die mögliche taktische Aktion an die Stelle der weiteren strategischen Operation zu setzen.

Was bei Buzancy und Dun an jenen Tagen vielleicht noch zu einem wirklichen Erfolge („zu rechter Zeit am rechten Fleck") sich hätte herausarbeiten können, würde, am 29. bei Stenay unternommen, mindestens immer noch zu einem nicht zu unterschätzenden Gewinn haben führen können.

Traf auch der von zwei vollen Armeekorps (12. und 1.) durchzuführende „geplante Offensivstoß auf Stenay" an diesem Tage nur auf eine — dazu schon zurückbefehligte — sächsische Brigade, kam es somit gar nicht einmal zu einem so zu nennenden „Gefecht" und folglich auch zu keinem Sieg, so hätte doch schon nur dieser „taktische Ansatz" genügt, der halben „Armee von Châlons" den so lange erstrebten „Maas-Uebergang" zu öffnen.

Je weiter am 29. August der Kronprinz von Sachsen sich inzwischen mit der gesammten „Maas-Armee" nordwärts gegen Stenay vorbewegt gehabt hätte, desto schwieriger wäre es für ihn geworden, sich den beiden übergegangenen französischen Korps noch rechtzeitig durch einen Rückmarsch über Dun vorzulegen.

War der Prinz jedoch (in Ausführung der Moltkeschen Direktiven) westlich Dun in Erwartung eines möglichen feindlichen Vorstoßes stehen geblieben und infolgedessen vielleicht in der Lage, noch am 29. abends den Uebergang auf das rechte Maas-Ufer zu beginnen, so konnte noch in der Nacht zum und am 30. August auch die andere Hälfte der „Armee von Châlons" (5. und 7. Korps) der ersten Hälfte unbeanstandet folgen (s. auch V. später).

In den sich jetzt ja unausbleiblicherweise entwickelnden Kämpfen auf dem rechten Maas-Ufer am 30. und 31. August hätte aber wiederum die „Maas-Armee" der „Armee von Châlons" allein gegen= übergestanden und weder auf die Unterstützung der am 29. abends noch drei Meilen von der (bei der Ueberfüllung der Brücken von Dun durch drei preußische Korps allein benutzbaren) Brücke von Consenvoye ent= fernt stehenden bayerischen, noch auf die Hülfe der an diesem Tage bereits wieder im Rückmarsche auf Metz begriffenen zwei Korps der Cernirungs-Armee rechnen können.

Und wiederum wäre auch von einem rechtzeitigen Eingreifen der Dritten Armee in diese Entscheidung hier erst recht keine Rede ge= wesen! —

Mehr vielleicht als die (später zu berührenden) Woideschen Be= denken rechtfertigen diese Ueberlegungen die Zweifel an der Richtigkeit der Entschlüsse des Kronprinzen von Sachsen, als er sich — trotz des Armeebefehls vom 28. 11 Uhr abends — gegen Nouart in Be= wegung gesetzt hat.

Schon hier aber darf man einwenden, daß solche Offensive doch möglicherweise mindestens die beiden französischen Korps 5. und 7. an einem Abmarsche über Stenay verhindert, und so die feindliche „Operation Bazaine entgegen" leicht nur auf die Korps 1. und 12. beschränkt, ihrer Gefährlichkeit damit die Spitze abgebrochen hätte!

Im einen wie im anderen Falle hätte abermals die Endentscheidung nicht sowohl von dem operativen Verfahren vor dem Gefecht, als vielmehr lediglich von der taktischen Führung in der Schlacht abgehangen, die dieses Mal leicht auf deutscher Seite die Mängel einer noch bedeutenderen numerischen Minderzahl auszugleichen gehabt hätte, wie bei Montfaucon!

Wenn wir uns fragen, warum der Marschall Mac Mahon sich auch diese zweite Gelegenheit hat entwischen lassen, möglicherweise den „Forderungen seiner Auftragsteller" — wenn freilich auch kaum dem „Grundgedanken seiner Aufgabe" — gerecht werden zu können, so werden wir aber darauf antworten müssen, weil er kein gottbegnadeter Feldherr war, der es verstanden hätte, „die Strategie der Aus= hülfen" in die „spontane Ausnutzung sich bietender Verhältnisse" zu über= tragen! —

Vielleicht aber doch hätten diese „Verhältnisse" ihm noch im letzten Moment die „zweckentsprechenden Mittel" nahe gelegt, wenn er ihnen

nicht auch noch — persönlich so fern geblieben wäre, als das thatsächlich der Fall gewesen zu sein scheint.

Der Marschall litt unter den Einflüssen des „grünen Tisches";
er selbst aber hat offenbar auch nur vom „grünen Tische aus" geleitet.

Wir haben bereits in unseren früheren Betrachtungen die persönliche Anwesenheit des französischen Feldherrn am 27. August bei Longwé
vermißt; wenn der Marschall am 28. so lange in seinem Hauptquartier
Le Chesne geblieben wäre, als er noch an dem Gedanken eines Nordabmarsches festhielt, so würde dagegen kein Bedenken vorliegen.

Nachdem aber einmal der Entschluß zur Wiederaufnahme des Abmarsches auf Stenay gefaßt war, gehörte die oberste Leitung dahin,
von wo solcher Absicht die Hauptgefahr drohte und von wo allein
die nöthigen Anordnungen rechtzeitig zu treffen gewesen wären: das
war zum 5. Korps in die Gegend bei Buzancy.

Als von deutscher Seite zum 30. früh die entscheidende Bewegung
auf Beaumont geplant war, hat der greise König Wilhelm nicht
angestanden, sich von ihrem Anbeginn an über Buzancy in erste Linie
zu begeben!

Wir haben gesehen, daß trotz manigfacher Friktionen, welche
durch den „Gegenbefehl vom 28. früh morgens" in den französischen
Reihen entstanden waren und entstehen mußten, die Bewegungen der
Korps zweiter Linie (12. und 1.) wenn auch vielleicht nicht ganz
nach Wunsch, so doch immerhin noch glatt genug verlaufen sind.

Die Reibungen aber, die bei den Korps der Südkolonne sich
angesichts ihrer Berührung mit dem Feinde und mangels einer entsprechenden Oberleitung eingestellt haben, tragen zweifellos die größte
Schuld daran, daß der Marschall nun auch wieder auf seinen „Plan"
der Erzwingung des Maas-Ueberganges bei Stenay am 29. früh verzichten zu müssen geglaubt hat.

Nahm dagegen selbst erst am Nachmittage des 28. das Armee-
Oberkommando die einheitliche Leitung dieser beiden Korps in die Hand,
so konnte füglich noch im Laufe dieses Tages — bei der offenbar ab-
wartenden Haltung des Feindes (s. A.) — unter dem Schutze des
(thatsächlich durchgeführten) Linksabmarsches des 5. Korps von $\frac{Harricourt}{Bar}$

auf  $\frac{Belval}{Bois\ des\ Dames}$ z. B.

das 7. Korps (von Boult aux Bois oder selbst Quatrechamps) auf Sommauthe zurückgenommen, und

das 1. Korps (von Le Chesne) nach Stonne herangeführt werden. Wurde dann am 29. mit Tagesanbruch, unter dem Schutze einer sich östlich über Beaufort bis Wiseppe erstreckenden „Arrieregarden=stellung" des 5. Korps:

das 12. Korps (von La Besace) über Létanne auf das rechte Maas=Ufer übergeführt,

das 1. Korps (von Stonne) auf der großen Straße gegen Stenay in Bewegung gesetzt, und

das 7. Korps (von Sommauthe) allmählich zur Verlängerung des 5. gegen Norden in die Waldungen südwestlich Beaumont zurückgeschwenkt, so konnten am 30. früh das 1. und 12. Korps aus einer Stellung Mouzay—Wald von Weore den Uebergang der beiden Arrieregarden=korps (bei Létanne und Stenay) decken, und

am 31. die „Armee von Chalons" zwischen Maas und Loison zur Schlacht gegen die am 30. bei Dun (kaum vollzählig!) über die Maas zurückgeführte „Armee des Kronprinzen von Sachsen" bereit stehen, deren nächste Unterstützung (die Bayern) höchstens an diesem Tage früh erst ihren Uebergang über den Fluß, zwei Meilen südlich (bei Consenvoye) zu beginnen vermocht hätten.

Was aber so durch die rechtzeitige Anwesenheit des Oberfeld=herrn am richtigen Fleck in diesen Tagen hätte geplant werden können, würde freilich noch zu seiner Durchführung der technischen Mitwirkung des französischen Generalstabes bedurft haben, der aber in dieser Zeit sich auch seinerseits offenbar nicht auf der Höhe seiner Aufgabe erwiesen hat!

Wieder aber doch münden alle diese Ueberlegungen und Betrachtungen immer nur auf das eine Endergebniß hinaus, daß lediglich die Aktion — und zwar auch nur in der Form einer Offensivschlacht — den Marschall Mac Mahon aus der Sackgasse hätte erlösen können, in welche er durch seine Operation hineingerathen bezw. hineinbefohlen worden war.

Der Marschall=Oberbefehlshaber hat das nicht gewußt oder nicht daran geglaubt, und so war es denn nur die logische Folge seines „Operationsverfahrens", daß er schließlich auch „taktisch" das Gesetz vom Gegner hat annehmen müssen!

III. Den Franzosen dieses Gesetz vorzuschreiben, hat General v. Moltke offenbar schon zum 30. August erhofft gehabt, und in diesem Sinne die „Operationen" seit dem 27. so zu leiten sich bestrebt, daß im entscheidenden Augenblick, an entscheidender Stelle ihm die Kraftüberlegenheit nicht fehle! (s. 2. B. XV.)

Unter diesem Gesichtspunkte ist es in hohem Grade lehrreich, die vom großen Hauptquartier im Verlaufe dieser Tage fast durchweg selbst in die Hand genommene Dirigirung der beiden bayerischen Korps zu verfolgen, über welche gewissermaßen als über ein „Ausgleichs- gewicht" verfügt worden ist.

Als man sich im deutschen großen Hauptquartier in der Nacht vom 25. zum 26. entschlossen hatte, dem jetzt nicht mehr zweifelhaften Ostmarsche der französischen Armee mit der Maas-Armee sich vorzulegen, und zu diesem Ende die Verstärkung des Kronprinzen von Sachsen un- erläßlich geworden war, boten sich für diesen Zweck die beiden (zufällig) auf dem rechten Flügel der Dritten Armee hintereinander ein- getheilten bayerischen Korps als das nächstliegende Mittel dar.

Ihre Instradirung nach Triaucourt—Erize am 26. und nach Dombasle—Nixéville am 27. August in nordöstlicher Richtung hinter den rechten Flügel der Maas-Armee während die drei preußischen Korps der Dritten Armee an ersterem Tage nur die Front gegen Nordwesten und erst am 27. gegen Norden nehmen, versetzt nun aber offenbar die Bayern einfach aus dem Verbande dieser Dritten Armee in den der Maas-Armee.

In der Anstandslosigkeit, mit welcher General v. Moltke zu dieser Kraftverschiebung greift, erblicken wir einen neuen Beweis für unsere bereits früher (s. Kriegslehren, 3. Heft) entwickelte Ansicht, daß man es in den „Armeeverbänden" nicht mit einer organischen, sondern nur mit einer „zeitweiligen Nützlichkeitszwecken dienen- den Truppeneinheit" zu thun hat!

Wie wir in den Betrachtungen über die „Schlacht von Gravelotte— St. Privat" es für angezeigt erachtet haben, wenn man für die an diesem Tage verfolgten taktischen Ziele die Unterstellung der „Armee- korpsglieder" unter die „Oberkommandos der Ersten und Zweiten Armee" nach augenblicklichem Bedarf der „Sachlage" anders wie seither geregelt hätte, so sehen wir hier solche Verschiebung thatsächlich da angewendet, wo die strategische Sachlage sie erheischt.

In späteren „Abschnitten des Krieges" werden wir diese Erscheinungen (z. B. in der Aufstellung der „Loire-" und „Nord=Armee") sich wieder= holen sehen; es ist aber vielleicht nicht ganz unnöthig, ausdrücklich auf den Unterschied hinzuweisen, der sich in dieser „Bildung vorüber= gehender Verbände" als Gegensatz zu den „friedensorganisatorisch feststehenden Einheiten" darstellt, weil erfahrungsmäßig leicht die „Abtrennung" von solchen Einheiten aus der seitherigen Befehlsbefugniß von dieser Stelle als eine „Beeinträchtigung" oder dergleichen empfunden wird.

Nicht immer liegen die Gründe für eine solche „anderweitige Gruppirung der Kräfte" so klar zu Tage, wie hier im vorliegenden Falle, und leicht entsteht, namentlich auch an untergebener Stelle, dann eine gewisse Unsicherheit, wenn sich ein „Truppentheil" nur zu einer anderen „Befehlsbehörde" abdetachirt, nicht zu derselben versetzt betrachtet.

Angesichts solcher Nothwendigkeit empfiehlt es sich, die persön= lichen, disziplinären und wirthschaftlichen Beziehungen der „organisatorischen Einheiten" zu diesen „transitorischen Behörden" nur so weit reichen zu lassen, daß eine „Ausschaltung" sich jeden Augenblick ohne Reibungen vollziehen kann.

Was aber hier in „großen Verhältnissen" in Betreff der Stellung der „Armeekorps" zu den „Armee=Oberkommanden", das gilt in sinn= gemäßer Anwendung in „kleineren Verhältnissen" auch in Bezug auf die Stellung der „Divisionen zu den Armeekommanden", deren Befehls= zusammenfassung sich nicht immer im Anschlusse an die „Korps= verbände" wird durchführen lassen.

Es schlägt diese ganze Betrachtung zweifellos in das Gebiet der von Clausewitz in seinem „Fünften Buche, über die Streit= kräfte" ausführlicher behandelten Fragen, aus dem man bekanntlich mit Vorliebe auch nur den Satz als „Schlagwort" citirt, daß es „nichts Ungeschickteres gebe, als eine Armee (!), die in drei Theile getheilt ist, es sei denn eine, die gar nur in zwei getheilt wäre!", ein Ausspruch, der — unbekümmert darum, daß Clausewitz ausdrücklich nur von „Armeen" spricht — oft dazu herhalten muß, die „Zweitheilung unserer Armeekorps, Divisionen und Brigaden" anzugreifen!

Selbstverständlich würde uns hier ein näheres Eingehen auf diese „Streitfragen" zu weit führen, und wir kehren deshalb nach dieser kurzen Abschweifung in das Gebiet der „Eintheilung der Streitkräfte" zu ihrer „operativen Verwendung" zurück.

Am 28. August sehen wir die beiden bayerischen Korps schon wieder aus ihrem Verhältniß hinter dem rechten Flügel der Maas-Armee durch unmittelbaren Befehl des großen Hauptquartiers in das Verhältniß einer linksrückwärtigen Ueberflügelung zu dieser Armee westlich hinübergeschoben und damit dieselben (bei Vienne und Varennes) gewissermaßen ein selbständiges Mittel- bezw. Verbindungsglied zwischen den „getrennten" Armeen der beiden Kronprinzen bilden.

Als dann aber endlich am 29. General v. Moltke die beiden kronprinzlichen „Armeen" in enger Fühlung nebeneinander „vor der geplanten Schlacht versammelt" hat, läßt er die bayerischen Korps in erneut nordöstlicher Richtung als „Generalreserve" hinter das Centrum rücken.

Wie aber über die ursprünglich doch zur Dritten Armee „gehörigen" bayerischen, so verfügt das große Hauptquartier in diesen Tagen, je nach Umständen, auch ohne Weiteres direkt über andere Theile (VI. Korps, 5. und 6. Kavallerie-Division) dieser wie der Maas-Armee und beweist auch damit, daß es diese „Verbände" nicht als „selbständig abgeschlossene Einheiten" betrachtet, in deren Befehlsbefugnisse eingreifen zu müssen, nur — „den Nachweis begangener eigener Fehler" liefern soll!

IV. Während sich durch die französischen Operationen vom ersten Tage der Berührung mit dem Gegner, am 26., an bis zum 30. August, wie ein rother Faden die Tendenz hindurchzieht, dem taktischen Zusammenstoße mit dem Feinde auszuweichen, macht sich in den deutschen Operationen derselben Tage durchweg der Grundgedanke fühlbar, die taktische Entscheidung zu suchen.

Entspricht dieses Streben auf deutscher Seite zunächst auch dem Bewußtsein, der „an sich numerisch Stärkere" zu sein, so haben wir doch gesehen, daß diese Rechnung unter Umständen sich als eine irrige hätte erweisen können, insofern nämlich eine rechtzeitige Ausnutzung dieser Ueberlegenheit an entscheidender Stelle durchaus nicht ununterbrochen gewährleistet war.

Es mag mit in diesem Bewußtsein begründet gewesen sein, wenn wir am 28. abends den General v. Moltke in seinen Anordnungen ausdrücklich betonen hören, daß „die weitere Offensive für später vorbehalten bleibe", und er der Maas-Armee für den 29. August deshalb die Einnahme einer Defensivstellung empfiehlt, bis die

Dritte Armee mit ihr auf gleiche Höhe rücken und unmittelbaren Anschluß an sie nehmen könne.

Der russische General Woide in seinen Betrachtungen über das „Gefecht von Nouart" macht es deshalb dem Kronprinzen von Sachsen zum Vorwurfe, daß er diesem — wie wir wissen, immerhin nur „bedingten" — Rathe von oberster Leitungsstelle nicht nach= gekommen ist.

Demgegenüber wäre zunächst zu bemerken, daß wenn General v. Moltke in einem Vorgehen der Maas=Armee bis zur Straße Buzancy—Nouart wirklich eine solche Gefahr für seine späteren Pläne erblicken zu müssen geglaubt hätte, er wohl der Mann gewesen wäre, dieser Ansicht in Befehlsform Ausdruck zu geben, statt — bei aller Achtung für die „Selbständigkeit der Armeeführer" — dem Ober= kommando der Maas=Armee sein Verhalten nur „anheimzustellen!"

Thatsächlich sind wir aber auch der Ansicht, daß der Entschluß des sächsischen Kronprinzen, den er, wie wir wissen (s. A.), erst nach wiederholter Ueberlegung gefaßt hat, der Sachlage doch angemessener gewesen ist, als das vom großen Hauptquartier empfohlene abwartende Verhalten!

Es ist von Interesse, demgegenüber die Auffassung des russischen Kritikers zu hören. Derselbe schreibt:

(Woide, „Ursachen der Siege und Niederlagen 1870". II., S. 203): „Wenn ich mich nun zu der Beurtheilung der Operation am 29. August wende, so muß zunächst betont werden, daß die Vortruppen der Armee des Kronprinzen von Sachsen mit zwei französischen Korps in nahe Berührung und zum Theil sogar ins Gefecht kamen, zu einer Zeit, wo die übrigen deutschen Heeresmassen (der Dritten Armee) noch entfernt waren und auch an diesem Tage in genügender Stärke nicht mehr einzugreifen vermochten.

Auch entsprach ein vorzeitiger Zusammenstoß mit einem »starken« Gegner nicht den Erwartungen des großen Haupt= quartiers. Zwar hatte es der Befehl des Letzteren für den 29. »dem Ermessen des Kronprinzen von Sachsen anheimgestellt, seine Armee in einer Vertheidigungsstellung zwischen Landres und Aincreville zu versammeln oder die Offensive bis zur Straße Vouziers—Buzancy—Stenay auszudehnen, falls der Armee nur schwächere Kräfte des Feindes gegenüberstehen sollten«. Aber über letzteren Punkt war der Oberbefehlshaber der Vierten Armee weder im Verlaufe des 28., noch auch am Morgen des 29. durch die Berichte seiner kommandirenden Generale hinreichend aufgeklärt worden.

Wenn nun auch der Kronprinz umfangreiche Erkundungen mittelst zweier Kavallerie-Divisionen (sächsischen und Garde-) anordnete, so griff er doch dem Ergebnisse dieser Erkundungen vor, indem er gleich am Morgen zwei Armeekorps gegen die bezeichnete Straße vorgehen ließ. Dabei stellte es sich heraus, daß die diesen Korps angewiesenen Marschziele: Nouart, Buzancy und Thénorgues nur 3 bis 6 km von den Biwaks-plätzen zweier französischer Korps entfernt lagen.

Zwar hot der Kronprinz bei Ausgabe seiner Befehle aus-drücklich hervor, daß »alle diese Bewegungen nur eine Aufklärung bezweckten«, aber das ändert nichts an der Sache selbst. Mochte der Oberbefehlshaber der Vierten Armee diese Bewegungen nennen wie er wollte, es war doch eine »offensive«, bei der die volle Möglichkeit vorlag, daß man auf unbekannte, vielleicht überlegene Kräfte des Gegners stieß, ein Ergebniß, welches im Sinne der Weisungen des großen Hauptquartiers durchaus vermieden werden mußte.

Auf Grund der dem Oberkommando der Vierten Armee zugegangenen Befehle war ein Vorgehen nur für den Fall zulässig, daß man die Ueberzeugung erlangt hatte, nur schwächere Kräfte des Gegners gegenüber zu haben. Deshalb mußte man vor Allem die Ergebnisse der Erkundung der selbständigen Kavallerie abwarten, durfte aber nicht ein Vorgehen der ganzen Armee mit dieser Erkundung verbinden. Mit anderen Worten: die Vierte Armee durfte am 29. nur dann bis zur Straße Nouart—Buzancy vorgehen, wenn die volle Ueber-zeugung gewonnen war, daß beträchtliche feindliche Streitkräfte nicht in der Nähe ständen. Thatsächlich lief aber die Vierte Armee durch ihren Vormarsch Gefahr, mit zwei vollzähligen, dem Auge erkennbaren französischen Korps zusammenzustoßen, hinter denen (wer konnte es wissen!) auch noch die übrigen zum Vorschein kommen konnten.

Ein größerer Zusammenstoß zwischen der Vierten Armee und dem Feinde am 29. August wäre auf jeden Fall für die deutschen Operationen von Nachtheil gewesen, und zwar aus folgenden Gründen": (auszüglich!)

erstens, weil der Kronprinz von Sachsen hätte eine Theil-niederlage erleiden können, und zweitens, weil selbst ein Erfolg über einen Theil der französischen Armee sicherlich die zu dieser Zeit noch mögliche Rettung des größten Theiles der Armee von Châlons vermittelst eines schleunigen Rückzuges zur Folge gehabt haben würde, da die Dritte deutsche Armee noch erheblich zurück war und der französischen Armee den Rückzug nicht zu verlegen vermocht hätte.

Nachdem der Herr Verfasser dem Ausspruche gegenüber, daß „ein Sieg immer zu etwas nütze sei", den Standpunkt vertreten hat, daß nur die Siege in der „strategisch gebotenen" Schlacht etwas taugten (vergl. unsere Betrachtungen 2. B. XV.), fährt er fort:

„Im vorliegenden Falle war der leitende Operations-gedanke für die Thätigkeit der beiden deutschen Armeen gegen-über der Armee Mac Mahons der, daß man (neben ihrer Fernhaltung von Metz!) den Flankenmarsch derselben längs der Nordgrenze von Frankreich benutzen wollte, um sie mit Ueberlegenheit anzugreifen und über die neutrale Grenze zu drängen.

Aber¹ zur Ausführung dieses Gedankens war es durchaus erforderlich, einstweilen den Angriff noch aufzuschieben, denn die Dritte Armee war noch immer hinter der Vierten soweit zurück, daß auf ihre Unterstützung am 29. selbst nur mit einem Theile ihrer Truppen nicht zu rechnen war.

Um es kurz zu sagen, so beging Marschall Mac Mahon durch seinen Flankenmarsch längs der Grenze unter den ob-waltenden Verhältnissen einen groben Fehler, und die Deutschen durften ihn daran nicht hindern, solange sie nicht über Kräfte verfügten, die zu einem wirklich vernichtenden Schlage gegen die feindliche Armee ausreichten.

So faßte auch allem Anscheine nach das große Haupt-quartier die Sachlage auf, und in diesem Sinne waren seine Befehle für den 29. August ergangen.

Wäre die Vierte Armee, dem Grundgedanken dieser Befehle entsprechend, am 29. in der angewiesenen Stellung Landres—

Aincreville verblieben, so würde schon bis zur Nacht vom 29. zum 30. die vordere Linie der drei preußischen Korps der Dritten Armee auf gleiche Höhe mit ihr gelangt sein, während die beiden bayerischen Korps so nahe hinter die Vierte Armee herangerückt sein konnten, um als unmittelbare Unterstützung zu dienen.

Aus der Linie Monthois—Grandpré—Landres—Aincreville hätte dann das deutsche Heer am 30. in zusammenhängender Front mit starker Tiefengliederung zum Angriff übergehen können.

Setzten unter diesen Umständen die Franzosen am 29. ihren Marsch nach Osten fort (wie es thatsächlich geschah), so vergrößerten sie damit nur, wie schon gesagt, ihren Fehler. Die Deutschen aber mußten sich hüten, durch einen vorzeitigen Druck auf den Gegner diesen zur Erkenntniß seines Fehlers zu bringen. Besannen sich die Franzosen aber und traten am 29. von selbst den Rückzug an, so konnte man immerhin versuchen, ihnen zuvorzukommen und sie von Paris abzudrängen, aber nur mit dem linken Flügel der allgemeinen deutschen Front, d. h. mit der Dritten Armee und nicht mit der den rechten Flügel bildenden Vierten. Darum lag auch für letztere keinerlei Grund vor, vorwärts zu eilen."

Nachdem General Woide aus der Antwort des Kronprinzen von Sachsen auf die Anfrage des Gardekorps betreffend sein Eingreifen in das Gefecht von Nouart (s. A.), daß ein solches zu unterbleiben habe, „solange letzteres nicht eine größere Ausdehnung annähme", geschlußfolgert hat, daß sich im Falle eines Angriffes der Franzosen am 29. sicherlich ein umfangreicher Kampf entwickelt haben würde, den zu vermeiden doch im Vortheil der Deutschen gelegen habe, schließt er seine Kritik mit den Worten:

„Einen solchen Ausgang, der durch keine anderweitigen Vortheile aufgewogen worden wäre, hätte das strategisch nicht gerechtfertigte und im Widerspruche zu den erhaltenen Befehlen unternommene Vorgehen der Vierten Armee am 29. August herbeiführen können. Daher darf man die wirklichen Ursachen dieser Bewegung wohl nur in dem Verlangen suchen, schneller an den Feind zu kommen, das bei manchen Gelegenheiten gewiß sehr anerkennenswerth ist; im

vorliegenden Falle lief es aber nicht allein den erhaltenen
Weisungen zuwider, sondern auch den wesentlichsten Er-
fordernissen der augenblicklichen strategischen Lage."

Der General sieht denn auch in der im Generalstabswerke
gegebenen Erklärung für die Entschlüsse des Kronprinzen Albert (s. A.)
nur „das Zeugniß von der Ueberzeugung der obersten deutschen Heeresleitung, daß in der überwiegenden Mehrzahl der Fälle eine
kühne Initiative seitens der Unterführer günstige Folgen
nach sich ziehen werde", und glaubt, daß infolgedessen das
Generalstabswerk auch „die weniger glücklichen Aeußerungen
einer solchen mit in den Kauf zu nehmen" sich verpflichtet erachtet habe.

Er nennt die dort gebrachte „Erklärung" des Verhaltens des
Kronprinzen Albert deshalb kurzhin eine „mißlungene Vertheidigung!"

V. Wir beginnen die Darlegung unserer anders gearteten
Auffassung der Entschlüsse des sächsischen Kronprinzen am 29. August
morgens mit einem kurzen Rückblick auf die Sachlage auf französischer Seite.

Durch die den geplanten Nordabmarsch wieder in einen Ost-
abmarsch umändernden Befehle des Marschalls Mac Mahon vom
28. August früh war thatsächlich für diesen und den folgenden Tag
die ganze „Armee von Châlons" auf den einen Uebergangspunkt von
Stenay in Bewegung gesetzt.

Wegen der durch „Ordre und Kontreordre" entstandenen „Des-
ordre" hatte (was an sich durchaus möglich gewesen) am 28. keines
der vier Korps diesen Zielpunkt wirklich erreicht; dieselben standen vielmehr in der Nacht zum 29. noch: das 12. Korps bei La Besace, das
1. bei Le Chesne, das 7. bei Boult aux Bois und das 5. bei Dames
aux Bois—Belval.

Selbst wenn dem französischen Chef des Generalstabes
der Armee die Einzelheiten über die Standorte des 5. und 7. Korps
an diesem Abend unbekannt geblieben wären, so mußte er sich doch
aber sagen, daß die Ueberführung der vier Armeekorps über diesen
einen Uebergangspunkt (bei einer Durchschnittsmarschtiefe des Korps
einschließlich Trains von 30 bis 36 km) unter obwaltenden Verhältnissen drei bis vier Tage (und Nächte!) kosten werde, und somit
angesichts der Dringlichkeit der Lage ein Umweg keinen Zeitverlust
zu bedeuten brauche.

Von La Besace bis zu der (wie man offenbar gewußt hat, noch erhaltenen) Brücke von Mouzon, zwei Meilen unterhalb Stenay, sind längs der Römerstraße 1¼ Meilen Marsch und jedenfalls die Spitzendivision des am 29. früh auf diesen Weg verwiesenen 12. Korps hätte somit an diesem Tage bei guter Zeit noch von Norden her Stenay auf dem rechten Maas-Ufer erreichen können.

In wenig über drei Meilen betragendem Marsche vermochte dann an diesem selben Tage das 1. Korps von Le Chesne den Uebergangspunkt Mouzon linkes Ufer zu erreichen, oder besser noch bei Létanne in sich dicht aufzuschließen. Unter Entgegenarbeit vom rechten Ufer würde man dann auch ohne eigenen Brückentrain doch wohl in der Nacht einen Uebergang daselbst haben herstellen können.

Von Bois des Dames und Gegend bis Stenay sind nur 1½ Meilen Marsch, und die Spitze des 5. Korps hätte somit in frühester Morgenstunde behufs Wiederherstellung der dortigen Brücke vor diesem Orte eintreffen, bezw. wenn derselbe noch besetzt war, den Angriff einleiten können, dessen Erfolg bis spätestens zur Mittagsstunde (selbst bei einer Vertheidigung durch 15 000 Mann Deutsche!?) durch das Eingreifen des 12. Korps von Norden kaum zweifelhaft gewesen wäre. Spätestens in der Nacht zum 30. August mußte dann das 5. Korps dem 12. auf dem rechten Ufer die Hand reichen können.

Von Bouillaucy Bois bis Bois des Dames sind 2 Meilen Wegs, und das 7. Korps konnte somit rechtzeitig das 5. in seiner Stellung gegen Nouart ablösen, um demselben demnächst am anderen Tage früh über Stency zu folgen.

Begnügte sich der deutsche rechte Flügel (Maas-Armee) am 29. August mit starken kavalleristischen Rekognoszirungen gegen die Straße Vouziers—Buzancy—Stenay, so ist kein Zweifel, daß die oben geplanten französischen Märsche sich hätten anstandslos — gegebenenfalls seitens des 5. und 7. Korps unter dem Schutze entsprechender Arrieregarden und der durch die Korpskavallerie-Divisionen zu verstärkenden Divisionen Bonnemains und Margueritte (64 Schwadronen gegen 40!) — vollziehen, und die „Armee von Châlons" am Abend des 30. August in der Linie Rémoiville a. Loison—Meuzay mit drei Korps (von links nach rechts 12., 5., 7.) in erster Linie und dem vierten (1. bei Stenay), dicht hinter dem rechten Flügel aufgeschlossen, zwischen Maas und Loison hätte versammelt stehen können.

Dem gegenüber hätte bestenfalls die feindliche „Maas=
Armee", noch am Nachmittage des 29. August (?) den Uferwechsel zurück bei Dun beginnend, bis zur selben Zeit ihre drei Korps über
diesen einen Uebergangspunkt auf das rechte Ufer zurückgeführt, hätten
die „bayerischen Korps" zwei Meilen südlich den Fluß bei Confenvoye
erreicht gehabt!

Wir stehen wieder vor genau demselben Bilde, welches wir unter
anderen Voraussetzungen schon in unserer Betrachtung II (s. oben) ent=
rollt haben, nur mit dem Unterschiede, daß den Franzosen angesichts
des Nichterscheinens bedeutenderer deutscher Infanteriekräfte an der
Straße Buzancy — Nouart (an Stelle ihrer dort nur in Ansatz
gebrachten absichtlichen Zurückhaltung) die Lösung ihrer Aufgabe
jetzt — sehr wesentlich erleichtert gewesen wäre!

An dem gleichen Ergebnisse wären die vier französischen Korps
nur in anderer Reihenfolge, als in unserem ersten Beispiele, betheiligt
gewesen: der beste Beweis, daß es in der That immer nur auf die
„spontane Ausnutzung der sich bietenden Umstände" ankam!

Daß der Marschall Mac Mahon keinen der beiden, unseres
Erachtens hier als durchaus „gangbar" nachgewiesenen Wege beschritten,
sondern sich durch das (dazu falsche!) „Gerücht" von der Besetzung
Stenays durch 15 000 Deutsche veranlaßt gefühlt hat, mit seiner
ganzen Armee um jeden Preis einem Kampfe auszuweichen,
spricht deutlicher als Alles für den Zustand, in welchem dieselbe sich
(dank der schwankenden Führung) schon in den Augen des eigenen
Feldherrn dargestellt haben mußte.

Der Entschluß zum abermaligen Ausweichen ist aber auch diesmal
sicherlich nicht — durch die deutschen Operationen erzwungen
gewesen!

Wohl aber wird man sagen dürfen, daß, wenn der französische
Feldherr am 29. August einen der ihm oben von uns gebotenen beiden
operativen Wege hätte einschlagen wollen, allein der Entschluß
des Kronprinzen von Sachsen zum Massenvorrücken gegen die
Straße Buzancy—Stenay ihm darin Schwierigkeiten bereitet
haben würde, welche ihn möglicherweise zu einem widerwilligen Verzicht
genöthigt hätten!

VI. Der deutsche Heerführer selbst hat anscheinend nicht einmal
mit dieser Eventualität gerechnet; seine Gründe scheinen uns vielmehr,

jedenfalls zunächst, auf einem ganz anderen Gebiete zu liegen, weil, wenn der Prinz an die Möglichkeit oder gar Wahrscheinlichkeit eines Maas-Ueberganges der französischen Armee bei Stenay geglaubt hätte, er ja voraussichtlich es gerade vermieden haben würde, sich von dem Uebergangspunkte Dun weiter zu entfernen. Bot ihm dieser Punkt doch die einzige Möglichkeit, sich der feindlichen Armee noch rechtzeitig vorlegen zu können.

Wir wissen nun aber aus unserem geschichtlichen Theil, wie wenig die reiterlichen Erkundungen des 28. August einen klaren Einblick in die — freilich ja auch an sich so unklaren — Bewegungen des Feindes gestattet hatten, den man am Morgen des Tages noch im ausgesprochenen Nordmarsche, nachmittags in anscheinend ebenso feststehendem Ost= (ja das 7. Korps selbst Süd=) Marsche getroffen hatte.

Nur das Eine stand fest, daß dicht vor der Front der Maas=Armee sich Dinge vollzogen, welche für die nächsten Tage von entscheidender Bedeutung zu werden geeignet erschienen.

War der Feind noch ferner gewillt, in der Richtung auf Metz vorzudringen oder leitete er seinen Abzug auf Paris ein? das war die Frage; beide Absichten aber zu vereiteln die Aufgabe, welche zu lösen der deutschen Armee oblag.

Der Kronprinz von Sachsen konnte nicht in Zweifel sein, daß ihm nur im ersteren Falle die maßgebende Rolle zufallen werde; immerhin mußte sein Verhalten auch für den zweiten Fall schwer genug ins Gewicht fallen.

Für beide Fälle war es somit von Bedeutung, Fühlung am Feinde zu halten und bereit zu sein, seine Bewegungen möglichst zu verzögern, ohne sich doch selbst dabei eine Blöße zu geben.

Diese Fühlung nur mit Kavallerie aufzunehmen, versprach nach den Erfahrungen des vorhergehenden Tages und gegenüber der Thatsache, daß unbedingt stärkere feindliche Infanterie noch nahe vor Buzancy—Nouart stand bezw. nördlich dieser Straße sich bewegte, wenig Erfolg.

Wollte man — wie es anscheinend zuerst wirklich die Absicht gewesen — diese Kavallerie nur durch das Vorschieben stärkerer Infanterieavantgarden unterstützen, so mußte man aus der kriegsgeschichtlichen Erfahrung, wie leicht solches Verfahren gerade erst recht in „partielle Engagements" auszuarten droht, und wie die sogenannten „Rekognoszirungsgefechte" meist schon um deswillen gar keinen Werth haben, weil zur Ausnutzung etwa beim Feinde entdeckter Blößen die nöthige Kraft fehlt, über deren Heranführung zu diesem Zwecke dann aber allzuoft wieder die günstige Zeit verloren wird!

Beschränkte sich, wie es der russische General wünscht, der Kronprinz von Sachsen am 29. früh auf die Einnahme der empfohlenen „Defensivstellung", um in derselben die Ergebnisse der reiterlichen Erkundungen abzuwarten und sich erst vorwärts in Bewegung zu setzen, wenn er „die volle Ueberzeugung" erlangt gehabt, daß „beträchtliche feindliche Kräfte nicht in der Nähe ständen", so hätte sein Vormarsch auf Buzancy—Nouart offenbar erst mehrere Stunden nach erfolgtem Abmarsche der beiden französischen Korps in der Richtung Stenay—Beaumont beginnen können, und es bleibt mehr als fraglich, ob am Abend des Tages in den nördlich der Straße Buzancy—Stenay sich ausdehnenden Waldungen die kavalleristische Fühlung mit dem Feinde nicht wieder abgerissen wäre!

Da dann auch am 30. früh die Dritte Armee immer noch nicht „auf gleiche Höhe" mit der Maas-Armee gerückt wäre, so hätte sich aber an diesem Morgen einfach das Spiel von heute erneuern müssen, um jetzt nur in der „Stellung Buzancy—Nouart" abzuwarten, was weiter werde geschehen müssen.

Nun hätten aber doch unbedingt auch die nur reiterlichen Erkundungen vom 29. vormittags (günstigstenfalls!) nicht viel Anderes haben melden können, als

1. der Feind geht nicht gegen die Maas-Armee vor, sondern

2. zieht sich (mit etwa je einem Korps?) in Richtung auf Stenay und Beaumont zurück.

Was — so fragen wir — war damit für die „selbständige Entschlußfassung des Kronprinzen von Sachsen" (etwa um die Mittagsstunde des 29.) gewonnen?

Freilich der Vormarsch auf Buzancy—Nouart konnte jetzt ohne Bedenken erfolgen und die Gefahr, dabei mit einem überlegenen Feinde in nachtheilige Gefechte verwickelt zu werden, war gehoben, die andere Frage aber, ob solcher Vormarsch jetzt auch noch angezeigt sei oder nicht? blieb nach wie vor offen!

General Woide hebt selbst hervor, daß die deutsche Heeresleitung in diesen Tagen den Doppelzweck im Auge gehabt habe, den Marschall Mac Mahon

1. am weiteren Vordringen auf Metz und

2. an einem glücklichen Entkommen wieder nach Paris zurück zu verhindern.

Welche dieser beiden Absichten verfolgte der französische Feldherr, als er am 29. früh seine Korps erster Linie auf Stenay—Beaumont zurücknahm?

Erzwang er (was man von deutscher Seite doch nur als durchaus möglich betrachten konnte) heute noch den Maas=Uebergang bei Stenay, und die „Maas=Armee" rückte inzwischen auf dem linken Fluß=Ufer weiter nördlich vor, so lag die Gefahr nahe, daß sie für ein recht=zeitiges Vorlegen auf dem rechten Ufer über Dun — zu spät kommen werde.

War aber das Zurücknehmen der beiden Korps auf die nördlichere Straße nur die Einleitung eines Rückzuges des Marschalls nach Westen, und die „Maas=Armee" blieb heute bei Dun stehen, so war man kaum noch in der Lage, einen wirklich verzögernden Einfluß auf den mit zwei bis drei Meilen im Vorsprung befindlichen Gegner aus=zuüben.

So stand fest, daß man voraussichtlich durch die reiterlichen Er=kundungen am 29. vormittags zu einer „vollen Ueberzeugung" in Be=treff der gegnerischen Absichten und damit der eigenen Entschlüsse doch nicht werde gelangen können, und daß man demzufolge nur die Wahl zwischen einer möglichen Uebereilung oder einer möglichen Zeitversäumniß haben werde! —

Den Zeitverlust eines unnöthigen Abwartens in „Stellung" konnte man nicht wieder einzubringen hoffen; vor den Gefahren eines vorzeitigen Zusammentreffens mit einem überlegenen Feinde aber schützte man sich unbedingt am besten durch ein möglichst ver=sammeltes Vorgehen aller drei Korps der Maas=Armee.

Von dem Augenblicke an, wo man sicher war, daß der Feind seinerseits nicht offensiv zu werden beabsichtige, lag jedenfalls kein Grund mehr für die Maas=Armee vor, ihrerseits defensiv zu bleiben; in dieser Beziehung unterschied sich die historische Lage der Maas=Armee bei Aincreville am 29. früh wesentlich von ihrer angenommenen Lage bei Montfaucon am 28. früh, wie wir sie in 3. B. VI unserer Betrachtung untergelegt haben; zudem war jetzt die Armee auf engem Raume (Aincreville—Landres—Nantillois je $^3/_4$ Meilen!) vereinigt, statt dort noch weit auseinander.

Hätte wirklich das „Gefecht von Nouart" die vom General Woide für die Maas=Armee befürchtete „größere Ausdehnung" angenommen, so konnten deutscherseits in dasselbe nöthigenfalls ebenso gut sechs (dazu etwas stärkere) Divisionen eingesetzt werden, wie französischerseits in den beiden Korps 5. und 7; denn die Maas=Armee ist nicht bloß mit den zwei Korps erster Linie isolirt vorgerückt (wie General Woide das annimmt), sondern das IV. Korps ist von Anfang an der Bewegung der anderen (auf eine Meile Abstand) gefolgt.

Erschienen dann aber wirklich im Laufe des 29. nachmittags „hinter den beiden ersten auch noch die anderen französischen Korps" (s. Woide): Was wäre das denn Anderes gewesen, als die (nur dank eigener Konzentration viel weniger gefährliche!) Lage, in welcher die Deutschen — die Schlacht von Vionville—Mars la Tour durch= geführt haben!?

Und wie taktisch die Maas = Armee in günstigerer Ver= fassung gewesen wäre als damals die Korps der Friedrich Karlschen Armee, so wäre auch strategisch der etwaige Erfolg, den Gegner festgehalten zu haben, oder der Mißerfolg, von den Franzosen auf Dun zurückgedrängt zu werden, jetzt seitens der Dritten Armee viel rascher auszunutzen oder leichter wett zu machen gewesen als damals!

So meinen wir, wenn einer von beiden Theilen am 29. August das größere Interesse gehabt hat, „nicht in ein Gefecht von größerer Ausdehnung verwickelt zu werden" — so waren es die Franzosen!

Es ist zuzugeben, daß, „wie man die allgemeine Lage im großen Hauptquartier aufgefaßt", und den Kronprinzen Albert durch Befehl vom 28. abends 11 Uhr darüber orientirt hatte, auch die Maas=Armee keine Veranlassung gehabt hat, eine Entscheidung zu suchen!

Daher denn auch die Ermahnung des Prinzen=Oberbefehlshabers an die Korpskommandeure, sich nicht fortreißen zu lassen, eine Er= mahnung, auf deren Befolgung man bei der Disziplin der deutschen Unterführer doch wohl mit mehr Sicherheit rechnen konnte, als General Woide zugeben will.

Thatsächlich hat das „Gefecht von Nouart" ja denn auch bewiesen, daß ein „Abbrechen des Gefechts" aus der eigenen „Offensive" (s. Woide) leichter durchführbar ist als aus der „Defensive".

Auch in dieser Beziehung also lief man keine ernste Gefahr; wie denn endlich selbst die etwaige Nothwendigkeit, bei Dun auf das rechte Ufer übergehen zu müssen (s. oben), so lange keiner Verzögerung ausgesetzt war, als noch das (jetzt nur an die Spitze zu setzende) IV. Korps bei Rémonville in unmittelbarer Nähe von Dun stand!

Wägt man die möglichen Eventualitäten gegeneinander ab, so kommen wir damit aber zu dem Ergebniß, daß der Entschluß des Prinzen ihnen allen noch am besten gerecht geworden wäre, und die Thatsachen treten dieser Beweisführung unterstützend zur Seite!

III. Abschnitt.

Bis zum 31. August.

---

5. Die Schlacht von Beaumont.

A. Geschichtliches.

Infolge des in der Nacht im Armeehauptquartier Bayonville ein=
gegangenen „Armeebefehls vom 29. August abends 11 Uhr
(s. 4 A.)" hatte der Kronprinz von Sachsen am 30. früh 3 Uhr
das Vorrücken des IV. Armeekorps (von Rémonville) auf Nouart
und Fossé und die Versammlung des XII. Korps mit einer Division
westlich des Bois de Nouart, der anderen bei Beauclair, angeordnet.
Das Gardekorps ward angewiesen, Buzancy nur bis zur Ankunft
der Spitze der Dritten Armee durch eine Avantgarde besetzt zu halten,
im Uebrigen aber alsbald eine Stellung östlich dieses Ortes, zwischen
demselben und dem Bois de la Folie, zu beziehen und daselbst abzukochen.

Nachdem die morgenblichen Vorpostenmeldungen den Abzug des
Feindes vor der ganzen Front der Maas=Armee in nördlicher Richtung
auf Beaumont festgestellt hatten, ergingen dann um 6 Uhr früh die
näheren Anweisungen für den Aufbruch der Truppe „um 10 Uhr früh",
der mit den beiden Korps erster Linie in vier Kolonnen derart er=
folgen sollte, daß einzuschlagen hätten:

die 8. Infanterie=Division (gefolgt von der Korpsartillerie
IV. Korps) den Weg von Fossé über Belval, westlich am Etang de
la Forge vorbei, durch das Bois du petit Dieulet in gerader Richtung
auf Beaumont;

die 7. Infanterie=Division den Weg von Nouart über Grand
Champy in nördlicher Richtung durch das Bois de Belval und bei der
Ferme de Belle Tour auf das offene Terrain südöstlich von Beaumont
hinaus;

die 24. sächsische Infanterie=Division den Weg östlich vom
Bois de Nourt nach Beaufort und von hier in nordwestlicher, auf

Beaumont gehender Richtung weiter durch den Forêt de Dieulet den Weg, welcher nach der Ferme de Belle Tour führt; beim Austritt aus dem Walde in mehr nördlicher Richtung über das offene Hügelterrain;

die 23. sächsische Infanterie-Division (mit der Korpsartillerie XII. Korps) die Straße von Beauclair auf Laneuville und von hier die Chaussee von Stenay auf Beaumont.

Die sächsische Kavallerie-Division war der rechten Flügel-kolonne (23. Division) zugewiesen; dem Gardekorps befohlen worden, um 10 Uhr zunächst in eine Bereitschaftsstellung westlich Nouart zu folgen.

(GstW. I. 1036.) „Um 8 Uhr morgens versammelte der Prinz-Oberbefehlshaber die kommandirenden Generale in Bayonville und theilte ihnen seine Anschauung der Sachlage mit.

Um vereinzelten Kämpfen gegen einer überlegenen und zum Widerstande bereiten Feind vorzubeugen, befahl er, daß jede Infanterie-Division nach Erreichen des jenseitigen Waldsaumes das Eintreffen der Nebenkolonnen abwarten und den Angriff vorläufig nur mit Artillerie einleiten solle. Meldungen der einzelnen Kolonnen sollten unmittelbar an das Oberkommando gerichtet werden. Für den Fall, daß die nach der Karte vorgeschriebenen Wege nicht brauchbar befunden würden, empfahl Kronprinz Albert wenigstens ein Festhalten der angewiesenen Richtung, indem er zugleich auf die bevorstehende Einwirkung der Dritten Armee in der linken Flanke des IV. Korps hinwies.

Demnächst begab sich der Kronprinz über Nouart in die Gegend von Fossé. —

Das Oberkommando der Dritten Armee hatte nach Empfang des Befehls aus dem großen Hauptquartier die bayerischen Korps zur Unterstützung des Angriffs gegen Beaumont bestimmt.

Das I. Korps sollte um 6 Uhr morgens (von Sommerance) in zwei Kolonnen auf Buzancy und Bar und demnächst über Sommauthe auf der großen Straße nach Beaumont vorrücken;

das II. Korps eine Stunde später (von Cornay) aufbrechen und sich eine Viertelmeile südlich von Sommauthe in Reserve aufstellen.

Das V. Korps wurde angewiesen, (von Grandpré) über Briquenay und Authe auf Oches zu marschiren, um von dort aus je nach Umständen rechts oder links in das Gefecht eingreifen zu können.

Die württembergische Division (von Grandpré) und

das XI. Korps (von Monthois) sollte, bezüglich über Longwé, Boult aux Bois und Châtillon, und über Vouziers und Quatrechamps (linke Seitenkolonne über Terron) gegen Le Chesne vorgehen und diesen Ort in Besitz nehmen.

Auch für die letztgenannten drei Heertheile war die Aufbruchszeit auf 6 Uhr festgesetzt, doch sollten sich besondere Avantgarden derselben sowie das I. bayerische Korps schon früher in Bewegung setzen.

Das VI. Korps endlich wurde angewiesen (von Vienne) bis Vouziers nachzurücken und daselbst auf dem linken Aisne-Ufer enge Kantonnements zu beziehen.

Ueber die Kavallerie-Divisionen war derartig verfügt, daß die 2. über Senuc bis in die Gegend nördlich Buzancy gelangen, die 4. aber dem XI. Korps bis Quatrechamps folgen und dann nach Châtillon vorrücken sollte, um dort zur Verfügung zu stehen.

Die beiden anderen Kavallerie-Divisionen erhielten die Bestimmung, die Verbindungen im Rücken des französischen Heeres zu beunruhigen. Zu diesem Zwecke sollte die 5. (von Attigny) in die Gegend von Tourteron, die 6. (von nördlich Vouziers) über Voncq und Semuy gehen, um von dort Abtheilungen in nördlicher Richtung vorzuschieben und auch den neu aufgetretenen Gegner bei Reims zu beobachten.

Der Kronprinz von Preußen beabsichtigte, für den Fall eines Gefechtes seinen Standpunkt bei St. Pierremont zu nehmen."

Während die beiden deutschen Armeen in breiter Front ihren Vormarsch gegen die Straße Le Chesne—Beaumont antraten, hatte auch die französische Armee ihre ausweichende Bewegung auf Mouzon in den Frühstunden wieder aufgenommen.

Von den, wie bekannt, bereits am 29. August auf das rechte Maas-Ufer übergegangenen Heertheilen — 12. Korps und Kavallerie-Division Margueritte — sollte die Letztere auf Carignan vorangehen und dorthin sich auch der Kaiser Napoleon begeben.

Das 1. Korps war um 7 Uhr von Raucourt auf Remilly a/Maas aufgebrochen. Da die dortige Furt wegen der oberhalb Sedan behufs Füllung der Festungsgräben erfolgten Anstauung der Maas für Infanterie nicht mehr benutzbar war, so mußte hier erst ein Steg hergestellt werden, wodurch der Uebergang stark verzögert wurde.

Während desselben hörte man von Süden heftiges Artilleriefeuer; da aber der General Ducrot auf seine bezügliche Anfrage vom Marschall Mac Mahon die Antwort erhielt, daß „Alles gut stehe und das Korps seinen Marsch fortsetzen solle", so rückten die Divisionen Wolff und l'Hérillier bis Douzy, die Divisionen Pellé und Lartigue auf Tétaigne weiter, von wo aus Letztere heute noch auf dem rechten Chiers-Ufer bis Carignan gelangen sollte.

Die Kavallerie-Division Bonnemains überschritt, dem 1. Korps folgend, die Maas bei Remilly.

(GstW. I. 1038.) „Die Generale Douay und de Failly waren ausdrücklich darauf hingewiesen worden, daß es sich darum handle, auch mit dem 7. und 5. Korps noch an diesem Tage das rechte Maas-Ufer bei Villers devant Mouzon und Mouzon zu gewinnen. Sie sollten daher zur möglichsten Beschleunigung des Marsches sich aller vom Lande gestellter Fahrzeuge entledigen und die kranken Mannschaften und Pferde zurücksenden.

Das 7. Korps hatte um 4 Uhr morgens seine Lager bei Oches abgebrochen und den Marsch auf Stonne angetreten. Da indessen auf Anordnung der Armeeverwaltung (!) sämmtliche Fahrzeuge, sogar die leeren Verpflegswagen, den Trains angeschlossen wurden, so bildete sich eine gegen zwei Meilen lange Wagenkolonne, zu deren Deckung sieben Bataillone neben der Straße marschirten. Erst um 10 Uhr vormittags konnte sich infolgedessen die Arrieregarden-Brigade (Bittard des Portes) von Oches in Bewegung setzen.

Schon beim ersten Aufbruche der Truppen von Oches hatte sich preußische Kavallerie gezeigt, welche den langen Zug beobachtend begleitete. Später fuhren auch Batterien auf den Höhen von St. Pierremont auf und veranlaßten dadurch die Franzosen zum Aufmarsche und zum Vor-ziehen von Mitrailleusen. Zwar gingen die vordersten deutschen Truppen-abtheilungen einstweilen nicht weiter vor, doch verursachten die oben angeführten Umstände einen so erheblichen Zeitverlust, daß General Douay erst um 1 Uhr mittags den Marsch von Stonne auf La Besace fortsetzen konnte. Dort angelangt, vernahm er Kanonendonner aus der Richtung von Beaumont her, glaubte aber, sich streng an den Befehl halten zu müssen, welcher ihm das Ueberschreiten der Maas vorschrieb, und beschloß, um dies unbelästigt vom Feinde ausführen zu können, den nördlich ausholenden Weg über Raucourt nach Remilly einzuschlagen. Mittlerweile war aber die an der Spitze des Korps be-findliche und noch in der bisherigen Richtung auf Mouzon marschirende Division Conseil Dumesnil auf bayerische Truppen gestoßen und in ein Gefecht mit denselben verwickelt worden (s. später).

Das 5. Korps hatte, wie früher erwähnt (f. 4 A.), mit seiner Nachhut erst am 30. zwischen 4 und 5 Uhr morgens die Gegend von Beaumont erreicht. General de Failly hielt es daher für geboten, seinen durch die vorangegangenen Gefechte und Nachtmärsche außergewöhnlich angestrengten Truppen vor dem Aufbruche nach Mouzon einige Ruhe zu gewähren. Allerdings wußte der General, daß eine deutsche Avantgarde nur eine Meile entfernt stehe; er vermuthete aber seinen Gegner im Marsche auf Stenay (!), und da fernere Nachrichten über denselben nicht eingingen, so erschien es ihm unbedenklich, die Vormittagsstunden zum Abkochen zu benutzen und den Abmarsch bis Mittag zu verschieben. Vorposten waren anscheinend gar nicht oder wenigstens nicht in angemessener Weise zum Schutze der Ruhenden ausgestellt; einzelne Kavalleriepatrouillen, welche auf geringe Entfernung über die Lager vorgingen, kehrten zurück, ohne die Annäherung deutscher Truppen wahrgenommen zu haben.

In diesen Lagern waren Offiziere und Mannschaften mit ihrer Mahlzeit oder mit verschiedenen Arbeiten beschäftigt, nur einige Abtheilungen eben zum Appell versammelt, als um 12½ Uhr mittags von den südlich gelegenen Höhen her preußische Granaten mitten in das sorglose Treiben hineinschlugen."

Die aus der 8. Infanterie-Division unter Generallieutenant v. Schoeler gebildete linke Flügelkolonne der Maas-Armee, welcher sich der kommandirende General v. Alvensleben I. angeschlossen hatte, war in der Gegend von Belval auf das wieder zu seiner Division nach Laneuville heranbeorderte sächsische 17. Ulanen-Regiment getroffen und von demselben dahin verständigt worden, daß man „von einer Höhe über den Wald hinweg französische Lager bei Beaumont bemerkt habe, in denen nach Aussage von Landeseinwohnern die Truppen sich im Zustande sorgloser Ruhe befänden".

Als die (aus der $\frac{\text{2. Schwadron}}{\text{Husaren 12}}$ und $\frac{\text{1. Kompagnie}}{\text{Jäger 4}}$ gebildete) Vorhut der in tiefster Stille ihren Vormarsch fortsetzenden Division aus dem nördlichen Waldsaume auf die vorliegenden Höhen gegen Beaumont heraustrat, gewahrte sie denn auch auf 800 Schritte vor sich am jenseitigen Hange ein französisches Lager diesseits und ein zweites auf dem Rücken nördlich hinter der Stadt, ohne daß irgend ein Anzeichen bemerkt worden wäre, daß der Feind ihre Anwesenheit in seiner unmittelbaren Nähe entdeckt habe.

(Woide, II. S. 218.) „Obgleich den deutschen Kolonnen die Weisung zugegangen war, nicht auf eigene Hand vorzugehen, sondern das Eintreffen der Nebenkolonnen abzuwarten, so entschloß sich unter den gegebenen Verhältnissen, wo der Gegner ohnedies die Anwesenheit der Division in jedem Augenblick entdecken konnte, der General v. Schoeler doch, nur die Ankunft seiner Artillerie und der an der Spitze befindlichen Infanterie-Brigade abzuwarten, um dann auf eigene Verantwortung überraschend zum Angriff zu schreiten.

Zunächst wurde das Jäger-Bataillon Nr. 4 mit zwei Batterien nach der Höhe vorgezogen; kaum hatten diese Truppen aber die angewiesenen Stellungen eingenommen, als die in dem nächsten Lager stehenden Franzosen plötzlich in lebhafte Bewegung geriethen, offenbar veranlaßt durch die endlich erkannte Nähe der Deutschen. Letztere durften nun nicht mehr säumen, und der zur Stelle befindliche kommandirende General des IV. Armeekorps, General v. Alvensleben, gab Befehl, das Feuer zu eröffnen. Es war fast genau 12½ Uhr."

Trotz leicht erklärlicher starker Verwirrung und theilweiser Panik nahmen die vollkommen überraschten Franzosen den Kampf alsbald in guter Haltung auf; die Batterien erwiderten das preußische Feuer fast unmittelbar von ihren Lagerplätzen aus und die Infanterie warf sich in dichten Schützenketten wiederholt dem Angreifer im Gegenstoße entgegen. Die schwache deutsche Avantgarde hatte anfänglich einen harten Stand und behauptete sich auf ihrem vorgeschobenen Fleck zunächst nur dank der Zusammenhangslosigkeit der französischen Gegenangriffe.

Während nach Maßgabe ihres Austrittes aus dem Walde die Bataillone der 16. Infanterie-Brigade und die beiden anderen Batterien der Divisionsartillerie in das zunächst nur von dem Jäger-Bataillon und den beiden Avantgarden-Batterien eröffnete Gefecht eingriffen, hatte sich rechts seitwärts auch schon die 7. Infanterie-Division gegen die feindlichen Stellungen südlich Beaumont entwickelt.

Kurz vor 12 Uhr war die Spitze dieser Division bei der Ferme de Belle Tour aus dem Walde getreten, ohne jedoch wegen der zwischenliegenden Hügelketten etwas von den feindlichen Lagern bezw. den Vorgängen bei der 8. Division erblicken zu können. Im Sinne der Anweisungen des Oberkommandos hatte Generallieutenant v. Schwarzhoff zunächst beabsichtigt, vor erneutem Antreten seine Division vollständig vor dem Walde

zu verſammeln. Als aber das Artilleriefeuer von links her immer
lebhafter herüberſchallte, ließ der Diviſionskommandeur zunächſt ſeine
Avantgarden= und bald darauf die geſammten Diviſions=Batterien
unter Bedeckung des Regiments Nr. 66 weiter vorrücken und in das
Gefecht der Nachbardiviſion eingreifen.

Auf die Mittheilung der 8. Diviſion hin, daß ſie bei der Ferme
von Petite Forêt auf ſtärkeren Widerſtand geſtoßen ſei, ſetzte dann
General v. Schwarzhoff die ganze 13. Infanterie=Brigade vor=
wärts in Bewegung.

Um 1 Uhr nachmittags gingen, unterſtützt durch das Feuer von
acht Batterien, 6½ Bataillone beider Diviſionen (von links nach
rechts $\frac{II}{86}$, $\frac{2.}{Jäger 4}$, $\frac{II}{96}$, $\frac{3.}{Jäger 4}$, $\frac{I}{86}$; ſowie $\frac{II. F. I.}{66}$) zum ent=
ſcheidenden Angriffe vor; indeß die übrigen Theile des IV. Korps im
Aufſchließen und in der Entwickelung fortfuhren.

Die feindlichen Lager ſüdlich der Stadt wurden faſt gleichzeitig
von beiden Seiten her erreicht und in ununterbrochenem Nachſturm
drangen die deutſchen Truppen um 2 Uhr auch in Beaumont ſelbſt ein.
Die in Unordnung über den Beaumont=Bach zurückgedrängten Franzoſen
(der Diviſion Goze und Lespart) fanden in einer mittlerweile auf dem
Höhenrücken nördlich der Stadt von der Ferme de la Harnoterie bis
ſüdlich des Wäldchens von Le Fais reichenden Artillerielinie eine erſte
Aufnahme.

Das Infanteriegefecht kam dadurch auf der ganzen Linie zum
Stehen und der Kampf wurde zunächſt nur von der im weiteren Ver=
laufe durch die Batterien der Korpsartillerie IV. Korps verſtärkten
deutſchen Geſchützlinie auf den Höhen ſüdlich Beaumont fortgeführt.

Während der eben geſchilderten Vorgänge beim IV. Korps waren
von rechts und links her auch das ſächſiſche und 1. bayeriſche Korps
in das Gefecht eingetreten.

(GſtW. I. 1055.) „Infolge von Kreuzungen mit den frühmorgens
von Andevanne über Tailly vorrückenden Theilen der 7. Diviſion und
dadurch, daß ſich die ſächſiſche Korpsartillerie von Barricourt her
zwiſchen die Bataillone der 23. Diviſion bei Beauclair einſchob, hatte
der Aufbruch der beiden Marſchkolonnen des XII. Korps von den
durch das Oberkommando vorgeſchriebenen Orten einige Verzögerung
erlitten.

Die 24. Division (linke Kolonne) konnte erst gegen 11 Uhr antreten, weil bis zu dieser Zeit der Weg von Nouart bis Beauclair (vor ihrer Front) durch andere Truppen in Anspruch genommen war; sie fand den ihr angewiesenen Waldweg nach Belle Tour unbenutzbar und folgte deshalb weiter rechts einem anderen Wege, welcher bei der Ferme Fontaine au Fresne den nördlichen Waldsaum erreicht. Die Spitze der Kolonne traf um 1 Uhr an jener Stelle ein. Da man bereits seit längerer Zeit heftiges Geschützfeuer in nordwestlicher Richtung vernommen hatte, so ordnete General v. Nehrhoff die sofortige Entwickelung seiner Division an, ohne das Eintreffen der 23. abzuwarten.

Sein Vorgehen stieß indessen wegen des vorliegenden sumpfigen Wamme=Baches auf mancherlei Schwierigkeiten."

Während die Artillerie und Kavallerie der Division sich rechts nach dem Chaussee=Uebergange (Stenay—Beaumont) über den Bach wandte und dort auf die bereits im Defiliren begriffene 23. Division stieß, hatte sich die Infanterie links wieder in Richtung auf die Ferme de Belle Tour gewendet und hier unter Mitbenutzung eines von den Pionieren rasch hergestellten Steges nach und nach den Uebergang bewirkt.

Da man auf diesem Wege aber hinter den rechten Flügel der entwickelten Gefechtsfront des IV. Korps gelangt war, so wurde die Division zunächst wieder in Reserve zusammengezogen.

Die 23. Division hatte auch ihrerseits auf dem Marsche von Beauclair über Laneuville auf Beaumont den Kanonendonner gehört und infolgedessen das an der Spitze der Kolonne befindliche Schützen= Regiment Nr. 108 in beschleunigtem Schritte zur Besetzung des Wamme=Bachüberganges bei der Ferme de Beaulieu vorgetrieben.

Das Regiment trat hier um 1 Uhr ins Gefecht gegen französische Abtheilungen, welche seither noch die rechte Flanke des IV. Korps be= lästigt hatten, und schaffte durch ihre Vertreibung zunächst den nöthigen Platz für das Auffahren der beiden Avantgarden=Batterien der 24. (s. oben) und der eigenen Division, die dann mit ihrem Feuer sich noch an der Verfolgung des über Beaumont zurückströmenden Feindes be= theiligen konnten.

Nach und nach rückten hier auch die (je drei) übrigen Batterien der beiden Divisionsartillerien, sowie die sächsische Korps= artillerie in die Gefechtslinie zwischen der Straße auf Beaumont und der Maas ein, um von hier aus, soweit es der Platz erlaubte, die große Artilleriestellung des Feindes nördlich des Beaumont=Baches zu bekämpfen.

Da sich im Laufe des Gefechtes die Infanterielinie des preußischen IV. Korps bis über die große Straße von Stenay rechts ausgedehnt hatte, so stellte Prinz Georg von Sachsen auch das Gros der 23. Division, nach Maßgabe seines Eintreffens, zunächst zwischen dieser Straße und der Maas nur zu weiterer Thätigkeit bereit, ließ aber zur Deckung der Artillerie das Regiment Nr. 108 zur Besetzung von Létanne in das Thal des Beaumont=Baches hinabsteigen. Längs der Maas selbst vorgehend, schloß sich diesem Regiment später das beim Vormarsche der Division als rechte Flankendeckung abgezweigt gewesene Leib=Grenadier=Regiment Nr. 100 an.

Die sächsische Kavallerie=Division hatte Befehl erhalten, östlich des Waldes von Jeaunet Halt zu machen und die durch denselben führenden Wege sowie die Wamme=Uebergänge für ein bevorstehendes weiteres Vorrücken zu rekognosziren.

Während in dieser Weise rechts vom IV. Armeekorps die Sachsen in das Gefecht eingriffen, waren gleichzeitig links von demselben auch die Bayern in Thätigkeit getreten.

(GstW. I. 1059.) „Das Generalkommando des I. bayerischen Korps hatte um 3½ Uhr morgens den Befehl des Oberkommandos der Dritten Armee zum Vorrücken auf Sommauthe erhalten, und infolge=dessen der General v. der Tann der 2. Division die Marschrichtung über Imécourt und Buzancy, der 1. nebst der Korpsartillerie die über Thénorgues und Bar angewiesen.

Die 2. Division war um 6 Uhr angetreten und hatte mit ihrer Avantgarde (Chevauleger=Regiment Nr. 4, Jäger=Bataillon Nr. 7, 13. und 10. Infanterie=Regiment, 4. leichte und 6. schwere Batterie 1. Regiments) um 12 Uhr mittags die Gegend südlich von Sommauthe erreicht. Auf kurzen Abstand folgte der Division die Kürassier=Brigade des Korps, indeß die auf ihrem Marsche durch Wagen=kolonnen anderer Heertheile aufgehaltene 1. Division um dieselbe Zeit erst (mit der vorgezogenen Korpsartillerie an der Spitze) wieder von Buzancy aufbrach.

Bei der 2. Division hatte man während des Vormarsches nur einige Kanonenschüsse in der Richtung von Oches gehört (s. oben), sonst aber nichts vom Feinde wahrgenommen, bis die vorangehenden Plänkler der Chevaulegers von den Höhen nördlich Sommauthe die damals noch in völliger Ruhe befindlichen Lager der Franzosen um Beaumont entdeckt hatten.

Als um 12½ Uhr mittags der Kanonendonner von Nordosten her ertönte, befahl General v. der Tann, welcher sich persönlich bei der 2. Division befand, daß dieselbe sogleich auf Beaumont vorrücken und zur Linken des IV. Korps den Kampf aufnehmen, die Kürassier-Brigade aber sich nördlich von Sommauthe in Bereitschaft stellen solle. Um das Eingreifen der Division zu beschleunigen, wurden die beiden Avantgarden-Batterien unter Bedeckung des Chevaulegers-Regiments im Trabe vorausgesendet."

Beide Batterien fanden noch Gelegenheit, gegen die auf und aus Beaumont nördlich zurückweichenden Franzosen zu wirken, und betheiligten sich dann weiterhin vom äußersten linken Flügel der großen deutschen Artilleriestellung aus an dem Kampfe gegen die feindliche Artillerielinie nördlich der Stadt.

Der mit den Batterien persönlich seiner Infanterie vorausgeeilte Führer der 2. bayerischen Division, Generalmajor Schumacher, war inzwischen durch einen Generalstabsoffizier des IV. preußischen Korps über die Gefechtslage orientirt und auf die Wichtigkeit des Besitzes der noch vom Feinde besetzten Ferme de la Thibaudine (an der Straße Beaumont—Stonne) aufmerksam gemacht worden, durch deren Wegnahme man sich den Weg in Flanke und Rücken der neuen feindlichen Stellung zu öffnen hoffen durfte.

„General Schumacher erklärte sich sofort bereit, dieser Aufforderung Folge zu leisten" und ließ demgemäß die Spitze seiner nachrückenden Division längs des Ostrandes des Waldes des Murets in die neue (nördliche) Richtung links abbiegen.

Das 7. Jäger-Bataillon und das II. Bataillon 13. Regiments gingen entwickelt gegen die Ferme vor, indeß I./13. längs des Waldrandes folgte. Während das Jäger-Bataillon sich am Straßendamm östlich des Gehöftes festsetzte, sahen sich aber plötzlich die Bataillone des 13. Regiments durch überraschendes Flankenfeuer aus dem Ostrande des Waldes du Grand Dieulet im weiteren Vorgehen aufgehalten. —

Von Warniforêt her hatte hier die, wie oben berichtet, beim nördlichen Ausbiegen des 7. französischen Korps zunächst noch im Vormarsch auf Mouzon verbliebene Division Conseil Dumesnil in das Gefecht eingegriffen.

Während das 7. Jäger-Bataillon und zwei Kompagnien des 13. Regiments sich in den Besitz der Ferme de la Thibaudine setzten und demnächst gegen die der Ferme de la Harnoterie vorliegenden Gebüsche in nördlicher Richtung das Feuergefecht fortführten, hatte sich der Rest der 4. bayerischen Brigade (2½ Bataillone des 13. und das 10. Regiment) westlich gegen den neu aufgetretenen Feind gewendet und denselben, links rückwärts gefolgt von der 3. Brigade, in der Richtung auf Warniforêt zurückgedrängt.

Als der Gegner von dort aus seinen Rückzug jetzt gegen Norden fortsetzte, folgten die Bayern ihm in dieser Richtung bis zur Straße von La Besace auf Yoncq, wo sie um 4½ Uhr auf Befehl Halt machten.

Der weitaus größte Theil der 2. bayerischen Division war aber durch diese Vorgänge in excentrischer Richtung von dem Gefechtsfelde von Beaumont abgezogen worden.

Der kommandirende General v. der Tann hatte ursprünglich beabsichtigt, das Gefecht der 2. Division gegen La Thibaudine Ferme durch Vorführung auch der 1. Division über Sommauthe auf Warniforêt zu unterstützen. Gegen 2½ Uhr nachmittags aber war ihm der Befehl des Oberkommandos der Dritten Armee zugegangen, mit seinem Korps in möglichster Stärke auf La Besace vorzurücken, um die in der deutschen Gesammtheeresfront bestehende Lücke zwischen Beaumont und Stonne auszufüllen (s. 6. A.).

Nachdem der General infolgedessen der zweiten Staffel seines Korps diese weiter westlich ausholende Richtung angewiesen, hatte er sich zunächst auf das Gefechtsfeld der 2. Division bei Beaumont begeben und dieselbe auch ihrerseits bereits in der eben geschilderten Vorbewegung gegen West und Nordwest getroffen.

Um der gleichzeitig von Seiten des IV. Korps an ihn herangetretenen Aufforderung zum ferneren Eingreifen auf dem linken Flügel der preußischen Gefechtsfront gerecht zu werden und die Verbindung zwischen den beiden Korps unter allen Umständen aufrecht zu erhalten, bildete General v. der Tann aus den nächst verfügbaren Abtheilungen

$$\left(\frac{7.}{\text{Jäger}}; \frac{\text{III.}}{10.}; \frac{\text{I. u. II.}}{12.}; \frac{4. \text{ I. u. 6. schw.}}{\text{Artillerie 1}}; \frac{2 \text{ Schw.}}{\text{Chevauleg.}} \right) \text{ ein selb-}$$

ständiges Detachement von 4 Bataillonen, 2 Schwadronen, 2 Batterien unter dem Obersten Schuch, dem er für sein weiteres Vorgehen die

Richtung längs des Doncq-Baches anwies, und das er im Uebrigen den Befehlen des Generals v. Alvensleben unterstellte. —

Während, wie wir sehen werden, der rechte Flügel des deutschen Heeres über Beaumont weiter gegen Mouzon vordringt, setzt sich der General mit den um La Besace zusammengestoßenen Haupttheilen seines Korps seinerseits auf Raucourt in Bewegung.

In leichtem Gefecht drängte hier die an die Spitze genommene 2. bayerische Brigade die Nachhut des französischen 7. Korps von Stellung zu Stellung auf und über Raucourt zurück und brach bei beginnender Dunkelheit um 7¼ Uhr abends das Gefecht gegen den bis Remilly zurückgegangenen Feind ab.

Das bayerische I. Korps biwakirte am Abend mit der 1. Division um das Hauptquartier Raucourt, mit den versammelten Theilen der 2. Division bei La Besace; seine Vorposten rechts in Fühlung mit der mittlerweile auch ihrerseits bis zum Maas-Uebergange von Mouzon vorgedrungenen Armee des Kronprinzen von Sachsen.

(GstW. I. 1061.) „Während in der bisher geschilderten Weise die Sachsen zur Rechten, die Bayern zur Linken des IV. Armeekorps in den Kampf eingriffen, entwickelte sich, wie bereits erwähnt, seit Beginn der dritten Nachmittagsstunde bei Beaumont auf deutscher Seite eine ausgedehnte Artillerielinie, deren Feuer und allmähliches Vorrücken die neuen Angriffsbewegungen der Infanterie einleiteten. Auf dem Höhenrücken südöstlich der Stadt gingen nach und nach zwölf sächsische und vier preußische Batterien in Stellung, welche mit ihrem linken Flügel bis nahe an die Stadt heranreichten. Westlich der Letzteren traten sieben preußische und auf dem äußersten linken Flügel die beiden bayerischen (Avantgarden-) Batterien auf.

Diese 25 Batterien nahmen nun insgesammt den Kampf mit der französischen Artillerie auf, welche die Höhen südlich des Gehölzes Le Fays bis La Harnoterie krönte und durch häufigen Stellungswechsel sich der überlegenen Wirkung der deutschen Geschütze zu entziehen suchte. Die Mitrailleusen verschwanden sehr bald vom Gefechtsfelde und auch die übrigen französischen Batterien fuhren bis 3 Uhr nachmittags allmählich in nördlicher Richtung ab, nachdem die Infanterie des 5. Korps zwischen Doncq und La Sartelle Ferme von Neuem Stellung genommen hatte. Bei der hierdurch sich vergrößernden Entfernung hatten nach und nach die deutschen leichten Batterien ihr Feuer ein= stellen müssen."

Die Zeit des Artilleriekampfes hatte die deutsche Infanterie der 7. und 8. Division zur Wiederherstellung der Verbände in den durch das Gefecht ineinander gerathenen Truppentheilen und zur Bereitstellung nachgekommener Kräfte benutzt. Um 3½ Uhr nachmittags stand das IV. Korps zu erneutem Vorgehen, das XII. Korps hinter seinem rechten Flügel zur Unterstützung bereit.

(GftW. I. 1069.) „Der Oberbefehlshaber der Maas=Armee hatte anfänglich bei Fossé, dann seit Mittag von der einen freieren Ueberblick auf die Umgegend von Beaumont gewährenden Höhe nördlich Champy aus die Einleitung der Schlacht und das siegreiche Vordringen der Truppen gegen die Stadt beobachtet.

Da die bis 2½ Uhr nachmittags eingegangenen Meldungen die Einnahme der Letzteren und den anscheinend von einer stärkeren Arriere= garde gedeckten Rückzug des Feindes feststellten, so wurde nunmehr dem Gardekorps die Weisung zugesendet, dem IV. auf den von demselben benutzten Wegen durch den Wald zu folgen und hierbei die Kavallerie= Division an die Spitze der linken Flügelkolonne zu nehmen. Dem Korps war bereits vorher, in der Mittagsstunde, der Befehl zum Vor= rücken von Nouart auf Champy zugegangen; es hatte sich aber schon beim Rechtsabmarsch von Buzancy im Bois de la Folie mit Theilen des IV. Korps gekreuzt, so daß es erst um 1½ Uhr mit der Spitze der 1. Garde=Division Nouart erreichte. Letztere hatte von dort aus unmittelbar den Marsch auf Champy fortgesetzt; es folgte ihr die Korpsartillerie. Die Garde=Kavallerie und die 2. Division befanden sich aber zur Zeit erst noch im Nachrücken von Buzancy und Thénorgues.

Um die fernere Leitung der auf dem Schlachtfelde versammelten Theile der Maas=Armee persönlich zu übernehmen, hatte sich der Kronprinz von Sachsen demnächst mit seinem Stabe nach Beaumont begeben; während des Rittes dorthin bemerkte man feindliche Truppen= massen in der Gegend zwischen Mouzon und Carignan.

Bei seinem Eintreffen vor Beaumont um 3¾ Uhr nachmittags fand der Kronprinz das IV. Korps bereits nördlich der Stadt im Vorrücken begriffen, während das XII. Korps sich, soweit es der Raum gestattete, auf und hinter dem rechten Flügel des Ersteren entwickelte. Unter diesen Umständen wurde ein Generalstabsoffizier des Ober= kommandos mit dem Auftrage entsendet, sich davon zu überzeugen, ob ein Abdrängen des Feindes von der Maas ausführbar erscheine; dem Prinzen Georg von Sachsen aber befohlen, die 12. Kavallerie-Division über den Fluß vorgehen zu lassen, um gegen die Straße von Mouzon auf Carignan zu rekognosziren." —

Das IV. Armeekorps hatte beim Wiederantreten seiner Infanterie mit der entwickelten 13. Infanterie-Brigade den Beaumont-Bach östlich und in der Stadt überschritten, mit der zurückgehaltenen 14. Brigade der 7. Division den Ort westlich umgangen. Links neben der 7. rückte in tiefer Gliederung die 8. Division in Richtung auf La Harnoterie Ferme vor, von wo das III. Bataillon Nr. 86 die letzten Abtheilungen des Feindes nach kurzem Kampfe vertrieb.

(GftW. I. 1071.) „Die vor der Front des IV. Korps nach Norden ansteigenden Höhen und das Bois de Givodeau verwehrten den Einblick in das dahinter liegende Gelände; zur Linken vernahm man das mehr und mehr nach Westen sich entfernende Feuergefecht der Bayern. Nachdem der bei Beaumont zurückgetriebene Feind mit dem Abfahren der letzten Batterien völlig aus dem Gesichtskreise verschwunden war, blieb es somit zweifelhaft, ob er sich in nördlicher oder mehr westlicher Richtung zurückgezogen habe.

Um die Fühlung mit ihm wiederherzustellen, ließ der kommandirende General v. Alvensleben, welcher um 3 Uhr nördlich von Beaumont eingetroffen war, die westlich der Stadt befindlichen Kavallerie-Regimenter des Korps gegen die Höhen von Yoncq antreten, befahl aber zugleich auch, um jeden Zeitverlust zu vermeiden, daß die 7. Division in der Richtung auf die Ferme la Sartelle, die 8. zwischen der großen Straße und der Ferme la Harnoterie nach Norden vorrücken solle."

Die Kavallerie gerieth alsbald in das Feuer französischer Batterien, welche plötzlich auf der Höhe östlich von Yoncq wieder erschienen, und wurde gleichzeitig in der Flanke vom Bois de Givodeau her von feindlicher Infanterie beschossen, gegen welche auch das von La Harnoterie vorgehende III. Bataillon Regiments Nr. 86 keine Fortschritte zu machen vermochte.

„Das ganze Auftreten des Feindes ließ vermuthen, daß derselbe den Abschnitt zwischen Yoncq und der Straße nach Mouzon stark besetzt hielt. General v. Alvensleben befahl daher, daß sich außer der 8. Division auch die hinter dem linken Flügel der 7. Division folgende 14. Brigade gegen die höchstgelegene Kuppe zwischen Yoncq-Bach und Givodeau-Wald wenden solle.

Generalmajor v. Zychlinski ließ demgemäß seine Brigade sofort an der großen Straße (halb=)links schwenken und nahm mit dem rechten Flügel die Richtung auf die Südwestecke des Waldes von Givodeau. Infolge dieser Bewegung sah sich aber die 8. Division gegen das Doncq=Thal gedrängt und gerieth zunächst ganz hinter den linken Flügel der 7., welche nun mit ihren beiden nebeneinander entwickelten Brigaden das Gelände zwischen Doncq=Bach und Maas fast in seiner ganzen Breite überspannte." —

Mittlerweile hatte General de Failly unter dem Schutze von bei der Sartelle Ferme, im Südrande des Bois de Givodeau und auf der (oben erwähnten) Kuppe zwischen Wald und Bach zurückgelassener Arrieregarden, sein Korps in der Linie Mont de Brune (südöstlich Pourron am Doncq) — Villemontry a. d. Maas zu neuem Widerstande geordnet, und General Lebrun, der Kommandirende des bekanntlich schon tags vorher bei Mouzon auf das rechte Maas=Ufer zurückgegangenen 12. französischen Korps, die Infanterie=Brigade Villeneuve, die Kürassier=Brigade Béville (der Division Fénélon) und drei Batterien zur unmittelbaren Unterstützung des 5. Korps auf das linke Maas=Ufer zurückgeschickt. Diese Infanterie und Artillerie entwickelten sich gegen 4 Uhr nachmittags auf den Höhen nördlich Villemontry, die Kürassiere nahmen Aufstellung bei Le Faubourg Mouzon.

Gleichzeitig damit hatte die mit der Reserveartillerie des 12. Korps bei Moulins südöstlich Mouzon auf dem rechten Ufer gelagerte Division Lacretelle, als die Deutschen begannen, auf dem linken Ufer über das Bois de Fays hinaus vorzudringen, die Waldränder des Thalhanges mit Infanterie besetzt und bei Alma Ferme, dann auf einer hochgelegenen Lichtung des Bois des Flaviers und bei der Bellefontaine Ferme starke Batterien in Stellung gebracht, welche aus unangreifbarer Lage den linken Thalrand unter wirksames Feuer nahmen.

Mit dem Regiment Nr. 66 im ersten Treffen war inzwischen die 13. preußische Brigade in das Bois de Givodeau eingedrungen und hatte, nach und nach durch Theile des aus zweiter Linie eingreifenden Regiments Nr. 26 auf beiden Flügeln die Gefechtsfront verbreiternd, sich bis gegen 5 Uhr nachmittags zum Nordrande des Waldes durchgekämpft. Den starken feindlichen Stellungen vor Villemontry gegenüber und im Flankenfeuer vom jenseitigen Ufer her waren dann

aber alle, wegen des dichten Gehölzes dazu meist vereinzelt unter=
nommenen Versuche, weitere Fortschritte zu machen, vergeblich geblieben.
Die Brigade beschränkte sich vorläufig auf die Besetzung und Festhaltung
des Waldes, welcher Aufgabe die aus erster Linie zurückgezogenen und
bei La Sartelle gesammelten Theile des Regiments Nr. 66 als Reserve
dienten.

Links der 13. Brigade hatte die 14. Brigade, mit dem vom
Regiment Nr. 27 gefolgten Regiment Nr. 93 im ersten Treffen, und
unterstützt durch die 3. schwere Batterie, sich in den Besitz der oben
mehrfach erwähnten Kuppe gesetzt und den Feind zum Rückzuge auf
das am Doncq=Bache gelegene Eisenwerk be Gréfil genöthigt. Auch
hier war aber gegen den Mont de Brune das Gefecht zunächst zum
Stehen gekommen, zu dessen Forsetzung man erst die Unterstützung der
nachgezogenen Artillerie und der mit ihren Haupttheilen links fort=
geschobenen 8. Division erwarten wollte.

Noch ehe jedoch diese Hülfe sich wirksam zu erweisen vermochte,
hatte General v. Zychlinski, den glücklichen Umstand geschickt benutzend,
daß die französische Stellung auf dem Mont de Brune ihre Haupt=
front nach Osten gegen den Austritt der großen Straße aus den
Waldungen de Givodeau gerichtet hielt, den Feind durch Umfassung
seiner rechten Flanke von diesem entscheidenden Punkte vertrieben und
damit gegen 5½ Uhr eine Stellung für die Artillerie des IV. Korps
gewonnen, von welcher aus dieselbe das ganze Maas=Thal bis Mouzon
hin zu beherrschen in den Stand gesetzt war.

Französischerseits hatte man zwar die Gefahr dieser Lage richtig
erkannt und zu ihrer Abwendung die vom General Lebrun gleichfalls
noch zur Unterstützung auf das linke Ufer zurückgesandte Infanterie=
Brigade Cambriels sowie die Kürassier=Brigade Béville
bereits zum Gegenangriff in Bewegung gesetzt; da aber der bei Fau=
bourg Mouzon um 2½ Uhr eingetroffene Marschall Mac Mahon
„wohl die Ueberzeugung gewonnen haben mochte, daß es sich mehr
darum handele, das linke Ufer zu räumen, statt hier neue Kräfte ein=
zusetzen", so wurden die bezüglichen Truppentheile zurückbeordert, und
nur das 5. Kürassier=Regiment unternahm eine Attacke, die aber
an der festen Haltung der deutschen Infanterie scheiterte.

Während die 14. Infanterie=Brigade allmählich ihre Kräfte
am Mont de Brune zusammenzog, um jetzt hier vor dem letzten

Angriffe auf die noch immer rechts und links des Faubourg de Mouzon versammelten feindlichen Massen die Wirkung der nach und nach eintreffenden Batterien des IV. Korps und das umfassende Eingreifen der 8. Division zu erwarten, waren am Nordrande des Bois de Givodeau die mit Hülfe eingreifender sächsischer Verstärkungen erneuten Versuche der 13. Brigade, weitere Fortschritte gegen Norden zu machen, nach wie vor erfolglos geblieben.

(GstW. I. 1077.) „Um die Zeit, als sich das IV. Korps auf den Höhen nördlich von Beaumont zum weiteren Angriffe anschickte, hatte die 45. Brigade auf Befehl des Prinzen Georg von Sachsen ihre Vorwärtsbewegung östlich der Stadt fortgesetzt. Während das Leib=Grenadier=Regiment Nr. 100 von Létanne aus die nördlich gelegene Höhe besetzte, hatten die Regimenter Nr. 108 und 101 mit der Divisionsartillerie den Beaumont=Bach überschritten und hinter der 13. Brigade die Richtung nach dem Bois de Givodeau genommen. Die Korpsartillerie wurde am Gehölz Le Fays versammelt, während in deren frühere Stellung südöstlich Beaumont die 46. Brigade einrückte.

Die 24. Division wurde aus der Gegend südlich der Stadt vorgezogen und marschirte demnächst nördlich derselben wieder auf."

Da sich um diese Zeit auf dem rechten Maas=Ufer feindliche Truppen zu zeigen begannen, so wurde das 2. Reiter=Regiment (der 23. Divisionskavallerie) über Pouilly zur Rekognoszirung dorthin entsendet und gleichzeitig die am Bois de Jeaunet zurückbefindliche Kavallerie=Division angewiesen, gleichfalls ein Regiment (über eine vorhandene Furt) gegen Moulins (r. u. Straße Mouzon—Stenay) vorgehen zu lassen.

Wie gleich hier vorweg berichtet sei, folgten später — auf oben erwähnten Befehl des Oberkommandos der Maas=Armee — (gegen 5 Uhr) auch die drei übrigen Regimenter und die reitende Batterie der Kavallerie=Division über Pouilly gleichfalls auf das rechte Ufer, ohne daß es jedoch dieser versammelten Reitermasse gelang, gegen die auf dem rechten Maas=Ufer in Thätigkeit getretene starke Infanterie und Artillerie des französischen 12. Korps weitere Fortschritte zu machen. Die sächsische Reiterei zog sich denn auch am Abend auf Pouilly zurück. —

(GstW.) „Die Ausdehnung des IV. Armeekorps bis an die Maas hatte eine Theilnahme des XII. an dem im Norden von Beau=

mont wieder entbrannten Kampfe vorläufig ausgeschlossen. Als indessen bald nach 4 Uhr eine Aufforderung des Generals v. Alvensleben einging, mit dem rechten Flügel gegen Mouzon vorzustoßen, und die Weisung des Oberkommandos erfolgte, den Feind womöglich von der Maas abzudrängen (s. oben), setzte Prinz Georg alsbald die 45. Brigade wieder in Marsch, um auf der Thalstraße und durch das Bois de Givodeau vorzugehen."

Das Leib-Grenadier-Regiment versuchte von Létanne aus in schmaler Marschkolonne den Thalweg von dort auf Villemontry einzuschlagen. Beim Austritt aus dem Bois de Fays verwehrte jedoch sehr bald das heftige feindliche Infanterie- und Artilleriefeuer vom rechten Maas-Ufer her jeden weiteren Fortschritt, und das Regiment mußte sich mit der Festsetzung im Ostrande des Bois de Givodeau begnügen. Den nach und nach südlich der Ferme la Sartelle (zwei) und nördlich Létanne (fünf) ins Feuer gebrachten sieben sächsischen Batterien gelang es immerhin, die Thätigkeit der französischen Artillerie des 12. Korps in merklicher Weise von den deutschen Truppen im Walde von Givodeau abzuziehen.

Die anderen Regimenter der 45. Brigade (Nr. 108 und 101) waren um 5 Uhr in der Gegend von La Sartelle eingetroffen und hatten zunächst, mit dem Schützen-Regiment in erster Linie, angefangen, sich durch den Wald von Givodeau nach Norden an die preußische Gefechtslinie der 13. Brigade vorzuarbeiten. In die beim Schützen-Regiment sich bald einstellenden Lücken hatten sich nach und nach zwei Bataillone des Regiments Nr. 101, die sächsische Schützenlinie dann aber ihrerseits auch wieder in die preußische Schützenkette am Nordrande des Waldes eingeschoben. Auch jetzt aber war es nicht gelungen, gegen die französische Stellung hinter Villemontry aus dem Walde vorzubrechen.

(GStW. I. 1080.) „Dies war im Allgemeinen etwa um 6 Uhr nachmittags die Gefechtslage am Bois de Givodeau, welche sowohl dem Kommandeur der 23. Division, Generalmajor v. Montbé, wie dem gleichfalls bei La Sartelle anwesenden Führer der 13. Brigade die Ueberzeugung einflößte, daß angesichts der starken feindlichen Stellungen auf beiden Maas-Ufern eine fernere Anhäufung von Truppen im Walde zu keinem günstigen Ergebnisse führen, sondern nur vermehrte Verwirrung erzeugen werde. Beide beschlossen daher, sich vorläufig auf die Behauptung des Waldes zu beschränken und alle innerhalb desselben zerstreuten Abtheilungen bei La Sartelle zu sammeln. Unter diesen Umständen ließ Prinz Georg auch die zur Unterstützung des Leib-Grenadier-Regiments bereits vorwärts in Bewegung gesetzte 48. Brigade ihren weiteren Vormarsch einstellen. — — — —

Somit war der rechte Flügel der Deutschen unter den obwaltenden Umständen in seinem Fortschreiten aufgehalten und auch das vom Kronprinzen von Sachsen beabsichtigte Abdrängen des Feindes von Mouzon als nicht ausführbar erkannt worden."

Entscheidende Erfolge konnten nur vom deutschen linken Flügel ausgehen.

Ueber den Mont de Brune bis rittlings der Straße Beaumont—Mouzon waren hier nach und nach zwölf Batterien des IV. Korps gegen die im Thale um Le Faubourg und an der Straße Faubourg—Rouffy (Autrecourt) zusammengedrängten französischen Massen in Thätigkeit getreten.

Auf beiden Ufern des Yoncq-Baches vorgehend, hatte inzwischen General v. Schoeler die Hauptkräfte der 8. Division, gefolgt von dem bayerischen Detachement Schuch bis Pourron und die westlichen Höhen über Autrecourt vorgeführt und damit sich wieder links auf gleiche Höhe mit der 14. Brigade gesetzt, von welcher sich ihm bei Grésil noch zwei Bataillone des Regiments Nr. 93 angeschlossen hatten.

Während der Kommandeur der 8. Division seine Truppen hier zum entscheidenden Angriffe gruppirte, hatten die Franzosen begonnen, sich längs der Maas abwärts über Rouffy auf eine unterhalb dieses Ortes geschlagene Feldbrücke und auf Villers devant Mouzon abzuziehen. General v. Schoeler ließ deshalb alsbald die beiden bayerischen Batterien bis an den Höhenrand über Autrecourt vorgehen und ebendorthin das Detachement Schuch nachrücken.

Mit siebzehn Kompagnien der versammelten preußischen Truppen links $\left(\dfrac{\text{II. und 4.}}{86};\ \dfrac{\text{F.}}{96};\ \dfrac{\text{II. und F.}}{93}\right)$, mit fünfzehn Kompagnien rechts $\left(\dfrac{1.,\ 4.,\ \text{II. und F.}}{31};\ \dfrac{\text{II.}}{96};\ \dfrac{1.}{\text{Pion. 4.}}\right)$ des Yoncq-Baches begann dann kurz nach 6 Uhr abends der Niederstieg der 8. Division von den Höhen über Pourron gegen die zwischen Mouzon und Rouffy gelegene Mühle de Poncey.

Zwischen den beiden größeren preußischen Artilleriegruppen auf dem Mont de Brune und an der Straße von Beaumont hindurch, führte gleichzeitig General v. Zychlinski längs der Römerstraße elf Kompagnien $\left(\dfrac{F., 5., 6., 7.}{27}; \dfrac{I.}{93}\right)$ seiner 14. Brigade gegen Mouzon—Faubourg vor.

Seiner Aufforderung entsprechend schloß sich auf dem äußersten rechten Flügel die westliche Kampfgruppe des Regiments Nr. 26 der 13. Brigade an, welche Major Fritsch in der Nähe eines Steinbruches an der großen Straße gesammelt hatte $\left(\dfrac{1., 2., 5., 6., 11. \text{ und Theile von } 8.}{26};\right.$ dazu $\dfrac{11.}{71}$ der 8. Division $= 6\frac{1}{2}$ Kompagnien$\Big)$ und nunmehr gegen den Südrand von Faubourg in Bewegung setzte.

(GstW. I. 1095.) „Die längs der beiden Ufer des Joncq-Baches vorrückenden Truppen wurden von der an der Straße nach Rouffy dicht zusammengedrängten französischen Infanterie, welcher der Abzug stromabwärts durch das auf die Brücke unterhalb Rouffy gerichtete Artilleriefeuer (der Bayern und vom Mont de Brune her) verlegt war, und welcher also die Maas ohne Uebergänge nun unmittelbar im Rücken lag, mit heftigem Feuer empfangen. Die am rechten Flußufer wieder in Stellung gebrachten Batterien unterstützten wirksam diesen verzweifelten Widerstand und der Angreifer erlitt erhebliche Verluste. Besonders hartnäckigen Widerstand leisteten die Franzosen noch in der Mühle von Poncey sowie auch in dem südöstlich derselben aufgefahrenen Wagenparke. — Um 7 Uhr abends fielen jedoch beide Punkte nach erbittertem Kampfe in die Hände der Deutschen", welche nunmehr im siegreichen Vordringen der ganzen Linie die große Straße überschritten und sich unmittelbar am linken Flußufer festsetzten.

Rechts von den Angriffskolonnen der 8. Division waren inzwischen die Abtheilungen der 7. Division von verschiedenen Seiten in Faubourg Mouzon eingedrungen und im heftigen Straßenkampfe bis zur Maas-Brücke nach Mouzon-Stadt gelangt.

Der aus der Vorstadt verdrängte Feind richtete vom jenseitigen Ufer aus ein heftiges Geschütz- und Gewehrfeuer auf dieselbe und versuchte zu wiederholten Malen wieder über die Brücke vorzustoßen. Major Fritsch wies zwar diese Gegenangriffe jedesmal erfolgreich ab, vermochte aber auch seinerseits nicht über die Brücke vorzudringen.

(GstW. I. 1097.) „Während dieses erfolgreichen Vorgehens des linken Flügels des IV. Korps hielten dem rechten gegenüber noch ansehnliche französische Kräfte in der Gegend von Villemontry.

Um die Vorbewegung gegen Faubourg Mouzon auch hier wieder in Fluß zu bringen, hatte der Kommandeur der 7. Division, General-lieutenant v. Schwarzhoff, sich schon einige Zeit vor dem Antreten des linken Flügels an die auf der Straße von Beaumont von rückwärts nachgerückten Theile der 8. Division gewendet und dieselben zum Vorgehen in der Richtung auf die Ferme de Givodeau aufgefordert.

Dem Vorstoße der zunächst für diesen Zweck in Bewegung gesetzten fünf Kompagnien $\left(\frac{3., 4.}{96}; \frac{9., 10., 12.}{71}\right)$, denen später die zwei Muske-tier-Bataillone Nr. 71 und das III. Bataillon Nr. 86 sowie das Jäger-Bataillon folgten, schloß sich von rechts her noch die $\frac{8.}{27}$ an, während kurz darauf auch das I. Bataillon sächsischen Schützen-Regiments und das II. und III. Bataillon Regiments Nr. 101 aus dem Nordrande des Bois de Givodeau zu erneutem Stoße vorbrachen.

Im konzentrischen Angriffe bemächtigten sich diese deutschen Ab-theilungen zunächst des vorliegenden Waldstückes von Villemontry und trieben den in aufgelöster Ordnung zurückweichenden Feind dann auch über die Givodeau Ferme hinaus.

An das siegreiche Vorgehen hingen sich weiterhin aus dem östlichen Theile des Givodeau-Waldes heraus die dort im Kampfe gestandenen übrigen Theile der Regimenter Nr. 108 und 26 an, und dem gemein-samen Anlaufe gelang denn auch hier die gänzliche Vertreibung des Feindes aus seiner so lange glücklich gehaltenen Stellung von Villemontry.

Von Westen und Süden gegen die Maas gedrängt, verlor der geworfene Gegner zahlreiche Gefangene; während einzelne schwimmend das andere Flußufer zu erreichen suchten, gelang es ganzen Abtheilungen, sich unter dem Schutze der Dunkelheit einstweilen noch in Gebüschen und anderen Oertlichkeiten zu verbergen und theilweise wohl noch in der Nacht sich durchzuschleichen.

Allmählich erlosch dann aber das während der Infanteriekämpfe noch von beiden Flußufern lebhaft unterhaltene Geschützfeuer, und mit zunehmender Dunkelheit hörte auch das Infanteriegefecht zwischen den beiden nur durch die Maas getrennten Gegnern auf.“

Um 7 Uhr abends traf der Oberbefehlshaber der Maas-Armee in der Ferme la Sartelle mit den kommandirenden Generalen des IV. und XII. Korps zusammen und ebenda meldete eine Stunde später der kommandirende General des Gardekorps das Eintreffen seiner Truppe bei Beaumont.

Die Truppen der Maas-Armee lagerten im Wesentlichen auf den von ihnen eroberten Flecken des Schlachtfeldes, und von Pouilly oberhalb der Einmündung des Wamme-Baches (sächsische Kavallerie-Division) bis in die Gegend von Villers devant Mouzon unterhalb der Mündung des Yoncq-Baches (Bayern) zog sich der Bogen der Vorposten das linke Maas-Ufer entlang.

Hinter dem in nordwärts gerichteter Front diese Vorpostenlinie westlich verlängernden I. bayerischen Korps (bei Raucourt) hatten die Spitzenkorps (V. und XI.) der Dritten Armee erst Stonne und die Gegend südlich La Besace an der Straße Le Chesne—Beaumont erreicht (s. 6. A.).

B. Betrachtungen.

I. Die „Schlacht von Beaumont" bietet von deutscher Seite das lehrreiche Beispiel einer „lediglich aus dem Grundgedanken der Operationen hervorgegangenen und ohne besondere Schlacht-disposition („im napoleonischen Sinne") daraus sich selbstthätig entwickelnden Gefechtsthätigkeit" (s. 1. B. V.).

Gegen den augenblicklich mit seinen Hauptkräften unter dem Schutze starker Arrieregarden noch in der 24 km langen Linie Le Chesne—Beaumont vermutheten, anscheinend einen Weitermarsch in nordöst-licher Richtung beabsichtigenden Feind (GstW. I. 1032) wird die deutsche Gesammtarmee am 30. August früh in drei „getrennten Hauptkolonnen" (der Maas-Armee, der beiden bayerischen und der 2½ Korps der Dritten Armee) aus der 36 km langen Grundlinie von der Maas bei Stenay bis Monthois nordwärts in Bewegung gesetzt, und

die rechte Flügel-Hauptgruppe (der Maas-Armee) tritt diesen Vor-marsch ihrerseits wieder aus 10 km breiter Front in vier „getrennten" Divisionskolonnen gegen Beaumont an.

Für die „Vereinigung dieser getrennt marschirenden Heertheile auf dem Schlachtfelde" läßt es sich zur Zeit offenbar noch nicht übersehen, ob die „zur Erreichung großer Erfolge nothwendige taktische Umfassung eines gegnerischen Flügels" dem eigenen rechten oder linken Flügel zufallen wird, da die Möglichkeit nicht ausgeschlossen ist, daß der Feind seine Bewegung (statt in nordöstlicher) auch in nord=westlicher Richtung fortsetzt, und die Geländeverhältnisse (des Maas=Laufes) möglicherweise die Umfassung des gegnerischen linken Flügels unmöglich machen können.

„Operativ" erfolgt denn auch der deutsche Vormarsch auf der ganzen Linie nur frontal und unter im großen Ganzen gleich=mäßiger Kraftvertheilung über die Gesammtfront.

Die Bestimmung der „taktisch=entscheidenden Angriffs=richtung" und der dazu etwa nothwendig werdenden „anderweiten Kraftmassirung" bleibt — sowohl für die Gesammtarmee wie innerhalb der drei Hauptgruppen — „besonderen Anordnungen" von höherer Führerstelle vorbehalten, d. h. aber doch wohl nur: wird als die Aufgabe einer „eigenartigen Schlachtanlage" angesehen!

Ehe man zu einer solchen schreiten will und kann, erscheint die operative Sorge zunächst ausschließlich darauf gerichtet, die drei Haupt=kolonnen auf gleiche Höhe nebeneinander zu setzen („vor der Schlacht zu versammeln!"), bezüglich bei der rechten Hauptgruppe einen ver=einzelten Ablauf in das Gefecht seitens der vier Divisionskolonnen hintanzuhalten, und es ist eine charakteristische Erscheinung in den Geschehnissen des 30. August, daß — weder die eine noch die andere Absicht erreicht worden, aber auch — keine einheitliche Schlachtdurchführung zu Stande gekommen ist! (s. auch 6. B.).

Was zunächst die Thatsache betrifft, daß die Spitzenkorps der Dritten Armee die Straße von Le Chesne auf Beaumont wesentlich später erreicht haben als die Maas=Armee, so hat dies unzweifelhaft seitens des großen Hauptquartiers gerade durch die Anordnung vermieden werden sollen, nach welcher der deutsche rechte Flügel erst „um 10 Uhr" die Linie Fossé—Beauclair zu überschreiten, die Dritte Armee aber aus ihren Standorten „frühzeitig" aufzubrechen hatte (s. Armeebefehl 29. 8. abends 11 Uhr in 4. A.).

Von Grandpré und Monthois bis zur westlichen Verlängerung der Linie Beauclair—Fossé (etwa Linie Bar—Quatrechamps) beträgt der senkrechte Abstand kleine 1½ bis 2 Meilen und angesichts des thatsächlich vom Oberkommando der Dritten Armee angeordneten Auf=bruches der drei Korps erster Linie „um 6 Uhr früh" von jenen Aus=

gangspunkten aus, war die oberste Heeresleitung wohl zu der Annahme berechtigt, daß nach vier Stunden („um 10 Uhr") der zur Zeit noch bestehende Vorsprung der Maas= vor der Dritten Armee genügend ausgeglichen sein werde.

Wir haben bei Besprechung der „Heeresbewegungen am 30. August" (s. 6.) auf diese Verhältnisse zurückzukommen und richten unsere Betrachtungen zunächst nur auf die andere Thatsache, daß auch innerhalb der Maas-Armee selbst „die operativen Absichten der höheren Führung für den Uebergang zur taktischen Aktion" sich nicht erfüllt haben.

II. Zweifellos sind auch hier seitens des Oberkommandos die operativen Anordnungen bezw. kurzhin die „Marschbefehle" unter dem Gesichtspunkte getroffen worden, daß man möglicher=, sogar wahrscheinlicherweise nach Durchschreitung des vorliegenden ausgedehnten Waldgebietes in dem offeneren Gelände um Beaumont mit dem Feinde „im größeren Gefecht zusammentreffen" werde!

Lediglich in diesem Sinne erklärt sich die ausdrückliche Ermahnung des Kronprinzen von Sachsen an die vier Kolonnenführer, sich in keine „vereinzelten Kämpfe" einzulassen, eine Vorsichtsmaßregel von so hoher Stelle aus, zu welcher man sich schwerlich veranlaßt gesehen haben würde, wenn man dort nur auf die Möglichkeit gerechnet hätte, mit den vier Kolonnenspitzen auf bloße feindliche „Arrieregarden" zu stoßen.

Trotzdem nun aber die Voraussetzungen des Oberkommandos sich bestätigen, haben wir gesehen, daß Umstände besonderer Art es dem Führer der linken Flügelkolonne schlechthin unmöglich gemacht haben, die höheren Anweisungen zu befolgen, und Niemand wird die Generale v. Alvensleben und v. Schoeler darüber tadeln können, daß sie im Gegensatze gegen ausdrücklich ausgesprochene Absichten „selbständig in das Gefecht eingetreten" sind.

Mit dieser unserer Auffassung stimmt denn auch der wegen seiner geistvollen Urtheile über „die Ursachen der Siege und Niederlagen im Kriege 1870" mit Vorliebe hier schon öfter angezogene russische General Woide überein und knüpft an seine diesbezüglichen lehrreichen Betrachtungen dann weiterhin die Bemerkung an (s. Woide II. S. 229):

„Unter solchen Umständen erwiesen sich die vom Oberkommando der Maas = Armee ertheilten Weisungen nicht

anwendbar; wieder ein Beispiel dafür, auf welche
Schwierigkeiten man im Kriege stößt, wenn man den Truppen
über die Angabe des gemeinsamen Zieles und der anfäng=
lichen Marschrichtung hinausgehende, genauere Anweisungen
geben will. Hier war es nicht möglich, die Feuereröffnung
hinauszuschieben; diese bedeutete aber unter den gegebenen
Verhältnissen den unmittelbaren Beginn der Schlacht und
nicht bloß eine »Artillerievorbereitung« zu derselben. Dem
Geschützkampfe aus nächster Entfernung mußte begreiflicher=
weise unverzüglich der Angriff folgen — ganz gleich, ob von
Seiten der Deutschen oder der Franzosen. Blieb die Avant=
garde der 8. preußischen Division unthätig, so konnte sie aller
Vortheile einer überraschenden Feuereröffnung auf die feindlichen
Läger verlustig gehen und war, sobald sie entdeckt wurde, ihrer=
seits dem Angriffe der ganzen Macht des Feindes ausgesetzt.
Aus diesen Erwägungen ertheilte der kommandirende General
der Artillerie den Befehl zum Feuern und eröffnete damit die
eigentliche Schlacht. Er hatte Grund zu der Annahme, daß
der Donner der Geschütze die Nachbarkolonnen zur Mitwirkung
herbeirufen und die rückwärtigen Heertheile zur Eile anspornen
werde. Auf diese Weise mußte die unvortheilhafte Lage, in
der sich einstweilen die schwachen vorderen Abtheilungen der
8. Division befanden, bald ihr Ende erreichen.

Aus dem Gesagten erhellt, daß ungeachtet des im Kriege
immerhin seltenen Falles, daß die Annahmen des höheren
Führers in Bezug auf Zeit, Ort und die Anwesenheit be=
trächtlicher feindlicher Streitkräfte bei Beaumont genau zutrafen,
der Unterführer trotzdem in die Lage versetzt wurde, von dem
»Buchstaben« des erhaltenen Befehls abzugehen und selb=
ständige, dem Wortlaute des Befehls völlig zuwiderlaufende
Anordnungen zu treffen. Es braucht wohl nicht hinzugefügt
zu werden, daß der dem Buchstaben nach eintretende »Unge=
horsam« des kommandirenden Generals des IV. Armeekorps
gegen eine Einzelanordnung, in Wirklichkeit nur die einfachste
und genaueste Ausführung des »wesentlichen Inhaltes« der
allgemeinen Anordnungen war, die dahin abzielten, am 30. August,
den Gegner »einzuholen und zu schlagen!«

In diesem Sinne ergriff General v. Alvensleben die den Verhältnissen angemessene Maßregel, als er unvermuthet das Geschützfeuer eröffnen ließ, welches zugleich dem Gegner hart zusetzen und die anderen deutschen Kolonnen herbeirufen mußte. Die letzteren zögerten denn auch nicht, der 8. Division die erforderliche Hülfe zu erweisen."

Wenn der russische Kritiker in diesen Ausführungen den Gedanken vertritt, daß der Unterführer ebenso berechtigt wie verpflichtet sei, unter Umständen von dem Buchstaben (Wortlaut) eines erhaltenen Befehls abzuweichen, um dadurch seinem wesentlichen Inhalte (seiner inneren „Absicht") bessere Rechnung tragen zu können, so ist dem unzweifelhaft rückhaltslos beizustimmen.

Wenn aber General Woide dann aus solchem Recht und solcher Pflicht des Untergebenen, den erhaltenen Befehl nach bestem eigenen Verständnisse (selbständigem Urtheile) durchzuführen, anscheinend die Schlußfolgerung zieht, daß jede über die Bezeichnung des Zieles (Auftragsstellung!) und des anfänglichen (!) Weges zu demselben hinausgehende Anweisung von höherer Stelle her, doch eigentlich unnöthig (weil nicht bindend) sei und deshalb besser zu unterbleiben habe, so schießt unseres Erachtens solche Beweisführung doch bedenklich über das Ziel hinaus!

Daß die Durchführung eines von Oben gegebenen Befehls häufig unmöglich für den Untergebenen wird, ist eine so allgemeine Erscheinung im Kriege, daß der Vorgesetzte überall und immer damit rechnen muß. Auch wo der Befehlende sich nur darauf beschränkt, „das zu erreichende Ziel anzugeben", erlangt er damit noch nicht die Gewähr seiner Erreichung. Trotzdem aber wird Niemand daraus die Lehre ziehen wollen, daß man im Kriege überhaupt „nichts befehlen" dürfe und dem Unterführer „überlassen" müsse, was zu erreichen, er sich selbst im Stande erachten werde.

Was sich aus dieser Thatsache ergiebt, ist vielmehr nur die Forderung, daß jeder Untergebene („an seiner Stelle" sagt Clausewitz!) dasjenige Verständniß von kriegerischen Dingen besitzen muß (oder doch sollte!), welches ihn befähigt, „mit Vernunft zu gehorchen"! während der Vorgesetzte, welcher daraus den Vorwand entnehmen wollte, den Untergebenen „ohne bestimmte Anweisungen für den vorliegenden Einzelfall" zu lassen, sich damit meist — einer Pflichtverletzung schuldig machen würde!

Wenn daher in unserem Beispiele der Kronprinz Albert seinen vier Kolonnenführern (nicht sowohl einen „positiven Befehl", als vielmehr nur) eine bindende Anweisung für ihr Verhalten beim Zusammentreffen mit dem an bestimmter Stelle vermutheten Feinde ertheilt hat, so erblicken wir darin nicht nur keine, etwa seine Befugnisse überschreitende, in die berechtigte Selbständigkeit der Unterführer übergreifende, sondern — im Gegensatze zu General Woide — auch nicht einmal eine unter den obwaltenden Umständen überflüssige und deshalb „besser unterbliebene" Maßregel.

Wir werden im ferneren Verlaufe dieser Betrachtungen erkennen, wie es leicht zu bedenklichen Konsequenzen hätte führen können, daß man sich an untergebener Stelle nicht rechtzeitig der mit den gegebenen Anweisungen verfolgten Befehls-„Absicht" erinnert hat! —

Aller Wahrscheinlichkeit nach hat der kronprinzlichen Warnung vor „vereinzelten Angriffen" hier aber noch ein tieferes Motiv untergelegen, als die angesichts der bereits bewährten Führerpersönlichkeiten wohl unnöthige Besorgniß, daß dieselben sich leichtfertiger Weise einer Theilniederlage aussetzen könnten; schwerer ins Gewicht mögen dabei vielmehr die nachfolgenden Ueberlegungen des Führers der Maas-Armee gefallen sein.

Im Augenblick des Antretens der vier Kolonnen war man im Oberkommando (wie schon erwähnt) der ziemlich festen Ueberzeugung beim Austritt aus der vorliegenden Waldzone mit „bedeutenderen feindlichen Kräften" zusammen zu stoßen; noch aber war zur Zeit durchaus nicht mit Gewißheit zu übersehen, in welcher Weise man sich denselben gegenüber taktisch zu verhalten haben werde, um die „Folgen eines solchen Zusammentreffens" (s. 1. B. I.) zum höchstmöglichen Ergebnisse zu steigern.

Offenbar hing diese Frage sehr wesentlich zunächst von der absoluten Stärke, weiterhin von dem Zustande (im Marsch oder in Stellung?), endlich von der örtlichen Vertheilung (unmittelbar an die Maas angelehnt oder nicht? auf einem oder beiden Flußufern?) des „angetroffenen Gegners" ab.

Es war ebenso denkbar, daß man auf die einen Maas-Uebergang (aus irgend welchen Gründen) überhaupt nicht mehr beabsichtigende, wohl aber durch die Verhältnisse zur „Annahme der Schlacht" genöthigte Gesammtarmee von Châlons in starker, mit dem linken Flügel an den Fluß gelehnter Stellung stieß; wie nicht aus-

13*

geſchloſſen, daß man es bei Beaumont nur noch mit einer mehr oder weniger ſtarken öſtlichſten Arrieregarde des im vollen Rückzuge nach Nordweſten befindlichen (von der Maas hinter den Kanal des Ardennes ausweichenden) Gegners zu thun bekam.

Je nachdem aber doch hätte ſich der „Uebergang der Maas= Armee aus ihrem operativen Vormarſche zur erfolgverſprechenden taktiſchen Aktion" entweder zu der Form einer, den franzöſiſchen linken Flügel feſthaltenden Defenſive, bezüglich bis zum möglichen Eingreifen des deutſchen linken Flügels hinhaltenden Demonſtrative, oder zu einer nöthigenfalls in voller Rückſichtsloſigkeit durchzuführenden Offenſive zu geſtalten gehabt, deren entſcheidender Stoß wieder, je nachdem, vortheilhafterer Weiſe den Feind von der Maas abzu= drängen oder dem Fluſſe zuzudrängen ſuchen mußte!

Maßgebend für eine zweckentſprechende Gefechtsanlage der Maas=Armee konnten unter obwaltenden Umſtänden ſomit nur die Meldungen der vier Kolonnenſpitzen über die von ihnen jenſeits der Waldzone angetroffenen Verhältniſſe beim Feinde werden. Bei der mangelhaften Querverbindung innerhalb der Waldzone war das Ober= kommando aber auch gleichzeitig gezwungen, dieſe Meldungen diesſeits derſelben abzuwarten, um ſich erſt nach genügender Orientirung auf denjenigen Punkt (gegebenenfalls Flügel) der Geſammtfront zu begeben, von wo aus man am vortheilhafteſten den Entſchluß in die That hinüberzuführen im Stande ſein werde.

Trotzdem dadurch eine unvermeidliche Verzögerung für die zu treffenden Anordnungen eintreten mußte, erſchien ſolche perſönliche Zurückhaltung des Oberbefehlshabers immer noch weniger ungünſtig als die Möglichkeit, beim Anſchluſſe an den Vormarſch einer Kolonne überhaupt nicht gefunden zu werden oder ſich am falſchen Fleck zu befinden.

Jedenfalls aber lagen in dieſen Verhältniſſen Gründe genug, dies= mal ausdrücklich vor Uebereilungen in erſter Linie zu warnen, zu welchen die „beſondere Kriegslage" (hinter einem ſeit Tagen immer nur dem Gefecht ausweichenden Gegner her!) jetzt auch noch geradezu auf= zufordern drohte!

Wenn nun trotzdem ſchlechthin abnorme, in keiner Weiſe vorher= zuſehende Umſtände die 8. Diviſion in die Lage verſetzt haben, den Feind am hellen Tage nicht nur „überfallen" zu können, ſondern — wie General Woide ſehr richtig ausführt — ſchon aus Gründen der

eigenen Sicherheit überfallen zu müssen, so erscheint es — wie
paradox es klingen mag — doch noch sehr zweifelhaft, ob wir darin
einen Glücksfall und nicht nur einen schließlich auch für die deutsche
Heerführung minder vortheilhaften „Eintritt in das Gefecht" zu
erblicken haben!?

Trotz des Mißgeschicks der ersten Nachmittagsstunde stand das
französische 5. Korps, wie wir gesehen haben, mit der Artillerie
sehr bald und mit der Infanterie jedenfalls schon vor 3 Uhr auf
den Höhen nördlich Beaumont wieder „in guter Haltung zu erneutem Widerstande" bereit.

Die bis jetzt auf dem Gefechtsfelde nur eingetroffenen Spitzen
der beiden preußischen Divisionen sind offenbar zu schwach gewesen,
um den der 8. in den Schooß gefallenen Ueberfallserfolg auch alsbald
zu einem entscheidenden Schlage gegen den Feind auszunutzen.
Hätte es in der Absicht der Franzosen gelegen, sofort über Mouzon
und Villers devant Mouzon auf das rechte Maas-Ufer abzuziehen, so
hätten die zur Zeit nur verfügbaren deutschen Kräfte das unbedingt
nicht mehr verhindern können, und der „Ueberfall von Beaumont"
hätte nur dahin gewirkt, den Feind auf die Nothwendigkeit der Beschleunigung seiner rückgängigen Bewegungen aufmerksam gemacht
zu haben.

Der (nach Woide) „wesentliche Inhalt", bezüglich der Grundgedanke der Anordnungen der Maas-Armee, nämlich: „den Feind
einholen und schlagen zu wollen", wäre gerade durch den Ueberfall
— vereitelt worden! und jedenfalls doch steht fest, daß der „verfrühte
Beginn des Gefechts durch die 8. Division" so gut wie keinen Einfluß auf den weiteren Verlauf der Dinge geübt hat!

Der unter obwaltenden Verhältnissen durchaus unbegründete
Entschluß des Generals de Failly, den Kampf auf den Höhen des
Mont de Brune und von Villemontry noch einmal aufzunehmen und
selbst unter Heranziehung von Truppentheilen des 12. Korps vom
rechten wieder auf das linke Ufer, sogar bis zur taktischen Entscheidung durchzuführen, ist zweifellos ein vollkommen freiwilliger
der französischen Heerführung gewesen, auf den nach den Vorkommnissen
der Mittagsstunde noch rechnen zu dürfen man von deutscher Seite
kaum noch hoffen konnte. —

Um den ersten „Glücksfall" in entscheidender Weise auszunutzen,
war, wie oben gesagt, das IV. preußische Korps im gegebenen Augen-

blick nicht stark genug; wenn aber auch diese zweite „Gelegenheit zu großen Erfolgen" nicht derart ausgebeutet worden ist, wie das wohl möglich gewesen wäre, so trägt daran unseres Erachtens wesentlich der Umstand Schuld, daß man sich im Generalkommando dieses Korps nicht rechtzeitig an die „Weisungen des Oberkommandes" erinnert hat.

Der Ausnahmezustand, in welchen die 8. Division sich beim Austritte aus dem Walde versetzt gesehen, und welcher ihr Abweichen von den „höheren Weisungen" gerechtfertigt hatte, war mit dem Augenblick überwunden, wo der Feind sich auf den Höhen nördlich Beaumont wieder neu gesetzt und damit gerade denjenigen „Zustand" wieder hergestellt hatte, auf welchen jene Weisungen Anwendung finden sollten.

Das ist nicht geschehen, und die nächste Folge der fortgesetzten selbständigen Gefechtsthätigkeit nur des IV. Korps, lediglich auf der Grundlage des operativen Gedankens, den Feind — auch unbekümmert um die Nachbarkolonnen — „einzuholen": war die Vereitelung einer eigentlichen Schlachtleitung seitens des Armee-Oberkommandos und damit

in zweiter Folge die Thatsache, daß das durch seine eigenen Fehler (zum zweiten Male an diesem Tage!) einer vollen Vernichtung ausgesetzte 5. französische Korps sich mit doch ganz auffallend geringfügigen Verlusten hat aus der Affaire ziehen können!*)

III. Als, nach Vertreibung der feindlichen Artillerie von dem Beaumont im Norden überhöhenden Bergrücken der General v. Alvensleben um 3½ Uhr nachmittags (s. A.) sein Korps gegen die noch von feindlicher stärkerer Infanterie besetzte Linie von der Ferme la Sartelle bis zum Dorfe Yoncq antreten ließ, war das artilleristische Einleitungsstadium der Schlacht (s. die kronprinzlichen „Anweisungen") deutscherseits bis zu demjenigen Punkte erfolgreich durchgekämpft, wo spätestens man sich über die taktisch vortheilhafteste Angriffsrichtung für die eigene Infanterie endgültig schlüssig zu machen hatte.

---

*) Nach den offiziellen Angaben betrug der französische Verlust in der Schlacht von Beaumont nur 1800 Mann an Todten und Verwundeten und 3000 Mann an (meist erst in den Abendstunden in deutsche Hände gefallenen) Gefangenen, gegen einen deutschen Gesammtverlust von 3500 Mann, welchen zum weitaus größten Theil das IV. Korps getragen hat.

Das improvijirte Vorspiel der jetzt erst eigentlich gegen den wiedergeordneten Feind beginnenden „Schlacht", wie es in den Lagerüberfällen sich abspielte, hatte das IV. Armeekorps ziemlich genau in die Mitte der, den vier Kolonnen erster Linie der Maas-Armee zwischen Maas und Doncq-Bach in etwa 4 km Breite zur Verfügung stehenden Entwickelungsfront geführt.

Die Frage stand zur Entscheidung, wie man in zweckentsprechender „Gefechtsanlage" die eigenen Kräfte auf dieser Front, zu Vertreibung des Gegners aus seiner etwa 3 km breiten Stellung von La Sartelle bis Dorf Doncq zu „gruppiren" haben werde? (Siehe Kriegslehren, Heft 1.)

Drei (übrigens ja immer wiederkehrende) Möglichkeiten boten sich für diese „Angriffsdisposition":

entweder nämlich man griff den Feind in geeigneter KampfTiefengliederung nur rein frontal an,

oder man hielt seine Front von rittlings der großen Straße bis zum Doncq-Bache beschäftigend fest, um mit verstärktem rechten Flügel den feindlichen linken Flügel von der Maas und dem wahrscheinlichen Rückzugspunkte Mouzon abzudrängen,

oder endlich man ging unter entsprechender Hinhaltung des gegnerischen Centrums und linken Flügels mit verstärktem linken Flügel längs des Doncq-Baches zur Umfassung des französischen linken Flügels vor, um denselben gegen die Maas zu drücken.

Zum nur frontalen Stoße gegen die ganze feindliche Front, wie zur frontalen Beschäftigung des einen oder anderen Theiles derselben stand schon jetzt das IV. Korps bereit;

zur Eindrückung des feindlichen linken Flügels konnte man über das zur Zeit zwar schon südlich des Beaumont-Baches aufmarschirte, immerhin mit seinen Hauptkräften noch 4 bis 5 km von dem entscheidenden Angriffsobjekte der Sartelle-Ferme entfernt, und 2 bis 3 km hinter dem IV. Korps zurückstehende XII. Korps verfügen;

der umfassende Angriff gegen den französischen rechten Flügel endlich fiel gegebenermaßen der mit dem IV. Korps zur Zeit bereits auf nahezu gleiche Höhe gelangten 2. bayerischen Division zu.

Da der Oberbefehlshaber der Maas-Armee noch nicht auf dem Gefechtsfelde eingetroffen war, so oblag dem Kommandirenden des IV. Korps, v. Alvensleben I., als dem rangältesten der anwesenden Generale die Entscheidung über diese Fragen.

Wir wissen, daß er sich zur sofortigen frontalen Fortsetzung des Angriffes nur mit dem IV. Korps in der vollen
Front zwischen Maas und Yoncq-Bach entschlossen hat und dabei auch
auf die vielleicht zuerst doch mit in Aussicht genommen gewesene (f. A.)
umfassende Mitwirkung der bayerischen Division nahezu ganz hat verzichten müssen.

In dem „sich westwärts entfernenden Feuergefecht der Bayern" lag
aber andererseits für den Kommandirenden des IV. Korps doch
mindestens eine beruhigende Sicherung seiner linken Flanke,
und der Ausfall dieser Heertheile aus der aktiven Betheiligung an
der geplanten Offensive gegen Norden ist dann bekanntlich später durch
den Einsatz der Hauptkräfte der 8. Division in die umfassende Vorbewegung über Pourron einigermaßen ausgeglichen worden.

Es muß nach den Schilderungen des Generalstabswerkes dahin
gestellt bleiben, ob dieses — wie wir gesehen, jedenfalls außerordentlich
wirksame — Eingreifen der 8. Division als ein „von der höheren
Leitung" (des Generals von Alvensleben) geplantes betrachtet werden
darf, oder ob es lediglich aus der Initiative des Divisions-
kommandeurs (v. Schoeler) hervorgegangen ist, als derselbe sich durch
die von oben angeordnete Eindoppelung der 14. zwischen die 13. Brigade
und seine Division aus seiner geraden Angriffsrichtung hinausgedrängt
gesehen hat.   Jedenfalls steht fest, daß nur durch dieses umfassende
Auftreten starker Kräfte von Pourron her, die endgültige Entscheidung
der Schlacht herbeigeführt worden ist.

IV. Ueber die Entschlüsse des Generals v. Alvensleben äußert
sich nun der General Woide in wenig befriedigter Weise dahin (II,
S. 231):

> „Zum Schluß läßt sich die Bemerkung nicht unterdrücken,
> daß das durchaus nicht zweckmäßige Verhalten des
> IV. Korps — indem es sich bei seinem zweiten Vorgehen von
> Beaumont aus so weit nach rechts ausdehnte, daß es das
> XII. Korps in die zweite Linie drängte — vermuthlich aus
> dem Verlangen hervorging, den begonnenen Kampf ohne
> Unterstützung durch andere Truppentheile selbst zu Ende
> zu führen.   Dieser gewiß sehr rühmenswerthe Drang nach
> vorwärts und ins Gefecht war allen deutschen Truppen
> eigen und mußte ganz besonders das IV. Korps beseelen,

welches nach so vielen von anderen Korps errungenen Erfolgen
hier zum ersten Male selbst Gelegenheit fand, dem Gegner
eine Schlacht zu liefern. Nur so kann der überflüssige
Kampfeifer erklärt werden, welchen übrigens der echte Heer=
führer einzudämmen wissen muß."

Unseres Erachtens liegt in dieser „Erklärung" des Verhaltens des
preußischen Generals ein Vorwurf, der, wenn man ihn auch bei
Bataillons= und Regimentskommandeuren allenfalls entschuldigen mag,
für einen so hochstehenden Führer doch zu schwer wiegt, um nicht nach
anderen psychologischen Gründen für die vom General v. Alvens=
leben gefaßten Entschlüsse suchen zu sollen.

Vor den Augen des preußischen Heerführers hatten sich soeben
Scenen der Verwirrung und Auflösung auf feindlicher Seite abgespielt,
welche dem erfahrenen Kriegsmanne wohl die Auffassung nahe legen
durften, daß bei einer ununterbrochenen Verfolgung der errungenen
ersten Erfolge die Franzosen ihre feste Haltung nicht sobald würden
wiederfinden können, und daß man deshalb auch mit schwächeren
Kräften jetzt werde wagen dürfen, wofür es später eines
größeren Kraftaufgebots bedürfen könne.

So mochte ihm ein Abwarten der Kolonnen des XII. Korps,
sei es, um mit denselben den Feind von der Maas abzudrängen, sei es,
um mit ihnen den Gegner in Front zu beschäftigen und mit dem „erst
wieder links fortzuschiebenden IV. Korps" (s. Woide) den feindlichen
rechten Flügel zu umfassen, als ein zu bedenklicher Zeitverlust er=
scheinen, zumal an sich schon seit dem ersten Ueberfalle fast drei
Stunden vergangen waren!

Aeußerstenfalls stand ja immer das XII. Korps bereits nahe
genug hinter dem IV., um, wenn nicht „frontverlängernd", so doch
„rechtzeitig frontverdichtend" (aus zweiter Linie) in das Gefecht eingreifen
zu können.

Alles das sind unseres Erachtens Gründe genug gewesen, um auch
ohne das Motiv eines „dem echten Heerführer" nicht wohl anständigen
egoistischen Ehrgeizes es erklärlich erscheinen zu lassen, daß der
Kommandirende des IV. Korps mit der Wiederaufnahme der Offensive
„nicht länger warten" wollte.

Wir haben es rühmend für das französische 5. Korps hervor=
gehoben, daß die Voraussetzungen des Generals v. Alvensleben über den
moralischen Zustand des Gegners sich lange nicht in dem Maße be=

stätigt haben, als anzunehmen man an jenem Tage wohl allgemein
geneigt gewesen ist.

Wir sind aber auch jetzt noch der Ansicht, daß wenn das Wiederantreten des IV. Korps damals im Interesse einer „geplanten Verwendung überlegener Kräfte" noch länger verzögert worden wäre,
die nachträgliche Kritik sofort bei der Hand gewesen sein würde, den
(wie wir gesehen) immer noch recht zähen Widerstand der Franzosen
in Linie Mont de Brune—Villemontry dem „allzuvorsichtigen"
(um nicht zu sagen „unentschlossenen"!) Verhalten des preußischen kommandirenden Generals in die Schuhe zu schieben!

Das ändert nichts an der Thatsache, daß die jetzt fast nur vom
IV. Korps allein durchgefochtene „Schlacht von Beaumont" dadurch
um einen guten Theil derjenigen Früchte gekommen ist, welche ihr angesichts des Verhaltens der feindlichen Führung hätten zufallen
können und müssen, wenn sie in „geplanter Schlachtleitung" durch die
in Wirklichkeit für ihre Durchführung verfügbaren Gesammtkräfte
der Maas-Armee ausgefochten worden wäre!

Die Betrachtung der gegnerischen Maßnahmen wird aber vielleicht weiterhin erkennen lassen, daß der — auch vom General Woide
(II. S. 224) gerügte — Mangel einer „gebührenden Würdigung der
Gefechtslage und eines einheitlichen Zusammenwirkens auf
deutscher Seite", sogar nicht ohne ernste Gefahr für den Ausgang
der Schlacht hätte werden können.

V. Wenn man die Ursachen der französischen Niederlage von
Beaumont unter dem Gesichtspunkte der dortseits begangenen Fehler
untersucht, so wird man dieselben ja unstreitig zunächst in der Nach-
lässigkeit des 5. Korps vor der Schlacht, in weit höherem Grade
aber schließlich doch in der Unfähigkeit der höheren und höchsten
Führung in der Schlacht selbst zu finden haben.

Aus unserer, dem deutschen Generalstabswerke nacherzählten
Schilderung der Vorgänge „bei Beaumont selbst" geht ziemlich deutlich
hervor, daß — abgesehen von dem immerhin empfindlichen Verluste
an Trains und Lagergeräth — die Einbuße des 5. Korps an
Schlagfähigkeit durch den erfolgten „Ueberfall seiner Läger" keineswegs eine so bedeutende gewesen ist, daß man wesentlich in ihr die
ausreichende Erklärung für den nachtheiligen Endausgang der Schlacht
erblicken könnte.

Darum bleiben die in dieser Richtung begangenen Unterlassungs-
sünden nicht minder unentschuldbar und beweisen nur aufs Neue,
wie wenig „kriegsgemäß" doch die Friedensausbildung der
französischen Armee durch alle Grade hindurch vor 1870 gewesen
sein muß, daß dergleichen überhaupt vorkommen konnte.

In seiner Rechtfertigungsschrift über die Ereignisse bei Beaumont
giebt General de Failly an, daß sein am Abend vorher mit den zuerst
abmarschirten Truppen vorangegangener „Stabschef, General Besson"
die Läger für das Korps um Beaumont ausgesucht habe, die dieser
„Generalstäbler" somit „zwischen Wald und Bachthal" ohne alle
Rücksicht auf die Kriegslage bestimmt gehabt hätte.

Die in diese Läger eingeführten „Truppenoffiziere" von den
beiden Divisionskommandeuren abwärts kümmern sich dann weiterhin
aber ihrerseits auch wieder in keiner Weise um die doch zweifellos in
ihre Dienstaufgabe fallenden Vorkehrungen zur Sicherung der
bezogenen Läger.

Wahl und Einrichtung der Biwaks macht, wie General Woide sehr
wahr betont, einfach den Eindruck von „Friedens-Lustlägern".

Hätte, wie das die einfachsten Regeln des „Vorpostendienstes"
verlangen, das Korps in der Richtung seines für den anderen Tag
ohnehin geplanten Weitermarsches auf Mouzon, eine halbe Meile weiter
nordwärts die Läger hinter derjenigen „Hauptstellung" (s. Kriegslehren, Heft 4, 2. B. VI.) bezogen, in welcher (Höhenrücken vom Bois
le Fays bis Harnoterie-Ferme) es sich „im Falle eines feindlichen Angriffs zu schlagen" in der Lage gewesen wäre, und südlich des Beaumont-
Baches nur allenfalls eine „Arrieregarde" bezw. das „Gros der
Vorposten" belassen gehabt, so würde jeder etwa deutscherseits versuchte
Einzelvorstoß aus der großen Waldzone südlich Beaumont heraus,
zweifellos dem Schicksale des — verunglückten artilleristischen Ueberfall-
versuches des IX. Korps bei Verneville verfallen sein!

Freilich umgekehrt wäre dann wohl auch — zumal angesichts
der Ermahnungen des Kronprinzen Albert — solcher Versuch von
deutscher Seite überhaupt nicht unternommen worden, und schon die
„Eröffnung der Schlacht" würde sich auf eine „geplante Schlachtanlage"
gestützt haben!

Wir meinen aber, daß selbst dann die Verhältnisse auf französischer
Seite sich doch immer noch günstiger hätten gestalten lassen, wie jetzt

— vorausgesetzt nur, daß auch hier eine „sachgemäße höhere Leitung" zur Geltung gebracht worden wäre!

Wieder, wie schon wiederholt in diesem Feldzuge, vermissen wir auch an diesem Tage die persönliche Anwesenheit des Höchst= kommandirenden der Armee von Châlons an demjenigen Fleck, von welchem allein es demselben möglich gewesen wäre, entscheidende taktische Entschlüsse im Geiste seiner „operativen Absichten" zu fassen.

Der Marschall Mac Mahon hatte sich (nach Woide) am Früh= morgen des 30. August „für die Korps (5. und 7.) seines rechten Flügels besorgt und, im Unklaren darüber, in welcher Stärke der Gegner sich demselben bereits genähert haben könne", in Person nach Beaumont begeben. Trotzdem er hier vom General de Failly nur sehr unvollkommene Nachrichten über den Feind erhalten hatte (über den dieser General nicht zu sagen wußte, ob er „10 000 oder 60 000 Mann vor sich habe!" Woide), war der Marschall=Oberbefehlshaber dann aber doch (anscheinend schon vor 9 Uhr früh) nach seinem Hauptquartier Raucourt zurückgekehrt, dem Kommandeur des 5. Korps nur die Mahnung zurücklassend, daß „es darauf ankomme, mit dem Korps so rasch als möglich die Maas bei Mouzon zu überschreiten".

Da die Berichte eines Eingreifens des Höchstkommandirenden erst wieder in den Abendstunden bei Mouzon erwähnen (s. A.), so scheint es, daß der General de Failly im Laufe des Tages sich selbst über= lassen geblieben und von höchster Stelle nur: der General Ducrot an einem Eingreifen in das Gefecht verhindert, der General Douay zu einem solchen nicht aufgefordert worden ist!

Man ist versucht, zu glauben, daß der Marschall Mac Mahon bereits unter dem Einflusse jener neuen Theorie gestanden hat, nach welcher sich „aus dem operativen Grundgedanken (hier des Abzuges über die Maas!) die taktische Thätigkeit der selbständigen größeren Heerkörper von selbst zu ergeben" hat! —

Und doch, wenn wir den thatsächlichen Verhältnissen etwas näher treten, werden wir sehen, wie ein Eingreifen von oberster Heeres= leitungsstelle, vielleicht schließlich noch mit der Erreichung desjenigen Zieles hätte enden können, welches der Marschall seit Tagen auf dem Wege „operativen Ausweichens" verfolgt hatte.

Am 30. August abends hätten — selbst trotz nicht vermiedenen, aber füglich vermeidbar gewesenen „Ueberfalls von Beaumont" — die vier Korps der Armee von Châlons die Maas zwischen sich und den Feind gebracht haben können und wieder — wie bei Dun und Stenay — wären es im Wesentlichen nur die drei Korps der deutschen Maas-Armee gewesen, welche aus „operativ" keineswegs günstiger Lage dem Weitermarsche des französischen Marschalls auf Diedenhofen — Metz gewisse „taktische" Schwierigkeiten hätten in den Weg legen können.

Wir überlassen es diesmal dem Leser, sich das Bild der ferneren französischen Operationen und deutschen Gegenoperationen im Einzelnen auszumalen, wenn — wie es wohl bei richtigeren Anordnungen von französischer Seite hätte geschehen können — am 31. August früh gestanden hätten:

die französischen Streitkräfte: mit dem 12. Korps (nach Zurückwerfung der 12. Kavallerie-Division bei Pouilly auf das linke Ufer) bei Moulins (südlich Mouzon), mit dem ohne Aufenthalt zurückgezogenen 5. Korps hinter Mouzon, mit dem 1. Korps bei Carignan — Tétaigne, mit dem 7. Korps bei Amblimont (nördlich Mouzon) — Villers devant Mouzon; die Maas-Brücken von Pouilly bis zur Chiers-Mündung hinter sich zerstört, und

die deutschen Streitkräfte: mit dem I. bayerischen Korps bei Raucourt, dem IV. Korps bei Autrecourt, dem XII. Korps bei Villemontry, dem Gardekorps bei Beaumont (die nächsten Korps der Dritten Armee bei Stonne); für den Maas-Uebergang behufs Einschiebung zwischen dem Feind und Metz sämmtlich zunächst nur auf den einen Uebergang von Stenay oder erst zu schlagende Brücken angewiesen!

Trotz aller „Marschfriktionen" auf französischer Seite wäre aber solcher Abschluß des 30. August zu erreichen gewesen, wenn nur die oberste Heeresleitung es etwas mehr verstanden hätte, die selbständige Thätigkeit und — Unthätigkeit ihrer Unterführer in einheitlichere Bahnen zu lenken.

VI. Um die Zeit, als das Geschützfeuer der preußischen 8. Division die Läger des französischen 5. Korps vor Beaumont alarmirte, befanden sich die beiden anderen noch nicht über die Maas zurückgegangenen Korps der Armee von Châlons, bezüglich:

das 1. Korps bei Remilly, zwei Meilen rückwärts, im freilich etwas verzögerten, im Uebrigen aber durch keinen Feind gestörten Uebergange begriffen;

das 7. Korps dagegen, im Marsche auf Mouzon und Villers devant Mouzon nicht unwesentlich aufgehalten, hatte mit seiner Spitze erst gerade die Gegend zwischen Stonne und Besace auf gleicher Höhe mit dem 5. bei Beaumont und nur eine kleine Meile westlich desselben erreicht.

Aus dem nahezu gleichzeitigen Auftreten feindlicher Infanteriespitzen auf der 4 km breiten Strecke von der Straße von Bois des Dames bis Laneuville auf Beaumont und dem sich rasch verstärkenden Erscheinen deutscher Artillerie auf dieser ganzen Linie mußte der Höchstkommandirende bei Beaumont bereits nach kurzer Zeit erkannt haben, daß selbst, wenn der Feind „auf Stenay weitermarschirt" sei, er doch jedenfalls auch nicht unbeträchtliche Kräfte über Beaumont auf Mouzon in Bewegung gesetzt habe.

Dieser Vormarsch konnte offenbar keinen anderen Zweck haben, als diejenigen französischen Heertheile, welche man noch südlich der Maas antreffen werde, in ihrem beabsichtigten Uebergange zu verzögern, vielleicht, um den „bei Stenay übergehenden deutschen Truppentheilen" Zeit zu schaffen, sich den bereits übergegangenen französischen Korps auf dem Wege nach Metz—Diedenhofen vorlegen zu können.

Nachdem es, dank der Entwickelung starker Artillerie nördlich Beaumont gelungen war, dem ersten deutschen Angriffsstoße einen vorläufigen Halt zu gebieten, mußte hiernach das einzige Bestreben des 5. Korps darauf gerichtet erscheinen, so rasch als möglich selbst hinter die Maas zurückzugehen, für welchen Zweck (wie man mindestens hätte wissen können) ja zur Zeit die drei Brücken von Mouzon, von Villers devant Mouzon und die unterhalb Rouffy geschlagene Feldbrücke zur Verfügung gestanden hätten. Das Korps hätte damit ja auch nur den noch an demselben Morgen vom Oberfeldherrn dem Kommandeur persönlich ausgesprochenen Ermahnungen entsprechend gehandelt.

Es geht aus den Berichten und Rechtfertigungsschriften nicht hervor, welche Gründe den General de Failly bewogen haben, von der Durchführung dieses ebenso natürlichen, als vom Feinde nicht mehr zu verhindernden Planes abzustehen. Da er offenbar im ganzen Verlaufe des Nachmittags bis zum Abend hin, keinerlei Befehle mehr vom Armee-Oberkommando erhalten und ebenso bestimmt ohne alle Nachricht über das (7.) Nachbarkorps geblieben ist; so steht nur so viel fest, daß es nicht die — allein eine langsamere Rückbewegung des Korps rechtfertigende — Rücksicht auf dieses 7. Korps gewesen ist, welche seine Entschlüsse beeinflußt hat!

Lediglich vom Standpunkte des 5. Korps aus betrachtet, waren diese Entschlüsse aber falsch und nur dem glücklichen Umstande, daß man deutscherseits geglaubt hat, sich die Zeit zur Heranführung entschieden überlegener Kräfte auf den entscheidenden Flügel nicht mehr nehmen zu können, verdankt es der General, daß er noch relativ glimpflich davon gekommen ist. —

Unter ganz anderen Gesichtspunkten nun aber, als der sich selbst überlassene Korpskommandeur de Failly, hätte der Oberkommandirende Mac Mahon die Dinge zu betrachten und durchzuführen gehabt — wenn er persönlich auf dem Gefechtsfelde anwesend gewesen wäre!

Durch die trotz der Lagerüberfälle, wie wir gesehen, keineswegs ernstlich gefährdete rasche Zurückführung des 5. Korps hinter die Maas mußte nämlich der über die Gesammtlage seiner Armee füglich besser orientirte Höchstkommandirende die gesicherte Zurückführung auch des 7. Korps ernstlich bedroht erachten.

Bekanntlich hat General Douay selbst die Sachlage in diesem Sinne aufgefaßt und deshalb aus dem Kanonendonner bei Beaumont den selbständigen Entschluß gefolgert, sich durch alsbaldiges Ausbiegen aus der vorgeschriebenen Richtung auf die Brücke von Villers devant Mouzon, nördlich nach der Brücke von Remilly dieser drohenden Gefahr entziehen zu sollen.

Neben dem glücklichen Umstande, daß ihm nur relativ schwache Kräfte (der 1. bayerischen Division, s. oben) des deutschen linken Flügels rechtzeitig genug in dieser neuen Richtung folgten (s. 6), deren er sich in geschickt geleiteten „Arrieregardengefechten" zu erwehren vermocht hat, verdankt er sein unbelästigtes Entkommen hinter die Maas aber doch nur dem nicht minder glücklichen Zufalle, daß er — trotz eingetretener Verzögerungen (s. A.) — den Uebergangspunkt von Remilly bereits vom 1. Korps freigemacht gefunden hat.

Man kann unter obwaltenden Umständen den Entschluß des auch seinerseits sich selbst überlassenen französischen Korpskommandeurs nicht tadeln, zumal er ja thatsächlich unter jedenfalls nur sehr geringfügigen Gefechtsverlusten zu dem dem Korps von Oben gesteckten Zielpunkte geführt hat.

Immerhin bleibt es lehrreich, die Dinge auch einmal unter dem Gesichtspunkte zu betrachten, daß General Douay, statt sich an den „Wortlaut" des höheren Befehls zu einem „beschleunigten Maas-Ueber-

gange" zu halten, dem „allgemeinen Grundsatze" Rechnung getragen
hätte: „auf das Kanonenfeuer zu marschiren."

Es kann keinem Zweifel unterliegen, daß, wenn dieser General —
unter Abstreifung seiner lästigen Trains über La Besace auf Raucourt,
nur mit genügender Bedeckung gegen die ihm bis jetzt bloß gefolgte
schwache preußische Kavallerie — sich „um 1 Uhr mittags" von
Stonne mit seinem ganzen Korps über Warniforêt auf Beaumont
gewendet hätte: sein Erscheinen gegen 3 Uhr mittags (von Stonne
bis Thibaudine-Ferme = ³/₄ Meilen!) in der linken Flanke der großen
deutschen Artillerielinie auf dem Höhenrücken südlich der Stadt der
„Schlacht von Beaumont" eine wesentlich andere Wendung gegeben
haben würde (s. auch 6. B.).

Da, wie wir wissen, um diese Stunde die 1. bayerische Division
sich erst eben (nach 2½ Uhr) auf höheren Befehl von südlich Sommauthe
(1 Meile vom Gefechtsfeld) auf — La Besace in Marsch gesetzt, das
Gardekorps aber (nur mit der 1. Garde-Division) erst Champy
(1¼ Meile von Beaumont) erreicht hatte, so genügt ein Blick auf die
Karte, um uns die außerordentlich ungünstige taktische Sachlage erkennen zu lassen, in welcher sich die (von der Thibaudine-Ferme
bis zur Maas bei Létanne) auf 6 km langer nordwärts gerichteter Front nebeneinander entwickelten fünf (einschl. 2. bayer.)
Divisionen der Maas-Armee durch einen energischen Angriff
dreier frischer französischer Divisionen von Westen her befunden
hätten.

Auf dem schmalen Entwickelungsraume zwischen den, außerhalb der
Wege nahezu unzugänglichen Wäldern im Süden und dem in seinen
Verbänden (namentlich unter solchen Verhältnissen) für ein erneutes
Eingreifen genügend wiederhergestellten 5. feindlichen Korps würde die
„Maas-Armee" nur immer „divisionsweise nacheinander" sich der mit
erdrückender Uebermacht erfolgenden feindlichen Umfassung habe erwehren
müssen.

Auch jetzt nur einfach zu sagen, daß trotzdem die überlegene
Taktik der deutschen Truppen über die Franzosen den Sieg an ihre
Fahnen gefesselt haben würde, mag ja vielleicht berechtigt sein, heißt
dann aber doch auch nur, daß die französische „Armee von Châlons"
zur Zeit schon kein ebenbürtiger Gegner mehr gewesen sei!?

Thatsächlich steht nur fest, daß — wie die Dinge historisch verlaufen (s. 6.) sind — ein Eingreifen der Dritten Armee zur

Hintanhaltung einer Offensive des 7. französischen Korps zu spät gekommen sein würde.

Trotzdem kann man, wie gesagt, dem General Douay keinen Vorwurf daraus machen, daß er einen Entschluß nicht gefaßt hat, dessen volle Tragweite doch nur vom Gefechtsfeld bei Beaumont selbst zu übersehen gewesen ist!

Vielleicht, wenn der Marschall-Oberbefehlshaber von Beginn der Schlacht an beim 5. Korps noch anwesend gewesen wäre, daß er solche Anordnungen für das 7. Korps hätte treffen können!?

Aber auch wenn der zur Stelle befindliche Marschall Mac Mahon sich nicht bis zum Erlaß solch entscheidender Befehle aufzuschwingen gewagt hätte, so bleibt doch sicher, daß er durch rechtzeitiges Heranziehen des 7. Korps über La Besace auf die Höhen von Yoncq, an den rechten Flügel des 5. Korps heran, mindestens die abendliche Umfassung dieses Faillyschen Flügels über Pourron hätte verhindern können!

Angesichts dieser versammelten feindlichen Kräfte hätte das freilich damit ja auch seinerseits alsbald auf das eine Gefechtsfeld angezogene 1..bayerische Gesammtkorps es schwerlich wagen können, durch Ausholen über Flaba oder gar Raucourt, in Richtung auf die Brücke von Villers devant Mouzon den Rückzug der beiden vereinigten französischen Korps hinter die Maas ernstlich zu bedrohen.

Verlängerte, wie das auf Befehl des Armee-Oberkommandos sehr wohl angängig gewesen wäre, das 7. Korps von 3 Uhr mittags ab auch nur die „Arrieregardenstellungen des 5. Korps bei La Sartelle und Yoncq" in westlicher Richtung über das Bois de Yoncq bis zur Straße Flaba—Autrecourt, so verbot sich aber zunächst auch der vereinzelte Vorstoß des preußischen IV. Korps schon einfach von selbst.

Bis zum Eingreifen des XII. Korps von rechts und des I. bayerischen von links konnten dann die Hauptkräfte der beiden sich secundirenden französischen Korps unbelästigt über Villers, die Feldbrücke bei Autrecourt und über Mouzon hinter die Maas zurückgeführt sein und die Arrieregarden ihnen im Laufe des Abends folgen.

Der deutsche Gewinn von „Beaumont" beschränkte sich dann auf die paar Hundert Gefangenen und das eroberte Lagergeräth aus den überfallenen Biwaks; die französische Armee aber stand am 30.

abends zwischen Chiers und Maas zu neuer „operativer oder taktischer Thätigkeit" vereinigt. —

So hat in Wirklichkeit am 30. August:

der General Douay zwar die für sein Einzelkorps zweck=mäßigsten Maßregeln ergriffen, aber das von überlegenen feindlichen Kräften bedrohte Nachbarkorps im Stich gelassen;

der General de Failly die für sein Einzelkorps unzweck=mäßigen Maßnahmen sicherlich nicht zur Unterstützung des Nach=barkorps ergriffen;

der Marschall Mac Mahon aber weder die falschen Anordnungen de Faillys verhindert, noch seine Unterstützung durch Douay ver=anlaßt!

6. Die Operationen der an der Schlacht von Beaumont nicht betheiligten Heerestheile am 30. und die Heeresbewegungen am 31. August.

A. Geschichtliches.

30. August.

Die Heerestheile der deutschen Dritten Armee hatten sich am 30. August früh in Gemäßheit der bezüglichen Befehle (s. 5. A.) nordwärts in Bewegung gesetzt.

Links neben den auf der Straße über Sommauthe zur eventuellen Unterstützung der Maas=Armee auf Beaumont gerichteten beiden bayerischen Korps rückte das V. Korps (von Grandpré) über Briquenay und Authe auf Oches vor.

Das an der Spitze der Avantgarde dieses Korps marschirende württembergische 4. Reiter=Regiment war südlich La Berlière auf die Queue des, wie berichtet, in seinem Marsche durch überflüssige Wagenkolonnen aufgehaltenen, bereits von zwei preußischen Garde=Ulanen=Schwadronen umschwärmten und von der bayerischen Kürassier=Brigade (s. 5. A.) aus der Flanke beobachteten 7. französischen Korps getroffen, und Generalmajor v. Voigts=Rhetz hatte um 12½ Uhr nachmittags von nördlich St. Pierremont aus das Artillerie=feuer gegen diesen Feind eröffnen lassen.

Da die eingehenden Kavalleriemeldungen größere feindliche Infanterie=lager „auf den Höhen südlich Stonne" beobachtet hatten, so marschirte auch das Gros der Korps hinter seiner Avantgarde (18. Brigade) mit der 9. Division bei Verrières, mit der 10. bei St. Pierremont auf, und der inzwischen bei letztgenanntem Orte eingetroffene Kronprinz von Preußen befahl, zunächst von einem Angriffe auf die anscheinend starke feindliche Stellung vor Stonne Abstand zu nehmen und erst das Eingreifen des XI. Armeekorps abzuwarten.

Auf seinem Marsche von Vouziers auf Le Chesne hatte dieses Korps schon früher in Quatrechamps den Befehl des Prinzen Oberbefehlshabers erhalten, auf La Berlière abzubiegen und entwickelte sich nunmehr seinerseits um 2½ Uhr bei Brieulles zum Vorgehen in nordöstlicher Richtung.

Die auf ihrem Marsche über Châtillon gegen Le Chesne auf die Avantgarde des XI. Korps gestoßene württembergische Division folgte demselben nun gleichfalls in der neuen Richtung.

Von den beiden den Vormarsch der Dritten Armee unmittelbar begleitenden Kavallerie-Divisionen war die 4. auf Befehl des Oberkommandos bei Verrières (zwischen Brieulles und La Berlière) angehalten, die 2. von Buzancy her nach Pierremont herangeordnet worden.

(GstW. I. 1106.) „Während sich so der größere Theil der Dritten Armee im Laufe der ersten Nachmittagsstunden in der Gegend südlich Stonne versammelte, war das II. bayerische Korps seiner Bestimmung gemäß (s. 5. A.) dem I. als Reserve gefolgt. Das Oberkommando beabsichtigte demnächst durch ein Vorschieben dieses Korps zweiter Linie auf La Besace die Lücke zwischen der Dritten und Maas-Armee auszufüllen. Da dasselbe aber auf dem Vormarsche mehrfachen Aufenthalt erlitten hatte und infolgedessen noch weit zurück war, so wurde um 2½ Uhr das I. bayerische Korps mit der Besetzung von La Besace beauftragt."

Wir kennen bereits aus der Schilderung der Schlacht von Beaumont die Vorkommnisse bei diesem Korps, welche sich an diesen Befehl angeknüpft haben. —

„Seine Majestät der König hatte sich mit dem Generalstabe des großen Hauptquartiers von Grandpré über Buzancy nach der Gegend von Sommauthe begeben und beobachtete auf der Höhe von Baux en Dieulet den Beginn und den siegreichen Fortgang der Ereignisse bei Beaumont. Als nun daselbst die Meldung des Kronprinzen von Preußen über die eben angegebene Aufstellung seiner Truppen gegen Stonne einging, erkannte man, daß unter den obwaltenden Umständen die Lage des dortigen Gegners sich durch ein längeres Standhalten desselben nur verschlimmern könne. Das Oberkommando der Dritten Armee erhielt daher die Weisung, letzteren nicht scharf zu drängen (vergl. unsere Betrachtungen 5. B. V! und später).

Als indessen in der dritten Nachmittagsstunde der Feind seine Stellungen bei Stonne freiwillig verließ, rückte die Avantgarde des V. Korps über Oches auf die Höhen von La Berlière vor und beschoß mit ihrer Artillerie die nach Norden abziehenden feindlichen Truppen".

Die übrigen Theile des V. Korps folgten in derselben Richtung, und da das Kanonenfeuer von Osten immer heftiger herüberschallte, setzte General v. Kirchbach die Bewegung ohne Aufenthalt auf La Besace fort. Man fand den Ort bereits von den Bayern überschritten (s. 5. A.), und das Korps bezog deshalb Biwaks nördlich und südlich desselben.

Die beim Abzuge des Feindes von Stonne sofort von Verrières dorthin vorgetrabte 4. Kavallerie-Division ließ ihre 8. Kavallerie-Brigade hier zurück und ging mit den beiden anderen noch bis Flaba weiter, wo dieselben die Nacht verblieben.

Links neben dem V. hatte sich alsbald auch das XI. Korps vorwärts in Bewegung gesetzt, und da man auf keinen Feind mehr gestoßen war, bei Stonne und La Berlière die Lager bezogen.

Die Württemberger folgten bis Verrières; zwischen ihnen und dem erst spät am Abend bis Sommauthe gelangten II. bayerischen Korps war die 2. Kavallerie-Division nach Oches gegangen.

Der Kronprinz von Preußen, welcher von der Höhe bei Stonne aus den Fortgang der Kämpfe am Yoncq-Bache bis zu einbrechender Dunkelheit verfolgt hatte, nahm demnächst sein Hauptquartier für die Nacht in St. Pierremont.

Seine Majestät der König ging (da alle Ortschaften in der Umgegend von Sommauthe mit den vom Schlachtfelde von Beaumont zurückgeschafften Verwundeten belegt waren) mit dem großen Hauptquartier nach Buzancy zurück. —

Auf dem äußersten linken Flügel der Dritten Armee war während dieser Vorgänge das VI. Armeekorps von Vautry nach Vouziers nachgerückt und hatte seine Avantgarde nach Brizy am linken Aisne-Ufer vorgeschoben. Vor ihm voraus hatte die 6. Kavallerie-Division mit je einer Brigade Le Chesne und Semuy besetzt und Abtheilungen bis Bouvellemont (³/₄ Meilen nördlich) vorgetrieben. Die 5. Kavallerie-Division endlich hatte die Linie Attigny—Tourteron erreicht. —

Die Ereignisse, welche sich am Nachmittage des 30. August — wie wir wissen, theilweise unter seinen eigenen Augen — bei den beiden noch auf dem linken Maas-Ufer vom Feinde eingeholten Korps (5. und 7.) seiner Armee abgespielt, hatten beim Marschall Mac Mahon noch während der abendlichen Kämpfe vor Mouzon die Ueberzeugung gereift, daß er endgültig auf eine Vereinigung mit dem Marschall Bazaine werde verzichten müssen, von dem er übrigens auch während dieser ganzen Tage keinerlei weitere Nachrichten mehr erhalten hatte.

In dem Augenblick, wo es ihm endlich gelungen war, mindestens den weitaus größten Theil seines Heeres auf das rechte Maas-Ufer hinüberzuführen und so diesen Fluß zwischen sich und den von Süden nachdrängenden Gegner gebracht zu haben, war es dem französischen Feldherrn gleichzeitig zur Gewißheit geworden, daß der Zustand dieser Armee kein derartiger mehr sei, daß sich damit eine jedenfalls noch schwere Anstrengungen und ernste Kämpfe erfordernde „Offensiv-operation" werde fortsetzen lassen können.

Unter den obwaltenden Umständen erschien dem Marschall Ober-befehlshaber ein schleuniger Rückzug als der einzig noch mögliche Ausweg, und als nächstes Ziel ergab sich für denselben die zwei Meilen von Mouzon stromab gelegene Festung Sedan schon allein aus dem einfachen Grunde, weil nur einzig hier die Hoffnung sich bot, die zur Zeit vollkommen erschöpften Vorräthe der Armee an Lebensmitteln in einer die drohende Auflösung hintanhaltenden Weise ergänzen zu können.

Der „operative Grundgedanke" des „zur Befreiung Bazaines und zur Herbeiführung eines Umschwunges der Dinge" am 23. August von Reims begonnenen „Feldzuges" war nach Ablauf einer Woche zu dem alleinigen „operativen Ziele" zusammengeschrumpft, „die Armee vor dem Hungertode zu retten"!

Die bezüglichen Befehle ergingen noch während des Gefechtes, und die in der Nacht zum 31. August von einem großen Theile der Korps danach zurückgelegten Märsche hätten, wenn man sie ihnen nur wenig Tage früher als Tagesetappen zugemuthet gehabt, füglich genügt, dem Verlaufe der kriegerischen Handlung mindestens den „ver-zweifelten" Charakter zu ersparen, den sie fortan annehmen mußte.

Es hat keinen militärischen Werth, diese nächtlichen Bewegungen im Einzelnen zu verfolgen, die jedenfalls beim 5. und 7. Korps viel-fach den Stempel „ordnungsmäßiger Heeresbewegungen" vermissen lassen.

Das Generalstabswerk (I. 1109) schreibt darüber: „der Rückzug wurde in der Nacht auf den von Fuhrwerk aller Art bedeckten Straßen fortgesetzt. Die verschiedensten Truppentheile und Waffengattungen, bunt durcheinander gemischt, suchten, so gut wie ein Jeder sich durch-zudrängen vermochte, das vorgeschriebene Ziel zu erreichen. Da, wo die Straßen verstopft waren, wurden Querpfade eingeschlagen und, unbekannt mit der Oertlichkeit, geriethen hierbei manche Truppentheile in Richtungen hinein, welche sie der späteren Katastrophe entzogen. So überschritten, wie hier vorweg bemerkt wird, mehrere Kavallerie-Regimenter ohne ihr Wissen die belgische Grenze, und auch die Kavallerie-Division Brahaut des 5. Korps wich aus ähnlicher Ursache von der allgemeinen Rückzugsrichtung auf Sedan ab und entkam infolgedessen in das Innere Frankreichs."*)

Ein Theil des 7. Korps (dabei die ganze Reserveartillerie) war wegen Zusammenbruches der Brücke von Remilly genöthigt gewesen, seinen Marsch auf dem linken Maas-Ufer fortzusetzen und erst bei Sedan selbst auf das rechte übergetreten. Das 12. Korps hatte seinen Rückzug in drei, sich in anderthalbstündigen Abständen folgenden Divisionsstaffeln abends 9 Uhr von Mouzon hinter dem 5. Korps her angetreten und in leidlicher Ordnung den Chiers bei Douzy über-schritten. Die hier „zur Aufnahme" bereit stehenden (1. und 3.) beiden Divisionen des 1. Korps hatten sich nach dem Durchzug der ge-schlossenen Truppentheile dem Rückzuge angeschlossen.

In den Vormittagsstunden des 31. August war, trotz dieser Reibungen, die Armee im Winkel zwischen Maas und Givonne-Bach unter dem Schutze der Festung wieder versammelt.

Nur General Ducrot für seine Person befand sich mit den beiden anderen Divisionen (2. und 4.) seines Korps und der Kavallerie-Division Margueritte noch bei Carignan—Blagny (Straße auf Montmédy) zurück, bis wohin er im Laufe des 30. vorgerückt war, ehe ihn der Mac Mahon'sche Befehl zur „Deckung des Rückzuges auf Sedan" getroffen hatte.

---

*) Nur ihr Führer und sein Stab fielen am 1. September in die Hände preußischer Patrouillen!

(GftW. I. 1113.) „Am Abend des 30. August fehlte es im deutschen großen Hauptquartier zu Buzancy anfänglich noch an Nachrichten über die Aufstellungen der einzelnen Heereskörper, deren Märsche und Kämpfe größtentheils erst nach Eintritt der Dunkelheit zum Abschlusse gelangt waren. Da es aber in Anbetracht der persönlichen Wahrnehmungen Seiner Majestät des Königs auf der Höhe bei Sommauthe und der im Laufe des Tages dort eingegangenen Meldungen keinem Zweifel unterlag, daß der umfassende Angriff gegen den überall weichenden Feind unmittelbar weiter durchgeführt werden müsse, so wurde nach 11 Uhr abends an beide Oberkommandos der nachfolgende Armeebefehl erlassen (GftW. Anl. 42):

»Wenngleich bis zur Stunde eine Meldung darüber, an welchen Stellen die Gefechte der einzelnen Korps geendet haben, noch nicht eingegangen, so steht doch fest, daß der Feind überall gewichen oder geschlagen worden ist.

Die Vorwärtsbewegung ist daher auch morgen in aller Frühe fortzusetzen und der Feind überall, wo er sich diesseits der Maas stellt, energisch anzugreifen und auf den möglichst engen Raum zwischen diesem Flusse und der belgischen Grenze zusammenzudrängen.

Der Armee=Abtheilung Seiner Königlichen Hoheit des Kronprinzen von Sachsen fällt speziell die Aufgabe zu, den feindlichen linken Flügel am Ausweichen in östlicher Richtung zu verhindern. Hierzu wird es sich empfehlen, daß möglichst zwei Korps auf dem rechten Maas=Ufer vordringen und eine etwaige Aufstellung gegenüber Mouzon in Flanke und Rücken angreifen.

In gleicher Weise hat sich die dritte Armee gegen Front und rechte Flanke des Feindes zu wenden. Möglichst starke Artilleriestellungen sind auf dem diesseitigen Ufer so zu nehmen, daß sie den Marsch und die Lagerung feindlicher Kolonnen in der Thalebene des rechten Ufers von Mouzon abwärts beunruhigen.

Sollte der Feind auf belgisches Gebiet übertreten, ohne sogleich entwaffnet zu werden, so ist er ohne Weiteres dahin zu verfolgen.

Seine Majestät der König begeben Sich um 8½ Uhr morgens von hier nach Sommauthe. Die seitens der Armee=

Oberkommandos erlaſſenen Diſpoſitionen ſind bis dahin
hierher einzuſenden.

gez. v. Moltke.«"

Die ſeitens der Armeeoberkommandos im Sinne dieſes Befehls
ihrerſeits erlaſſenen Anordnungen lauten (nach GſtW. Anl. 42):

1. für die Maas-Armee.

„Hauptquartier Beaumont, 31. Auguſt 1870.
Früh 6 Uhr.

Die Armee-Abtheilung wird heute ihren Vormarſch auf
beiden Ufern der Maas gegen Sedan fortſetzen.

Die Kavallerie-Diviſion des Gardekorps überſchreitet
die Maas bei Pouilly früh 8 Uhr und marſchirt über Autréville, Malandry und Sailly gegen Carignan.

Von 9 Uhr an folgen die Têten der Infanterie-
Diviſionen des Gardekorps und marſchiren womöglich in
zwei Diviſionskolonnen: die rechte von Pouilly aus längs des
Maas-Ufers, an Autréville ſüdlich vorbei, durch das Bois
d'Inor auf Malandry und Sailly als rechts vorgeſchobenes
Echelon; die zweite Kolonne über Autréville zwiſchen dem Bois
de Moulins und dem Bois de Blanchampagne auf Baur.

Die Kavallerie-Diviſion des XII. Korps überſchreitet
um 8 Uhr morgens die Maas bei Létanne und geht über
Moulins auf dem Höhenrücken, in gleicher Höhe und Verbindung haltend mit der Garde-Kavallerie-Diviſion, Maas-
Thal abwärts.

Die Tête der ſächſiſchen Infanterie paſſirt die Maas
bei Létanne um 10 Uhr und marſchirt über Ferme St. Remy
und Moulins nach dem vorgenannten Höhenrücken, um auf
demſelben, oder wenn nach Meldung der Kavallerie der Feind
bereits gewichen ſein ſollte, im Maas-Thale gegen Douzy vorzurücken.

Das IV. Armeekorps ſteht von 11 Uhr an weſtlich
von Mouzon in Rendezvousſtellung und erwartet weitere
Befehle.

Ich marſchire mit dem XII. Korps.

Sollte der Feind auf belgiſches Gebiet übertreten, ohne
ſogleich entwaffnet zu werden, ſo iſt er ohne Weiteres zu ver-

folgen; außerdem ist das Betreten der belgischen Grenze streng zu vermeiden.

gez. Albert,

Kronprinz von Sachsen."

2. für die Dritte Armee:

„St. Pierremont, 31. August 1870.

Früh 3 Uhr.

Der gestern geschlagene Feind ist heute in aller Frühe weiter bis an die Maas zu verfolgen und überall, wo er sich stellt, energisch anzugreifen und auf den möglichst engen Raum zwischen diesem Flusse und der belgischen Grenze zusammen= zudrängen. Während die Armee=Abtheilung Seiner Königlichen Hoheit des Kronprinzen von Sachsen gegen Mouzon und auf dem rechten Maas=Ufer vorbringt, wird die Dritte Armee in nördlicher Richtung vorgehen.

Hierzu treten die einzelnen Korps aus den Biwaks um 6 Uhr morgens ihren Vormarsch in nachstehender Weise an:

1. die württembergische Division geht von Stonne über La Neuville und Vendresse auf Boutancourt und nimmt dort Stellung an der Maas, die linke Flanke gegen Mézières sichernd;

2. das XI. Armeekorps bringt von Stonne über Chémery und Cheveuges vor und besetzt das Maas=Ufer bei Donchery; gegen Sedan ist zu detachiren;

3. das I. bayerische Korps geht über Raucourt auf Remilly und nimmt hier Aufstellung.

Alle drei Kolonnen haben das Terrain zu beiden Seiten ihrer Marschlinie aufzuklären und vom Feinde zu säubern, mit ihrer Artillerie an dem Maas=Ufer solche Stellungen zu nehmen, daß das Thal und die gegenüberliegenden Kommuni= kationen bestrichen werden, und nach vorhergegangener Rekog= noszirung das Schlagen von Brücken über den Fluß vorzu= bereiten.

Sollte der Feind nach einem etwa erfolgten Uebergange der Dritten Armee oder Theilen derselben über die Maas, auf belgisches Gebiet übertreten, ohne sogleich entwaffnet zu werden, so ist er ohne Weiteres zu verfolgen.

Die übrigen Theile der Armee führen folgende Bewegungen aus:

4. das V. Korps bricht um 8 Uhr auf und marschirt auf Chémery, wo es weitere Befehle erwartet;

5. das II. bayerische Korps marschirt um dieselbe Zeit auf Raucourt;

6. das VI. Armeekorps marschirt noch am heutigen Tage nach Attigny und Semuy und kantonnirt in den umliegenden Dörfern;

7. die 4. Kavallerie=Division hat bereits Ordre erhalten, um 5 Uhr morgens aufzubrechen und den Feind in nördlicher Richtung bis zur Maas zu verfolgen;

8. die 6. Kavallerie=Division geht über Bouvellemont in der Richtung auf Méziéres vor, während die 5. Kavallerie= Division in ihrer heutigen Aufstellung verbleibend, gegen Reims detachirt;

9. die 2. Kavallerie=Division rückt bis Chémery hinter das V. Korps, die Trains haben die Linie Le Chesne—Beaumont nicht zu überschreiten.

Meldungen treffen mich von 9 Uhr an bei Chémery oder auf dem Wege von dort nach Donchery.

gez. Friedrich Wilhelm, Kronprinz."

Noch ehe die erlassenen Befehle an die Truppen der Maas= Armee zur Ausgabe gelangt waren, hatte die sächsische Kavallerie= Division mit stärkeren Patrouillen die Erkundungen auf dem rechten Maas=Ufer gegen Norden und Nordosten wieder aufgenommen und Generalmajor Senfft v. Pilsach, unter schwächster Bedeckung nach Mouzon hineingeritten, die Verbindung mit den jenseits der Brücke in Faubourg Mouzon stehenden Füsilieren Nr. 27 hergestellt, welche die Stadt nunmehr sofort besetzten.

Um 7 Uhr früh war das Oberkommando im Besitze der Meldungen, daß der Feind im vollen Rückzuge auf Sedan und Carignan begriffen sei.

Die Gros der nachrückenden beiden Kavallerie=Divisionen trafen denn auch im ganzen Winkel zwischen Maas und Chiers keinen geschlossenen Gegner mehr an, während ihnen aber unausgesetzt Nachzügler und Trains der feindlichen Armee in die Hände fielen. Erst jenseits des Chiers verdichtete sich allmählich der Widerstand vor der Front der sächsischen Kavallerie-Division, deren nachgerückte Infanterie am Abend des Tages mit der 24. Division die Gegend von Douzy und Brévilly, mit der 23. Division die Gegend von Tétaigne und Lombut belegte. Die Kavallerie-Division war nach Amblimont zurückgenommen; das Hauptquartier nach Mairy gegangen, woselbst auch die Korps-Artillerie untergebracht wurde.

Da der Prinz-Oberbefehlshaber bereits im Laufe des Vormittags aus den reichlich einlaufenden Meldungen die Gewißheit erlangt hatte, daß die Franzosen diesseits des Chiers keinen Widerstand mehr leisten könnten, so war das Gardekorps angewiesen worden, noch heute bei Tétaigne und Carignan den Fluß zu überschreiten, mit der Avantgarde bis Pouru St. Remy und Pouru aux Bois, mit dem Gros bis zur Linie Sachy (an der Straße Carignan — Douzy — Sedan) —Escombres (an der belgischen Grenze) vorzugehen, um so im westwärts gerichteten Offensivhaken auch den Raum zwischen Chiers und der belgischen Grenze abzusperren.

Auch bei diesem Korps war nur in der Mittagsstunde die vorangehende Garde-Ulanen-Brigade des Prinzen Albrecht Sohn bei Sailly und Carignan noch auf den vereinzelten Widerstand der schwachen Arrieregarde der beiden Divisionen (2. und 4.) Ducrot gestoßen, welche erst am 31. morgens den Rückmarsch auf Sedan längs des rechten Chiers-Ufers angetreten hatten.

Nach anstrengendem Marsche, im Uebrigen aber ohne Hindernisse bezog das Korps am Abend des 31. die befohlenen Stellungen mit der 1. Garde-Infanterie-Division in erster Linie, mit dem Rest bis Carignan (Hauptquartier) rückwärts echelonirt.

Es hatte anfänglich in der Absicht des Oberkommandos der Maas-Armee gelegen, das IV. Korps am linken Maas-Ufer weiter vorrücken zu lassen. Da sich indessen nach einer Mittheilung der Dritten Armee das 1. bayerische Korps bereits im Vormarsche auf Remilly befand, ordnete der Kronprinz Albert an, daß, wenn bis 1 Uhr mittags sich kein ernsteres Gefecht entwickelt habe, das Korps zwischen Mouzon und Villers devant Mouzon und in den rückwärtigen Orten des gestrigen Gefechtsfeldes kantonniren sollte. Die 7. Division bezog demgemäß östlich, die 8. westlich Quartiere auf dem innehabenden Fleck. Den zur Aufräumung des Schlachtfeldes kommandirten Abtheilungen fielen dabei noch vielfach Gefangene, stehengebliebene Geschütze und Fahrzeuge sowie anderes Heergeräth in die Hände.

Bei der Dritten Armee hatte die noch bei dichtem Nebel über Raucourt auf Remilly vorausgehende 4. Kavallerie-Division zunächst zahlreiche Nachzügler des französischen 7. Korps aufgelesen, war dann aber dem auf sie gerichteten Artilleriefeuer vom rechten Maas-Ufer ausweichend, stromabwärts an Sedan vorbei weiter gezogen, um vorläufig von Frénois aus durch ihre Batterien die Bahnlinie Méziéres —Sedan unter Feuer zu halten.

Hinter der Kavallerie-Division hatte die Avantgarde des I. bayerischen Korps, welches den Befehl zum Vormarsch erst verspätet erhalten hatte, in den Vormittagsstunden bei Remilly die Maas erreicht und war daselbst alsbald lebhaft vom jenseitigen Ufer her beschossen worden.

General v. der Tann ließ auf den Höhen zwischen Remilly und Pont Maugy nach und nach eine starke Artillerielinie in Stellung gehen und zu ihrer Deckung einen Theil der 2. Infanterie-Brigade von Angecourt direkt nach Pont Maugy links abbiegen.

Die an der Spitze befindlichen beiden Jäger-Bataillone Nr. 4 und 9 vertrieben hier zur Sprengung der Eisenbahnbrücke von Bazeilles her vorgegangene feindliche Infanterie und folgten derselben dann auch auf das rechte Maas-Ufer. Da sie hier nur schlechte Deckung fanden, schoben sich die Jäger bis in das Dorf Bazeilles selbst vor, in dessen Nordrand sie sich starker französischer Infanterie nahe gegenüber festsetzten, später aber wieder zurückgezogen wurden, da General v. der Tann, im Sinne des Armeebefehls, das Entbrennen eines ernsteren Gefechtes durch Nachsendung von Verstärkungen nicht veranlassen wollte. Immerhin war es auf diese Weise gelungen, sich auch fernerhin den Besitz der unzerstört gebliebenen Eisenbahnbrücke bei Maugy für den folgenden Tag zu sichern.

Inzwischen hatte auch auf dem rechten Flügel der bayerischen Stellung (Aillicourt gegenüber) durch den von Sommauthe herangezogenen Pontontrain des Korps der Brückenschlag über die Maas begonnen, war dann aber auf Befehl des Generalkommandos vorläufig unbeendet geblieben, als man sich gegen $5^{1}/_{2}$ Uhr nachmittags davon überzeugt hatte, daß auch seitens der Maas-Armee heute ein weiteres Vordringen gegen Sedan nicht mehr beabsichtigt sei.

Mit starken Vorposten hielt das Korps in der Nacht die Maas=
Uebergänge besetzt und biwakirte mit dem Gros zwischen Angecourt
und Remilly dicht dahinter.

Hinter dem I. hatte um 2 Uhr mittags das II. bayerische Korps
seine Lager bei Raucourt eingerichtet.

Das XI. Korps war am Morgen des 31. in zwei Kolonnen
von Stonne auf Cheveuges (Straße Le Chesne—Sedan) aufgebrochen
und hatte durch vorangehende rekognoszirende Generalstabsoffiziere von
den Höhen von Frénois Einblick in die französischen Lager nördlich
Sedan gewonnen. Die Avantgarde des Korps fand die Brücke von
Donchery trotzdem unversehrt und versicherte sich des Ueberganges über
die Maas durch starke Besetzung des rechten Ufers und Schlagen einer
zweiten Brücke.

Aus den Aussagen der Einwohnerschaft hatte man erfahren, daß
von Sedan aus eine Reihe leerer Eisenbahnzüge die Station passirt
habe, um aus Mézières Verstärkungen heranzuholen und daraus die
erste, alsbald an das Oberkommando gemeldete, wichtige Andeutung
entnommen, daß ein Abmarsch nach Westen hiernach anscheinend nicht
in der Absicht des Gegners liege.

Das Gros des Armeekorps lagerte in der Nacht bei Cheveuges,
indeß die eine Brigade der 4. Kavallerie=Division rechts bei
Chaumont St. Quentin die Verbindung mit dem bayerischen Korps,
die anderen Regimenter dieser Division links bei Villers sur Bar den
Anschluß an die württembergische Division vermittelten.

Hinter dem XI. Korps belegte das V. Armeekorps, über
Chémery nachgerückt, die Ortschaften Omicourt, Connage und Bulson,
die 2. Kavallerie=Division die Gegend von Chémery.

Auf dem äußersten linken Flügel der Dritten Armee war die zur
Deckung gegen Mézières über Vendresse auf Boutaucourt dirigirte
württembergische Division an der Straßengabelung von Flize auf
stärkere Abtheilungen (des französischen 13. Korps!) gestoßen, welche in
leichtem Gefecht gegen Norden zurückgedrängt wurden, so daß General
v. Obernitz abends seine Vorposten in Linie Chalandry—Elaire gegen
Mézières ausstellen konnte.

Links rückwärts der Württemberger war die von Bouvellemont
auf Poix und von dort auf Mézières vorgehende 6. Kavallerie=
Division bei Yvernaumont gleichfalls auf aus der Festung vor=
geschobene Abtheilungen gestoßen, die sich dann — wohl infolge des

Vorgehens der Württemberger — durch den Wald von Yvernaumont
wieder zurückgezogen hatten, so daß die Patrouillen der in Linie Yver=
naumont—Villers sur le Mont ausgestellten Vorposten der um Poix
Alarmquartiere beziehenden Division später die Fühlung mit der
württembergischen Division aufnehmen konnten.

Die 5. Kavallerie=Division hatte sich von Tourteron westlich
bis an die Eisenbahn Rethel—Méziéres herangeschoben und in der
linken Flanke das braunschweigische Husaren=Regiment über Attigny zur
Beobachtung gegen Reims detachirt.

Des IV. Armeekorps endlich hatte Sémuy und Attigny erreicht
und von dort aus durch ein kleines Detachement die Eisenbahn bei
Faux zerstören lassen.

Das Oberkommando der Dritten Armee war am Abend des
31. August nach Chémery gekommen; Seine Majestät der König
mit dem großen Hauptquartier hatte sich am Vormittage von Buzancy
zunächst nach der Höhe von Sommauthe begeben und war dann über
Beaumont, Raucourt, Chémery nach Vendresse gegangen.

„Bei dieser Gelegenheit fand in Chémery zwischen den Generalen
v. Moltke, v. Podbielski und v. Blumenthal eine kurze Be=
sprechung der Kriegslage und der nächsten Entschlüsse statt" berichtet
das Generalstabswerk und faßt diese Lage dann dahin kurz zusammen:

„Der eng zusammengedrängten und mit dem Rücken nach
der Landesgrenze gekehrten Aufstellung der Franzosen gegenüber
stand ein siegreiches und überlegenes Heer in breiter Front
entwickelt. Im Osten und Südosten sperrte der Kronprinz
von Sachsen mit zwei Armeekorps und zwei Kavallerie=
Divisionen auf beiden Ufern des Chiers und dem IV. Korps
bei Mouzon in Reserve den schmalen Raum zwischen der
Maas und der belgischen Grenze. Im Süden hielt sich der
Kronprinz von Preußen mit vier Armeekorps und
zwei Kavallerie=Divisionen zwischen Maas und Bar
bereit, jeden Vorstoß der Franzosen zurückzuweisen oder auf
den in seinen Besitz gelangten vier Brücken den erstgenannten
Fluß zu überschreiten und mit dem linken Flügel einem Abzuge
des Feindes nach Westen in die Flanke zu fallen. Zu letzterem
Zwecke konnten auch die Württemberger und die 6. Ka=
vallerie=Division zwischen dem Bar=Fluß und der Eisen=
bahn nach Rethel unmittelbar mitwirken.

Von der Hauptfront der Deutschen abgesondert, standen
endlich noch in einiger Entfernung hinter dem äußersten linken
Flügel: die 5. Kavallerie-Division und das VI. Armeekorps bereit und vermochten ebensowohl allen Unternehmungen
des Feindes im Rücken der Armee rechtzeitig zu begegnen, wie
auch den französischen Truppen bei Mézières den Rückweg nach
Paris zu verlegen."

B. Betrachtungen.

I. Als am 28. August abends die oberste deutsche Heeresleitung
aus den eingelaufenen Nachrichten die Schlußfolgerung gezogen hatte, daß

    „der Feind den Versuch machen wolle, Metz zu entsetzen und
anzunehmen sei, daß er für diesen Zweck mit ein bis zwei
Korps die Straße Vouziers—Buzancy—Stenay benutzen,
mit dem Rest der Armee nördlich über Beaumont marschiren
werde",

befand sich (abgesehen von der vorgeschobenen Kavallerie) die vorderste
Linie der Maas-Armee bei Dun (XII.) und Banthéville (Garde-
Korps) um rund fünfzehn Kilometer über die vordersten Korps der
Dritten Armee (I. und II. bayerisches und V. Korps in Linie
Varennes—Vienne—Cernay an der Dormoise) vorgeschoben.

Wir wissen, daß es General v. Moltke deshalb für nöthig erachtet hatte, der Maas-Armee für den 29. ein zurückhaltendes,
gegebenenfalls selbst defensives Verhalten zu empfehlen und ausdrücklich auszusprechen, daß die weitere Offensive der höheren
Entschließung Seiner Majestät des Königs vorbehalten bleiben müsse.

Am 29. August abends war, trotz des Vorrückens der Maas-
Armee bis zur Linie Nouart (XII.)—Buzancy (Garde-Korps), durch
Nachrücken der Dritten Armee in die Linie Sommerance (I. bayerisches)
—Grandpré (V.)—Monthois (XI. Korps) der Vorsprung der rechten
Staffel bereits auf siebenundeinhalb Kilometer eingeholt, und
die Anschauung der obersten Heeresleitung über die Kriegslage hatte sich
dahin entwickelt, daß

    „der Feind sich in nordöstlicher Richtung der Maas zu
bewege und mit seinen Hauptkräften augenblicklich noch zwischen

Le Chesne und Beaumont, mit starken Arrieregarden noch südlich dieser Linie zu stehen scheine."

Unter solcher Voraussetzung wurde zum 30. August beiden Armeen der Angriff auf den Feind befohlen und das Antreten der Korps erster Linie im Allgemeinen so geregelt, daß man auf ihr Vorgehen in gleicher Höhe nebeneinander zu zählen sich berechtigt erachten durfte (s. 5. B. I.).

Nun haben wir aber aus unserer Schilderung ersehen, daß trotzdem:

· (erst) um 12½ Uhr „die Avantgarden=Batterien des V. Korps von nördlich St. Pierremont ihr Feuer gegen das französische 7. Korps eröffnen";

um dieselbe Zeit „die Spitze der 2. bayerischen Division von Sommauthe auf Beaumont sich wieder in Bewegung setzt";

gleichzeitig aber auch (schon!) „die 8. Division die feindlichen Lager bei Beaumont aus nächster Nähe beschießt"; und endlich

(erst!) um 2½ Uhr „das XI. Korps bei Brieulles (auf gleicher Höhe mit St. Pierremont) seinen Aufmarsch links neben dem V. Korps beginnt".

Es ergiebt sich aus diesen Verhältnissen, daß, statt in erwarteter Weise „auf gleicher Höhe" vorzugehen, um die Mittagsstunde des 30. August die Korps der Maas=Armee gegen die Dritte Armee immer noch um rund 6 Kilometer im Vorsprung, innerhalb der letztgenannten Armee selbst aber das linke Flügelkorps gegen Centrum und rechten Flügel noch um rund 8 Kilometer (2 Stunden) im Rückstande gewesen sind.

Der Vormarsch der deutschen Gesammtarmee gegen den in Linie Le Chesne—Beaumont vermutheten Feind hat sich somit an jenem Tage thatsächlich „in Echelons vom rechten Flügel" vollzogen, und wir geben demgegenüber zunächst unserer (später näher zu erörternden) Auffassung Ausdruck, daß wenn statt dessen die Armee ihre Vorbewegung gegen Norden „mit vorgezogenem linken Flügel" angetreten hätte, die endgültige Entscheidung des Feldzuges gegen die Armee von Châlons wahrscheinlich schon an diesem 30. August gefallen wäre!

Weiterhin sind wir dann aber auch der Ansicht, daß, wenn nicht einmal die zweifellos bestandene Absicht der höheren Heeresleitung erreicht worden ist, mit den Korps beider Armeen auf gleicher Höhe vorzurücken, dafür in erster Linie der Umstand verantwortlich ist, daß der Dritten Armee die Aufbruchszeit für ihre Korps erster Linie nicht ebenso bestimmt von Oben vorgeschrieben war, wie dies der Maas-Armee gegenüber der Fall gewesen ist.

Wir haben gesehen, daß General v. Moltke im „Armeebefehl vom 29. August abends 11 Uhr" sich nicht gescheut hat, dem Kronprinzen von Sachsen den Beginn seiner Vorbewegung über die bestimmt bezeichnete Linie „Fossé—Beauclair" hinaus nach der Uhr zu bezeichnen, und daß man somit darin beim großen Hauptquartier offenbar keinen „unberechtigten Eingriff in die Befugnisse dieses hochgestellten Führers" erblickt hat, der andernfalls — lediglich „mit dem Angriff auf Beaumont beauftragt" — an einem heißen Augusttage wohl schwerlich von selbst das Antreten seiner Korps so spät in den Morgen hinein verschoben hätte!

So liegt kein ersichtlicher Grund vor, warum nicht mit derselben Bestimmtheit auch dem Oberbefehlshaber der Dritten Armee hätte befohlen werden können, mit den drei Spitzenkorps z. B. „um 9 Uhr früh die Linie Quatrechamps—Boult aux Bois—Buzancy zu überschreiten", bis wohin jedes derselben nur einen kleinen Marsch von $1\frac{1}{2}$—2 Meilen zurückzulegen gehabt hätte.

Und wie der Aufbruch der Infanteriekorps beider Armeen aus festgelegter (25 km breiter) Front, so hätte auch die frühzeitige Voraussendung der Kavallerie-Divisionen der Dritten Armee in der waldfreien Westhälfte dieser Front gegen Le Chesne—Stonne von Oben herunter befohlen werden können, und sicherlich sich nützlicher erwiesen, als die — gerade heute gegen die sonstigen Gepflogenheiten der Dritten Armee! — beliebte Zurückhaltung der 4. Kavallerie-Division bei Verrières und der 2. bei St. Pierremont hinter der Infanterie!

Wenn wir uns im Nachfolgenden „die Lage am 30. August mittags" unter der Voraussetzung solcher von oberster Heeresleitungsstelle aus getroffener „Spezialanordnungen" vergegenwärtigen, so werden wir den bedeutungsvollen Einfluß erkennen, den solche „Einzelheiten" auf den Verlauf der Dinge auszuüben im Stande sind. Wieder werden wir uns dann sagen müssen, daß es nur eine „verfehlte Theorie" ist, wenn man sich lediglich „des Prinzips der Selbständigkeit der Unterführung" zu Liebe von höherer Stelle „jeder über die Auftragsstellung hinausgehenden Detailanordnung enthalten soll", deren Wichtigkeit keineswegs immer von niederer Stelle sofort in ihrem

wahren Werth erkannt werden muß und oft nicht einmal richtig ge=
würdigt werden kann!

Wenn es dem Kronprinzen von Preußen und dem General
v. Blumenthal hat geschehen können, daß sie die Korps der Dritten
Armee, trotz des im Armeebefehl empfohlenen „frühzeitigen" Aufbruches
zu spät haben antreten lassen, um den letzten Absichten der obersten
Heeresleitung voll gerecht werden zu können, so will uns bedünken, daß
das Beweis genug für unsere Forderung bildet, daß, wo ein Detail
ins Gewicht fallen kann, man es auch von Oben befehlen soll!

II. Der geplante Vormarsch der beiden deutschen Armeen am
30. August früh erfolgte:

1. in der bestimmten Erwartung, daß man auf der Straße
Le Chesne—Beaumont und möglicherweise noch südlich derselben mit
beträchtlicheren feindlichen Streitkräften zusammentreffen
werde;

2. in der für wahrscheinlich erachteten Annahme, daß die=
selben sich ostwärts gegen die Maas=Uebergänge von Stenay und ab=
wärts vorzubewegen, schwerlich sich west= oder nordwestwärts zurück=
zuziehen beabsichtigten; endlich

3. in dem ausgesprochenen Entschlusse, den Gegner anzu=
greifen, wo immer man ihn finden werde!

Der Augenblick des Ueberganges „von der strategischen Operation
zur taktischen Aktion" wurde dabei für so naheliegend erachtet, daß in
den Befehlen vom 29. abends nirgends mehr von einer „Verlegung" des
großen und der Armee=Hauptquartiere von einer Etappe zur anderen,
sondern überall nur von dem „persönlichen Standorte" gesprochen
wird, wo von den Morgenstunden ab Seine Majestät der König und
die beiden Armeeführer sich aufhalten würden!

Es kann daher auch kaum einem Zweifel unterliegen, daß man sich
im großen Hauptquartier doch jedenfalls auch schon ein „allge=
meines Bild" von der „zweckmäßigsten taktischen Verwendung der
verfügbaren Kräfte in der erwarteten Schlacht" gemacht hatte, und wir
werden nicht irre gehen, wenn wir uns dasselbe dahin reproduziren, daß:

je nach den thatsächlich angetroffenen Verhältnissen
das Bestreben der deutschen Armeen dahin gerichtet sein müsse, den ost=
wärts marschirenden Feind womöglich noch von der Maas abzu=
drängen oder den etwa west= oder nordwestwärts ausweichenden

Gegner womöglich gegen die Maas und die belgische Grenze zu drücken.

Je nachdem fiel dann der Maas- oder der Dritten Armee die entscheidende, dem anderen Armeeflügel die sekundirende Rolle in der „geplanten Schlacht" zu.

Bot sich der Maas-Armee die Möglichkeit, sich noch zwischen den feindlichen linken Flügel bezw. die gegnerischen Spitzenkorps „umfassend einzuschieben", so genügte für die unterstützende Thätigkeit der Dritten Armee ein gleichzeitiger Frontalangriff gegen den feindlichen rechten Flügel bezw. die noch auf dem diesseitigen Ufer zurückbefindlichen gegnerischen Korps.

Erwies sich dagegen solch umfassende Einschiebung der Maas-Armee zwischen Feind und Fluß unthunlich, weil der Gegner seinen linken Flügel an den Fluß angelehnt, bezw. mit seinen Spitzenkorps denselben schon überschritten hatte, und mußte infolgedessen diese deutsche Armee sich „auf den Frontalangriff beschränken", so oblag der umfassende Entscheidungsstoß gegen den feindlichen rechten Flügel und die noch nicht über die Maas gelangten französischen Korps der dazu bereitstehenden Dritten Armee.

Ging aus den feindlichen Anordnungen endlich die — allerdings nicht für wahrscheinlich erachtete — Absicht eines Rechtsabmarsches hinter den Kanal des Ardennes und die nördliche Maasstrecke hervor, so griff zwischen beiden deutschen Armeen ein ganz analoges Wechselspiel für die „frontale" und die „umfassende" Thätigkeit Platz, für welche jetzt die Möglichkeit einer Einschiebung der Dritten Armee zwischen den feindlichen rechten Flügel und den nächst in Frage kommenden „Geländeabschnitt" (des Ardennen-Kanals) auf der feindlichen Marschlinie maßgebend werden mußte.

Aus diesen einfachen Ueberlegungen ergab sich nun aber doch offenbar die hervorragende Wichtigkeit, welche für die „zweckmäßige taktische Verwendung der eigenen Streitkräfte"

1. die frühzeitige Feststellung der beiden, namentlich aber auch des feindlichen rechten Flügels bezw. damit der feindlichen Frontausdehnung und

2. die rechtzeitige Bereitstellung der beiden deutschen, namentlich auch der „von weiterher" heranzuführenden Dritten Armee

besitzen mußte.

III. Gehen wir einen Augenblick von der Annahme aus, daß

1. das — infolge unserer oben gemachten Vorschläge — um 6 Uhr früh aus seinen Biwaks (bei Béffu und Grandpré) über Briquenay aufgebrochene V. Armeekorps, nach einstündiger Ruhe bei Boult aux Bois (10 km Marsch) seinen Vormarsch auf Oches um 9 Uhr wieder aufgenommen hat und auf Grund der von der 2. Kavallerie-Division eingelaufenen Meldungen über die noch bei Oches zurück-befindlichen bezw. südlich Stonne entdeckten stärkeren feindlichen Kolonnen, nunmehr um 11 Uhr vormittags seinen Aufmarsch „mit der 9. Division bei Verrières, mit der 10. bei St. Pierremont" (8 bis 10 km Marsch) beginnt; daß

2. links vorwärts des V., das um 4 Uhr früh aus seinen Biwaks (bei St. Morel und Monthois) über Vouziers auf Quatrechamps (15 km Marsch) gerückte XI. Armeekorps, auf die Nachricht der 6. Kavallerie-Division, daß der Feind Le Chesne bereits gestern in Richtung nach Osten geräumt habe, nach einstündiger Ruhe, um 9 Uhr von dort wieder aufbricht und gleichfalls um 11 Uhr vormittags in der Linie Petites Armoises (8 km) — Verrières (10 km Marsch) aufzumarschiren angefangen hat; daß

3. in der linken Flanke des XI. Korps die bis Tannay (halbwegs Le Chesne — Stonne) vorgerückte 4. Kavallerie-Division (links in Verbindung mit der 6. bei Le Chesne) gegen Vendresse und Chémery aufklärt, indeß die 2. Kavallerie-Division (rechts in Verbindung mit der bayerischen Kürassier-Brigade) vor der Front der Armee den Aufmarsch der beiden Korps deckt; daß

4. hinter dem V. und XI. Korps die württembergische Division bis Brieulles nachgerückt ist; daß

5. von rechts her das bereits um 10 Uhr mit seiner Spitze bei Sommauthe angelangte I. bayerische Korps seine Beobachtungen über die feindlichen Lager bei Beaumont an das Armee-Oberkommando gemeldet und daraufhin den Befehl erhalten hat, zunächst auch seinerseits an dem erreichten Punkte aufzumarschiren; daß

6. zur Zeit die Kolonnen der Maas-Armee noch in den schlechten Waldwegen auf Beaumont stecken; und daß endlich

7. Seine Majestät der König mit dem großen Hauptquartier über Sommauthe um 11½ Uhr vormittags bei St. Pierremont mit dem Kronprinzen, Oberbefehlshaber der Dritten Armee, zu-sammengetroffen ist.

Man wird einräumen müssen, daß bei einer der wahrscheinlichen „Tagesaufgabe der Dritten Armee" zweckentsprechender angepaßten Aufbruchszeit ihrer Korps, die hier vorausgesetzte Sachlage sich ohne Schwierigkeit hätte bewahrheiten können, und es steht fest, daß man die Verhältnisse auf feindlicher Seite dann schon nahezu ebenso angetroffen hätte, wie das jetzt nur mehrere Stunden später auch der Fall gewesen ist. Wissen wir doch, daß das 7. französische Korps thatsächlich seinen Weitermarsch von Stonne „erst um 1 Uhr mittags wieder hat aufnehmen können!"

Nun wird man mit nahezu apodiktischer Sicherheit behaupten dürfen, daß wenn das große Hauptquartier beim Eintreffen auf dem für die weitere Leitung der Heeresbewegungen ausgesuchten Uebersichtspunkte die Dinge thatsächlich in der eben geschilderten Verfassung angetroffen hätte, und zur Zeit genauere Meldungen über die Lage der Maas-Armee auch noch nicht eingetroffen (das Gefecht dort überhaupt noch nicht im Gange) gewesen wäre:

die oberste deutsche Heeresleitung nicht einen Augenblick gezögert haben würde, der Dritten Armee die konzentrische Vorbewegung gegen Stonne—La Besace, bezüglich den umfassenden Angriff gegen das französische 7. Korps, zu befehlen.

Brachen dann zu diesem Zweck um 12 Uhr mittags die drei Korps erster Linie bezw. das XI. mit dem linken Flügel längs der Straße über Tannay auf Raucourt gegen das Bois de Dieu, das V. direkt gegen Stonne—La Besace, das I. bayerische über Warniforêt gegen Yoncq vor, so hätte angesichts der so entwickelten dreifachen Uebermacht das dazu in seinem Rückzug durch die eigenen Trains behinderte 7. französische Korps einer endgültigen Auflösung nicht zu entgehen vermocht, und leicht hätten mehr oder weniger beträchtliche Theile des jetzt wahrscheinlich doch zur Aufnahme des hart gedrängten Generals Douay auf dem linken Maas-Ufer zum Frontmachen veranlaßten 1. Korps Ducrot mit in diese Katastrophe verwickelt werden können.

Zwischen 2 und 3 Uhr mittags hätten dann die Spitzen des rechten Flügels der Dritten Armee (I. bayerisches Korps) am Yoncq-Bach Fühlung mit dem linken Flügel (IV. Korps) der Maas-Armee genommen, deren frontaler gleichzeitiger Angriff um 1 Uhr mittags mit vier Kolonnenteten aus den südlichen Waldungen heraus das 5. französische Korps (auch ohne Ueberfall!) in seinem Rückzuge

auf Mouzon lange genug aufzuhalten vermocht hätte, um seine Um-
wickelung durch die Dritte Armee zu ermöglichen.

Waren aber am Abend des 30. August in dieser Weise zwei
Korps der Armee von Châlons durch mehr als doppelte deutsche
Uebermacht entscheidend geschlagen, von Villemontry bis Remilly
gegen die hier nur höchstens drei bis vier Uebergänge bietende Maas
gedrückt, zu bedingungsloser Waffenstreckung gezwungen, Theile
der beiden anderen französischen Korps vielleicht mehr oder
weniger in diesen Zusammenbruch mit hineingerissen worden, so ist klar,
daß die Kapitulation auch dieses, vielleicht am 31. noch nach der
Festung Sedan zurückgeretteten Restes kaum weitere 48 Stunden
hätte auf sich warten lassen können, falls Marschall Mac Mahon nicht
— wie später Bourbaki — den Uebertritt auf neutrales Gebiet vorgezogen haben würde.

Der deutsche Enderfolg wäre dann freilich nur derselbe geblieben wie jetzt auch; man wird aber dreist behaupten dürfen, daß
angesichts der so wesentlich günstigeren taktischen Verhältnisse, der
jetzt auf rund 600 Offiziere und 12 000 Mann (145 Offiziere
3384 Mann + 465 Offiziere 8459 Mann) sich berechnende Gesammtverlust in den Schlachten von Beaumont und Sedan (s. GstW. I.
282* und 342*) sich ganz wesentlich geringer (nach Analogie von
Beaumont kaum auf die Hälfte!) gestellt haben würde.

Angesichts solcher Vortheile kommt es nicht in Betracht, daß möglicherweise zur Erreichung des vollen Erfolges (mindestens bei Theilen
des XI. Korps) hier und da wohl „der letzte Hauch von Mann und
Roß" in die Verfolgung hätte eingesetzt werden müssen, um mindestens
mit den Avantgarden noch in der Nacht den Uebergangspunkt von
Remilly zu erreichen! (45 km von Monthois, 38 km von Grandpré
und von Sommerance.)

IV. Wir wissen, daß die oberste deutsche Heeresleitung (im Gegensatze zu der eben hier aus „angenommener", aber keineswegs „besonders
zurechtgelegter" Situation entwickelten „Gefechtsanlage" des 30. August)
sich aus den örtlich gleichen, zeitlich aber um etwa drei Stunden
weiter hinausgeschobenen Verhältnissen heraus, zu dem ausdrücklichen „Befehl" veranlaßt gefunden hat, daß der Kronprinz von Preußen
den vor ihm stehenden Feind „nicht drängen solle, weil angesichts

des Standes der Dinge bei Beaumont sich die gegnerische Lage nur immer mehr verschlimmern könne!"

Wir haben aber auch gesehen, daß, im Gegensatz zu dieser letzteren Erwartung, das 7. französische Korps sich thatsächlich unter sehr glimpflicher Einbuße aus seiner recht prekären Lage zu ziehen vermocht hat.

Wir müssen es dahingestellt sein lassen, ob nicht selbst „um 2½ Uhr nachmittags" der Befehl zum rückhaltslosen Vorgehen der Dritten Armee immer noch zu besseren Resultaten geführt hätte als diese empfohlene Zurückhaltung.

Die Lage der Dritten Armee um diese Stunde ähnelt einigermaßen derjenigen der Maas-Armee am Morgen des 29. August; haben wir aber selbst damals — in Uebereinstimmung mit dem Generalstabswerke — schließlich doch den Entschluß des Kronprinzen von Sachsen zur Vorführung des Garde- und XII. Korps gegen Buzancy—Nouart — im Widerspruche gegen General Woide — für praktisch vortheilhafter erklären müssen, als eine nur abwartende Haltung (s. 4. B.), so meinen wir, das hätte im vorliegenden Falle für die Dritte Armee noch um so mehr gegolten, als hier nicht einmal die Gefahr gedroht haben würde, es möglicherweise mit überlegenen feindlichen Kräften zu thun bekommen zu können.

So müssen wir aber aus Alledem doch nur zu dem Endergebnisse kommen, daß lediglich die übersehene Einzelheit eines „rechtzeitigen Aufbruchs der Korps der Dritten Armee" schließlich im Stande gewesen ist, den zweckmäßigsten taktischen Entschluß selbst des großen Hauptquartiers — auf falsche Fährten zu leiten!

Das 7. französische Korps verdankt, wie wir eben gesehen, diesem Umstande in erster Linie seine Rettung aus anderenfalls hoffnungsloser Lage, der sich zu entziehen auch der Entschluß des Generals Douay zum Ausweichen über Raucourt allein nicht genügt hätte.

Die Gefahr, welcher angesichts der Zurückhaltung des deutschen linken Flügels die Maas-Armee bei einer zielbewußten energischen Führung auf feindlicher Seite ausgesetzt gewesen wäre, haben wir schon oben besprochen.

Aber auch für das 5. französische Korps hat die verspätete Vorbewegung der Dritten Armee nur den Vortheil im Gefolge gehabt, daß die Umfassung seines rechten Flügels nicht so rechtzeitig und in derjenigen Kraftentfaltung hat erfolgen können, um ihm den Rückzug

hinter die Maas unbedingt abzuschneiden. Seinen schließlichen Zusammenbruch am Abend des Tages hat es wesentlich nur seinem eigenen
Verfahren zuzuschreiben, indeß schon auch ein konzentrisches Zusammenwirken des I. bayerischen mit dem IV. Korps dem General de Failly
einen freiwilligen Rückzug unmöglich gemacht haben würde.

Die Abberufung des bereits mit ausreichenden Kräften
rechtzeitig in entscheidender Richtung in die „Schlacht von Beaumont“ eingesetzten I. bayerischen Korps hat die Erfolge auf dem
rechten deutschen Flügel mehr oder weniger geschädigt und ist dem
linken deutschen Flügel nur in relativ geringem Maße zu Gute gekommen.

Auch das führt sich lediglich auf das „Mißkennen der obwaltenden
Kriegslage“ zurück, welche die „Einschiebung“ eines ganzen Armeekorps
bei La Besace zwischen die Maas- und Dritte Armee jedenfalls so lange
nicht erheischte, als man mit dem eigenen linken Flügel nicht zur entscheidenden Offensive übergehen wollte.

So spielt das „Korps von der Tann“ am 30. August einigermaßen
die Rolle des „Korps Erlon am 16. Juni 1815“; aus der entscheidenden Richtung nach einer Seite hin wird es vorzeitig ab-
gelenkt und zur Entscheidung nach der anderen Seite hin kommt es
zu spät, insofern der Feind schon vor seiner Front vorbei mit seinen
Hauptkräften nach Norden abgezogen ist.

V. Es hängt vielleicht mehr, als man auf den ersten Blick annehmen möchte, mit diesen eben hier besprochenen Verhältnissen zusammen,
daß das große Hauptquartier am Abend des 30. August offenbar noch
sehr mangelhaft über die Ergebnisse des Tages unterrichtet gewesen ist!

Durch die Einleitung zum Armeebefehl von 11 Uhr abends klingt
es wie ein leiser Vorwurf, daß General v. Moltke die Entschlüsse zum
31. hat fassen müssen — „wenngleich bis zur Stunde Meldungen noch
nicht vorliegen!“ (s. A.)

Trotzdem erscheint das ziemlich natürlich.

Die Dritte Armee hatte auf der ganzen Hauptfront von Le Chesne
bis Raucourt die Fühlung mit dem Feinde verloren bezw. nur in
letzterer Richtung mit der Spitze des bayerischen I. Korps aufgenommen;
es ist sehr fraglich, ob man sich hier Rechenschaft „über Stärke und
eigentliche Absichten“ des in den Nachmittagsstunden bei Stonne gegenüber gestandenen Feindes hat geben können.

Aber auch bei der Maas-Armee hatte der fast nur durch das IV. Korps allein gegen einen, wahrscheinlich sogar numerisch überlegenen und jedenfalls einen zähen Widerstand leistenden Gegner durchgeführte Kampf einen klaren Einblick in die Verhältnisse auf französischer Seite nicht gebracht.

Man war, nicht ohne schwere Opfer, siegreich bis zur Maas vorgedrungen, wie es aber jenseits des Flusses aussah, hatten selbst die Rekognoszirungen der am Abend zurückgezogenen 12. Kavallerie-Division nicht festzustellen vermocht.

Wir wissen, daß man sich hier noch zum anderen Morgen auf eine gewaltsame Erzwingung des Ueberganges bei Mouzon gefaßt gemacht und erst um 7 Uhr früh den nächtlichen Rückzug der ganzen französischen Armee auf Sedan erfahren hat.

Der für den 30. August (laut Armeebefehl vom 29.!) geplante Anschluß der taktischen Aktion an die strategische Operation hatte sich bei Beaumont wie bei Stonne „selbstthätig" aus der persönlichen Auffassung der bezüglichen Unterführer über den „operativen Grundgedanken" entwickelt und dort in einer, wie wir gesehen, (theils zufällig, theils absichtlich) doch unbedingt allzu überhasteten Offensive, hier unter wesentlich anders gearteten äußeren Eindrücken in einer allzulang hingezogenen bloßen Beobachtung (kaum „Beschäftigung"!) des Gegners gegipfelt.

Der so „ohne eigentliche Schlachtanlage" und damit ohne inneren Zusammenhang sich abspielende Verlauf der taktischen Handlung hatte aber auf diese Weise nur einen rein äußerlichen Abschluß gefunden, der keineswegs schon „eine neue Basis zu neuen operativen Entschlüssen" zu bieten vermochte!

Was man überhaupt nur hätte melden können, war: der Abzug des Feindes hinter die Maas!

So blieb zum 31. August nichts übrig, als die „Fortsetzung" der Bewegungen im Sinne des „operativen Grundgedankens des 30. August", der die erwartete „taktische Entscheidung" eben noch nicht gebracht und anscheinend sogar aufs Unbestimmte hin verschoben hatte.

Die nächste Wirkung der am 30. August „nicht genügend geklärten" Sachlage auf eigener und feindlicher Seite ist es, daß die um die Mittagsstunde des genannten Tages bereits (von Verrières bis Létanne) in nur wenig über zwei Meilen breiter Front „zur Schlacht versammelte" deutsche Gesammtarmee am 31. August zunächst

wieder auf nahezu vier Meilen Frontausdehnung (von Flize bis
Messincourt) auseinandergezogen wird, um dann am 1. September
„von verschiedenen Seiten her erst auf dem Schlachtfelde selbst wieder
vereinigt" zu werden.

Die Verlegung des großen Hauptquartiers am 31. abends
nach Vendresse hinter den alleräußersten linken Flügel der deutschen
Armeen und auf die Westseite des Kanals des Ardennes läßt ziemlich
bestimmt darauf schließen, daß man nach dem „taktischen Fehl-
schlage vom 30." zunächst nicht sowohl mit einem erneuten Zusammenstoße mit dem Gegner „im größeren Gefecht", als vielmehr
nur mit der Nothwendigkeit einer abermaligen „Aenderung der
Operationsrichtung der Armee", jetzt wieder gegen Westen, rechnen
zu müssen geglaubt hat.

So spricht denn auch der „Ueberblick", welchen das Generalstabswerk an das Ende seines „Abschnittes von Beaumont" gestellt hat
(s. A.), und den man vielleicht als den Kern der am Abend zwischen
den Generalen v. Moltke, v. Podbielski und v. Blumenthal gepflogenen
„kurzen Besprechung der Kriegslage" betrachten darf, wohl von der
erfolgten Verlegung der französischen Durchbruchsrichtungen
gegen Osten und Süden, weiterhin von der Möglichkeit eines
Flankenstoßes über die Maas hinaus gegen die feindliche Rückzugslinie nach Westen — nicht aber von der Entscheidungsschlacht,
welche kaum zwölf Stunden nach dieser Konferenz beginnen sollte!

IV. Abschnitt.

Der 1. September.

- -

7. Die Schlacht von Sedan.

A. Geschichtliches.

(GstW. I. 1139.) „Aus dem Gesammtinhalte der Meldungen und Nachrichten, welche' am 31. August in das Hauptquartier Seiner Majestät des Königs gelangt waren, ging mit Bestimmtheit hervor, daß die Armee des Marschalls Mac Mahon das linke Maas-Ufer vollständig geräumt hatte und in der unmittelbaren Umgebung von Sedan versammelt stand. Daß der Gegner unter den ihm so ungünstigen Verhältnissen an Ort und Stelle eine Schlacht annehmen werde, war nicht zu erwarten; es wurde vielmehr vorausgesetzt, daß er versuchen werde, sich der nahezu vollendeten Umzingelung auf irgend eine Weise zu entziehen, sei es durch schleunige Fortsetzung des Rückzuges in westlicher Richtung über Mézières, sei es durch plötzliches Vorbrechen auf Carignan, äußerstenfalls durch Entweichen über die belgische Grenze.

Während nun die deutsche Heeresleitung diese verschiedenen Möglichkeiten in Betracht zog und hierbei die Ansicht gewann, daß die französische Armee unter den obwaltenden Verhältnissen wahrscheinlich die erstgenannte Bewegung antreten werde, deuteten andererseits noch manche Umstände — (so die Meldung des XI. Korps von erwarteten Eisenbahn-Truppentransporten von Mézières nach Sedan) — auf die Absicht eines Vorstoßes in der entgegengesetzten Richtung. Der französische Feldherr mochte sich indessen für den Abmarsch nach Westen oder für den nach Osten entscheiden, in beiden Fällen standen ausreichende deutsche Kräfte bereit, jedem derartigen Unternehmen nachdrücklich zu begegnen.

Besondere Vorschriften für den 1. September wurden vom großen Hauptquartier zunächst nicht ertheilt, weil der am 30. abends in Buzancy erlassene Befehl schon die allgemeinen Gesichtspunkte für das Verhalten des deutschen Heeres enthielt und insbesondere hinsichtlich der nächsten Bewegungen der Dritten Armee alles Nöthige in der erwähnten (s. 6. A.) Besprechung zu Chémery festgestellt worden war.

Auf Grund der daselbst getroffenen Verabredungen wurde vom Oberkommando dieser Armee am 31. abends ein Befehl entworfen, welcher dem linken Flügel vorschrieb, am folgenden Tage die Maas unterhalb Sedan zu überschreiten und sich einem Rückzuge des Feindes auf Mézières entgegenzustellen.

Hierzu sollten in aller Frühe das XI. und V. Korps über Donchery in der allgemeinen Richtung auf Brigne aux Bois vorrücken, die württembergische Division aber auf einer bei Dom le Mesnil zu schlagenden Brücke über die Maas gehen und eine derartige Aufstellung nehmen, daß sie sich entweder nach der Seite von Mézières wenden oder den auf Brigne aux Bois in Bewegung gesetzten Herestheilen als Reserve dienen könnte.

Das II. bayerische Korps wurde angewiesen, mit einer Division und der Artilleriereserve die Höhen des linken Maas-Ufers gegenüber von Donchery zu besetzen, die andere Division zwischen Frénois und Wadelincourt aufzustellen, um ein Vorbrechen des Feindes in südlicher Richtung zu verhindern.

Dem 1. bayerischen Korps fiel die Aufgabe zu, von Remilly aus in ein etwaiges Gesecht der Maas-Armee einzugreifen.

Von den Kavallerie-Divisionen sollten sich die 6. bei Flize, die 2. bei Boutaucourt, die 4. südlich von Frénois für weitere Verwendung bereit halten; die 5. Kavallerie-Division sowie auch das VI. Armeekorps hatten auf den bisherigen Plätzen hinter dem äußersten linken Flügel der Armee zu verbleiben." —

(GstW. I. 1141.) „Inzwischen hatte im großen Hauptquartier Vendresse der Oberstlieutenant v. Brandenstein des Generalstabes die Meldung abgestattet, daß nach seinen in der Gegend von Remilly gemachten Wahrnehmungen der Feind unter Zurücklassung des Gepäcks eilig auf Mézières abzuziehen scheine.*)

---

*) Das Generalstabswerk vermuthet eine Verwechselung mit dem Marsche der unter General Ducrot von Carignan über Francheval auf das rechte Givonne-Ufer zurückgehenden Truppen.

Hiernach war ein Vorbrechen der Franzosen in der Richtung auf Carignan kaum noch zu erwarten, vielmehr nun zu besorgen, daß es ihnen gelingen könne, sich mit ansehnlichen Theilen der Armee der drohenden Umzingelung zu entziehen, falls die Dritte Armee nicht frühzeitig die Straße von Sedan nach Mézières erreichte. General v. Moltke richtete deshalb gegen 8 Uhr abends ein Schreiben an den General v. Blumenthal, in welchem es als wünschenswerth bezeichnet wurde, noch im Laufe der Nacht einige Heerestheile über die Maas vorzuschieben, um bei Tagesanbruch in entwickelter Front an der eben genannten Straße zum Angriff bereit zu stehen.

Dieses Schreiben ging zwischen 9 und 10 Uhr abends in Chémery ein, als der vorstehend angegebene Befehl dort eben ausgefertigt wurde. Der Kronprinz ertheilte nunmehr noch einige zusätzliche Bestimmungen, auch erweiterte er den Auftrag für das I. bayerische Korps dahin, daß dieses den gegenüberstehenden Theil des feindlichen Heeres festzuhalten habe und daß es ihm hierzu unbenommen bleibe, schon vor dem Auftreten der Maas-Armee selbständig zum Angriff zu schreiten.

Dem Oberbefehlshaber der Letzteren ließ der Kronprinz eine Zusammenstellung sämmtlicher bei der Dritten Armee getroffenen Anordnungen zugehen und hierbei noch besonders darauf hinweisen, daß sich im Falle eines Vorgehens der Maas-Armee das Ergebniß des Tages voraussichtlich noch günstiger gestalten werde.

Sobald diese Mittheilungen um 1 Uhr nachts an das Oberkommando der Maas-Armee gelangten, beschloß der Kronprinz von Sachsen, der an ihn ergangenen Aufforderung unverweilt Folge zu geben, nachdem bereits am vorigen Tage alle nöthigen Vorkehrungen zu einer schnellen Versammelung der Truppen getroffen waren.

In voller Erkenntniß der Wichtigkeit des Augenblicks beabsichtigte er, nicht nur eintretendenfalls die Franzosen in ihrem Rückzuge nach Westen aufzuhalten, sondern ihnen durch Vornehmen des eigenen rechten Flügels zugleich auch ein Ausweichen über die Landesgrenze zu verwehren. Da indessen der Abzug des Feindes aus der Gegend östlich von Sedan noch keineswegs feststand, vielmehr nach allen am Abend eingegangenen Meldungen darauf zu rechnen war, daß man bei Villers Cernay und La Moncelle noch auf starke französische Streitkräfte stoßen werde, so handelte es sich zunächst um die Besitznahme dieser Ortschaften.

Es wurde deshalb um 1³/₄ Uhr morgens ein Befehl abgesendet, welcher die sofortige Alarmirung der vorderen Korps anordnete und außerdem Folgendes vorschrieb:

das Gardekorps wurde angewiesen, mit einer Division über Pouru auf Bois auf Villers Cernay, mit der anderen und der Korps= artillerie über Pouru St. Remy auf Francheval vorzurücken.

das XII. Korps sollte sich südlich Douzy versammeln, um über Lamécourt auf La Moncelle vorzustoßen.

Der Beginn der Vorbewegungen von Pouru auf Bois, Pouru St. Remy und Douzy wurde für die Avantgarden aller drei Kolonnen auf spätestens 5 Uhr morgens festgesetzt, die Gros hatten so schnell und so nahe als möglich zu folgen.

Auch das IV. Armeekorps erhielt Befehl zum schleunigen Auf= bruch; eine Division desselben sollte mit der Korpsartillerie auf dem linken Maas=Ufer nach Remilly marschiren, um daselbst zur Unter= stützung des I. bayerischen Korps bereit zu stehen, die andere Division wurde dazu bestimmt, bei Mairy, in dem Winkel zwischen Maas und Chiers, als allgemeine Reserve zu dienen.

Den Anordnungen der beiden Oberkommandos zufolge setzten sich die deutschen Truppenmassen theils in der Nacht, theils am Frühmorgen des 1. September in Bewegung.

Auf dem rechten Flügel der ungefähr vier Meilen breiten Angriffslinie nahmen drei Armeekorps (Garde=, XII., I. bayerisches) von Osten und Südosten her ihre Richtung gegen den Abschnitt der Givonne, um die dort stehenden französischen Heertheile am Abmarsche zu hindern. Ein Armeekorps (II. bayerisches) machte von Süden Front gegen Sedan, und vom linken Flügel aus wendeten sich zwei Korps (XI. und V.) zunächst gegen die Straße von Sedan nach Mézières, um den auf derselben im Rückzuge vermutheten Truppen des Gegners in die Flanke zu fallen. Außerdem waren noch drei In= fanterie=Divisionen (württembergische, 8. und 7.) und zahlreiche Kavallerie verfügbar, um nöthigenfalls rechtzeitig einzugreifen. —

Während man aber somit auf deutscher Seite von der Voraus= setzung ausging, daß der Gegner bereits seit dem vorigen Abend seinen Abzug auf Mézières eingeleitet habe, stand die französische Armee noch immer in dem Raume zwischen Givonne, Maas und Floing=Bach."

Als der Marschall Mac Mahon, unter dem Eindrucke der Niederlage des 5. Korps, am 30. August abends sich zum Verzicht auf eine
weitere Offensivoperation in der Richtung auf Carignan—Metz und
zur Zurückführung der ganzen Armee von Châlons auf Sedan entschlossen hatte, war das zunächst wohl nicht in der Absicht geschehen,
hier eine Entscheidungsschlacht anzunehmen. Der Marschall-Oberbefehlshaber hielt vielmehr vorläufig noch an dem Plane fest, nach Versorgung
der Armee mit Lebensmitteln und Munition und nöthigenfalls nach
Gewährung eines Ruhetages den Rückzug über Méziöres fortsetzen,
möglicherweise (?) aber auch wohl die Offensive wieder aufnehmen zu wollen.

„Nachdem aber bereits die vorangegangenen häufigen Hin- und
Hermärsche bei Tag und Nacht und eine mit denselben verbundene
höchst mangelhafte Verpflegung die Kräfte der Truppe aufs
Aeußerste erschöpft und das Vertrauen zur Oberleitung stark erschüttert
hatten, griff nunmehr die Entmuthigung in der Armee von Châlons in
bedenklichster Weise um sich" — schreibt das Generalstabswerk.

Trotzdem hatte — wie bereits früher berichtet — der größte
Theil der Armee bereits mit Tagesanbruch des 31. August den glücklichen Rückzug bis in die Gegend von Sedan bewerkstelligt und dort
mit dem 12. Korps im Winkel der Maas und des Givonne-Baches,
mit dem 1. Korps, dem sich im Laufe des Nachmittags seine von
Carignan zurückgeführten beiden Divisionen anschlossen, nördlich davon
in Front nach Osten Stellung genommen. Bei Floing, westlich Sedan,
mit der Front gegen Méziöres, hatte sich das 7. Korps wieder zusammengezogen, indeß in dem „alten Lager" nördlich der Festung das
5. Korps als Reserve sich wiederherstellte. Das Kommando desselben
hatte der eben aus Algier eingetroffene General v. Wimpffen an
Stelle des übrigens bei der Armee verbliebenen Generals de Failly
übernommen.

Noch am Abend des 30. August war der Kaiser Napoleon (von
Carignan), am 31. morgens der Marschall Mac Mahon in Sedan
eingetroffen; zu einem festen Entschlusse über das nächst zu verfolgende
Ziel scheint es im Laufe dieses Tages jedoch nicht gekommen zu sein;
vielmehr „herrschte bei der französischen Heeresleitung nach wie
vor eine große Unentschlossenheit und auch wohl Unklarheit über die
Tragweite der drohenden Gefahr." (GstW.)

Ein mittelst Eisenbahn von Méziöres mit der Meldung des Ein-
rückens der Spitze des 13. Korps in diese Festung am 31. vormittags

in Sedan eingetroffener Ordonnanzoffizier des Generals Vinoy wurde mit der Weisung dorthin zurückgesandt, daß wegen der nahen An= wesenheit der Deutschen dieser General sein Korps um Mézières ver= einigen solle, und ihm die Ansicht des Kaisers und des Marschalls mit= getheilt, daß es beabsichtigt sei, sich mit der Armee über diesen Platz zurückzuziehen, und „man nicht glaube, hieran verhindert werden zu können, weil man deutscherseits keinenfalls im Stande sein werde, hin= reichende Kräfte bei Donchery auf das rechte Maas=Ufer zu werfen" und weil — wie der Kaiser meinte — „den Deutschen das Vorhanden= sein einer (erst unlängst angelegten) Straße von St. Menges über St. Albert und Brigne aux Bois unbekannt sei und sie daher einen Abzug der Armee auf Mézières nicht vermuthen würden!"

Trotzdem wurden „Anordnungen für diesen beabsichtigten Marsch im Laufe des 31. nicht getroffen. Als General Douay um 5 Uhr nachmittags meldete, die Armee des Kronprinzen von Preußen schicke sich an, auf beiden Seiten des Kanals des Ardennes bei Donchery und Dom le Mesnil die Maas zu überschreiten, wurde weder eine Rekognos= zirung dorthin noch eine Bewachung der Maas angeordnet. Ein Kriegs= rath, welcher um 5½ Uhr nachmittags beim Marschall Mac Mahon stattfand, führte zu keinem bestimmten Entschlusse. Von der befohlenen Zerstörung der Maas=Uebergänge gelangten nur diejenigen bei Frénois und bei Flize zur Ausführung, wohingegen alle übrigen, besonders — wie wir schon wissen — die beiden wichtigen Brücken von Bazeilles und Donchery unversehrt in Feindes Hand fielen." (GStW. 1. 1115.)

So geschah es denn, daß auch auf französischer Seite die Korps für den 1. September „ohne besondere Befehle" verblieben und die am ersten Frühmorgen begonnene „Schlacht von Sedan" sich somit allerdings beiderseits — „ohne eigentliche Schlachtanlage" abgerollt hat!

Der Anmarsch der deutschen Heertheile am 1. September früh traf die französische Armee im Dreieck Bazeilles—Floing—Givonne vertheilt, wie folgt:

von der (3.) Division Vassoigne des 12. Korps (Lebrun) hielt die Brigade Martin de Pallières (Marine=Infanterie=Regimenter 3 und 4) Bazeilles mit Vortruppen besetzt und stand mit ihrem Gros dicht hinter dem Orte; die andere Brigade Reboul (Marine=Regimenter 1 und 2) bildete bei der Vorstadt Balan die Reserve der Division, deren rechte Flanke durch die unter dem Feuer der Festungsgeschütze liegende Anstauung der Maas bis dicht an Bazeilles heran vollkommen gedeckt war;

links nördlich sich anschließend, hatte die (2.) Division Lacretelle den Givonne-Abschnitt von La Moncelle bis La Rapaille besetzt und Vortruppen in den Thalgrund auch nach La Ramorie und Petite Moncelle vorgeschoben;

hinter der 2. stand bei der Vorstadt Fond de Givonne die (1.) Division Grandchamp des 12. Korps in Reserve.

Givonne-Thal aufwärts, die Front des 12. Korps verlängernd, hatte das 1. Korps (Ducrot) seine Divisionen (4. und 1.) Lartigue und Wolff auf dem Höhenrücken entwickelt; auch diese hielten vor ihrer Front die Ortschaften im Thalgrunde, Erstere von Daigny bis Haybes, Letztere vom Dorfe Givonne bis La Foulerie, mit vorgeschobenen Abtheilungen besetzt;

im zweiten Treffen stand rechts die (3.) Division l'Hériller, links die (2.) Division Pellé und noch weiter rückwärts hinter deckenden Bodenfalten die Kavallerie-Division Michel.

An diesen hauptsächlich gegen Osten gewendeten und mit seinem linken Flügel bis zur Nordostecke des Bois de la Garenne reichenden Theil des französischen Heeres lehnte sich das gegen Norden und Nordwesten Front machende 7. Korps (Douay).

Dasselbe stand auf dem Bergrücken, welcher von jenem Gehölze nach der Gegend von Floing hinabzieht und hatte in vorderer Linie rechts die (3.) Division Dumont, links die (2.) Division Liébert entwickelt. Von Letzterer waren am 31. August nachmittags zwei Bataillone gegen St. Menges entsendet; auf dem äußersten linken Flügel bildete ein Theil der Brigade Guiomar einen gegen Westen herumgebogenen Haken über dem Dorfe Floing.

Im zweiten Treffen des 7. Korps befand sich die (1.) Division Conseil Dumesnil; auch die Kavallerie-Division Ameil, welche während der Nacht am Calvaire d'Illy (nördlich vorgeschoben) gelagert hatte, wurde am Morgen des 1. September hinter den rechten Flügel des Korps zurückgenommen.

Vom 5. Korps (Wimpffen) war bei Tagesanbruch die Brigade Maussion der (2.) Division de l'Abadie zur Unterstützung des 7. in der Gegend von Cazal (hinter der Division Liébert) aufgestellt worden.

Um die Verbindung zwischen dem 7. und 1. Korps zu unterhalten, ging am Morgen die Brigade Fontanges der (3.) Division Lespart bis hinter das Bois de la Garenne vor.

Die andere Brigade Abatucci dieser, sowie die (1.) Division Goze blieben als allgemeine Reserve im alten Lager nordöstlich der Festung. (Daß die Kavallerie=Division Brahaut des Korps den Anschluß an dasselbe bereits früher verloren, ist anderer Stelle berichtet.)

Die Kavallerie=Divisionen Bonnemains und Margueritte endlich, von welchen die Letztere während der Nacht gleichfalls am Calvaire d'Jlly gelagert hatte, wurden am Morgen des 1. September in dem Raume zwischen Floing und der Maas, auf dem äußersten linken Flügel der Armee, zusammengezogen. —

Der Marschall Mac Mahon hatte vor Tagesanbruch des 1. Sep=tember zwei Offiziere zur Aufklärung der Verhältnisse in westlicher Richtung und zur Berichterstattung über die am gestrigen Tage vom General Douay gemeldeten Bewegungen der Deutschen entsendet, von ihnen aber Meldungen noch nicht erhalten, als ihm die Mittheilung zuging, daß vorgeschobene Abtheilungen der Kavallerie=Division Mar=guritte um Mitternacht den Durchmarsch deutscher Truppen durch Pouru aux Bois beobachtet hätten, die bis um 3 Uhr morgens jedoch noch nicht über Francheval hinaus gelangt gewesen seien.

Dieser ersten Meldung war kurz darauf ein Telegramm des Generals Lebrun gefolgt, daß er bei Bazeilles von den Bayern angegriffen sei!

Um 5 Uhr morgens begiebt sich der Marschall persönlich auf das Gefechtsfeld des 12. Korps.

Es würde über den Rahmen dieser wesentlich „strategisch=operativen" Betrachtungen hinausgehen, hier eine ausführlichere Schilderung des „taktischen Verlaufes" der Schlacht vom 1. September zu bringen.

Wir begnügen uns mit einer allgemeinen Uebersicht über die Er=eignisse und behalten uns nur ein näheres Eingehen auf diejenigen Episoden vor, die uns im vorliegenden Falle von besonderer Bedeutung für unsere Untersuchungen erscheinen. —

Kampf um Bazeilles. General v. der Tann hatte im Laufe der Nacht in Angecourt die Weisungen des Kronprinzen von Preußen erhalten, welche dem I. bayerischen Korps ein „Festhalten des Feindes" und ein „Zu=sammenwirken mit der Armee des Kronprinzen von Sachsen" vorschrieben, gleichzeitig ihm aber auch freie Hand ließen, gegebenenfalls den Angriff auf die „im Rückzuge auf Mézières vermutheten" Franzosen noch vor dem Eingreifen der Maas=Armee „selbständig" zu eröffnen.

Um 3 Uhr morgens hatte der General von Aillicourt aus das konzentrische Vorgehen der 1. Infanterie=Brigade unter General=major Dietl über die Pontonbrücke bei diesem Orte und der vordersten Abtheilungen der 2. Infanterie=Brigade über die Eisenbahnbrücke bei Maugy angeordnet, um möglichst durch Ueberfall des ihn von den feindlichen Hauptstellungen des gestrigen Tages trennenden Dorfes Bazeilles zunächst die nöthige Fühlung am Feinde zu nehmen.

Im dichten Frühnebel überschreiten die Bayern um 4 Uhr morgens die Maas und bringen zunächst, ohne Widerstand zu finden, in den Ort ein, in dessen nördlichem Theile ihnen dann aber in den Marine=Infanterie=Regimentern der Division Vassoigne die Elite der Armee von Châlons in hartnäckigem Barrikaden= und Häuserkampfe entgegentritt.

Durch das Eingreifen der schon auf die ersten Schüsse hin vom General Reboul von Balan herangeführten Reservebrigade der Division Vassoigne wird nach verhältnißmäßig kurzer Zeit der Einsatz auch des Restes der 2. bayerischen Brigade in den schwierigen Straßenkampf nothwendig.

Französischerseits treten nach und nach Theile des 5. Korps und der hinter La Moncelle stehenden Division Lacretelle des 12. Korps in das sich damit auch über den freien Raum zwischen Bazeilles und Givonne ausbreitende Gefecht ein. Diesen Gegenstößen kann man sich deutscherseits nur durch Nachziehen auch der 3. bayerischen Infanterie=Brigade über die Pontonbrücken erwehren.

Als gegen 9 Uhr der immer leidenschaftlicher und immer blutiger sich gestaltende, durch die Artillerie vom jenseitigen Maas=Rande nur schwer zu unterstützende Infanteriekampf noch immer unentschieden hin und her wogt, seit einiger Zeit sich aber das Eingreifen der Sachsen von Norden her fühlbar zu machen begonnen hat, setzt der am Südende des Dorfes Bazeilles haltende General v. der Tann nun auch seine letzte 4. Brigade ein und richtet gleichzeitig an die mit der Spitze inzwischen bis Remilly nachgerückte preußische 8. Division die Auf=forderung zu weiterer Unterstützung. —

In Gemäßheit der Anordnungen des Oberkommandos der Maas=Armee hat inzwischen auch Prinz Georg von Sachsen schon um 3½ Uhr morgens seine Befehle zur Versammlung des XII. Armee=korps bei Douzy erlassen.

Kampf um La Moncelle und Daigny.

16*

Um 5 Uhr früh bricht von dort, „um jeden Zeitverlust zu vermeiden", eine aus den nächststehenden Truppentheilen der 24. Division

$$\left(\frac{\text{Regtr.}}{105 \text{ u. } 107}; \frac{\text{Jäg.}}{13}; \frac{1}{2. \text{ Reiter}}; \frac{4 \text{ l.}}{\text{Art. } 12}\right) = 7 \text{ Bat., } 1 \text{ Schw., } 1 \text{ Battr.}$$

gebildete kombinirte Avantgarden-Brigade unter Generalmajor v. Schulz gegen La Moncelle auf, welcher das Gros der Division sobald als möglich folgen soll.

Gegen 6 Uhr eröffnet von östlich La Moncelle aus die Avantgarden-Batterie ihr Feuer gegen das von den vorausgegangenen Kavalleriepatrouillen besetzt gefundene Dorf, aus welchem etwa eine Stunde später das Regiment Nr. 107 den Feind vertrieben und sich in seiner Westlisiere sowie in einigen einzelnstehenden Häusern des rechten Givonne-Ufers gegenüber dem vom Feinde stark besetzten Höhenrande eingenistet hat.

Den im harten Kampfe um Bazeilles ringenden Bayern ist dadurch zwar die Hand gereicht, von einer weiteren Unterstützung durch Infanterie kann aber vorläufig noch nicht die Rede sein, da der Rest der kombinirten sächsischen Avantgarde und das Gros der 24. Division sich selbst durch eine feindliche Offensive über Daigny auf das linke Givonne-Ufer hinüber in ihrer rechten Flanke bedroht sehen und deshalb sich zunächst in Front gegen Nordwesten zum Gegenstoße gegen diesen Feind entwickeln.

Dagegen treffen von etwa 7½ Uhr an die übrigen Batterien der 24. Divisionsartillerie und um 8 Uhr die vom kommandirenden General zur Unterstützung im Trabe vorausgesandte sächsische Korpsartillerie auf dem Höhenrücken neben der 4. leichten Batterie ein, so daß nunmehr hier eine mit den Bayern in Fühlung stehende lange Artillerielinie das linke Givonne-Ufer krönt.

Während das Gros der 24. Division, geschickt unterstützt durch ein flankirendes Eingreifen des, von der Avantgarde Schulz „zur Aufsuchung der Verbindung mit dem Gardekorps" rechts abdetachirten Jäger-Bataillons Nr. 13, die über den Givonne-Bach vorgegangene Division Lartigue des französischen 1. Korps auf und über Daigny zurückwirft, und so die deutsche Front an diesem Bachlaufe um ein neues Stück verlängert, ist die 23. Division von Douzy her auf der großen Straße nach Sedan im Nachrücken begriffen, folgt derselben die über Mairy auf Lamécourt als allgemeine Reserve nachbeorderte 7. Division des preußischen IV. Korps, dessen 8. Division zur

Zeit ihren Aufmarsch auf die Avantgarde hinter Bazeilles gerade be=
gonnen hat.

Noch aber sind alle diese Kräfte zweiter Linie ziemlich weit hinter
der fechtenden Front der · drei in erster Linie kämpfenden deutschen
Divisionen entfernt, als um die neunte Morgenstunde ein großer
französischer Angriffsstoß auf Bazeilles und die Givonne=Linie einsetzt. —

Zu den schon an sich so außerordentlich ungünstigen Verhältnissen
bei der französischen Armee ist in den Frühstunden neues Mißgeschick
hinzugekommen.

Französischer
erster Gegenstoß
und sein
Scheitern.

Der Marschall=Oberbefehlshaber Mac Mahon ist um die sechste
Stunde hinter Bazeilles durch einen Granatsplitter verwundet worden
und hat, ehe er sich nach Sedan zurückbegeben muß, obgleich sich bei
der Armee in den Generalen Douay und Wimpffen zwei rangältere
Offiziere befinden, den Oberbefehl an den General Ducrot als
an die ihm geeignetst erscheinende Persönlichkeit übertragen. Die ihm
durch einen Adjutanten des Marschalls überbrachte neue Bestimmung
erreicht aber den Kommandirenden des 1. Korps erst nach Verlauf
einiger Zeit in der Gegend von Givonne.

Der in den Nachmittagsstunden des 31. August mit seinen beiden
letzten Divisionen von Carignan her auf dem linken Flügel der ostwärts
gewendeten Fronttheile der Armee eingerückte neue Oberkommandirende
war weder über die (nach seiner eigenen Aussage übrigens z. Z. that=
sächlich auch noch gar nicht feststehenden) Pläne des Marschalls Mac
Mahon, noch, wie es scheint, über die allgemeine Lage der Armee und
die besonderen Verhältnisse im Westen von Sedan orientirt; wohl aber
hatte er kurz vorher die Meldung von dem Anrücken starker feindlicher
Kräfte (des preußischen Gardekorps!) über Francheval und Villers
Cernay gegen seinen äußersten linken Flügel erhalten.

Seine „Erfahrungen über die preußische Fechtweise" lassen den
General Ducrot nunmehr in den seitherigen Gefechten auf der Front
Bazeilles—Moncelle—Daigny nur die feindliche Absicht erblicken, das
12. und 1. Korps in Front zu beschäftigen, indeß der eigentliche
Entscheidungsstoß, seine linke Flanke umfassend, gegen Illy geführt
werden wird.

Um sich dieser drohenden Umfassung rechtzeitig zu entziehen, er=
theilt er unmittelbar nach Uebernahme des Oberbefehls den beiden
Korps an der Givonne den Befehl zum Rückzuge in eine rechts an
Sedan, links auf die Höhe von Illy gestützte neue und verkürzte

Stellung auf dem Hochplateau und verharrt auch trotz der Ein=
wendungen des Generals Lebrun bei seiner Ansicht.

Demgemäß beginnt bereits bald nach 7½ Uhr früh die Zurück=
nahme des französischen 12. Korps in Brigadestaffeln vom rechten
Flügel, dem sich dann weiterhin auch die Divisionen l'Hériller und
Pellé (zweiten Treffens) des 1. Korps anzuschließen haben. Die
Division Wolff dieses Korps (linker Flügel) wird zur Besetzung des
Bois de la Garenne bestimmt; die früher über Daigny gegen die
rechte Flanke des sächsischen Vormarsches offensiv eingesetzte Division
Lartigue mit der Deckung des Rückzuges beauftragt.

Die rückgängigen Bewegungen des rechten Flügels, auf welchem
zur Zeit die Dinge noch keineswegs ungünstig liegen, fallen dem (an=
scheinend für seine Person bei seinem Korps vom alten Lager aus die
Vorgänge beobachtenden) General v. Wimpffen auf.

Derselbe hat eine Verfügung des Kriegsministers (!) in Händen,
welche ihn für den Fall, daß dem Marschall Mac Mahon ein Unfall
zustoßen sollte, zum Oberbefehlshaber der Armee ernennt.

Obgleich ihm die Verwundung des Marschalls nicht unbekannt ge=
blieben ist, hat er bis jetzt „noch keinen Gebrauch von dieser Bestimmung
machen wollen" (GStW.), als aber jetzt Dinge geschehen, die mit seiner
Ansicht über die Sachlage nicht übereinstimmen, „hält er es für seine
Pflicht, die Heeresleitung zu beanspruchen". (!)

Um 8½ Uhr sendet er an den General Ducrot ein Schreiben,
das zu charakteristisch ist, um hier nicht im Wortlaut wiedergegeben
werden zu sollen:

> (Woide II., S. 300.) „Der Gegner weicht unserem rechten
> Flügel gegenüber zurück. Ich schicke die Division Grandchamp
> an Lebrun. Ich denke, daß in diesem Augenblick von Rückzug
> keine Rede sein kann. Ein Brief des Kriegsministers, den ich
> in Händen habe, überträgt mir die Führung der Armee; doch
> davon nach der Schlacht. Sie stehen dem Feinde näher als
> ich; bieten Sie alle Ihre Thatkraft und all Ihr Wissen auf,
> um den Sieg über einen Feind zu gewinnen, der sich in un=
> günstiger Lage befindet. Unterstützen Sie deshalb Lebrun
> nachdrücklich, unter gleichzeitiger Sicherung der Linie, deren
> Festhaltung Ihnen übertragen ist."

Gleichzeitig ergeht an den General Lebrun ein Schreiben des
Inhalts:

(Woibe II., S. 301.) „Ich sende Ihnen Truppen in bedeutender Stärke und hoffe, falls Sie eine Stellung verloren haben sollten, daß Sie dieselbe werden wieder nehmen können."

General Ducrot eilt nach Empfang jener Mittheilung persönlich zu General Wimpffen; er bestreitet demselben nicht den Oberbefehl, versucht aber in (nach Woide) mehr oder weniger erregter Wechselrede, denselben unter Hinweis auf die Gefahr für den eigenen linken Flügel von seinem Plane einer großen Gegenoffensive gegen den feindlichen linken Flügel abzubringen. — Vergebens! —

Das Ergebniß bleibt, daß die eben von der Givonne zurückgezogenen Divisionen sich alsbald wieder vorwärts in Bewegung setzen, um nach den Intentionen des dritten Oberbefehlshabers in diesen Morgenstunden: „die Bayern in die Maas zu werfen".

Die Bewegung vollzieht sich ohne einheitliche Leitung und inneren Zusammenhang.

Der gegen La Moncelle und den Park von Mouvillers in der Nordostecke von Bazeilles gerichtete Stoß der zuerst wieder vorgehenden Division Lacretelle macht zwar anfänglich solche Fortschritte, daß vorübergehend ein Theil der sächsischen Artillerie zurückgezogen werden muß. Minder erfolgreich bleiben jedoch die rechts und links davon vereinzelt ansetzenden französischen Anläufe, deren Ungestüm trotzdem die schwachen deutschen Abtheilungen im Givonne-Thal nur mit Aufbietung der letzten Kräfte sich zu erwehren vermögen.

Das rechtzeitige Erscheinen frischer Kräfte auf dem Gefechtsfelde von Bazeilles—La Moncelle bringt gegen 10 Uhr die feindliche Offensive zum Stehen, während gleichzeitig das Einrücken der preußischen Garden in die Schlachtlinie den rechten deutschen Flügel weit nach Norden verlängert. —

(GstW. I. 1088.) „Der Kronprinz von Sachsen hielt seit frühester Morgenstunde auf der Höhe südöstlich von Mairy, welche, nachdem der Nebel gefallen war, einen vollständigen Ueberblick des Geländes bis nahe an Sedan und besonders auch der Höhen westlich von Daigny gewährte. Gegen 8 Uhr hatte der Kronprinz durch eingegangene Meldungen erfahren, daß die Avantgarde des Gardecorps die Gegend bis Villers Cernay unbesetzt gefunden habe, das XII. Korps aber bei La Moncelle auf den Feind gestoßen sei. Von dem erwähnten Standpunkte aus ließ sich das Gefecht auf der Linie von Bazeilles bis La Moncelle einigermaßen übersehen. Dasselbe nahm anscheinend einen

Eingreifen des Gardecorps.

durchaus günstigen Fortgang und machte sogar den Eindruck, als sei die französische Armee bereits im Rückzuge nach Westen begriffen und östlich Sedan nur mit Arrieregarden in den Kampf eingetreten.

Da somit der Stoß des Feindes fast ausschließlich gegen die Dritte Armee gerichtet schien, so mußte das Bestreben der Maas= Armee vorzugsweise dahin gehen, mit dem rechten Flügel sobald als möglich den Anschluß an jene zu gewinnen, um sie nöthigenfalls zu unterstützen und ein Ausweichen des Feindes über die Grenze zu ver= hindern.

Nach den von der Dritten Armee erhaltenen Mittheilungen wurde der linke Flügel derselben bei Brigne auf Bois vermuthet. Kronprinz Albert beschloß deshalb, nach erfolgter Wegnahme des Givonne= Abschnittes mit dem Gardekorps thalaufwärts nach Fleigneux, mit dem XII. Korps über Illy nach dem Höhenzuge östlich von St. Menges vorzurücken und stellte in diesem Sinne um 8 Uhr morgens die Gesichtspunkte für die weitere Gefechtsführung auf. An das I. bayerische Korps erging die Aufforderung, den Rechtsabmarsch der Maas= Armee nach der Seite von Sedan zu decken und zu diesem Zwecke seiner Zeit das Bois de la Garenne zu besetzen.

Als der Kronprinz aus dem unerwartet langwierigen Kampfe an der Givonne und aus dem ganzen Auftreten der Franzosen bald darauf erkannte, daß sich dieselben doch noch mit starken Massen in der nächsten Umgebung von Sedan befanden, hielt er dennoch an dem ge= faßten Entschlusse fest, sobald als möglich die Verbindung mit der Dritten Armee herbeizuführen, und die in dieser Absicht erlassenen Befehle blieben daher in Geltung."

An Stelle der Bayern sollte nunmehr nur das XII. Korps die Deckung des Rechtsabmarsches der Garden übernehmen.

Das Generalkommando des Gardekorps in Carignan hatte, in Gemäßheit der in der Nacht erlassenen Befehle des Armee=Ober= kommandos, um 4½ Uhr morgens alarmirt und angeordnet, daß die I. Garde=Infanterie=Division sich alsbald auf Villers Cernay, alle übrigen Theile des Korps auf Francheval in Bewegung zu setzen hätten.

Obgleich der schon während der Versammlung der Truppen von Bazeilles herübertönende Kanonendonner zur größten Beschleunigung antrieb, hatte doch das Gros der I. Division erst um 8 Uhr früh Villers Cernay hinter seiner auf die westlichen Höhen vorgeschobenen Avantgarde erreicht.

Der um 7¹/₂ Uhr bei Francheval eintreffende Prinz August von Württemberg hatte sich hier inzwischen überzeugt, daß der vorliegende Abschnitt des Rulle-Baches seiner steilen Ränder halber nur mit Schwierigkeiten zu überschreiten sei, auch kein Weg nach Westen durch den vorliegenden Chevalier-Wald führe, und infolgedessen auch den auf Francheval in Marsch gesetzten Theilen des Korps die Richtung auf Villers Cernay gegeben.

Als der Kommandirende bald darauf die Aufforderung des Prinzen Georg von Sachsen zum Eingreifen der Garden auf dem rechten Flügel der Sachsen erhält, dirigirt er die 1. Garde-Division mit der Korpsartillerie auf Givonne und bestimmt, daß die Garde-Kavallerie-Division sich auf den rechten Flügel der Korpsartillerie setzen, die 2. Garde-Division nach Durchschreitung von Villers Cernay südwestlich dieses Ortes aufmarschiren soll.

Nach Zurücktreibung vorgeschobener feindlicher Abtheilungen auf den Givonne-Bach eröffnet gegen 9 Uhr vom östlichen Ufer aus die Artillerie der 1. Garde-Division auf weite Entfernung das Feuer gegen das Bois de la Garenne und setzt damit in der deutschen gegen Westen gewendeten Gesammtfront eine weitere Verlängerung des rechten Flügels in Werk. Der Divisionsartillerie schließt sich nach kurzer Zeit die Fuß-Abtheilung der Korpsartillerie an.

Während einerseits die Vorgänge in dem südlichen Theil des Givonne-Abschnittes den Prinzen Georg von Sachsen zu einer erneuten Aufforderung an das Gardekorps veranlassen, in Richtung auf Daigny entlastend in den Kampf der Sachsen und Bayern einzugreifen, ist andererseits der Befehl des Oberkommandos zum Rechtsabmarsch in nördlicher Richtung auf Fleigneux eingetroffen, um dort der Dritten Armee die Hand zu reichen, deren beginnendes Gefecht bei St. Menges man von den diesseitigen Stellungen aus bereits deutlich zu erkennen vermag.

Um beiden Anforderungen nach Möglichkeit gerecht zu werden, läßt gegen 10 Uhr der Prinz von Württemberg die 4. Garde-Infanterie-Brigade in Richtung auf Daigny vorrücken, indeß die andere Brigade der 2. Garde-Division noch vorwärts Villers Cernay in Reserve gehalten wird.

Der Kommandeur der Garde-Artillerie, Prinz Hohenlohe, erhält den Befehl, sämmtliche Batterien des Korps auf den Höhen des linken Givonne-Ufers zu entfalten, um durch ihr Feuer sowohl das

XII. Korps zu unterstützen, wie den beabsichtigten Angriff der Infanterie gegen den jenseitigen Thalrand vorzubereiten. Der Garde-Kavallerie wird befohlen, in der Richtung auf Illy die Verbindung mit der Dritten Armee aufzusuchen. —

Offensive der Dritten Armee.

Der Kronprinz von Preußen war um 4 Uhr morgens mit seinem Stabe von Chémery aufgebrochen und hielt seit 6 Uhr früh auf der Höhe von Piaux Croix südlich Donchery. Ein dichter Nebel hinderte anfänglich jede Umsicht. Der von Bazeilles herübertönende Kanonendonner deutete zwar auf einen dort stattfindenden Kampf, doch blieb es zweifelhaft ob der Angriff von deutscher oder französischer Seite begonnen war.

Gegen 7 Uhr fiel der Nebel, und vom eingenommenen Standpunkte aus bot sich nunmehr ein weiter Ueberblick über das nördlich und westlich vorliegende Gelände, indeß das tiefliegende Bazeilles durch zwischenliegende Höhen dem Blick auch ferner entzogen blieb.

Nach der zunehmenden Heftigkeit des Feuers zu schließen, mußte das I. bayerische Korps hier in ein ernstes Gefecht verwickelt sein, und wenngleich man Mittheilung von den bei der Maas-Armee getroffenen Anordnungen erhalten hatte, erachtete der Kronprinz doch eine Unterstützung jenes Korps auch von links her für angezeigt.

Da außerdem die dem II. bayerischen Korps zugewiesene Stellung von Frénois bis Wadelincourt bei ihrer natürlichen Stärke durch eine Division mit starker Artillerie gegen jeden — an sich schon wenig wahrscheinlichen — Vorstoß der Franzosen aus Sedan gegen Süden ausreichend gesichert, eine westliche Verlängerung dieser Stellung über die Höhen von Donchery hinaus aber unnöthig erschien, so wurde nunmehr der kommandirende General v. Hartmann angewiesen, alsbald eine seiner beiden noch im Anmarsch befindlichen Divisionen auf Bazeilles abbiegen zu lassen. —

Inzwischen waren, entsprechend den Anordnungen des Oberkommandos, das XI. und V. Korps schon weit über Donchery nördlich vorgerückt, und vom Standorte des Kronprinzen aus ließ sich jetzt deutlich übersehen, daß die Spitzen beider Korps bei ihrem Vormarsche gegen die Straße Sedan—Méziéres noch nirgends auf den Feind gestoßen waren.

Da hiernach der Gegner entweder in seinen Stellungen bei Sedan verblieben sein oder sich gegen die Maas-Armee gewendet haben mußte, so erließ der Prinz-Oberbefehlshaber der Dritten Armee um

7½ Uhr früh an beide Korps die Weisung, den nach Norden vor-
springenden Bogen der Maas zu umgehen und, „auf den Kanonendonner
marschirend", den Feind im Rücken anzugreifen. Hierzu sollte „das
XI. Korps den Weg über St. Menges nehmen, das V. Korps dem
linken Flügel folgen".

Die beiden Korps hatten früh 4 Uhr den Maas-Uebergang bei
Donchery nebeneinander begonnen und dann das XI. Korps in drei
Kolonnen seine Richtung auf Montimont, Briancourt und Vrigne aux
Bois, das V. Korps in einer Kolonne auf Vivier au Court genommen.

Da laut Verabredung untereinander die früher an der Maas
eintreffenden Theile des V. Korps außer der eigenen Feldbrücke auch
die vom XI. Korps zu benutzenden zwei Brücken (s. früher) mit benutzen sollten, so waren schon jetzt Kreuzungen und Aufenthalte nicht
ausgeblieben.

Die Spitzen der vier Kolonnen waren bis in die Nähe der eben
genannten Zielpunkte gelangt, als der Befehl des Kronprinzen zum
Rechtseinschwenken einlief und infolgedessen nunmehr, etwa gegen
8 Uhr, alle Kolonnenteten gleichzeitig gegen St. Menges abbiegen.

Durch den auf der Strecke Sedan—Donchery weit nach Norden
ausgreifenden Bogen der Maas wird der Raum zwischen diesem Flusse
und der belgischen Grenze zu einer wenige Kilometer breiten „Landenge"
eingeschnürt, welche nahezu in ihrer ganzen Ausdehnung das Bois de la
Falizette bedeckt. Die zwischen dem Südrande dieses Gehölzes und dem
Flusse verlaufende (neue) Hauptstraße bildet zwischen Maison rouge und
St. Albert einen Engpaß, den sämmtliche Truppen beider Korps in
Marschkolonne durchschreiten müssen, ehe sie sich jenseits desselben zum
Angriff gegen das französische 7. Korps entwickeln können.

An der Spitze der langen Kolonne treten gegen 8½ Uhr die
zwei Avantgarden-Schwadronen Husaren-Regiments Nr. 14 der
rechten Kolonne XI. Korps aus dem Walde heraus und vertreiben
französische Patrouillen, die auf St. Menges zurückgehen.

Der Kavallerie folgt das Füsilier-Bataillon Regiments Nr. 87,
welches mit zwei Kompagnien sich in St. Menges festsetzt, mit den
beiden anderen unter Hauptmann v. Fischer-Treuenfeld sich gegen
Floing wendet, die um 9 Uhr auch in diesem Dorfe festen Fuß fassen.

Unter Bedeckung zweier Schwadronen Husaren-Regiments
Nr. 13 unter Oberstlieutenant v. Henduck ziehen sich nach und nach
die sämmtlichen Batterien der rechten und mittleren Kolonne

XI. Korps auf die Höhennase südöstlich St. Menges hinaus und eröffnen das Feuer gegen die auf den Höhen von Floing hinter dem Floing=Bach stehenden Franzosen.

Während die vereinigten vier Husaren=Schwadronen, bis in die Gegend von Fleigneux ausgreifend, die linke Flanke der sich bildenden Artillerielinie gegen die inzwischen wieder von Floing nach dem Calvaire d'Illy gezogene französische Kavallerie decken, schiebt sich die nach und nach debouchirende Infanterie theils in nordöstlicher Richtung über St. Menges auf Fleigneux halblinks fort, oder wendet sich anderntheils, den Füsilier=Kompagnien Nr. 87 folgend, unterstützend halbrechts in die Richtung von Floing.

In dieser Weise dehnt sich die Infanterie des XI. Korps in gemischten Gruppen von St. Menges über die Höhen von Fleigneux und nördlich Illy allmählich mit ihrem linken Flügel bis Olly am oberen Givonne=Grund aus, verlängert die gesammte ihrer Infanterie vorangeeilte Artillerie des V. Armeekorps die deutsche Artilleriestellung bis Illy gegenüber nach links.

Ihrer Artillerie folgend, hat sich bald nach 10 Uhr auch die Infanterie des V. Korps mit der 19. Infanterie=Brigade bei St. Menges entwickelt, und da der Kampf bei Floing an Heftigkeit zugenommen, zwei Bataillone Regiments Nr. 46, bald gefolgt vom Jäger=Bataillon Nr. 5, zur Verstärkung dorthin entsendet.

Nach Aufmarsch auch der 20. Brigade rückt die vereinigte 10. Infanterie=Division zur Unterstützung des linken Flügels XI. Korps in die Gegend zwischen St. Menges und Fleigneux links fort und wird hinter dem rechten Flügel durch die inzwischen bei der Ferme du Champ de la Grange westlich St. Menges eingetroffene 9. Infanterie=Division ersetzt.

Mit Hülfe der eben erwähnten Verstärkungen haben sich bis gegen 12 Uhr mittags die preußischen Abtheilungen in Floing zwar in den Besitz des ganzen tief gelegenen Ortes gesetzt, die Versuche aber, gegen die französische Division Liébert auch auf die vorliegenden Höhen vorzudringen, sind annoch erfolglos geblieben. Das Gefecht ist hier vorläufig zum Stehen gekommen, als der zur Orientirung auf Floing vorgerittene Führer des XI. Armeekorps, Generallieutenant v. Gersdorff, tödlich verwundet wird.

Ueber St. Albert nähert sich inzwischen die letzte Infanteriestaffel der beiden Korps der Dritten Armee.

Als nach Eingang der neuen Befehle des Armee-Oberkommandos der Führer der linken Flügelkolonne des XI. Armeekorps, General-major v. Schkopp, zur Empfangnahme neuer Befehle zum Komman-direnden berufen worden war, hatte derselbe der mit der Spitze bis in die Gegend von Brigne aux Bois gelangten 43. Infanterie-Brigade (Regtr. 32 und 95) den Befehl ertheilt, in die Richtung auf St. Menges abzubiegen.

„In dem waldigen Gelände (südlich der großen Straße St. Menges — Brigne aux Bois) hatten die Truppen aber den Weg verfehlt und waren schließlich in die Gegend von Montimont an der Maas gelangt. Als sie demnächst, längs des Flusses vorrückend, um 11 Uhr vormittags Maison rouge (an der Hauptstraße) erreichten, war die Straßenenge von La Falizette bereits vom V. Korps angefüllt, welches inzwischen von Vigne au Court her dort eingetroffen war und sich hinter den ur-sprünglichen rechten Flügel des XI. Korps eingeschoben hatte. Sobald aber die Straße wieder einigermaßen frei war, führte General v. Schkopp seine Kolonne, an welche sich mittlerweile auch die (erst spät bei Donchery eingetroffenen) beiden Musketier-Bataillone Regiments Nr. 94 (der 44. Brigade) angeschlossen hatten, hart an der Maas ent-lang auf St. Albert vor, während die Truppen des V. Korps weiter links die Richtung auf St. Menges nahmen.“ (GstW. I. 1212.)

Mit diesen acht Bataillonen gedenkt der General nunmehr die Ent-scheidung bei Floing herbeizuführen.

Während der eiserne Ring einer starken Infanterie- und gewaltigen Artillerieentwickelung sich von Westen und Norden um die Stellungen der französischen Armee legt, hat sich auch von Südosten und Osten der Kreis immer enger gezogen.

Wie oben berichtet, war der in den Morgenstunden vom General v. Wimpffen gegen Bazeilles — La Moncelle geplante Vorstoß bald nach 10 Uhr ins Stocken gekommen, und beide Theile standen sich hier zunächst abwartend gegenüber.

Die Entscheidungs-kämpfe auf dem deutschen linken Flügel.

Das 1. französische Korps hatte sich der ihm gegenüber ent-wickelten starken Artillerielinie des preußischen Gardekorps wegen an dieser Offensive überhaupt nicht betheiligen können, vielmehr nach und nach sämmtliche Uebergänge im Givonne-Thal an die Vortruppen der beiden Garde-Divisionen verloren, so daß auch hier der Kampf vorläufig zum Stehen gekommen war.

Den Impuls zu neuem Vorgehen auf deutscher Seite bringt gegen 11 Uhr das Einrücken neuer Verstärkungen auf beiden Flügeln der bayerischen Stellung von Bazeilles und das nahe Heranrücken der 23. Division an die sächsische Stellung von La Moncelle.

General v. Hartmann hat nach Eingang des oben erwähnten Befehls des Kronprinzen von Preußen alsbald die 5. Infanterie-Brigade seiner 3. Division auf Bazeilles abbiegen und ihr nach Einrücken der 4. Division mit Korpsartillerie in die Linie Frénois—Wadelincourt auch die 6. Brigade folgen lassen.

Nach Anweisung des Generals v. der Tann führt nunmehr Generalmajor v. Schleich seine um 11 Uhr westlich Bazeilles aufmarschirte (5.) Brigade am Rande des Dorfes entlang gegen Balan vor, indeß gleichzeitig rechts vom Orte General v. Schoeler seine 8. Division (unter Zurücklassung des Regiments Nr. 31 an der Uebergangsstelle) jenseits der Pontonbrücke zum Angriff gegen Fond de Givonne entwickelt.

Im hartnäckigen, seitens des Gegners in wiederholten Gegenstößen geführten Kampfe wird der Feind bis gegen 12 Uhr mittags aus Balan und von der Höhennase südöstlich Fond de Givonne vertrieben und die gewonnene Stellung durch bayerische und preußische Batterien gekrönt, hinter welchen die nachgerückte 6. bayerische Brigade, Theile der 8. Division und das sich um Bazeilles wieder herstellende 1. bayerische Korps die nächste Reserve bilden. —

Schon während des siegreichen Vordringens des kombinirten bayerisch-preußischen Angriffes hat das XII. Korps seinen ihm inzwischen vom Armee-Oberkommando vorgeschriebenen Rechtsabmarsch auf Illy begonnen, den die bis La Moncelle herangerückte 23. Division nur aus Rücksicht der Flankendeckung jener Bewegung noch etwas verschoben hat.

Der Kronprinz von Sachsen hatte bekanntlich unentwegt an seinem Plane festgehalten, durch Ausgreifen des rechten Flügels der Maas-Armee der Dritten Armee über Illy die Hand zu reichen, und als die Umstände nicht erlaubten, zur Deckung dieses Rechtsabmarsches durch Besetzung des Waldes de la Garenne auf das 1. bayerische Korps zurückzugreifen, das XII. Korps mit dieser Aufgabe betraut.

Als hinter dem linken Flügel der deutschen Stellung die von Mairy nachgezogene 7. Division bei Lamécourt angekommen ist, zieht demgemäß Prinz Georg von Sachsen die 23. Division im Givonne-Thal aufwärts, um über Daigny und Haibes den Garenne-Wald anzugreifen.

Während unter dem Schutze der bei La Moncelle und Daigny in Stellung bleibenden 24. Division die 46. Brigade ihren Marsch nordwärts weiter fortsetzt, entwickelt sich nach 1 Uhr nachmittags von Daigny aus die 45. Brigade gegen die Südspitze des Waldes. Ihr schließen sich unter Major v. Derenthal die bis Daigny vorgeschobenen zwei Bataillone Kaiser Franz Grenadier-Regiments an.

Als diese Truppen den westlichen Thalrand der Givonne ersteigen, sehen sie sich unerwartet ihrerseits in der linken Flanke angegriffen und wenden sich deshalb zum größeren Theile diesem neuen Feinde entgegen.

General v. Wimpffen hatte, nachdem er den am Vormittage von ihm angeordneten Vorstoß auf Bazeilles—La Moncelle im anscheinend günstigen Fortgange gesehen, durch das immer heftiger aus der Gegend von St. Menges herüberschallende Artilleriefeuer herbeigerufen, sich nach der Nordwestfront der französischen Schlachtstellung begeben.

General Douay hatte ihm hier zwar beruhigende Zusicherungen für seine fernere Behauptung der Höhen von Floing gemacht, gleichzeitig aber zur Sicherung seiner rechten Flanke gegen drohende Umgehung das Ersuchen um Besetzung der vorliegenden Höhen des Calvaire d'Jlly durch Infanterie gestellt, und der Oberbefehlshaber infolgedessen die beiden Divisionen l'Hériller und Pellé zweiten Treffens des 1. Korps für diesen Zweck bestimmt.

Als der französische Oberkommandirende (zwischen 12 und 1 Uhr) auf das Gefechtsfeld des 12. Korps zurückkehrt, findet er den morgenblich von ihm angeordneten Vorstoß nicht nur gescheitert, sondern den ganzen rechten Flügel des Korps im Zurückweichen vor dem neuen deutschen Angriffe.

Nach dem Generalstabswerke zieht jetzt der General v. Wimpffen die hinter dem linken Flügel der Division Liébert 7. Korps stehende Brigade Maussion des 5. Korps und die den rechten Flügel des Generals Douay bildende Division Dumont durch den Wald von Garenne nach Süden heran und läßt diese letztere durch die Division Conseil Dumesnil aus dem zweiten Treffen des 7. Korps an ihrem Platze ersetzen.

Während so die Divisionen l'Hériller und Pellé des 1. Korps das unter dem Feuer der bis an den östlichen Givonne-Rand vorgerückten großen Artillerielinie der Garde liegende Bois de la Garenne von Süden nach Norden, durchziehen anscheinend gleichzeitig die Bataillone der Division Dumont 7. Korps denselben von Norden nach Süden (?).

General Wimpffen kann sich keinen Illusionen mehr über das Verzweifelte seiner Lage hingeben, zumal alsbald auch beunruhigende Nachrichten vom General Douay einlaufen. Er hat den Kaiser Napoleon auffordern lassen, sich persönlich an die Spitze des von ihm erneut geplanten „Durchbruches auf Carignan" zu setzen. Als derselbe bis gegen 2 Uhr nicht erschienen ist, rafft der General, ohne das Eintreffen der von ihm herbeibeorderten Verstärkungen abzuwarten, zusammen, was er an Truppen des 12., 5. und 1. Korps zur Hand findet, und führt dieselben persönlich über Fond de Givonne gegen die vorliegenden Höhen vor.

Er eilt demnächst nach Sedan zurück, sammelt auch hier, was er (namentlich an Marineinfanterie) zum Anschlusse bewegen kann, und wirft sich damit auf die schwache bayerische Brigade in Balan, die er in unaufhaltsamem Vorstürmen aus der Vorstadt vertreibt und gegen Bazeilles zurückdrängt.

Inzwischen sind aber die über das freie Feld gegen den Park von Montvillers und die Givonne vordringenden Theile seines zweiten großen Vorstoßes schon dem Kreuzfeuer der die Bergnase im Bogen umfassenden bayerischen, preußischen und sächsischen Batterien erlegen, und als jetzt auch ein Theil der 45. Brigade und die beiden Bataillone Kaiser Franz (s. oben) von Norden gegen Fond de Givonne vordringen, strömt der gesammte französische linke Flügel hier auf die Festung, das alte Lager und das Bois de la Garenne zurück.

Dem annoch siegreichen rechten französischen Flügel treten in Bazeilles die bayerische 6. Brigade, Theile der 8. preußischen Division und des wiedergesammelten I. bayerischen Korps entgegen.

Bis gegen 4 Uhr ist auch hier der Feind wieder vollständig auf die Festungswerke zurückgeworfen, Balan wieder besetzt und so auf dem äußersten deutschen linken Flügel die endgültige Entscheidung errungen, die fast gleichzeitig auch auf dem äußersten rechten Flügel bei Floing und im Centrum gegen das Bois de la Garenne gefallen ist. —

Die Entscheidungs-kämpfe auf dem deutschen rechten Flügel.

General v. Schkopp hatte sich noch nicht lange mit den von ihm über St. Albert herangeführten acht Bataillonen (s. oben) längs der Maas gegen Floing in Bewegung gesetzt und gerade die 43. Brigade, in Reserve gefolgt von den zwei Bataillonen Nr. 94, gegen den Floing-Bach entwickelt, „als ihm die Weisung des Generalkommandos zuging, eine Brigade westlich St. Menges als allgemeine Reserve aufzustellen".

(GftW. I. 1236.) „Da indessen die Schützen der vorderen Truppen=
theile zu dieser Zeit bereits südlich von Floing ins Gefecht getreten
waren und General v. Schlopp sich von der Heftigkeit des dort ent=
brannten Kampfes überzeugt hatte, so beschränkte er sich darauf, die
beiden Bataillone Nr. 94 zu dem befohlenen Zwecke abzuzweigen. Mit
den übrigen Truppen setzte er die von ihm für entscheidend erachtete
Angriffsbewegung fort."

Nach Ueberschreitung des Floing=Baches, mit dem rechten Flügel
bis Gaulier ausgreifend, umfaßt der Rest der 43. Brigade den linken
Flügel der französischen Brigade Guiomar, der trotz heftigster Gegenwehr
vom Höhenrande vertrieben wird.

Der Erfolg des rechten preußischen Flügels bringt auch den Frontal=
angriff der im Dorfe Floing selbst eingenisteten Truppen wieder in
Fluß. Um 1 Uhr mittags ersteigen die gemischten Theile der
21. Division, links neben ihnen die beiden Bataillone Regiments Nr. 46
(s. oben) des V. Korps die Höhe auch von Westen und Norden. Im
schwierigen Gelände erfolgt dieser Vorbruch der an sich ja schon in
keinem einheitlichen Verbande stehenden Truppentheile nur in vereinzelten
Stößen und begegnet dem mehrfach in heftigen Gegenstößen sich Luft
machenden hartnäckigen Widerstande der Division Liébert.

„Wenngleich aber die eben geschilderten Verhältnisse eine planmäßige
Leitung des Angriffs fast unmöglich machten, so waren doch Alle von
gleichem Drange nach vorwärts beseelt, um einen Kampf zur Ent=
scheidung zu bringen, von dessen Bedeutung auch der in Reih und Glied
stehende Soldat durchdrungen sein mochte" — schreibt das General=
stabswerk.

Von St. Menges her ist inzwischen auch die dort gesammelte
Gefechtsgruppe des XI. Korps (s. früher) gegen die nördliche Front
der französischen Stellung in Bewegung gesetzt, und noch weiter links
rückt von Fleigneux her auf Befehl des Generals v. Kirchbach die
19. Infanterie=Brigade in die Linie ein.

Von Westen und Norden immer stärker bedrängt, beginnt gegen
2 Uhr der linke Flügel des französischen 7. Korps in seinem Wider=
stande zu erlahmen, während gleichzeitig auch der rechte Flügel (s. später)
der feindlichen Uebermacht weicht.

General Douay, der Verfügung über seine bereits anderwärts
(s. oben) verwendeten Infanteriereserven beraubt, greift auf die ent=
lastende Hülfe der Kavallerie zurück.

Die vor dem Andringen feindlicher Infanterie von Norden bereits früher vom Calvaire d'Illy wieder hinter das Bois de la Garenne zurückgenommene Kavallerie-Division Margueritte, der sich außerdem noch die Lancier-Brigade Savaresse des 12. Korps und einige Kürassier-Schwadronen der Division Bonnemains anschließen, setzt sich westwärts in Bewegung.

Beim Ueberschreiten der Höhen wird der zur Orientirung vorausgeeilte General Margueritte tödlich verwundet. General de Galliffet übernimmt das Kommando und führt die Division der preußischen Infanterie entgegen, „deren aufgelöste Schützenlinien zur Zeit theils den oberen Höhenrand erreicht haben, theils noch an den steilen Abhängen sich den Weg nach aufwärts bahnen".

Im heftigen Flankenfeuer der preußischen Batterien von Norden, an der verheerenden Wirkung des frontal entgegenschlagenden Zündnadel-Schnellfeuers zerschmilzt der reiterliche Ansturm.

Die französische Kavallerie bezahlt den opfermuthigen Ritt mit ihrer Auflösung (50 pCt. Verlust); immerhin hat sie ihrer hartbedrängten Infanterie zeitweilig Luft gemacht und der wieder gesammelten Division Liébert noch einen stundenlangen Widerstand bei Cazal und im Südwesttheil des Bois de la Garenne ermöglicht.

Erst gegen 4 Uhr endet auch hier der Kampf in der vollen Auflösung der von allen Seiten umfaßten feindlichen Korps, die auf dem feuerüberströmten engen Raume nicht mehr wissen, wie sie sich nach Norden oder Süden dem Verderben entziehen sollen, denn auch von Illy und Givonne her dringt jetzt unaufhaltsam der siegreiche Gegner vor. —

Die Entscheidungs-kämpfe im Centrum.

Um 1 Uhr mittags hat sich auf Anordnung des die Führung des XI. Korps übernehmenden Generals v. Schachtmeyer (wie gleichzeitig von St. Menges f. oben) auch die südöstlich von Fleigneux versammelte Gefechtsgruppe des XI. Korps gegen Illy in Bewegung gesetzt, wo bald darauf auch die linke Flügelgruppe von Olly her ihren linken Flügel verlängert.

Vor der vorgehenden Infanterie räumt die französische Kavallerie den Calvaire d'Illy (f. oben), den die von Süden heranbeorderte französische Infanterie (f. oben) noch nicht (bezw. nur mit der bald vertriebenen Brigade Bordas) erreicht hat.

In beiderseits zu keiner Entscheidung führenden Vorstößen der den Höhenrand haltenden Preußen gegen den Wald de la Garenne und der aus dem Waldrande gegen den Calvaire vorbrechenden Franzosen spinnt sich hier der Kampf erfolglos bis zum Eingreifen der Garden von Givonne her fort.

(GstW. I. 1260.) „Während des seit der Mittagsstunde unterhaltenen Geschützfeuers hatte das Gardekorps seine eingenommenen Plätze (s. oben) ziemlich unverändert beibehalten.“

Während die Vortruppen der 2. Garde-Infanterie-Division Daigny und Haybes besetzt hielten, die 3. Garde-Infanterie-Brigade westlich Villers Cernay in Reserve stand, hatten die Vortruppen der 2. Garde-Infanterie-Brigade die Uebergänge von Givonne und nordwärts bis La Foulerie in Besitz genommen, war die 1. Garde-Infanterie-Brigade auf dem rechten Flügel der Garde-Artillerie bereit gestellt worden, hatte die Garde-Kavallerie über Fleigneux den Anschluß an die Dritte Armee bewirkt.

Seit 12 Uhr unterhielten 90 Geschütze der Garde ein ununterbrochenes Feuer gegen den Wald de la Garenne, den anfänglich nur die Divisionen Lartigue und Wolff des französischen 1. Korps besetzt gehalten. „Im Laufe des Kampfes (auf den anderen Fronten) waren jedoch nach und nach auch noch die Divisionen Conseil Dumesnil, Pellé und l'Hériller, sowie die Brigaden Maussion und Fontanges herangezogen worden (bezw. hatten sich dorthin zurückgezogen!) und größere Kavallerietrupps, welche sich nach dem verunglückten Angriff bei Floing in den Wald geworfen hatten, vermehrten die allgemeine Verwirrung. Diesen auf engem Raume zusammengedrängten Massen hatten bisher nur die Kompagnien des XI. Korps am Calvaire d'Jlly (s. oben) gegenüber gestanden; aber ein undurchdringlicher Wall deutscher Geschütze und Truppen auf den Höhen von Fleigneux und östlich der Givonne machte bereits seit längerer Zeit einen Durchbruch auf belgisches Gebiet unmöglich. Auch waren die Franzosen infolge der erschütternden Wirkung des Artilleriefeuers zu einem planmäßigen Widerstande kaum noch fähig, als auf Befehl des Prinzen August von Württemberg von 2½ Uhr sich gegen 3 Uhr nachmittags die 1. Garde-Infanterie-Division gegen den Wald in Bewegung setzte.

Mit dem Gros der 2. Garde-Infanterie-Brigade, gefolgt von der 1. Garde-Infanterie-Brigade, überschreitet General v. Pape den Bach bei Givonne und dringt fechtend mit dem linken Flügel gegen die Cuerimont-Ferme im Centrum des Waldes vor, während der rechte Flügel, nördlich ausholend, sich gegen den Calvaire d'Jlly wendet.

Von Norden greifen die Kompagnien des XI. Korps, von Süden Theile der 45. Brigade in den Kampf ein, der innerhalb des Holzes theils auf die verzweifelte Gegenwehr einzelner Truppentheile trifft, theils zur Gefangennahme ganzer Abtheilungen führt, die sich widerstandslos ergeben.

Noch bis 5 und 6 Uhr abends flackert im Innern des eisenumspannten Ringes der Kampf bald hier, bald dort in mehr oder weniger blutigen Zusammenstößen noch einmal auf, von einem geordneten Gefecht kann aber eigentlich seit der 3. und 4. Nachmittagsstunde nicht mehr die Rede sein.

Ein militärisches Interesse wohnt diesen Einzelkämpfen nicht mehr bei, in denen nur die entflammte Leidenschaft sich zur Schlacke ausbrennt.

So hat denn auch Seine Majestät der König schon vor einiger Zeit sich bemüht, durch Anknüpfung von Unterhandlungen dem unnützen Blutvergießen ein Ende zu machen. —

Das Ende. Das knapp noch 3 km Seitenlänge aufweisende gleichseitige Dreieck, in welches die französische Armee von Châlons zusammengedrückt ist, wird seit Stunden durch einen Kreis von 456 deutschen Geschützen umschlossen, deren Geschosse sich in dem engen Raum schon nahezu kreuzen.

Auf dem Höhenrücken von St. Menges bis östlich Fleigneux stehen 156 Geschütze des XI. und V. Korps im Feuer; im Osten schließt sich über Givonne die Garde-Artillerie mit 90 Geschützen an; im Südosten vom Bois Chevalier bis Balan sind 132 sächsische, preußische und bayerische Geschütze in Thätigkeit, denen vom südlichen Maas-Ufer noch 78 Geschütze des II. bayerischen Korps sekundiren.

Hinter den beiden Hauptfronten, in welchen die deutsche Infanterie ins Gefecht getreten, stehen außer den wieder gesammelten Theilen der Bayern und Sachsen noch in der 9. Division, der 3. Garde-Brigade und der 7. Division einige dreißig vollkommen intakte Bataillone in Reserve, denen bei Donchery auch die württembergische Division hinzugetreten ist.

Dieselbe war nach ihrem Uebergange über die Maas bei Dom le Mesnil unter dem Schutze ihrer gegen Mézières hinausgeschobenen Kavallerie-Brigade bei Vivier au Court aufmarschirt und von dort auf Befehl des Kronprinzen von Preußen nach Donchery herangezogen

worden. Auf die Meldung vom Vordringen stärkerer feindlicher Ab=
theilungen (des französischen 13. Korps) auch auf dem linken Maas=
Ufer, war der größere Theil der 3. Brigade auf Flize und Nouvion
a. Maas abgerückt, das Gros der Division aber bei Donchery in Bereit=
schaft geblieben.

Den äußersten Ring der vollendeten Cernirung bilden im Westen
die 2., im Norden die Garde=, im Osten die 4. und 12. Kavallerie=
Division, im Süden die bayerischen Kürassier= und Ulanen=Brigaden. —

Auch der Kaiser Napoleon, der krank in Sedan die Vorgänge
bei der Armee nur vom Zimmer aus verfolgen kann, hat gegen Abend
die Nothwendigkeit erkannt, dem hoffnungslosen Kampfe ein Ende zu
machen und sich entschlossen, dem König von Preußen seinen Degen
zu übergeben.

Die gegen 6 Uhr eingeleiteten Kapitulationsverhandlungen ziehen
sich in die Länge, weil anfänglich keiner der höheren Generale sich zu
ihrer Unterzeichnung bereit finden lassen will.

Erst am 2. September, 11 Uhr vormittags, kommt endlich in
Donchery die Unterhandlung zwischen den Generalen v. Moltke und
v. Wimpffen zum Abschluß.

Der „Feldzug von Sedan" hat am elften Tage nach seinem
Beginn in der unbedingten Waffenstreckung der „Armee von
Chálons" sein entscheidendes Ende gefunden!

B. Betrachtungen.

I. Als der Marschall Mac Mahon am Abend von Mouzon
sich zum Rückzuge auf Sedan, statt, wie es wohl kaum hätte von
deutscher Seite verhindert werden können, auf Carignan entschloß,
war — wie das Generalstabswerk ausführt — mehr infolge der auf=
reibenden Hin= und Hermärsche und der unverantwortlichen Sorglosig=
keit der Heeresverwaltung, wie infolge der Gefechtsverluste, die „Opera=
tions= und Schlagfähigkeit" der französischen Armee auf einen
Stand heruntergedrückt, welcher ihr zur Zeit sowohl eine strategische,
wie eine taktische Offensive schlechthin unmöglich machte.

Erst als die relative Ruhe des 31. August und die aus den
Beständen der Festung Sedan ermöglichte Verausgabung von
200 000 Portionen die Kräfte der ohne diese Hülfe der Selbst=

auflöfung entgegentreibenden Truppe, mindeſtens einigermaßen wieder hergeſtellt hatten, konnte an die Wiederaufnahme irgend einer Art von „kriegeriſcher Thätigkeit“ gedacht werden, die für den Reſt dieſes Tages ſelbſt, im großen Ganzen wohl für aufgehoben gelten mußte.

Die Frage, warum der Marſchall nicht ſchon im Laufe des 31. Auguſt den Rückmarſch auf Mézières fortgeſetzt habe, wird müßig, wenn man ſich die Verfaſſung vergegenwärtigt, in welcher nach dem vorangegangenen Nachtmarſche die verhungerten und demoraliſirten Truppen ihre Lager um Sedan erreicht haben mögen, und man kann es der Armee von Châlons nur zur Ehre anrechnen, daß ſie dieſen Zuſtand augenblicklicher, nahezu voller „Wehrloſigkeit“, in welchem unbedingt ein großer Theil derſelben ſich im Laufe des letzten Auguſt= tages befunden haben muß, doch ſo raſch und ſo gut zu überwinden vermocht hat, wie ihre taktiſchen Leiſtungen am 1. September das beweiſen.

So fällt aber unſeres Erachtens der 31. Auguſt für die franzöſiſche oberſte Heeresleitung einfach als „Operationstag“ aus der Rechnung aus! Die vierundzwanzig Stunden bis zum 1. September früh gehören der „Retablirung“ einer zur Zeit weder marſch= noch kampffähigen Armee an, und ein z. B. am 31. nachmittags an der Givonne er= ſcheinender Feind würde kaum mehr als das 12. und halbe 1. Korps in wirklich widerſtandsfähiger Verfaſſung angetroffen haben. Zwei Diviſionen des 1. Korps waren noch erſt im Anmarſche (d. h. abge= ſchnitten!), das 5. und 7. Korps erſt in der Wiederordnung der Ver= bände begriffen.

Nach der ganzen Art „deutſcher Kriegführung“ in dieſem Feldzuge iſt die Annahme wohl berechtigt, daß, wenn die früher erörterten eigen= artigen Verhältniſſe, unter welchen von deutſcher Seite die „Schlacht von Beaumont“ durchgefochten worden iſt, dem Oberkommando der Maas=Armee nicht eine klarere Einſicht in dieſe Zuſtände auf feind= licher Seite unmöglich gemacht hätten, der Kronprinz Albert am 31. Auguſt dem Gardekorps ſchwerlich den Umweg über Carignan zugemuthet hätte. Rückte dann aber in den Frühſtunden dieſes Tages die Maas=Armee z. B.

mit dem XII. Korps über Mouzon—Brévilly a. Chiers—Pouru St. Remy noch heute bis Francheval—Villers Cernay (2½ Meilen!),

mit dem IV. Korps über Villers devant Mouzon—Douzay bis Lamécourt, mit dem Garbekorps (von Beaumont) über Mouzon auf Douzay—Brévilly vor,

indeß die beiden Kavallerie-Divisionen (12. und Garde-) die rechte Flanke und den Rücken dieses Marsches gegen den aus der geraden Richtung Carignan—Sedan abgedrängten General Ducrot deckten;

ging gleichzeitig dann das I. bayerische Korps bei Remilly auf das rechte Maas- und Chiers-Ufer über,

während das (von La Besace folgende) V. Korps in die Linie Remilly—Maugy nachrückte,

so hielt zweifellos ein am 1. September früh mit diesen vier bis fünf Armeekorps über die Givonne vorgeführter, gleichzeitiger, konzentrischer deutscher Angriffsstoß die französische Armee von Sedan solange in Front gegen Osten fest, bis die am 31. August und 1. September auf Donchery und über die Maas gegen die Straße Sedan—Mézières in Bewegung gesetzten 2½ Korps (XI., württembergische Division, II. bayerisches) des deutschen linken Flügels den „Engpaß von St. Menges" gesperrt haben konnten.

Man wird ja sagen, daß auch jetzt durch die anders gearteten deutschen Maßregeln nur genau dasselbe Endergebniß erreicht worden ist, wie eben hier angestrebt; immerhin wird man den Unterschied nicht verkennen dürfen, der zwischen dem hier ins Auge gefaßten einheitlichen Angriffe des deutschen Ostflügels und der Thatsache besteht, daß historisch die deutschen Korps an der Givonne nur in zeitlichen Zwischenabständen von zwei bis vier Stunden haben nach und nach auftreten können.

Wenn die französische oberste Heeresleitung es nicht verstanden hat, die sich ihr dadurch bietende Gelegenheit zu mehr oder weniger einflußreichen Theilerfolgen auszunutzen, so liegt darin noch kein endgültiger Beweis dafür, daß solche Möglichkeit für sie nicht bestanden habe!

II. Der Mac Mahonschen Armee war es — man kann dreist sagen: über Erwarten — gelungen, sich im Laufe des 31. August mindestens insoweit wieder „marsch- und kampffähig" herzustellen, daß man zum 1. September über die nunmehrige „zweckmäßigste Verwendung der verfügbaren Streitkräfte" sich schlüssig zu machen im Stande war.

Da man nachgerade über die bedeutende numerische Ueber=
legenheit der von Süden her gegen die Armee von Châlons an=
drängenden feindlichen Kräfte nicht mehr im Zweifel sein konnte, so
lag es nahe, in erster Linie die Möglichkeit der Fortsetzung des
Rückzuges über Méziéres nach Westen ins Auge zu fassen, um sich
auf diesem Wege einer drohenden taktischen Niederlage zu entziehen.

Auch General Woide erachtet (II., S. 343) solchen Entschluß
als den „zweckmäßigsten" und empfiehlt für den Versuch, „mit der
Armee noch ohne Kampf zu entkommen": das Antreten zum Ab=
marsch nach Westen „schon am Abend des 31. August bezüglich in der
Nacht zum 1. September", indem er weiter ausführt:

„Als Vorbereitung konnte ein Vorschieben des (am 31. August
als erstes bei Sedan eingetroffenen) 7. Korps noch im Laufe
dieses Tages zur Besetzung der Uebergangsstelle von Donchery,
bezüglich zur Verschleierung der Bewegung nach dieser Richtung
hin, sowie ein Vorgehen desselben (wenn auch nur mit Kavallerie)
maasabwärts dienen, um die zwischen der Maas und der
belgischen Grenze nach Méziéres führenden Wege zu decken.
Wie man sich erinnern wird (s. das Moltkesche Schreiben
vom 31. abends an General v. Blumenthal), wurde deutscherseits
gerade ein nächtlicher Abzug der Franzosen befürchtet."

Der russische General selbst fährt aber alsbald fort:

„Immerhin läßt sich nicht leugnen, daß ein Rückzug bei
Nacht auch seine Gefahren hatte, und daß eine Rettung der
ganzen französischen Armee mit Hülfe dieses Mittels schwerlich
möglich war. Wenn man auch heute nach den Ereignissen zu der
Erkenntniß gelangt sein mag, daß das Entkommen der französischen
Armee selbst in zertrümmertem Zustande, dem, was wirklich
geschah, vorzuziehen war, so ist es doch begreiflich, daß die
französische Heeresleitung zu jener Zeit, d. h. bis zum Morgen
des 1. September, das Wagniß eines Nachtmarsches (eines
„zweiten" Nachtmarsches, fügen wir hinzu!) mit zum Theil
erschütterten, zum Theil erst spät eingetroffenen Truppen nicht
für angebracht hielt.

Dann blieb aber nur der Rückzug bei Tage, am
1. September, wobei ein Kampf schwerlich zu vermeiden war,
und zwar ein Kampf, der von französischer Seite unbedingt
angriffsweise geführt werden mußte.

Augenſcheinlich mußten die Hauptanſtrengungen der Franzoſen nach Weſten gerichtet ſein, weil dort ihre Rückzugslinie lag. Es mußte vor Allem eine möglichſt frühzeitige Beſitznahme des Maas-Laufes zwiſchen Sedan und Méziéres gefordert werden, um den Gegner nicht über den Fluß zu laſſen oder ſeine ſchon übergegangenen Abtheilungen zurückzuwerfen. In öſtlicher Richtung konnten vorläufig Arrieregarden die Deckung übernehmen.

Es iſt ſehr wahrſcheinlich, daß die franzöſiſche Armee in der zuerſt angegebenen Weiſe (bei theilweiſem Nachtmarſche ihrer Truppen) Méziéres im Laufe des 1. September erreicht haben würde. Aber auch die deutſchen Heeresmaſſen hätten ihr folgen können, zum Theil hinten ſich anhängend, zum Theil im Parallelmarſch auf dem linken Maas-Ufer, ſo daß die Ver- hältniſſe bei Méziéres in der Nacht vom 1. zum 2. September vielleicht wieder auf demſelben Punkte ge- ſtanden hätten, wie einen Tag früher bei Sedan.

Ob Marſchall Mac Mahon derartige Erwägungen ange- ſtellt hat oder nicht, iſt nicht bekannt; aber wie auch immer die Anſchauungen der franzöſiſchen Heeresleitung geweſen ſein mögen, das Eine ſteht feſt, daß, wenn man überhaupt (einerlei ob in öſtlicher oder weſtlicher Richtung) anzugreifen beab- ſichtigte, auf jeden Fall der Entſchluß dazu zeitgerecht ge- faßt, ſoweit als angängig vorbereitet und möglichſt früh zur Ausführung gebracht werden mußte. Nur ſo war es möglich, ſich die Initiative zu wahren."

Soweit der ruſſiſche Schriftſteller! Verſuchen wir es, im Geiſte ſeiner Anſichten die „nicht bekannten" Erwägungen des Marſchalls Mac Mahon zu ergänzen, indem wir uns in ſeine Lage hineindenken. —

Wir machen dabei zunächſt das Zugeſtändniß, welches wir that- ſächlich nicht nur für unwahrſcheinlich, ſondern ſchlechthin für unzutreffend erachten, daß nämlich das 7. Korps bereits am 31. nachmittags, die anderen Theile der Armee am Abend zu neuer Thätigkeit bereit ge- weſen wären.

Von Sedan bis Méziéres (linkes Maas-Ufer), um von dort den Rückzug entweder in ſüdweſtlicher Richtung auf Paris oder gegen Weſten hinter die Oiſe fortzuſetzen, ſind rund 20 km, d. h. ein mittlerer Tagemarſch.

Von Sedan bis Maison rouge auf einer Länge von 6 km giebt es für solchen Abmarsch einer Armee nur die eine, von St. Albert ab dazu noch einen Engpaß von 2 km Länge bildende Straße über St. Menges nach Vrigne aur Bois, und höchstens aus der Gegend dieses letztgenannten Ortes ab ist die Möglichkeit geboten, sich in mehreren Kolonnen nebeneinander — „in breiter Front", wie General Weide das will! — zu bewegen. Die Querverbindungen von Fleigneur auf Bosséval durch das Bois de la Falizette tragen, soweit dergleichen überhaupt vorhanden, den Charakter nur für Infanterie in Reihen benutzbarer schlechter Berg- und Waldpfade.

Für den Abmarsch der Armee nach Westen war sonach mit dem Umstande zu rechnen, daß alle 13 Infanterie- und noch 5 Kavallerie-Divisionen zunächst auf dieser einen Straße eingefädelt werden mußten, über welche infolgedessen, auch unter Zurücklassung aller Trains, doch immerhin eine Gesammtmarschkolonne von 80 bis 90 km Länge sich hätte abrollen müssen.

Selbst unter Zuhülfenahme von Nachtmärschen und einem Aufbruche des zur Flankensicherung vorauszusendenden 7. Korps und starker Kavallerie schon am 31. August nachmittags, konnten somit die letzten Truppentheile der Armee Sedan sicherlich nicht vor dem 2. September morgens verlassen und frühestens am Abend dieses Tages in Méziéres eintreffen, bezw. die Armee dort wieder aufmarschirt sein.

Der Marschall Mac Mahon wußte, auch ohne die persönlichen Beobachtungen, welche er am 31. über deutsche Truppenbewegungen auf dem linken Maas-Ufer von den Festungswällen aus gemacht hatte, durch die Vorgänge des gestrigen Tages, daß starke Kräfte der feindlichen Dritten Armee bereits über Stonne hinaus in Richtung auf Donchery gelangt sein mußten, und hätte aus den Meldungen des Generals Ducrot vom heutigen Tage mindestens wissen können, daß der rechte Flügel der feindlichen Maas-Armee bereits auch den Chiers im Osten von Sedan überschritten hatte.

Er mußte sich sagen, daß angesichts dieser Verhältnisse nicht mehr von „Märschen", sondern nur noch von „Kämpfen" werde die Rede sein können, und in der That — wie auch General Woide im Grunde zugesteht — war für die Armee von Châlons am 1. September die Zeit der Operationen vorbei und es blieb ihr nichts Anderes mehr übrig, als — das Schlagen oder der Verzicht auf eine weitere „kriegerische Thätigkeit".

Wenn der Marschall-Oberbefehlshaber sich das vielleicht auch nicht klar gesagt hat, so hat er mindestens instinktiv danach gehandelt, als er am 1. September — nicht marschirt ist!

Wir lassen es zunächst dahingestellt sein, ob

> „der Entschluß des Marschalls bei Sedan überhaupt eine Schlacht, und überdies noch eine reine Vertheidigungsschlacht anzunehmen"

wirklich so „völlig unbegreiflich" erscheint, wie General Woide (II. S. 337) das meint, und halten uns nur an die auch vom russischen General eigentlich nicht in Abrede gestellte Thatsache, daß der Marschall Mac Mahon jedenfalls zur Schlacht gezwungen worden wäre!

General Woide meint, daß, wenn diese Schlacht sich aus dem geplanten Abmarsche der französischen Armee auf Méziéres entwickelt hätte, sich mindestens „Trümmer" derselben noch würden haben retten können (s. oben), was dann immer noch dem jetzt thatsächlich eingetretenen Zustande vorzuziehen gewesen wäre.

Wir glauben den Franzosen nicht einmal diese Hoffnung einräumen zu können; würde es uns auch zu weit führen, diese Ansicht im Einzelnen näher zu begründen, so heben wir zu ihrer Bekräftigung doch hervor, daß in diese „Bewegungsschlacht", d. h. in die „Reihe der sich aus solchem Versuche entwickelnden Einzelgefechte aller Wahrscheinlichkeit nach auch das (am 31. August bis Attigny—Semuy gelangte) preußische VI. Korps und das (unter solchen Umständen sicher nicht sich selbst überlassene) französische 13. Korps mit hineingezogen worden wären, und so leicht nicht einmal der französische General Vinoy sich dem Schicksale der Zurückwerfung über die Grenze hätte entziehen können!

Wir meinen dann aber auch weiter hin, daß die Mac Mahonsche Armee zur Durchführung einer „taktischen Aktion" in solch' unmittelbarem Uebergange aus der „Marschoperation", wie sie doch der Versuch eines Abmarsches der Armee von Sedan auf Méziéres in den Tagen des 31. August bis 2. September" nothwendig gemacht hätte: überhaupt nicht, in ihrem derweiligen Zustande aber erst gar nicht fähig gewesen sein würde!

Wo, wie dies hier ja zweifellos zunächst wiederum der Fall gewesen wäre, von einer geplanten Schlachtanlage nicht hätte die Rede sein können; wo thatsächlich bei den nicht ausgebliebenen Anstrengungen der deutschen Korps, sich die Uebergänge über die Maas zu erzwingen und in die feindlichen Marschkolonnen hineinzustoßen, die Gefechtsführung fast ausschließlich in die Hände der höheren und niederen Unterführer hätte fallen müssen; wo allein die raschere Initiative, die größere Kampfgewandtheit, schließlich das persönliche Vertrauen der Truppe über den Einzelerfolg zu entscheiden gehabt hätten — da war es klar, daß die Armee von Châlons den deutschen Korps gegenüber überall den Kürzeren gezogen haben würde, und der Versuch des Marschalls Mac Mahon, dem Gegner in dieser Weise — und gar noch in Nachtgefechten — entgegenzutreten, schlechthin unverantwortlich gewesen wäre!

War somit das Endergebniß solcher Ueberlegungen: die Ueberzeugung, daß ohne Kampf ein Entkommen nicht möglich sei, so war es Pflicht der obersten Heeresleitung, solchem Kampfe mindestens die Form einer „geplanten einheitlichen Handlung" zu geben, nicht aber denselben den Zufälligkeiten einer „Reihe von Rencontregefechten der einzelnen Korps" auszusetzen.

Mit anderen Worten: an die Stelle des als „undurchführbar" erkannten Planes eines Abmarsches mit seinen unausbleiblichen Verwickelungen, kam in zweiter Linie der Plan eines — Durchschlagens in Betracht!

III. Die in ihrer Gesammtheit, wie man ja sicher wußte, der Armee von Châlons numerisch bedeutend überlegene deutsche Armee war augenblicklich durch die Maas und die sperrende Festung Sedan in zwei Gruppen getheilt, und damit der französischen obersten Heeresleitung wohl der Gedanke nahe gelegt, mit der zwischen den beiden feindlichen Gruppen vereinigten eigenen Armee möglicherweise die eine Hälfte des Gegners vereinzelt schlagen zu können.

Wie bei jeder Operation und Aktion „auf der inneren Linie" (Kriegslehren 4. Heft, 1. Bd. IV), kam es aber auch hier darauf an, sich Rechenschaft darüber abzulegen, ob und wie es gelingen könne, „während der zur Führung eines entscheidenden Schlages gegen einen Bruchtheil des Gegners nöthigen Zeit den anderen Bruchtheil von dem entscheidenden Flecke fernzuhalten".

Je nachdem, ob sich für solche Vorbedingung im gegebenen Falle die günstigere Aussicht zur Führung des Entscheidungsschlages nach Osten oder nach Westen eröffnete, war die eine oder andere

Richtung zu wählen, für deren Bestimmung andere Beweggründe jedenfalls erst in zweiter Linie in Betracht kommen konnten.

Von dem Augenblick an, wo man entschlossen oder wie hier gezwungen ist, den Schwerpunkt der kriegerischen Handlung von der operativen auf die taktische Seite zu verlegen, werden einzig nur noch die Siegesbedingungen maßgebend für den zu fassenden Entschluß, treten die strategischen Rücksichten „der Verbindungsüberlegenheit" bezw. wie hier des „Rückzuges" vor den rein taktischen in den Hintergrund.

So sind wir denn auch keineswegs der Ansicht (des Generals Woide s. oben), daß die Franzosen am 1. September nur deshalb „ihre Hauptanstrengungen gegen Westen" zu richten gehabt hätten, weil dort „ihre Rückzugslinie lag".

Wir haben ganz ähnliche Erwägungen schon in den Betrachtungen über die vom Marschall Bazaine zu wählende „Ausfallsrichtung" (s. Kriegslehre 4. Heft, 4. B.) angestellt und damals dort gefunden, daß trotz der Absicht, „mit der Rhein-Armee nach Westen abmarschiren zu wollen", der Marschall doch sehr richtig gehandelt hat, als er den entscheidenden Angriffsstoß gegen Osten führte, wo sich ihm die günstigeren „taktischen Vorbedingungen" boten.

Wir haben aber auch dort schon den Satz vertreten, daß ohne vorangegangenen Sieg über mindestens einen größeren Bruchtheil der feindlichen Streitkräfte von einem Weitermarsche der Rhein-Armee niemals würde haben die Rede sein können.

Genau in derselben Lage, wie der Marschall Bazaine am 26. August, bezw. am Tage von Noisseville, befand sich jetzt aber auch der Marschall Mac Mahon; sein „Abmarsch" war nur denkbar „nach erfochtenem Sieg"; für den Fall des „Sieges" aber war es gleichgültig, ob derselbe „über die feindliche Dritte oder über die Maas-Armee" erfochten worden wäre, vorausgesetzt nur, daß er „entscheidend" ausgefallen sein würde!

Nur um diese Frage konnte es sich für den Oberbefehlshaber der Armee von Châlons — so gewiß wie damals für den Oberbefehlshaber der Rhein-Armee — handeln, und nur in diesem Sinne ist somit auch hier von uns allein die Möglichkeit eines „Durchschlagens" zu untersuchen, nachdem ein „Abmarsch" schon nicht mehr in Betracht kommen konnte!

Ehe wir dazu übergehen, nur noch Eins!

Wir haben in den eben angestellten Erörterungen die **Kriegslage
des Marschalls Mac Mahon am 1. September** als eine sich mit
der Kriegslage des Marschalls Bazaine vom Tage seiner Cernirung
in Metz ab nahezu gleichartige bezeichnet, und wenn wir einen
Augenblick annehmen, daß die Festung Sedan (wie Metz) mit einem
Gürtel detachirter Forts (z. B. bei St. Menges, Illy, auf der
Bergnase über Bazeilles und auf der Höhe zwischen Frénois und
Wadelincourt) umgeben gewesen wäre, so wird man nicht leugnen können,
daß möglicherweise der 1. September nur ebenso zu einer „Cernirung
von Sedan" geführt haben könnte, wie der 19. August u. ff. zu der
„Cernirung von Metz".

Im Gegensatze zu dieser Analogie aber wird man vielleicht die
Kriegslage der Armee von Châlons am 31. August früh — freilich
nur unter der Annahme ihrer von uns wohl mit Recht bezweifelten
„vollen Operations= und Schlagfähigkeit" — richtiger mit derjenigen
Bazaines am 16. August früh vergleichen dürfen.

Nun haben wir seiner Zeit bei Besprechung der Entschlüsse des
Oberbefehlshabers der Rhein=Armee in den Morgenstunden dieses
Tages (Kriegslehren, 2. Heft, 2. B.) den „Entwurf eines Marschbefehls"
gebracht, welcher unseres Erachtens jener Armee vielleicht die Möglichkeit
zur Fortsetzung ihrer Bewegung nach Westen und zu gesicherter
Erreichung von Verdun hätte bieten können.

Wir sind daher jetzt wohl (namentlich auch dem General Woide
gegenüber) verpflichtet, kurz unsere Gründe dafür anzugeben, warum
wir hier auf die Aufstellung eines ähnlichen „Entwurfes" für den „Ab=
marsch der Armee von Châlons am 31. August auf Mézières" ver=
zichtet haben.

Ausschlaggebend ist für diesen Verzicht ja allerdings die Ueberzeugung
von der physischen Unmöglichkeit gewesen, in welcher unseres Er=
achtens die Armee von Sedan sich zur Lösung einer solchen Aufgabe
befunden hat.

Aber selbst wenn wir von dieser Begründung absehen, hätten, wie
wir meinen, schon allein die topographischen Verhältnisse längs der
Abmarschstraße selbst der Durchführung eines solchen Versuches nahezu
unüberwindliche Hindernisse entgegengestellt.

Wie man sich erinnern möge, basirt unser „Entwurf für den
16. August" hauptsächlich auf der Forderung einer Vorbewegung der
französischen Gesammtarmee in kampfbereiten größeren Verbänden,

welche rechtzeitig sich dem vorgelegten Feinde entgegenzuwerfen, in der Abwehr feindlicher Flankenstöße abzulösen im Stande gewesen sein würden. Diese Grundforderung wäre aber hier bereits an dem Mißstande gescheitert, daß jede folgende Marschstaffel sich immer nur aus einem Defilee heraus zur Unterstützung der anderen hätte kampfgerecht entwickeln müssen und damit also wahrscheinlich immer nur — zu spät gekommen wäre!

Weiterhin würde dann aber auch die Geländekonfiguration, welche am 16. August den sich anhängenden Gegner zu einem zeitraubenden Debouchiren aus schmalen Waldwegen genöthigt hätte, hier der Verfolgung durch die Maas=Armee bezw. ihren Rückenangriff auf die noch nicht eingefädelten Theile der Armee keinerlei Schwierigkeiten bereitet haben!

Werden wir doch alsbald sehen, daß es gerade diese Gründe gewesen sind, welche aller Wahrscheinlichkeit nach auch bei den Mac Mahon=schen Nachfolgern im Armeekommando den Gedanken an einen „Durch=bruch nach Westen" gar nicht haben aufkommen lassen!

IV. Um dem, wie man mit Bestimmtheit erwarten mußte, spätestens am 1. September zur Erzwingung der Maas=Uebergänge unterhalb Sedan schreitenden Westbruchtheile der deutschen Armee mit sieg=verheißender taktischer Ueberlegenheit in „geplanter Schlacht" und nicht nur „bruchstückweise" entgegentreten zu können, bedurfte es offenbar:

a. der Entwickelung des weitaus größten Theiles der Armee von Châlons in dem Gelände westlich des Engpasses von Maison rouge und

b. der Abzweigung eines möglichst schwach zu bemessenden anderen Theiles dieser Armee zur Verhinderung eines störenden Eingreifens des Ostbruchtheiles der deutschen Armee in jene „geplante Schlacht".

Je günstigere Verhältnisse für die Defensive der Geländ abschnitt bot, hinter welchem dieser schwächere Bruchtheil der eigenen Armee dem vom Schauplatze der Entscheidung fernzuhaltenden Bruch=theile der deutschen Armee seinen Widerstand entgegenzusetzen hatte, desto stärker konnte der für die Offensive bestimmte andere Theil der eigenen Armee gemacht werden.

Da man die ziffermäßige Stärke des mit der Absicht einer Entscheidung zu bekämpfenden Bruchtheiles des Gegners, bei einer auf

230 000 Mann angenommenen Gesammtstärke der deutschen Dritten und Maas=Armee (s. 2. A.) füglich nicht unter 100 000 bis 150 000 Mann schätzen durfte, die eigene Armee zur Zeit aber nur einen Kombattanten=stand von höchstens 124 000 Mann (s. GstW.) aufwies, so mußte die Frage, mit wie wenig Kräften man auf der anderen Seite werde aus=kommen können, von schlechthin entscheidender Bedeutung für den Ent=schluß überhaupt werden.

Es war klar, daß, da man auch auf dieser anderen Seite beim Feinde mit einer Zifferstärke von 80 000 bis 130 000 Mann zu rechnen hatte, ein auch nur annähernd genügendes Kraftaufgebot für die Offensive sich allein unter der Bedingung herausparen ließ, daß man die Defensive an einen Geländeabschnitt verlegen könne, welcher dem nachdrängenden Gegner die rasche Entwickelung einer be=deutenden Uebermacht unmöglich machen, mindestens ernstlich erschweren könne.

Solche Möglichkeit bot einzig und allein der Engpaß von St. Albert—Maison rouge und zwar sowohl gegen einen von Osten wie gegen einen von Westen „nachdrängenden" Feind; nur hier konnte man wirklich für den beregten Zweck eines zeitweiligen Aufhaltens des Gegners mit dem Aufgebot einer „stärkeren Arriere=garde" auszukommen hoffen, indeß an jeder anderen Stelle nur eine — wenn auch nicht gerade „gleiche" Zweitheilung der verfügbaren Kräfte nothwendig werden mußte.

Wenn General Woide dem geplanten „Westdurchbruche" gegenüber nur einfach sagt: „in östlicher Richtung könnten vorläufig Arriere=garden die Deckung übernehmen", so können wir deshalb diesen Aus=spruch nur unter der Voraussetzung für berechtigt anerkennen, daß diese „Arrieregarden" westlich des erwähnten Engpasses in Front nach Osten in Thätigkeit zu treten berufen gewesen wären. Von einer irgend nennenswerthen Wirksamkeit solcher „Arrieregarden" östlich St. Menges, z. B. an den Givonne=Uebergängen, hätte unseres Erachtens aber gegen die Maas=Armee niemals die Rede sein können.

Giebt man die Berechtigung dieser Ueberlegungen zu, so räumt man aber damit gleichzeitig die Unmöglichkeit eines französischen gewaltsamen Durchbruches gegen Westen ein, für den man entweder keine ausreichenden Kräfte hätte verfügbar machen können, weil man sich gegen Osten nur durch die Zurücklassung ganzer Korps genügend zu schützen im Stande gewesen wäre; oder für den man

keine ausreichende Zeit mehr gefunden hätte, um vor dem Ein=
greifen des Gegners von Osten her die Gesammtarmee (einschl.
Rückendeckung!) noch heute auf die Westseite des beregten Engpasses
hinüberzuführen.

Man wird annehmen dürfen, daß, wenn der Marschall Mac
Mahon nicht vor der Unmöglichkeit gestanden hätte, am 31. August
und in der Nacht zum 1. September größere Heeresbewegungen an=
zuordnen, er das sicherlich gethan haben würde; war ja doch die ganzen
letzten Tage hindurch sein Bestreben ausschließlich darauf gerichtet, einer
taktischen Berührung mit dem Gegner auszuweichen, und sein Bescheid
an den Ordonnanzoffizier des Generals Vinoy (s. A.) beweist zur Ge=
nüge, daß er nicht etwa deshalb auf solche Anordnungen verzichtet
hat, weil er (wie Hohenlohe bei Prenzlau) sich schon für „abgeschnitten“
erachtet, oder auch seinerseits von dem nach Annahme des Kaisers den
Deutschen unbekannten „neuen Wege über St. Menges“ Nichts gewußt hätte.

War dem aber thatsächlich so, so mußten Ueberlegungen, wie
die eben von uns angestellten, den französischen Oberfeldherrn auch zu
der anderen Ueberzeugung weiter führen, daß am 1. September,
wie ein „kampfloser Abmarsch auf Mézières“, so auch der „Versuch
eines Durchschlagens nach Westen“ keinerlei Aussicht auf Erfolg
mehr für sich hatte, also gleichfalls für „unmöglich“ gelten mußte!
Blieb noch die dritte Alternative des Versuches eines „Durchschlagens
nach Osten.“

V. General Woide läßt sich in Betreff dieses Gedankens dahin
aus (II. S. 345):

„Ein am Morgen des 1. September in östlicher Richtung
unternommener entschlossener Angriff würde den Franzosen
auch zweifellos zu einem Erfolge, wenigstens zu Anfang, ver=
holfen haben. Das wird auch in der »Geschichte der deutschen
Artillerie« (von Hoffbauer, Heft 8) vollkommen zugegeben durch
den Hinweis, daß es den Franzosen, wenn sie früh morgens
zum Angriffe vorgingen, nicht schwer fallen konnte, die Truppen
des XII. Korps zurückzuwerfen, und daß sie dann in der Lage
waren, unter für sie günstigen Verhältnissen dem preußischen
Gardekorps entgegenzutreten. Man darf wohl hinzufügen,
daß im Falle einer Niederlage der sächsischen Division, welche
die rechte Flanke des I. bayerischen Korps deckte, das Letztere

in dem offenen Maas-Thale zwischen Fluß und Feind in eine
sehr schwierige Lage gerathen sein würde.

Die genannte Schrift weist aber andererseits darauf hin,
daß sich nach einiger Zeit, trotz anfänglicher Erfolge der
Franzosen, in ihrem Rücken das V. und XI. Armeekorps entwickelt haben würden, denen Marschall Mac Mahon keine ausreichenden Kräfte entgegenzustellen vermochte, und daß :wenn
bis dahin das Gros der Armee von Châlons östlich der Givonne nicht entscheidende taktische Erfolge errungen hatte«,
die völlige Niederlage dieser Armee doch »nach wie vor der
endliche Ausgang des Kampfes« geblieben wäre."

„Man muß in der That gestehen" — fügt der russische Schrift-
steller sehr treffend hinzu — „daß die Frage der Rückendeckung
während eines solchen Angriffes der französischen Armee (einerlei, ob in
östlicher oder westlicher Richtung) eine ausschlaggebende Bedeutung
beanspruchte."

Nachdem wir oben der Bedeutung dieser Frage für den geplanten
Versuch eines französischen Durchbruches nach Westen bereits genügend
Rechnung getragen, wenden wir uns zu ihrer Erörterung für den Fall
einer ins Auge gefaßten „östlichen Richtung", indem wir uns aber
gleichzeitig dabei auf den Standpunkt stellen, daß es sich bei solchem
Plane nicht einfach nur um ein „Durchschlagen behufs baldigster Fortsetzung eines Weitermarsches", sondern nothwendigerweise um „die
Erringung eines entscheidenden Sieges über den Ostheil der
deutschen Armee" hätte handeln müssen, ohne welchen nun einmal
„der endliche Ausgang des Feldzuges" nur „nach wie vor derselbe"
geblieben wäre!

Wir erörtern zuerst die Möglichkeit der „Rückendeckung", um uns
dann der Möglichkeit der „Erringung eines Sieges" zuzuwenden. —
Wir formuliren die erstere Frage dahin:

a. wo war diese Rückendeckung hinzuverlegen?
b. welche Kräfte waren für dieselbe verfügbar zu stellen?

Nach unseren vorangegangenen Betrachtungen, von denen wir doch
annehmen müssen, daß man sie auch bei der französischen obersten
Heeresleitung angestellt haben sollte, kann es nicht zweifelhaft sein, daß
der gegebene Platz für die „Rückendeckung gegen Westen" dem Eng-
passe von St. Albert gegenüber gewesen wäre, von dessen erfolg-
reicher Sperrung allein die Erreichung des erstrebten Zweckes abhing.

„Unbegreiflich" erscheint es uns deshalb allerdings, daß das doch thatsächlich in der Absicht einer „Defensive gegen Westen" aufgestellte französische 7. Korps die Bedeutung der Höhen südöstlich St. Menges so wenig richtig erkannt hat, daß es dieselben dem Gegner am 1. September fast ohne Kampf überlassen hat.

Wenn nicht aus eigenem Augenschein, so hätten, wie wir meinen, doch der Kommandant von Sedan und die Ingenieuroffiziere des Platzes das Vorgelände ihrer Festung genügend kennen müssen, um den Marschall Mac Mahon und den General Douay auf die Wichtigkeit dieses Punktes aufmerksam machen zu können.

Schon ziemlich früh am Morgen des 1. September haben sich bei dem Kommandirenden des 7. Korps Bedenken in Betreff einer möglichen Umfassung seines rechten Flügels über Fleigneux auf Illy eingestellt. Die beste Sicherheit dagegen aber hätte offenbar die Anlehnung dieses Flügels an die dem Feinde schlechthin unzugänglichen Waldungen zwischen Fleigneux und der belgischen Grenze geboten, bis wohin sich durch das unwegsame Gehölz de la Falizette von Westen her durch= zuarbeiten selbst der deutschen Infanterie eine außerordentlich zeit= raubende Anstrengung gekostet haben würde.

Erst recht aber hätte die Rücksicht auf das Auftreten feindlicher Artillerie die Vorschwenkung des rechten Flügels des 7. Korps von dem Rücken südlich des Calvaire d'Illy in die Richtungslinie St. Menges—Fleigneux nothwendig gemacht, weil der Gegner, einmal in den Besitz dieser kaum 2 km vom Bois de la Garenne entfernten Höhenlinie gelangt, mit seinem Geschützfeuer selbst die Reserven der französischen Ostfront im Rücken bedrohen konnte.

Da nun zweifellos kein feindliches Geschütz auf einem anderen Wege als durch den Hohlweg von Maison rouge auf jene Höhen zu gelangen vermochte, so mußte die Verwehrung des Austritts aus dem= selben für Artillerie die Hauptaufgabe der „Rückendeckung gegen Westen" bilden.

Unmittelbar bis auf eigene wirksame Kanonenschußweite, bezüglich so nahe an den Ausgang dieses Hohlweges westlich St. Albert heran= zugehen, um denselben direkt unter Feuer nehmen zu können, verbot sich nun allerdings durch das Herantreten des Waldes von Falizette an die Höhen westlich St. Menges. Wohl aber wäre es angängig gewesen, durch Errichtung starker (eingegrabener) Batterien auf dem Höhenrücken (312) südöstlich und östlich dieses Ortes (wo später that=

sächlich die zehn Batterien des XI. Korps in Stellung gegangen sind) dem Feinde das Auffahren auf jenen westlichen Höhen aufs Aeußerste zu erschweren.

Mit der Aufstellung je einer Infanterie-Division links (Höhen über Floing) und rechts (Höhen der Tannerie von Fleigneux) dieser (durch die Geschützbatterien dieser beiden Divisionen auf 60 Geschütze zu bringenden) „großen Batterie" konnte der Thalweg längs der Maas auch gegen sehr bedeutende feindliche Ueberlegenheit aller Wahrscheinlichkeit nach lange genug gesperrt werden, um dem von Donchery her erscheinenden Gegner ein Eingreifen in die auf der Ostfront der Armee gesuchte Entscheidung endgültig zu verbieten.

Der Versuch einer Umfassung des linken Flügels dieser „Vertheidigungsfront" (gegebenenfalls selbst in Ueberschreitung der Halbinsel von Iges) über das nahezu 1500 m breite offene Wiesenthal der Maas fort, durfte unter dem Feuer der großen Batterie und einer auf den Höhen eingenisteten Infanterie-Division, für ausgeschlossen erachtet werden; einem nördlichen Ausgreifen des Feindes über die Ferme du Champ de la Grange gegen den diesseitigen rechten Flügel aber konnte die Division von der Tannerie aus selbst gegenumfassend begegnen.

Immerhin mochte, da von der Behauptung der geschilderten Stellung, mindestens bis zum Abend des 1. September die freie Kraftentfaltung gegen Osten bedingt war, die Aufstellung einer Reserve-Division (etwa zwischen Illy und dem Calvaire d'Illy) für angezeigt gelten, und so das „zur Rückendeckung nöthige Kraftaufgebot" sich auf ein volles Armeekorps — als „Arrieregarde der Armee" — berechnen.

Sache des mit diesem wichtigen „Auftrage" betrauten kommandirenden Generals wäre es gewesen, alle irgend möglichen Mittel zu ihrer Lösung aufzubieten, und wir zählen dazu in erster Linie, außer den eigentlichen Befestigungsarbeiten in der angewiesenen und jedenfalls noch am 31. August selbst bei guter Zeit zu beziehenden Stellung, namentlich auch die möglichste Ungangbarmachung der einzigen feindlichen Annäherungslinie, und die in der „Gefechtsführung" zu äußerster Geltung zu bringende Aktivität der Abwehr in der Form von starken Gegenstößen aus der Reserve.

Daß es dabei nur von Vortheil hätte sein können, wenn auch die Zerstörung der Maas-Uebergänge von Donchery und weiter abwärts gelungen wäre — ist wohl selbstverständlich.

Mit einer solchen, der zu lösenden Aufgabe entsprechenden Regelung der unerläßlichen Rückendeckung könnte der erste Theil der Frage nach den für eine Offensive gegen Osten zu treffenden Anordnungen befriedigend gelöst erscheinen. Sehen wir zu, was für den zweiten Theil zu überlegen gewesen wäre.

VI. Die als nothwendig erkannte Ausscheidung eines vollen Armeekorps von 3 Divisionen für die Defensivrolle der geplanten taktischen Aktion, ließ für die Offensivrolle nur drei Armeekorps (in 10 Infanterie- und 5 Kavallerie-Divisionen) verfügbar.

Bei einer Effektivstärke der Armee von Châlons von noch 124 000 Mann, stellten diese Kräfte ein Aufgebot von etwa 98 000 Mann, davon rund 80 000 Mann Infanterie, dar,*) mit welchem die „Osthälfte der deutschen Armee" nunmehr offensiv bekämpft werden sollte.

Wie wir oben erörtert haben, mußte man sich aber darauf gefaßt machen, mit dieser Kraft möglicherweise auch einer feindlichen Stärke von 80 000 bis 130 000 Mann zu begegnen, die ja nach der augenblicklichen (im Einzelnen unbekannten) Vertheilung der gegnerischen Dritten Armee und der vom Feinde für den 1. September geplanten Bewegungen unter Umständen selbst noch auf eine höhere Ziffer gebracht sein konnte.

Das Wagniß eines solchen Unternehmens war jedenfalls bedeutend genug, um die sorgfältigste Ueberlegung aller zu seiner möglichsten Sicherung erforderlichen Mittel zur Pflicht zu machen.

Auf der zur Zeit (am 31. August nachmittags) innehabenden eigenen Ostfront ständ man nur auf dem äußersten rechten Flügel bei Bazeilles in unmittelbarer Fühlung mit den Bayern, von denen man wohl wußte, daß sie zur Armee des Kronprinzen von Preußen gehörten. Man hatte denselben die Eisenbahnbrücke von Maugy überlassen müssen, und wohl im Laufe des Tages auch ihre Vorbereitungen zur Herstellung eines weiteren Maas-Ueberganges oberhalb der Givonne-Mündung entdeckt.

---

*) Gesammtstärke annähernd noch: 12 000 Mann Artillerie, 9000 Mann Kavallerie, 103 000 Mann Infanterie, zusammen 124 000 Mann.

Davon ab das 7. Korps und die Kavallerie-Division Brahaut 2000 Mann Artillerie, 1200 Mann Kavallerie, 23 000 Mann Infanterie, zusammen 26 200 Mann.

Bleiben: 10 000 Mann Artillerie, 7800 Mann Kavallerie, 80 000 Mann Infanterie, zusammen 97 800 Mann zur Offensive.

Den im Centrum und auf dem linken Flügel am Givonne=
Abschnitt eingerichteten eigenen Vorposten stand dagegen der Feind —
wie General Ducrot auf seinem Rückmarsche festgestellt haben mußte —
mit Truppen der Armee des Kronprinzen von Sachsen auf dem
rechten Chiers=Ufer in Linie Pouru aux Bois—Douzy a. Chiers erst
auf 7 bis 8 km Abstand gegenüber.

Es war fraglich, gegen welche dieser beiden, annoch auch in sich
durch die Maas getrennten feindlichen Ostgruppen man mit
besserem Erfolge den ersten Angriff zu richten haben würde.

Schon der Umstand, daß man sich bei einer geplanten Offensive
gegen die „Maas=Armee" jedenfalls in seiner rechten Flanke gegen die
„Bayern" zu sichern hatte, mochte den Gedanken nahelegen, die „ge=
plante Offensive" mit dem Angriffe auf diesen nächststehenden
Gegner zu beginnen.

Durch Zurückwerfung des Feindes von der Brücke bei Maugy und
Zerstörung der Maas=Uebergänge in der rechten Flanke des „in öst=
licher Richtung" geplanten Hauptstoßes konnte man hoffen, die Chancen
zur Führung eines entscheidenden Schlages gegen die nördlich des Chiers
befindlichen Theile der Maas=Armee nicht unwesentlich zu verbessern.

Nun hatte sich aber, wie man ja natürlich im französischen Haupt=
quartier gleichfalls wußte, das I. bayerische Korps bereits am
31. August vormittags in starken Batteriestellungen am linken Maas=
Ufer über den Uebergangsstellen festgesetzt und seine Vertreibung
von dort, behufs Wiedergewinn der durch eigene Schuld unzerstört ge=
bliebenen Brücke drohte zweifellos zu einem um so hartnäckigeren
Kampfe zu führen, je ungünstiger die Geländeverhältnisse waren, über
welche fort französischerseits solcher Versuch nur unternommen werden
konnte.

Sei es, daß man schon am 31. August nachmittags, sei es, daß
man erst in der Nacht zum oder am Frühmorgen des 1. September
über Bazeilles zum energischen Angriffe ansetzte, es konnte kaum aus=
bleiben, daß durch das damit entfachte „größere Gefecht" einestheils
von eigener Seite nicht unbeträchtliche Kräfte in eine nicht
beabsichtigte Richtung (nach Süden) fortgezogen, anderentheils
bedeutendere feindliche Verstärkungen (der Dritten Armee) nach
einem Punkte angezogen werden mußten, von welchem sie fernzu=
halten man ein entschiedenes Interesse hatte.

Statt auf diese Weise Zeit und Kraft zur Führung eines ent=
scheidenden Schlages gegen die Maas=Armee zu gewinnen, lief man
Gefahr, dieselbe auf dem nördlichen Chiers=Ufer im ungünstigsten Augen=
blick mit starken Kräften und in der nachtheiligsten Richtung gegen die
eigene linke Flanke und den Rücken erscheinen zu sehen.

So stellte ein „vorangehender Angriff" auf die Bayern aller
Wahrscheinlichkeit nicht nur keinen Vortheil, sondern möglicherweise nur
größere Nachtheile in Aussicht, als die freilich nicht zu umgehende Aus=
sonderung einer Flankendeckung gegen Remilly während der Durch=
führung des entscheidenden Stoßes auf die Maas=Armee. —

Es galt, sich klar zu machen, wie die Chancen für diesen Fall
lagen?

Brach man am 1. September frühzeitig (vielleicht schon bei
Tagesanbruch) — unter Zurücklassung einer Division auf den Höhen
zwischen Balan und La Moncelle — mit neun Divisionen der (wie
wir der Kürze wegen sagen wollen) „Durchbruchs=Armee" in mehreren
Kolonnen über die Givonne=Linie gegen Pouru aux Bois—Douzy vor,
so erschien es nicht unmöglich, die bis jetzt über den Chiers gegangenen,
vielleicht nur Vortruppen der Maas=Armee, theils über diesen Fluß
nach Süden, theils längs desselben östlich in Richtung auf Carignan
zurückzuwerfen.

Wichen solch schwächere feindliche Kräfte dem morgendlichen
Vorstoße aber hinter den Chiers aus, so war doch wieder die Grund=
absicht der unternommenen Offensive, einen „Sieg über stärkere feind=
liche Kräfte" zu erringen, durchkreuzt, und das Endergebniß des Vor=
stoßes blieb die Nothwendigkeit, in der Linie Bazeilles—Douzy—Brévilly
„mit Kolonnen gegen den Chiers rechts einzuschwenken", um jetzt viel=
leicht unter dem Schutze einer solchen „flußaufwärts" verlängerten
„Flankensicherung" mit dem Korps des linken Flügels und der nach=
zuziehenden „Rückendeckung" — den „Abmarsch auf Carignan"
fortzusetzen.

Man wäre damit einfach wieder bei dem Bilde angekommen ge=
wesen, welches General Woide oben von dem wahrscheinlichen Verlaufe
eines zum 1. September geplanten Abmarsches der Armee auf
Mézières entworfen hat!

Statt des dort „gegen Donchery und weiter Maas abwärts"
vorauszusendenden 7. Korps, hätte jetzt nur z. B. das den rechten
Flügel des Hauptangriffes bildende 12. Korps „gegen Remilly und Douzy

sowie weiter Chiers aufwärts die Verschleierung der (hinter ihm fort sich vollziehenden) Bewegung" zu übernehmen gehabt.

Ebenso wie dort, werden dann aber auch hier „die deutschen Heeresmassen diesen Bewegungen folgen", und nur statt mit dem XII. und Gardekorps von Osten, werden sie jetzt mit dem XI. und V. Korps von Westen „sich anhängen"; statt mit dem noch südlich der Maas befindlichen Korps der Dritten Armee, jetzt mit den noch auf dem linken Chiers-Ufer stehenden Hauptmassen der Maas-Armee „im Parallel-marsch" sich bei Carignan vorzulegen streben.

Die Verhältnisse bei Carignan in der Nacht vom 1. zum 2. September werden dann wieder auf „demselben Punkte stehen, wie einen Tag früher bei Sedan!" und wieder ist für die Grundabsicht der geplanten Ostoffensive unter solchen Verhältnissen — Nichts gewonnen.

Nun brauchte es freilich ja nicht als ausgeschlossen zu gelten — und hätte sich sogar thatsächlich so gestaltet —, daß ein großer französischer Offensivstoß gegen Osten, statt, wie wir oben angenommen, nur auf ausweichende Vortruppen, auf die ihrerseits in offensiver Absicht auf dem rechten Chiers-Ufer vorgehenden Divisionen der Maas-Armee stoßen würde, und daß es so, vielleicht in der Gegend nördlich Douzy, zu einer Rencontreschlacht gekommen wäre, in welcher die numerische Ueberlegenheit sich auf französischer Seite befinden konnte.

Wie wir wissen, rückten am 1. September aus dieser Richtung wirklich fünf deutsche Divisionen in günstigstenfalles einer Gesammtstärke von 60 000 Mann aller Waffen, dazu noch ziemlich vereinzelt, gegen den Givonne-Abschnitt an, denen die französische Durchbruchs-Armee, nach Abrechnung der gegen die Bayern stehen gebliebenen Kräfte, noch immer mit einigen 80 000 Mann aller Waffen hätte entgegentreten können.

Unstreitig wären das für die französischerseits gesuchte Entscheidungsschlacht außerordentlich günstige Verhältnisse gewesen, wenn man im Hauptquartier Sedan nur mit einiger Sicherheit auf ihr Eintreten hätte rechnen dürfen.

Dem war nun aber zur Zeit durchaus nicht so! und der Marschall Mac Mahon mußte nach Lage der Dinge sich schon am 31. August sagen, daß, wenn er die „geplante Schlacht" am 1. September auf dem Wege eines Entgegengehens bezw. eines „bis zum Zusammenstoße" auf dem rechten Chiers-Ufer fortzusetzenden Vormarsches gegen Osten suchen wolle oder müsse: er immer wachsende Kräfte zur Sicherung seiner rechten Flanke abzuzweigen genöthigt sein werde.

Je früher man dann gar noch mit der Durchbruchs-Armee über die Givonne vorgebrochen war, desto weiter mußte man voraussichtlich östlich vorrücken, ehe man (wenn überhaupt! s. oben) auf die gesuchten „bedeutenderen, aber doch nicht überlegenen feindlichen Kräfte" zu stoßen hoffen konnte.

Je weiter man aber östlich vordrang, desto länger wurde die zu deckende Flankensicherung; je eher der Feind die diesseitige Offensiv-absicht entdeckte, desto größer wurde die Gefahr, daß noch nicht oder mindestens noch nicht weit genug nach Westen in Bewegung gesetzte Korps auch der feindlichen Dritten Armee (deren rechten Flügel man in den gegenüberstehenden Bayern zu vermuthen hatte!) zur Bedrohung der rechten Flanke und des Rückens der Durchbruchs-Armee wieder auf Remilly und Douzy würden herangezogen werden können!

So konnte es — mindestens jedenfalls solange die Bayern im Besitze des Maas-Ueberganges bei Remilly waren — leicht geschehen, daß schließlich die „Flankensicherung" so viel Kräfte in Anspruch nehmen würde, daß von einer numerischen Ueberlegenheit in Front des Vorstoßes um so weniger werde die Rede sein können, als ja auch der hier angetroffene Gegner z. B. in der ganzen vereinigten Maas-Armee an sich schon stärker auftreten konnte, wie man aller-dings vorläufig „anzunehmen" sich annoch berechtigt erachten durfte!

Das Alles waren Ueberlegungen, welche die französische oberste Heeresleitung bei der Planung einer „Offensive gegen Osten" umso-weniger außer Acht lassen durfte, als man bei der augenblicklichen — freilich großentheils selbst verschuldeten — Kriegslage der Armee von Châlons in dem zweckentsprechenden Entschluß für den 1. September — die letzte Rettung zu erblicken hatte! —

Wenn wir nun aber selbst, in dem eingehenden Bemühen, den nicht bekannt gewordenen Gedanken des Marschalls Mac Mahon in Betreff dieses Entschlusses von Schritt zu Schritt nachzugehen, zu dem Endergebniß gelangt sind:

daß ein „kampfloser Abmarsch" nach Westen (wie nach Osten) als schlechthin unausführbar erscheinen mußte,

daß einem „Durchschlagen nach Westen" sich voraussichtlich unüberwindliche Schwierigkeiten in den Weg stellen würden;

daß eine „Offensive gegen Osten" unter obwaltenden Umständen zwar noch die relativ besten Aussichten zu bieten verspreche; aber doch

ohne eine „vorangegangene Offensive gegen Süden" (zur Zurückwerfung der Bayern) voraussichtlich für eine solche die nöthigen Kräfte fehlen würden;

daß endlich aber diese „Offensive gegen Süden" aller Wahrscheinlichkeit nach zu einem Verzicht auf die „Offensive gegen Osten" führen mußte;

so erscheint es jetzt vielleicht schon wesentlich weniger „unbegreiflich", wenn der französische Oberbefehlshaber in seiner schwierigen Lage schließlich bei dem Entschlusse zur Annahme einer — Defensiv-Schlacht angekommen ist!

Ist es doch der allseits anerkannte Vortheil der Vertheidigung gegenüber dem Angriff, daß Erstere bis zu einem gewissen Grade den Ausfall an Kraft ersetzen kann, welcher den „numerisch Schwächeren" mit Vorliebe zu diesem Verfahren greifen läßt.

Die Gefahr bei der Anwendung dieser nach Clausewitz „stärkeren Form" beruht nur ebenso bekanntermaßen einmal auf dem Umstande, daß die „Defensive" nur einen „negativen Zweck" verfolgen, d. h. also an sich niemals eine endgültige Siegesentscheidung herbeiführen kann; und daß

sie fernerhin in ihrem Auftreten abhängig von dem Entschlusse des Gegners zur „Offensive" bleibt, der, wenn er überhaupt nicht angreift, die Vortheile der „Defensive" illusorisch macht und dem, wenn er angreift, der Vorzug örtlicher und zeitlicher Initiative zur Seite bleibt.

Der Marschall Mac Mahon brauchte nach der „Kriegslage" des 31. August nicht zu „befürchten", daß der Gegner ihn „überhaupt nicht angreifen werde"! Er hatte durch seine eigenen seitherigen Operationen schon zur Genüge dafür gesorgt, daß die oberste deutsche Heeresleitung dem ihren „Gegenoperationen" von Hause aus zu Grunde gelegten Gedanken: „den Gegner anzugreifen, wo man ihn finde", jetzt auch beim besten Willen nicht mehr untreu zu werden vermochte, ohne nicht nur alle ihre seitherigen Traditionen zu verleugnen, sondern auch ohne alle ihre seitherigen Anstrengungen umsonst gemacht zu haben.

Und wie auf einen deutschen Angriff überhaupt, so konnte der französische Marschall, wenn nicht auf einen solchen „von beiden Seiten her", mindestens bestimmt auf denjenigen „von Osten her" rechnen, wenn er dem Feinde in dieser Richtung nur überhaupt eine „Defensiv= front" entgegenstellte.

Im französischen Hauptquartier zu Sedan mochte es „zweifel= haft" erscheinen, wozu am vortheilhaftesten man sich für den 1. Sep= tember zu entscheiden haben werde? im deutschen Hauptquartier zu Vendresse konnte in dieser Richtung „kein Zweifel" mehr bestehen; der zweifellose Entschluß zum Angriff auf deutscher Seite war dann aber auch auf französischer Seite das Einzige, woran man im „Kriegs= rath vom 31. nachmittags" anscheinend nicht gezweifelt hat!

Stand aber somit für den Oberbefehlshaber in Sedan die That= sache und die Richtung eines deutschen Angriffes am 1. September auf seine hinter der Givonne zur Zeit eingenommene Stellung mit denkbar vollster Gewißheit fest, so hatten sich die Ueberlegungen nur noch mit den unerläßlichen Vorbedingungen abzufinden, um von eigener Seite rechtzeitig, am entscheidenden Fleck, mit möglichster Ueberlegenheit — aus der Defensive zur Gegenoffensive übergehen zu können!

VII. Wir sind an demjenigen Punkte der französischen Entschlüsse angekommen, wo der Marschall Mac Mahon durch seine Verwundung aus der Verantwortung für die getroffenen Anordnungen ausscheidet.

Es muß dahingestellt bleiben, ob er bei Fortführung des Kommandos zu glücklicheren Entscheidungen in betreff eines solchen Ueberganges zur Offensive gelangt wäre, wie seine beiden Nachfolger, welche in unfruchtbarem Wortstreite sich offenbar an der Durchführung eines klaren „Gefechts= gedankens" nur gegenseitig verhindert und so es verschuldet haben, daß trotz aller „Offensivgegenstöße" die französische Armee im großen Ganzen am 1. September doch nur — in der reinen Defensive stecken geblieben ist!

Die Schlacht von Sedan bietet in ihrer Durchführung von fran= zösischer Seite nur einen neuen Beleg für die außerordentlichen Schwierigkeiten, welchen in der Praxis die theoretisch oft so hoch belobte defensiv=offensive Form der Schlachtanlage nament= lich um deswillen ausgesetzt ist, weil hier, im Gegensatze zur rein= offensiven Form: Ort, Zeit und Krafteinsatz für den in beiden Fällen doch unerläßlichen Entscheidungsstoß nicht lediglich aus der freien Entschließung der obersten Führung hervorgehen, somit auch nicht vorher bestimmt werden können.

Trotzdem am 1. September sich die örtlichen und numerischen Verhältnisse für solchen Gegenstoß auf französischer Seite in einer keineswegs immer gewährleisteten Gunst der Umstände dargestellt haben, ist doch der erstrebte Enderfolg schließlich an dem verfehlten Zeit= moment gescheitert, in welchem General Wimpffen „zur Offensive übergehen zu müssen" geglaubt hat.

Wir wissen aus unserem historischen Theil, daß die bis zum Nach= mittage des 1. September in die Gefechte „am Givonne=Abschnitt" (einschl. der 3. bayerischen Division!) eingesetzten deutschen Kräfte (nach 1. A. und ohne den seitherigen Abgang abzurechnen) nur höchstens 90 000 Mann Infanterie, gegenüber nach unserer Berechnung 80 000 Mann französischer Infanterie betragen haben können; daß aber, da diese deutschen Truppentheile nur nach und nach auf dem Gefechtsfelde erschienen sind, die verfügbaren französischen Kräfte an sich nicht als „für die Führung eines offensiven Gegenstoßes unzureichend" erachtet werden können.

Wir wissen weiter aus unseren Betrachtungen, daß die Richtung der beiden vom General Wimpffen gegen den deutschen linken Flügel geführten Vorstöße nicht nur den strategisch empfindlichsten Punkt der Deutschen (die Verbindung zwischen Maas= und dritter Armee!) getroffen hat, sondern auch taktisch unter obwaltenden Umständen nicht als „schlecht gewählt" bezeichnet werden darf.

Wenn trotzdem diese französischen Ansätze zu keinem Erfolge geführt haben, so wird man die Schuld daran — insofern man sie nicht in der moralischen Inferiorität der Truppe suchen will — nur in dem Umstande finden können, daß die französische Schlachtleitung den zweckentsprechenden Moment verpaßt, bezüglich im zweck= entsprechenden Augenblick nicht die nöthige Kraft ein= gesetzt hat!

Zwei Gelegenheiten konnten sich bieten, auf welche die fran= zösische Führung vorbereitet sein mußte und thatsächlich leicht sich hätte vorbereiten können.

Entweder nämlich der unbedingt zu erwartende deutsche Angriff erfolgte erst nach beendeter voller Entwickelung der überhaupt dazu verfügbar zu stellenden Kräfte und strebte dann aus strategisch wie taktisch durch die Sachlage gebotenen Gründen nach einer Um=

faſſung bezw. Eindrückung des franzöſiſchen linken Flügels; oder aber der Feind ging ſchon nach Maßgabe ſeines Eintreffens vor der Givonne=Front zu entſcheidungſuchenden Einzelſtößen über, die dann in durch den Anmarſch gegebener Weiſe ſich zunächſt gegen den franzöſiſchen rechten Flügel wenden mußten.

Angeſichts der erſterwähnten Möglichkeit muß man dem Plan des Generals Ducrot beipflichten, ſich nicht auf einen Kampf um wenig widerſtandsfähige „Vorpoſitionen" (Bazeilles und im Givonne=Thal) einlaſſen, ſondern den Widerſtand von Hauſe aus in die „Haupt=ſtellung" längs des Höhenrückens von Balan über das Bois de la Garenne bis zum Calvaire d'Jlly mit zurückgebogenem linken Flügel verlegen zu wollen.

Seine gebotene Ergänzung hätte dann dieſer Plan aber in einem mit bereitgeſtellten Reſerven unternommenen entſcheidenden Vor=bruche des eigenen rechten Flügels gegen und über die Givonne in demjenigen Augenblicke zu finden gehabt, wo man ſicher ſein konnte, daß der Gegner ſeine Hauptkräfte gegen den eigenen linken Flügel wirklich eingeſetzt hatte.

Die etwa 6 km lange Vertheidigungsfront konnte mit 30000 Mann Infanterie und ſtarker Artillerie hinreichend beſetzt erſcheinen, und ein einheitlich=gleichzeitiger Vorbruch von 50000 Mann in dem Moment, wo die preußiſche Garde und die ſächſiſche 23. Diviſion die Givonne zum Angriff gegen den Wald von La Garenne überſchritten, durch im Grund von Givonne zurückgehaltene 5—6 intakte Diviſionen gegen La Moncelle—Daigny durchgeführt, hätte nicht nur die ſächſiſche, ſondern auch die Garde=Artillerie wohl zu mehr als nur „vorübergehendem Schweigen" gebracht. (ſ. A. Wimpffenſchen 2. Vorſtoß.)

Hielt dann (etwa um 2 Uhr nachmittags!), wie man bei beſſeren Anordnungen hätte erwarten dürfen, das 7. Korps den Hohlweg von St. Albert noch verſperrt, ſahen die im Winkel von Bazeilles zuſammen=gedrängten deutſchen Diviſionen, angeſichts der bis jetzt von den Franzoſen behaupteten Bergnaſe zwiſchen Balan und La Moncelle, ſich an einer rechtzeitigen Gegenentwickelung ſtarker Kräfte verhindert, ſo gehörte ein voller Erfolg über die „Maas=Armee" doch ſicherlich nicht mehr zu der abſoluten Unmöglichkeit, als welche man ſie jetzt nachträglich zu betrachten geneigt iſt.

Aber auch ſelbſt wenn General v. Wimpffen, in der Ausnutzung des thatſächlich in den Morgenſtunden (etwa um 10 Uhr vormittags!)

im Winkel von Bazeilles auf deutscher Seite eingetretenen Momentes der Kraftabspannung schon die günstigere Gelegenheit zum Einsatze des entscheidenden Gegenstoßes hätte sehen wollen, so ist kaum in Abrede zu stellen, daß auch dann die erst im Anmarsch auf Francheval—Villers Cernay begriffenen Theile der Maas-Armee gegenüber einem siegreichen Vorstoße der Franzosen mit solchen 50 000 Mann Infanterie und der gesammten Kavallerie über die Givonne hinaus in eine „doch recht bedenkliche Lage gerathen" sein würden! vorausgesetzt nur auch jetzt, daß dieser Vorstoß — nicht in vereinzelten Kolonnen durchgeführt worden wäre! —

Selbstverständlich soll durch die vorstehenden Betrachtungen nicht die Behauptung aufgestellt werden, daß die französische Armee am Tage von Sedan einen entscheidenden Sieg hätte erringen können und müssen; dazu hätte es doch noch anderer Faktoren bedurft, als der hier allein in Betracht gezogenen Einflüsse von „Kraft, Zeit und Ort" in der taktischen Handlung

Wohl aber glauben wir durch unsere Erörterungen den Nachweis geliefert zu haben, daß (wenn überhaupt) die Armee von Châlons an diesem Tage einzig und allein durch eine planmäßige, wohldurchdachte Schlacht-Anlage und eine von Oben in fester Hand gehaltene Schlacht-Leitung zu retten gewesen wäre!

Man wird sagen müssen, daß, soweit die historischen Thatsachen einen Einblick gestatten, es dem General Ducrot vielleicht nicht an der nöthigen Einsicht in die Vorbedingung, dem General Wimpffen nicht an der nöthigen Energie für die Erfüllung der Schlußbedingung einer so gearteten „Schlachtführung" gefehlt hat.

In der wirklichen Durchführung, zu welcher ja nur der letztgenannte Führer berufen war, vermissen wir aber doch allzu sehr das nöthige Gleichgewicht von Wissen und Können, ohne welches der maßgebende Einfluß von höchster Stelle entweder ganz versagt oder — wie hier — die Dinge allzu leicht überhastet!

Ein Blick auf die deutschen Heeresbewegungen am Tage von Sedan wird unsere eben aufgestellte Behauptung nur bestätigen können.

VIII. Auch die „Schlacht von Sedan" (s. 5. B. I.) erscheint von deutscher Seite, soweit dabei die oberste Heeresleitung in Betracht kommt: „ohne eigentliche Schlachtanlage, lediglich aus dem operativen Grundgedanken heraus" geschlagen!

Dieser „Grundgedanke" war bereits im Armeebefehl vom 30. August abends dahin ausgesprochen, daß

„der Feind überall, wo er sich noch diesseits der Maas stelle, energisch anzugreifen", und

„auf dem engstmöglichen Raum zwischen diesem Flusse und der belgischen Grenze zusammenzudrängen sei!"

Der Maas-Armee war dabei die Aufgabe gestellt, den feindlichen linken Flügel an einem Ausweichen in östlicher Richtung zu verhindern, indeß

die III. Armee „in gleicher (d. h. ein Ausweichen gegen Süden und Westen verhindernder) Weise" sich gegen Front und rechten Flügel des Gegners zu wenden hatte.

Der Befehl zur Vertreibung des Feindes vom diesseitigen Maas-Ufer, welcher dem Kronprinzen von Sachsen schon eine Ueberschreitung des Flusses mit zwei Armeekorps „empfahl", stellte die Tagesaufgabe beider Armeen für den 31. August fest.

Der Befehl zum Zusammendrängen des Gegners enthielt für Beide die Aufgabe, am 1. September auf dem jenseitigen Maas-Ufer womöglich bis zur belgischen Grenze nordwärts durchzudringen, um — gegebenfalls mit der Maas-Armee links, mit der Dritten Armee rechts einschwenkend — sich einem mit Bestimmtheit erwarteten Durchbruchsversuche der Franzosen gegen Osten oder Westen in defensiver (verhindernder!) Absicht vorzulegen.

Es unterliegt keinem Zweifel, daß man bei Erlaß dieser „Direktiven" im großen Hauptquartier von der Auffassung ausging, daß jede der beiden getrennten Heertheile in sich stark genug sein werde, den Gegner solange (rein defensiv oder offensiv-defensiv) festzuhalten, bis man mit der nicht angegriffenen, bezw. nicht auf den Feind gestoßenen anderen Gruppe zum Rückenangriff werde schreiten können.

Da man nun aber, selbst am 31. August abends noch nicht mit Sicherheit wußte, welcher der beiden Gruppen bei diesem Plane die defensive und welcher die offensive Rolle zufallen werde, so ist klar, daß man vorläufig auch noch auf eine „jeder Gruppe ihre bestimmte Sonderaufgabe stellende Schlachtanlage" verzichten mußte.

Das Generalstabswerk hebt ausdrücklich hervor, daß man im großen Hauptquartier am 31. August abends an die Möglichkeit, daß der Marschall Mac Mahon die Vollendung seiner Absperrung gegen Ost und West bei Sedan passiv abwarten werde, überhaupt nicht

gedacht hat: jedenfalls ist aber doch klar, daß wieder, ehe diese That=
sache nicht feststand, man auch eine auf diesen Fall gerichtete „Schlacht=
anlage" für beide Armeen nicht ausgeben konnte.

Es geht aus diesen Darlegungen zunächst hervor, daß die taktische
Aktion, welche sich aus dem operativen Grundgedanken des
Befehls vom 30. August abends zu entwickeln haben würde, im Augen=
blick des Schlachtbeginns am 1. September noch vorbehalten, an
maßgebender Stelle überhaupt noch gar nicht zu bestimmter Gestalt
gelangt war, und der „Uebergang von der Operation zur Aktion"
sich somit auch keineswegs aus jenem „Grundgedanken" hat von selbst
ergeben können!

Am wenigsten trifft zu, daß jenem „operativen Gedanken" etwa
schon die Absicht untergelegen haben könnte: „die getrennten Heertheile
von zwei verschiedenen Seiten her, aus der Entfernung eines kurzen
Tagemarsches auf ein Schlachtfeld heranzuführen und dadurch das Beste
dazu zu thun, um große Erfolge zu erreichen!" fehlte ja doch, wie eben
dargethan, solchem „Plane" vollständig die feste Grundlage, daß
man den Gegner auch nur auf einem Schlachtfelde treffen werde!

Daß es trotzdem thatsächlich so gekommen ist, verdankt die deutsche
Strategie nicht ihren eigenen, sondern in erster Linie denjenigen
feindlichen „Operationen", welche man im großen Hauptquartier
gerade als die unwahrscheinlichsten betrachtete.

Am Abend des 31. August war man bekanntlich sowohl in Ven=
dresse wie in Chémery des Glaubens gewesen, daß die Dritte Armee
es für den folgenden Tag mit einem im Abmarsch auf Mézières
befindlichen Gegner zu thun bekommen werde, und hatte in diesem Sinne
den Kronprinzen von Sachsen aufgefordert, sich seinerseits offensiv
gegen die noch bei Sedan zurück vermutheten Theile des Gegners
zu wenden.

Als dann aber am 1. September früh der Kronprinz von
Preußen sich von der Irrthümlichkeit seiner Auffassung der Kriegs=
lage überzeugt hatte, war er in der Annahme, daß hiernach die Maas=
Armee mit einem im Abmarsch auf Carignan befindlichen Gegner
ins Gefecht gerathen sein müsse, seinerseits zur Offensive gegen
den noch bei Sedan zurück vermutheten Theil der französischen
Armee rechts eingeschwenkt.

Jeder der beiden Armee=Unterführer hat hiernach am
1. September früh ja allerdings aus eigener Initiative „im

Geiste der vorbehalten gewesenen Absicht der obersten Heeresleitung für den Fall eines bestimmt erkannten feindlichen Abmarsches" gehandelt; Keiner von Beiden war sich aber doch in diesem Augenblicke bewußt, daß seine Offensive nur das Theilstück einer einheitlichen konzentrischen Aktion gegen einen, beiden deutschen Armeen nur auf einem Schlachtfelde sich entgegenstellenden Feind, bilde!

Jeder der beiden Kronprinzen trat nur zur Entlastung des Anderen in den Kampf ein, dessen Entscheidung Jeder von den Erfolgen des Anderen erwartete, den er dabei nur nach besten Kräften zu unterstützen habe.

Der Kampf selbst hat sich danach aber auch nur in der Form zweier getrennter, ohne einheitlichen Grundgedanken durchgeführter Schlachten abgespielt, die schließlich, jede auf ihrer Einzelfront gewonnen, zu der Schlußkatastrophe für die französische Armee geführt haben.

Daß es so gekommen, verdanken die beiden selbständigen deutschen Armeen in erster Linie ihrer jeseitigen numerischen Ueberlegenheit über den Feind, welche die deutsche Schlachtleitung der Nothwendigkeit überhoben hat, die ihr unter minder günstigen Verhältnissen kaum hätte erspart bleiben können, nämlich durch zweckentsprechende Gruppirung ihrer Kräfte in einer besonderen Schlachtanlage erst „rechtzeitig überlegene Kräfte an dem entscheidenden Punkte vereinigen" zu müssen!

Wir haben gesehen, daß trotz dieser hervorragend günstigen Verhältnisse auf deutscher Seite der thatsächliche Mangel an einer einheitlichen Schlachtanlage für beide Einzelarmeen der französischen Schlachtleitung doch wohl manche Gelegenheit zu mindestens augenblicklichen Theilerfolgen geboten hätte, welche diese nur ihrerseits nicht auszunutzen verstanden hat.

Wir werden weiter sehen, daß der thatsächliche Ausfall einer solchen „die Einzelakte zusammenfassenden höheren Instanz" auch innerhalb beider Einzelarmeen selbst jedenfalls nicht dazu beigetragen hat, den „selbständigen Untereinheiten" die Lösung ihrer Aufgabe zu erleichtern!

IX. Wenn wir verfolgt haben, wie der General v. Moltke am Vorabend von Beaumont — in der Erwartung, daß die Maas-Armee bei Fortsetzung ihrer „Operation gegen Norden" voraussichtlich „mit stärkeren feindlichen Kräften zusammentreffen" werde — nicht angestanden hat, dem Kronprinzen von Sachsen die Ueberschreitung einer bestimmten Linie mit seinen zwei Korps ersten Treffens zu einer bestimmten Stunde vorzuschreiben, weil er auf diese Weise ein einheitliches Zusammenwirken mit dem Kronprinzen von Preußen herstellen zu können geglaubt hat;

so kann man eigentlich keinen Zweifel hegen, daß, wenn der Chef des deutschen großen Generalstabes am Vorabend von Sedan auch nur entfernt an die Möglichkeit gedacht hätte, daß der Vormarsch der beiden Armeen über die Maas und Chiers den Feind in versammelter Schlachtstellung, zu hartnäckigstem Widerstande entschlossen und bereit antreffen werde, er sich sicherlich nicht damit begnügt hätte, die Durchführung der bevorstehenden taktischen Aktion einfach den selbständigen Entschließungen der beiden Armee-Unterführer zu überlassen.

Mochte man immerhin im großen Hauptquartier, wenn man z. B. die wirkliche Sachlage bei Sedan erst spät in der Nacht erfahren hätte, damit rechnen, daß, dank der beiden ausgezeichneten Führer die an der Spitze der beiden großen Heeresgruppen standen, bei beiden Armeen auch ohne Befehl und schon auf die eigenen Nachrichten hin alle für eine „zweckmäßige Verwendung der Streitkräfte in der vorauszusehenden Schlacht" nothwendigen Vorbereitungen getroffen, die Korps an geeigneter Stelle versammelt werden würden u. dergl. m., die Art und Weise wie beide Heerführer am geeignetsten zusammenzuwirken haben würden, konnte ihnen doch nur von Oben angegeben werden oder mußte — ihrer freien Vereinbarung anheim gestellt bleiben!

General Woide hebt es anerkennend hervor, daß lediglich aus solchem „Gedankenaustausch zwischen den beiden sonst voneinander unabhängigen Armeen", auf welchen „General v. Moltke auch gerechnet habe", das „große Ergebniß von Sedan erwachsen" sei! und man wird einräumen müssen, daß dem thatsächlich nur so gewesen ist!

Trotzdem glauben wir nicht, daß irgend eine oberste Heeresleitung — und wenn sie auch ihre Armeeabtheilungen und Korps in den vorzüglichsten Händen wüßte — aus diesem Vorbilde ihre Berechtigung ableiten könnte oder auch nur wollte, sich freiwillig am Vorabend der Schlacht nur auf „operative Grundgedanken"

(Direktiven) zu beschränken und auf alle „taktischen Anordnungen für die Ausführung" zu verzichten.

So hat aber auch unseres Erachtens General v. Moltke vor der Schlacht von Sedan nicht aus Grundsatz, sondern lediglich deshalb „keine Disposition für dieselbe ausgegeben", weil er nach den ihm nur zugegangenen Meldungen der beiden Armee-Oberkommandos überhaupt „auf keine Schlacht gerechnet hat!"

Mehr oder weniger dieselben Gründe haben es dann weiterhin auch bewirkt, daß selbst innerhalb der beiden, schließlich doch mit ihren Gesammtkräften in das Gefecht hineingezogenen Armeen von einer taktischen Führung dieser „Untereinheiten" durch die bezüglichen „Armeekommandos" gleichfalls nicht die Rede gewesen ist.

Da aber hier dann auch nicht einmal mehr eine, sei es auch nur „grundzügliche" Vereinbarung unter den von Oben bloß mit „selbständigen Aufträgen" versehenen Korps- und Divisionsführern hat eintreten können, so sehen wir auf dem einen Gefechtsfeld der Dritten Armee die Unterverbände sich bis in die kleinsten Einheiten hinab vermischen; auf dem einen Gefechtsfeld der Maas-Armee, diese Unterverbände nur bruchstückweise nach und nach erscheinen.

Angesichts des thatsächlich errungenen, dazu noch fast unerhört großartigen Enderfolges bei Sedan, erscheint es dem Einen undankbar, dem Anderen anmaßlich, nachträgliche Bedenken gegen die Art und Weise zu erheben, wie solcher Sieg zu Stande gekommen ist.

Immerhin erachten wir es für unsere Pflicht, dem denkenden Leser die Frage vorzulegen, ob er nicht selbst glaubt, daß

wenn am 31. August abends oder auch erst in der Nacht der General v. Moltke insoweit Einsicht in die wirkliche Sachlage erlangt gehabt hätte, daß bis zur späteren Mittagsstunde dieses Tages die Franzosen noch unbeweglich in ihren, von den Höhen zwischen Frénois und Wadelincourt eingesehenen Lagern hinter Floing und Sedan ständen, daß noch um dieselbe Zeit die Patrouillen der Maas-Armee die ganze Givonne-Linie von stärkeren feindlichen Kräften besetzt gefunden hätten;

der Chef des großen deutschen Generalstabes sich nicht dennoch veranlaßt gesehen hätte, eine „besondere Schlachtdisposition für den 1. September" auszugeben, statt — wie General Woide sagt — „im Vertrauen auf die in der Besprechung von Chémery zu Tage getretene Uebereinstimmung der Anschauungen zwischen dem großen Hauptquartier und dem Oberkommando der Dritten Armee, solch nutz-

19*

lofe Arbeit sich zu ersparen und zum Heile des Ganzen auch Anderen ihren Antheil an der Arbeit und am Ruhme zukommen zu lassen"!?

Wir lassen es dahingestellt sein, ob auch dann, wenn man die Franzosen „zur Annahme einer Defensivschlacht in einer in Anlehnung an die Festung gewählten Stellung" entschlossen gewußt hätte, die oberste Heeresleitung sich mit der „Direktive" an beide Armeeführer begnügt hätte, „den Feind energisch anzugreifen, wo man ihn finde" und ihn „auf möglichst engen Raum zusammenzu= drängen".

Unsere persönliche Auffassung geht mindestens dahin, daß wenn unter solchen Verhältnissen z. B. dem Kronprinzen von Sachsen, unter Verstärkung der Maas=Armee durch die zwei bayerischen Korps, die Rolle des entscheidenden Angriffes gegen die Givonne=Linie, dem Kronprinzen von Preußen, unter Abzweigung einer Division des V. Korps zur Aufrechterhaltung der Verbindung über die Höhen des linken Maas=Ufers südlich Sedan fort, mit den drei übrigen preußischen und der württembergischen Division, nebst starker Kavallerie, die Rolle der Sperrung der einzigen feindlichen Rückzugslinie über St. Albert—Maison rouge zugetheilt worden wäre, doch wohl Zeit und Blut erspart worden wäre.

Bei der Maas=Armee selbst wäre es dann nicht zu dem „bruch= stückweisen Ansatze der verfügbaren Kräfte in nur allmählicher Ver= längerung der Front" gekommen, die, wie wir gesehen haben, unter Umständen doch zu einer schweren Gefahr hätte führen können.

Bei der Dritten Armee hätte, selbst wenn sie zur Lösung ihrer Aufgabe eine Durchschreitung des Hohlweges von St. Albert mit eigenen Kräften für nöthig erachtet haben würde, sich eine Entwickelung östlich desselben durch seitliche Fortschiebung des XI. Korps auf Fleigneux und Ansatz des V. Korps auf dem inneren Flügel der einzunehmenden Defensivstellung ohne die Reibungen vollzogen, welche jetzt zu so großer Auflösung der Verbände geführt haben.

Den drei bayerischen Divisionen v. der Tann endlich wären die schweren Kämpfe um Bazeilles erspart geblieben, welche ihnen jetzt nahezu die Hälfte des Gesammtverlustes der deutschen Armee an diesem Tage (207 Offiziere, 3816 Mann von 465 Offizieren, 8459 Mann) gekostet haben.

Will man wirklich in Abrede stellen, daß der thatsächliche Mangel einer Schlachtanlage von oberster Stelle, das thatsächliche

Fehlen der Gefechtsleitung von höherer Führerstelle einen Hauptantheil an diesen Verhältnissen gehabt hat?

Will man wirklich behaupten, daß der thatsächliche Erfolg von Sedan Beweis genug dafür sei, daß auch unter anderen Verhältnissen der operative Grundgedanke ausreichen müsse, die höhere Schlachtanlage und Gefechtsleitung zu ersetzen?

Will man wirklich glauben machen, daß auch unter thatsächlich richtiger erkannten Verhältnissen der General v. Moltke die Ausgabe einer eigenen Schlachtanlage unterlassen hätte, bloß weil er dieselbe angesichts seiner Direktiven vom 30. August abends für unnöthig erachtet habe? —

Unseres Erachtens sind es andere Lehren, welche die Schlacht von Sedan uns giebt!

8. Schlußbetrachtungen.

I. Die „Kriegführung in getrennten Heeren" (auch auf einem Kriegsschauplatze, in einem Feldzuge s. 1. B. I.) — welche nach Ansicht des Herrn Verfassers der Betrachtungen im Beiheft zum Militär-Wochenblatt Nr. 4/1896: „vom General v. Moltke in ein System gebracht" sein soll — verdankt ihren Ursprung bekanntlich den Massenaufgeboten aus der Zeit der ersten französischen Revolution.

Diese Massen konnten auf dem seither üblichen Wege der Magazinverpflegung nicht mehr ernährt werden, und um auf dem Requisitionswege leben zu können, mußten sie sich theilen (s. 2. B. II.).

Solchen Theilverbänden der einen Armee gegenüber vermochte die oberste Heeresleitung ihren seither auf die operative und taktische Thätigkeit des versammelt gehaltenen Heeres ausgeübten unmittelbaren Befehlseinfluß nicht mehr aufrecht zu erhalten.

Der Oberfeldherr sah sich gezwungen, den Unterführern in der operativen und taktischen Durchführung der ihnen hinfort nur noch zu ertheilenden eigenen Aufträge wesentlich freiere Hand zu lassen, und wieder mußten aus diesem Grunde die einzelnen Unterglieder des Heeres auch taktisch selbständiger gemacht werden (s. 1. B. IV.).

In der gesteigerten Selbständigkeit der Unterverbände (Divisionen, Korps, Armeeabtheilungen) fand dann aber eine richtig kombinirende

Oberführung bei thatkräftiger Unterführung wenn auch nur nach und nach, wieder ein neues Mittel zu wirksamer Verfolgung ihres letzten Kriegzieles der „Wehrlosmachung" des Gegners (f. 2. B. II.).

Dank dieser Selbständigkeit der getrennten Theile ist nämlich der Feldherr hinfort in der Lage:

seine Gesammtstreitkräfte schon vor dem taktischen Zusammenstoße mit dem Gegner operativ so zu gliedern, daß die Einzeltheile für die Entscheidung in strategisch günstigster Richtung herangeführt werden können (f. 2. B. III.), und weiterhin

diese Einzelglieder schon vor der Schlacht auch taktisch so zu gruppiren (f. Kriegslehren, 1. Heft, Schlußbetrachtungen), daß sie in derselben an entscheidender Stelle zusammenzuwirken vermögen.

Zur Zeit der „Kriegführung mit versammelten Heeren" war es erfahrungsmäßig jeder Partei verhältnißmäßig leicht gemacht, sich der nicht gewollten Waffenentscheidung zu entziehen und die nachtheiligen Folgen einer unglücklichen Schlacht oft schon nach wenig Tagen auszugleichen.

Jetzt fand, wer die Waffenentscheidung suchte, in der Theilung seiner Kräfte den sicheren Weg, dem Gegner solches Ausweichen nahezu unmöglich zu machen; und

wer jetzt in solchem taktischen Zusammenstoße siegte, besaß in den selbständigen Theilverbänden seines Heeres das geeignete Mittel, seinen Erfolg bis zur Vernichtung des Gegners auszunutzen, den er fortgesetzt in „strategisch ungünstiger Rückzugsrichtung" festzuhalten vermochte (f. 2. B. III.).

Wegen dieser möglichen schlimmen Folgen eines vom Feinde „in strategisch entscheidender Richtung" davongetragenen Waffenerfolges wird es eine nicht seltene Erscheinung, daß der dadurch „in seinem Rückzuge auch nur bedrohte" Theil sich veranlaßt sieht, auf die „Fortsetzung der Kraftabmessung in der Schlacht" schon früher zu verzichten, als seine taktischen Kampfmittel völlig erschöpft sind.

Die Schlachten jener Zeiten werden in dem Maße unblutiger, als die Wirkung des Sieges nachhaltiger sich gestaltet, und das Wort findet seine Entstehung, daß oft schon „derjenige als besiegt erscheine, der sich zuerst dafür halte!" —

So hat dann aber im Laufe der Zeiten die zweckmäßige operative Anbahnung der Schlacht, im Vergleich zu ihrer einst fast allein Ausschlag gebender, geschickten taktischen Durchführung wesentlich

an Bedeutung gewonnen, und dieses Verhältniß noch in dem Grade
sich gesteigert, als die Schlacht selbst jetzt nur noch ausnahmsweise in
der Form einer einheitlichen Aktion auftritt.

Je mehr und mehr die großen Waffenentscheidungen sich nur aus
Theilgefechten beiderseitiger selbständiger Armeeglieder zu-
sammensetzen, desto entschiedener stellt sich jetzt auch der Zusammenstoß nur als der unmittelbare Ausfluß der vorangegangenen
Operationen dieser Theilverbände dar. (Rencontre wird Regel!)

Der „Uebergang von Operation zu Aktion und von Aktion wieder
zur Operation" weist hinfort eine Kontinuität der kriegerischen
Handlung auf, welche allerdings der älteren Periode wenig geläufig
war; die Aktion selbst aber hat oft nicht unwesentlich an derjenigen
kriegerischen Energie verloren, welche ihre Durchführung (noch
in der guten Napoleonischen Periode) zum Mittelpunkte der feldherrlichen Aufgabe gemacht hatte.

So erklärt sich vielleicht aus der äußerlichen Erscheinung eines
früher nicht gekannten „engeren Zusammenhanges" dieser beiden Thätig-
keitsseiten die Auffassung, daß „die moderne Schlacht sich aus dem
operativen Grundgedanken von selbst zu ergeben habe"!

Ob aber diese Anschauung ihre Bestätigung gerade in der
„Moltkeschen Kriegführung" zu suchen berechtigt ist? — davon weiter!

II. Das Massenaufgebot — als Ausgangspunkt des Auftretens
„in getrennten Heeren" — ist auch in der neuzeitlichen Kriegs-
führung nicht mehr zu entbehren, und die Einführung der allgemeinen
Wehrpflicht hat diese Massen sogar ins nahezu Unbegrenzte gesteigert.

Die Nothwendigkeit der Theilung der einen Armee besteht deshalb auch heute noch fort.

Immerhin haben die Fortschritte der Kultur, verbesserte Wege-
verbindungen, vor Allem das ausgebreitete Eisenbahnnetz den früher
in erster Linie ausschlaggebenden Einfluß der „Bedürftigkeit" auf das
Ausmaß dieser Theilung sehr wesentlich herabgemindert.

Auf europäischen Kriegstheatern mindestens vermag heutzutage
eine Armee sehr viel versammelter zu operiren, als z. B. zur
Napoleonischen Zeit, und der einst nach „Divisionen und Korps" zu
bemessende „selbständige Theilverband" nimmt heute anstandslos
die Form von nach Hunderttausenden zählenden „Armee-Ab-
theilungen" an.

Der heutigen „Kriegführung in getrennten Theilen" liegen deshalb nicht sowohl die „Lebensbedingungen" als vielmehr fast lediglich nur die „strategischen Zweckmäßigkeitsrücksichten für die Lebensthätigkeit" der Streitkräfte zu Grunde (s. 2. B. II.).

Die oberste Heeresleitung braucht ihre Armee kaum noch um deswillen zu theilen, damit sie leben kann, sondern sie theilt dieselbe hinfort nur noch insoweit, als sie dadurch entweder operativ

dem Gegner die Waffenentscheidung unter den eigenen günstigsten (strategischen und taktischen) Bedingungen aufzwingen, und

selbst der nicht gewollten taktischen Entscheidung unter den möglichst geringen eigenen Nachtheilen ausweichen kann; oder als sie taktisch

den Gegner auf diese Weise zu umfassen, und

selbst der gegnerischen Umfassung durch entsprechende räumliche Ausdehnung sich zu entziehen bestrebt ist. —

Die heutzutage gebotene Möglichkeit des Zusammenhalts wesentlich stärkerer Streitkräfte, als man einst (auch in Napoleonischer Zeit noch) „rechtzeitig auf einem Schlachtfelde zu vereinigen" hoffen durfte (s. 2. B. XV.), kann unseres Erachtens nicht ohne rückwirkenden Einfluß auf das oben erörterte Verhältniß zwischen strategischer Anbahnung und taktischer Durchführung der Schlacht bleiben (s. I.).

Hatte die „neuere" Periode der Kriegführung (der Revolutions- im Gegensatze zur Fridericianischen Aera) den Grundsatz hervorgekehrt, daß der taktische Sieg, um einen „vollen Kriegserfolg" zu bieten, der strategischen Ausnutzung bedürfe! so wird vielleicht die „neueste" Aera der Zukunftskriege sich genöthigt sehen, die Forderung wieder mehr in den Vordergrund der kriegerischen Handlung zu rücken, daß der strategische Erfolg doch auch allerwege der taktischen Bestätigung bedarf.

Die heute wieder durchweg „taktisch starken Theilverbände einer Gesammtarmee" werden nicht mehr so leicht einem bloß strategischen Drucke auf ihre Verbindungen nachgeben, wie einst die Einzelkorps und Divisionen sich oft veranlaßt sahen, das zu thun.

Die durch räumlich ausgedehntere Entfernungen „in ihren Verbindungen besser gesicherten Einzelarmeen" werden nicht nur weniger, als einst die kleineren Verbände geneigt, sondern vor Allem auch weniger im Stande sein, sich der vom Feinde gesuchten Waffenentscheidung zu entziehen.

Unstreitig gewinnt dann aber in dem Grade, als diese Voraus=
setzungen sich bestätigen, das **zweckmäßige Zusammenwirken** selbständiger
Heertheile in der taktischen Durchführung der Aktion wieder das
natürliche Uebergewicht über ihre, nur gegen die feindlichen Ver=
bindungen gerichtete **umfassende Heranführung** aus getrennter stra=
tegischer Operation!

Mit anderen Worten: die taktischen Siegesvorbedingungen
in der Schlacht werden unter solchen Umständen wieder **wichtiger**
als die bessere strategische Basirung vor dem Zusammenstoße!
und die „schon vor dem Beginn der Aktion strategisch gewonnene
Schlacht" kann trotzdem doch noch wieder in der Aktion leicht —
„taktisch verloren" werden!

Offenbar stellt sich damit der taktische Sieg auch wieder voll
und ganz in den Mittelpunkt aller strategischen Operationen,
deren „leitender Grundgedanke" (angesichts der Bedeutung der
numerischen Ueberlegenheit in der taktischen Aktion!) damit aber un=
bedingt auch wieder — „im möglichsten Zusammenhalt aller
verfügbaren Streitkräfte" gipfeln muß!

Die operative Strategie des entschlußfertigen Feldherrn mit selbst=
denkenden Unterführern wird damit in der That zu jenem „System
der Aushülfen in der spontanen Ausnutzung aller sich beim
Gegner bietenden taktischen Blößen", als welches Moltke sie
uns überliefert hat!

Im „Feldzug von Sedan" giebt uns der deutsche Feldherr das
typische Vorbild dieser seiner „Strategie", die uns hier keineswegs
wie das Militär=Wochenblatt schreibt, als grundsätzliche „Theilung
der Armee zum Zweck rechtzeitiger Versammlung", sondern trotz
der „Kriegführung in getrennten Heertheilen" in der Form einer
grundsätzlichen „Versammlung der Streitkräfte zum Zweck recht=
zeitiger Verwendung" entgegentritt!

III. Der Feldzug von Sedan (s. 1. B. I.) eröffnet sich fran=
zösischerseits mit dem Vormarsche der versammelten „Armee von
Châlons", deutscherseits mit dem Aufbruche der beiden annoch
getrennten „Armeen der Kronprinzen von Preußen und von Sachsen",
am 23. August.

In der Gesammtkriegslage beider Theile gegeneinander aber
treten zu dieser Zeit die Franzosen von dem Augenblicke des Ab=

marsches des Marschalls Mac Mahon vor Reims ab, in den drei großen Gruppen: der Vertheidigung von Metz, der Vertheidigung von Paris und der zu offensiver Thätigkeit berufenen Armee von Châlons, den zwei großen Gruppen der deutschen strategisch-defensiven Armee des Prinzen Friedrich Karl und der in strategischer Offensive die Vereinigung ihrer beiden Theile anstrebenden Armee des Königs Wilhelm gegenüber.

Wir wissen, daß diese Grundgliederung bezw. dieser „strategische Aufmarsch" der verfügbaren Gesammtstreitkräfte von französischer Seite auf dem theils aus freier Entschließung entsprungenen, theils durch die Umstände erzwungenen „Plane" beruht hat, der deutschen Invasion „in zwei getrennten Widerstandscentren" sich entgegen zu stellen.

Zweifellos lag diesem „operativen Grundgedanken" die bestimmende Absicht unter, auf diesem Wege auch den Gegner zu einer Trennung seiner überlegenen Kräfte zu nöthigen und so vielleicht Gelegenheit zu finden, dem einen dieser Bruchtheile unter Fernhaltung des Anderen, mit eigener Ueberlegenheit begegnen zu können.

Von wem auch dieser Gedanke ursprünglich ausgegangen sein mochte: man mußte sich an höchster leitender Stelle doch sehr bald sagen, daß es zu seiner erfolgreichen Verwirklichung nicht genügen könne, dem Feinde in den beiden gegebenen Centren von Metz und Paris nur einen passiven Widerstand zu leisten, und daß es deshalb unerläßlich sei, den „Plan" durch irgend ein Moment der Aktivität zu ergänzen.

In den ersten Augenblicken der Bestürzung über die unerwarteten Niederlagen hat man dieses Moment in Paris vielleicht nur in der politischen Intervention des Auslandes finden zu können geglaubt.

Allmählich mag man aber doch solches für das kleine Dänemark in seinem Kriege gegen zwei Großmächte wohl durchaus gerechtfertigte Verfahren als nicht im Einklange mit der Würde und den thatsächlich noch vorhandenen Machtmitteln Frankreichs erfunden haben und so zu dem energischeren Entschlusse gelangt sein: die für eine wirksame Defensive nicht zu entbehrende Offensive in den eigenen Streit-kräften zu suchen (s. 2. B. III.).

Wie die Dinge thatsächlich lagen, hätte dafür sehr bald nur noch eine Ausfallsthätigkeit aus einem oder beiden „Widerstandscentren" in Betracht kommen können, und wieder, wenn man damit bis zur wirklichen Einschließung der beiden Großfestungen von Paris und

Metz warten wollte, mußten trotz der Größe der verfügbaren Besatzungen ernste militärische Bedenken gegen die Durchführbarkeit
derartiger Unternehmungen großen Stiles sich aufdrängen.

Da der Kaiser Napoleon in vollständiger Apathie auf jeglichen
Einfluß in militärischen Dingen verzichtet hatte, der ernannte Oberfeldherr Bazaine nicht in der Lage war, einen solchen auszuüben, so
greift die nächst berufene Persönlichkeit des Kriegsministers Palikao,
wesentlich auch unter dem Eindrucke der Pariser Volksströmung, welche
eine Zurückführung der Armee von Châlons auf die Hauptstadt mit
einer Revolution zu beantworten droht, zu dem — vom Generalstabswerke als „kühn und großartig angelegt" bezeichneten — Plane: die
allein noch verfügbare Feld-Armee des Marschalls Mac Mahon „zur
Befreiung" der Feld-Armee des Marschalls Bazaine einzusetzen!

Es ist nicht in Abrede zu stellen, daß damit dem Plane von den
„zwei passiven Widerstandscentren" eine Erweiterung gegeben war,
von welcher allein man sich auch positive Erfolge versprechen zu
können hoffen durfte.

Von diesem Standpunkte aus kann man wohl dem im Generalstabswerke gebrauchten Epitheton zustimmen; ist es doch allein diesem
„leitenden Grundgedanken", der Einfügung einer „dritten aktiven"
Gruppe in das „System der zwei getrennten Defensivgruppen", auf
französischer Seite zu danken gewesen, daß selbst nach Vernichtung
der ersten „Offensivgruppe" und nach dem Falle des einen „Wider-
standscentrums" der Krieg noch Monate lang hat fortgesetzt werden
können!

Die „Feldzüge an der Loire, im Norden und Südosten
Frankreichs" in der Zeit von Oktober bis Januar bieten unter
diesem Gesichtspunkte betrachtet einen überreichen Stoff für eine „Lehre
von der strategischen Defensive großen Stiles (Landesvertheidigung)
in getrennten Heertheilen"!

Es ist hier noch nicht der Ort, uns in die nähere Erforschung dieses
Gebietes einzulassen, und auch auf die Gründe brauchen wir nicht nochmals zurückzukommen, welche uns in früheren Betrachtungen (f. z. B. XV.)
das Scheitern des französischen „Feldzuges von Sedan" wesentlich
mit in der fehlerhaften Operationsrichtung haben finden lassen,
die man der „Aktivgruppe des Marschalls Mac Mahon" geben zu
müssen geglaubt hatte.

Nur einen kurzen Rückblick wollen wir noch auf die operative Durchführung der dem Unterführer Mac Mahon von Oben gestellten „strategischen Aufgabe" werfen.

IV. Nach unserer Auffassung ist es der einzig berechtigte Grundgedanke bei der Trennung der „Armee von Châlons" von der „Vertheidigung von Paris" gewesen: dadurch auch den Gegner zu einer Theilung seiner Kräfte zu zwingen, durch welche dem Marschall Mac Mahon möglicherweise die einzige Gelegenheit zu einem Theilerfolge über den einen feindlichen Bruchtheil der im Ganzen numerisch überlegenen deutschen Armeen geboten werden könne.

Nun haben wir aber gesehen, daß französischerseits gleich von Hause aus Alles versäumt worden ist, was geeignet gewesen wäre, dieser ersten Vorbedingung für die glückliche Lösung der Mac Mahonschen Aufgabe Rechnung zu tragen, und daß weder der Kriegsminister Palikao (an oberster „Kriegsleitungs-"), noch der Marschall Mac Mahon (an oberster „Heeresleitungsstelle") die geringste Anordnung getroffen hat, um die (an sich schon, auch ohne den Kronprinzen von Sachsen) der eigenen Armee überlegene Armee des Kronprinzen von Preußen zu solcher Theilung zu veranlassen (geschweige eine Trennung derselben von der Maas-Armee zu befördern).

Man selbst trennt die „Armee von Châlons" von der „Vertheidigung von Paris"; ein sich gegenseitig unterstützendes Zusammenwirken dieser beiden getrennten eigenen Theile ist aber doch offenbar so lange gänzlich ausgeschlossen, als von irgend einer Einwirkung des einen Bruchtheils auf den Gegner überhaupt nicht die Rede, die feindliche „versammelte Dritte Armee" vielmehr in der Lage ist, diesen einen Bruchtheil vorläufig — ganz ignoriren zu können.

Hier ist unseres Erachtens bereits der Grundfehler gegeben, an welchem die Mac Mahonsche Operation voraussichtlich auch dann gescheitert wäre, wenn nicht Anderes noch dazu gekommen wäre.

Das Generalstabswerk hebt hervor, daß der Palikaosche Plan „von vornherein der zum Gelingen nothwendigen Grundlagen entbehrt" habe, weil „die neu ins Feld gestellte Armee von Châlons nicht durchweg den erforderlichen Grad von Kriegstüchtigkeit besessen habe, um den an sie herantretenden Anforderungen vollständig gewachsen zu sein."

Wir selbst haben in unseren früheren Betrachtungen gleichfalls schon der nachtheiligen Einflüsse dieser mangelhaften „Operations-

und Schlagfähigkeit" der Armee von Châlons gebührende Rechnung getragen.

Immerhin haben sich diese Mängel aber doch offenbar nicht als so schwerwiegend erwiesen, daß sie allein für die Mißerfolge verantwortlich gemacht werden könnten, an denen unseres Erachtens vielmehr in letzter Instanz — die Unfähigkeit der höheren Führung die Hauptschuld trägt, die es selbst bei sich bietender Gelegenheit nicht verstanden hat, mit derjenigen Raschheit zuzugreifen, welche — die „Strategie der Aushülfen" nun einmal verlangt.

Wir wissen, daß es an solchen „Blößen" auf deutscher Seite nicht gefehlt hat, und es könnte wohl eine lehrreiche Studie werden, sich den „Feldzug von Sedan von französischer Seite" unter der Voraussetzung zu vergegenwärtigen, daß — ein Moltke die Stelle Mac Mahons innegehabt hätte!

Ein Blick auf die deutsche Führung wird dem denkenden Leser die Anhaltspunkte bieten, sich solches Bild im Einzelnen auszumalen.

Hier beschränken wir uns darauf, rekapitulirend unserer Auffassung dahin Ausdruck zu geben, daß im Mac Mahonschen „Feldzug von Sedan":

der an sich zweifellos durch die Kriegslage vollauf gerechtfertigte strategische Grundgedanke des einheitlichen Zusammenwirkens zweier Defensiv= mit einer Offensiv=Armeeabtheilung: durch die Anweisung einer falschen ersten Operationsrichtung an den zunächst zur Aktion berufenen und dazu auch durchaus zweckentsprechend versammelten („strategisch aufmarschirten") Bruchtheil der Gesammtstreitkräfte schon von Hause aus zur Unfruchtbarkeit verdammt worden ist; daß dann

weiterhin allerdings der den Anforderungen an eine volle Kriegstüchtigkeit nur in geringerem Maße entsprechende Zustand der in diese Operation eingesetzten Streitkräfte unstreitig eine schwere Behinderung für ihre glückliche Durchführung gebildet hat; daß aber

endlich die — dazu, wie man wußte, auch noch nur widerwillig an den „ertheilten Auftrag" herangetretene — oberste Führung im Feldzuge selbst in der „operativen Verwendung ihrer Streitkräfte" dem Doppelfehler erlegen ist:

bei der ersten Gliederung der Armee zu operativer Thätigkeit den „Moltkeschen Grundsatz" (s. Verdy), „die Hauptkräfte stets soweit vereinigt zu halten, als nicht Abzweigungen an anderer Stelle dem

Feinde gegenüber dringend nothwendig seien!" nur in dem ein=
seitigen Sinn eines engstmöglichen Zusammenhaltes der Armee
befolgt zu haben, und

im weiteren Verlaufe der Begebenheiten des „Moltke'schen
Wortes" (s. Moltke. Ueber Strategie) nicht eingedenk gewesen zu sein,
daß „kein Operationsplan über das erste Zusammentreffen mit
dem Feinde hinausreiche!" und der wahre Feldherr deshalb nicht an
der „prämeditirten Ausführung" eines solchen Planes unter allen Um=
ständen festzuhalten, sondern jeden gebotenen „Spezialfall" in
rasch zugreifender „Spontanität" zu einem „auch nicht vorhergesehenen"
Vortheile auszunutzen habe!

Wieder einmal, wie schon wiederholt in diesen „Kriegslehren"
werden wir aber auch hier: was die französische „Kriegführung des
Jahres 1870" uns in negativem Sinne „gelehrt" hat, in der
deutschen Kriegführung positiv bestätigt finden!

V. Wenn der Feldmarschall Moltke seinen Ausspruch von der
„Strategie, als einem System der Aushülfen" gegen den ihm im
„Beiheft des Militär=Wochenblattes" zugesprochenen Grundsatz von der
„Theilung der Armee zum Zwecke rechtzeitiger Versammlung" zu ver=
treten haben würde, so könnte der große Stratege das nicht kürzer
thun als durch den Hinweis auf seinen deutschen „Feldzug von Sedan",
der so ziemlich vom ersten Tage der begonnenen Operationen an bis
zu dem „unerhörten" Abschlusse vom 1. September — im grellsten
Widerspruche zu dem „volksthümlich gewordenen Schlagworte" steht:
vom „Getheilt marschiren, um vereint zu schlagen", und von
„dem Verharren in operativer Trennung bis in das Schlachtfeld
hinein und einem taktischen Zusammenwirken erst im Kampfe selbst!"

Ja! Dieser Gegensatz geht so weit, daß gerade dort, wo auf
Moltke'sche Anordnung hin die „operative Trennung der Dritten und
Maas=Armee" ein Ende erreicht hatte: wir am Tage von Beau=
mont „das Zusammenwirken der beiden getheilt heranmarschirten
Heertheile im Kampfe selbst" vermißt haben! und daß gerade da, wo
auf Moltke'sche Anordnung hin den beiden „selbständigen Armeen zwei
auf vier Meilen getrennte Marschziele gesteckt" waren: am Tage
von Sedan „das Zusammenwirken der getrennten Heertheile auf
einem Schlachtfelde" sich ohne Einwirkung der obersten Heeres=
leitung nur aus der Initiative der beiden Unterführer vollzieht!

Am 30. August entgeht dem deutschen Feldherrn die Gelegenheit zur „spontanen Ausnutzung eines nicht vorhergesehenen Spezialfalles", weil es an der genügenden Aufklärung der „wirklichen Sachlage" (seitens der eigenen Kavallerie) gefehlt hat, und man sich deshalb im großen Hauptquartier kein richtiges Bild von derselben hat machen können.

Wenn aber am 1. September — trotzdem auch an diesem Tage an oberster Stelle zunächst keine „klare Vorstellung" über die durch die Schlacht von Beaumont „wesentlich veränderte Situation des Feindes" gewonnen gewesen ist: sich das „Zusammenwirken" der getrennten Heertheile im Kampfe selbst für die beiden Unterführer einfach „aus dem operativen Grundgedanken der Direktiven des großen Hauptquartiers vom 30. August abends" von selbst ergiebt, so beweist das nur, wie sehr die beiden Kronprinzen von der Richtigkeit des „Moltkeschen Systems der Aushülfen" durchdrungen waren: „jede beim Feinde sich bietende Blöße zu einem taktischen Erfolge auszunutzen."

Wir haben gesehen, daß der fehlende Zusammenhalt der Kräfte bei der Maas-Armee, und das „erst auf dem Schlachtfelde selbst platzgreifende Zusammenwirken ihrer nach und nach auftretenden Kräfte" unter Umständen wohl den Erfolg an dieser Stelle hätte in Frage stellen können!

Wir haben behauptet und beharren dabei, daß dieser unleugbar vorhanden gewesene und nur durch die an sich bestehende so bedeutende deutsche numerische Uebermacht und die unglücklichen Zustände auf französischer Seite überwundene Schwächemoment am Tage von Sedan vermieden worden sein würde, wenn die oberste Heeresleitung am 31. August abends in der Lage gewesen wäre: eine eigene Schlachtdisposition für den 1. September auszugeben!

Wir haben nachgewiesen, daß die Gründe, warum das nicht möglich gewesen ist, sehr wesentlich in dem Mangel einer „einheitlichen höheren Schlachtleitung in dem Gefecht von Beaumont-Mouzon" gesucht werden müssen, der es verschuldet habe, daß der Kronprinz von Sachsen den ganzen 31. August gebraucht hat, um die „veränderte Situation" zu erkennen, welche als „neue Basis zu neuen Maßregeln" zu dienen gehabt hätte!

So folgern wir aber, im Gegensatze zum „Militär-Wochenblatt", daß nicht weil, sondern daß trotzdem die beiden deutschen Heertheile „bis auf das Schlachtfeld von Sedan in operativer Trennung

verharrt haben" der Erfolg des Tages errungen worden ist, und
daß nur

weil der „operative Grundgedanke des deutschen großen Haupt=
quartiers im ganzen Feldzug seither ausschließlich auf den Zu=
sammenhalt der Kräfte" gerichtet gewesen war: die beiden auf
der Höhe ihrer Aufgabe stehenden Unterführer von der
Nothwendigkeit durchdrungen gewesen sind, sich trotz ihrer augen=
blicklichen Trennung „auf dem einen Schlachtfelde vereinigen" zu
müssen!

Vom ersten Tage des Aufbruches der Dritten und Maas=Armee
aus ihrem „strategischen Aufmarsche" an der Maas an sehen wir das
operative Bestreben des Generals v. Moltke darauf gerichtet, diese
beiden „getrennten Heertheile" auf „engstmöglichem Raume aneinander=
zuschließen" und nichts liegt ihm ferner, als die Tendenz „so lange
als möglich in der Trennung seiner Massen zu verharren."

Allerdings veranlaßt ihn der strategische Grundgedanke der be=
gonnenen Operation, „den Feind in der gesuchten Schlacht von
Paris abzudrängen", zu einer vorläufigen Gliederung seiner
Gesammtstreitkräfte in einen taktisch vorgezogenen und einen ver=
haltenen Flügel der versammelten Gesammtkräfte.

Als der Eintritt „unvorhergesehener Begebenheiten" zu einem
Wechsel der Operationsrichtung nöthigt, ist man offenbar an=
fänglich bestrebt, diese Staffelordnung der Gesammtarmee beizu=
behalten und nur, entsprechend dem veränderten strategischen Grund=
gedanken: „den Feind jetzt von der Maas abzudrängen," einen
Flügelwechsel durchzuführen.

Die seither gegen die stärkere linke Flügel=Armee des Kronprinzen
von Preußen verhaltene Maas=Armee wird unter gleichzeitiger ent=
sprechender Verstärkung zur vorgeschobenen rechten Flügel=Armee!

Nur der Umstand, daß in dem Augenblick dieses als nicht mehr
verschiebbar erkannten Wechsels der Zusammenschluß beider Armeen
noch nicht vollendet ist, trägt die Schuld, daß man sich im großen
Hauptquartier zu einer widerwilligen „vollen Wiedertrennung" der
beiden Armeen gezwungen sieht, die sofort rückgängig zu machen
man sich beeilt, sobald die „veränderte Situation" sie nicht mehr als
nur „das Geringere von zwei Uebeln" erscheinen läßt.

Am 30. August wäre unseres Erachtens der Zeitpunkt zu einem
abermaligen „Flügelwechsel" gegeben gewesen, der ja dann auch that=

sächlich am 1. September durch den Maas-Uebergang des preußischen Kronprinzen westlich Sedan erfolgt.

Zweifellos aber ergiebt sich doch nun aus diesen, von uns Schritt für Schritt verfolgten Anordnungen des Generals v. Moltke im Feldzuge von Sedan:

daß es nicht das „System seiner Kriegführung" gewesen ist:

„die strategischen Operationen seiner beiden »getrennten Heertheile« nur so zu führen, daß sie von zwei verschiedenen Seiten her, aus der Entfernung eines kleinen Tagemarsches auf ein Schlachtfeld gelangen könnten, und die taktische Durchführung dieser Schlacht dann »ohne eigentliche Schlachtbisposition« lediglich auf die selbständigen Anordnungen der beiden Unterführer hin, aus dem »operativen Grundgedanken« sich von selbst zu ergeben gehabt hätte!" (s. Militär-Wochenblatt, Beiheft 4);

daß es vielmehr der „leitende Grundsatz der deutschen Strategie" gewesen ist:

die Operationen so zu führen, daß der obersten Heeresleitung ihr voller Einfluß auf die taktische Durchführung der Aktion, im gegebenen Moment des Zusammentreffens mit der feindlichen Hauptmacht, durchaus gewahrt bleibe!

Die große Lehre von Sedan liegt in diesem Grundsatze!

———•—•———